칸트전집

Immanuel Kant

Anthropologie in pragmatischer Hinsicht

실용적 관점에서 본 인간학

칸트전집 12

임마누엘 칸트

한국칸트학회 기획 | 홍우람·이진오 옮김

한길사

『칸트전집』을 발간하면서

　칸트는 인류의 학문과 사상 발전에 지대한 영향을 미쳤으며, 지금도 그 영향력이 큰 철학자다. 칸트철학은 여전히 전 세계적으로 가장 많이 논의되며, 국내에서도 많은 학자가 전문적으로 연구하고 있다. 이를 반영하듯 영미언어권에서는 1990년대부터 새롭게 칸트의 저서를 번역하기 시작하여 『케임브리지판 임마누엘 칸트전집』(*The Cambridge Edition of the Works of Immanuel Kant*, 1992~2012) 15권을 완간했다. 일본 이와나미(岩波書店) 출판사에서도 현대 언어에 맞게 새롭게 번역한 『칸트전집』 22권을 출간했다. 국내에서는 칸트를 연구한 지 이미 100년이 훨씬 넘었는데도 우리말로 번역된 칸트전집을 선보이지 못하고 있었다.

　물론 국내에서도 칸트 생전에 출간된 주요 저작들은 몇몇을 제외하고는 여러 연구자가 번역해서 출간했다. 특히 칸트의 주저 중 하나인 『순수이성비판』은 번역서가 16종이나 나와 있다. 그럼에도 칸트 생전에 출간된 저작 중 '비판' 이전 시기의 대다수 저작이나, 칸트철학을 이해하는 데 많은 도움을 줄 수 있는 서한집(Briefwechsel), 유작(Opus postumum), 강의(Vorlesungen)는 아직 우리말로 번역되지 않았다. 게다가 이미 출간된 번역서 중 상당수는 관련 분야에 대한 전문성이 부족해 번역이 정확하지 못하거나 원문을 글자대로만 번역해 가독성이 낮아 독자들이 원문의 의미를 제대로 이해하기가 쉽지 않다. 번역자가 전문성을 갖추었다 해도 각기 다른 번역용어를 사용해 학문 내에서 원활하게 논의하고 소통하는 데 장애가 되고 있다. 이 때문에 칸트를 연구하는 학문 후속세대들은 많은 어려움에 빠져 혼란을 겪고 있다. 이런 상황에서 '한국칸트학회'는 학회에 소속된 학자들이 공동으로 작업해 온전한 우리말 칸트전집을 간행할 수 있기를 오랫동안 고대해왔으며, 마침내 그 일부분을 이루게 되었다.

『칸트전집』 번역 사업은 2013년 9월 한국연구재단의 토대연구 분야 총서학 지원 사업에 선정되어 '『칸트전집』 간행사업단'이 출범하면서 본격적으로 시작되었다. 이 사업은 영남대학교 '인문과학연구소' 주관으로 '한국칸트학회'에 소속된 전문 연구자 34명이 공동으로 참여해 2016년 8월 31일까지 진행되었으며, 수정과 보완작업을 거쳐 지금의 모습으로 결실을 맺게 되었다. 이 전집은 칸트 생전에 출간된 저작 중 『자연지리학』(*Physische Geographie*)을 비롯해 몇몇 서평(Rezension)이나 논문을 제외하고는 거의 모든 저작을 포함하며, 아직까지 국내에 번역되지 않은 서한집이나 윤리학 강의(Vorlesung über die Ethik)도 수록했다. 『칸트전집』이 명실상부한 전집이 되려면 유작, 강의, 단편집(Handschriftliche Nachlass) 등도 포함해야 하지만, 여러 제한적인 상황으로 지금의 모습으로 출간하게 되었다. 아쉽지만 지금의 전집에 실리지 못한 저작들을 포함한 완벽한 『칸트전집』이 후속 사업으로 머지않은 기간 내에 출간되길 기대한다.

『칸트전집』을 간행하면서 간행사업단이 세운 목표는 1) 기존의 축적된 연구를 토대로 전문성을 갖춰 정확히 번역할 것, 2) 가독성을 최대한 높일 것, 3) 번역용어를 통일할 것, 4) 전문적인 주석과 해제를 작성할 것이었다. 이를 위해 간행사업단은 먼저 용어통일 작업에 만전을 기하고자 '용어조정위원회'를 구성했다. 위원회는 오랜 조정 작업 끝에 칸트철학의 주요한 전문 학술용어를 통일된 우리말 용어로 번역하기 위해 「번역용어집」을 만들고 칸트의 주요 용어를 필수 용어와 제안 용어로 구분했다. 필수 용어는 번역자가 반드시 따라야 할 기본 용어다. 제안 용어는 번역자가 그대로 수용하거나 문맥에 따라 다른 용어를 사용할 수 있는 용어다. 다른 용어를 사용할 경우에는 번역자가 다른 용어를 사용한 이유를 옮긴이주에서 밝혀 독자의 이해를 돕도록 했다. 사업단이 작성한 「번역용어집」은 '한국칸트학회' 홈페이지에서 확인할 수 있다.

번역용어와 관련해서 그동안 칸트철학 연구자뿐 아니라 다른 분야 연구자와 학문 후속세대를 큰 혼란에 빠뜨렸던 용어가 바로 칸트철학의 기본 용어인 transzendental과 a priori였다. 번역자나 학자마다 transzendental을 '선험적', '초월적', '선험론적', '초월론적' 등으로, a priori를 '선천적', '선험적' 등으로 다양하게 번역해왔다. 이 때문에 일어나는 문제는 참으로 심각했다. 이를테면 칸트 관련 글에서 '선험적'이라는 용어가 나오면 독자는 이것이 transzendental의 번역어인지 a priori의 번역어인지 알 수 없어 큰 혼란을 겪을 수밖에 없었다. 이런 문제점을 해소하기 위해 간행사업단에서는 transzendental과 a priori의 번역용어를 어떻게 구분해야 하는지를 중요한 선결과제로 삼고, 두 차례 학술대회를 개최해 격렬하고도 심도 있는 논의를 진행했다. 하지만 a priori를 '선천적'으로, transzendental을 '선험적'으로 번역해야 한다는 쪽과 a priori를 '선험적'으로, transzendental을 '선험론적'으로 번역해야 한다는 쪽의 의견이 팽팽히 맞서면서 모든 연구자가 만족할 수 있는 통일된 번역용어를 확정하는 일은 거의 불가능한 것처럼 보였다. 이런 상황에서 '용어조정위원회'는 각 의견의 문제점에 대한 다양한 비판을 최대한 수용하는 방식으로 합의를 이끌어내기 위해 오랜 시간 조정 작업을 계속했다. 그 결과 a priori는 '아프리오리'로, transzendental은 '선험적'으로 번역하기로 결정했다. 물론 이 확정안에 모든 연구자가 선뜻 동의한 것은 아니었으며, '아프리오리'처럼 원어를 음역하는 방식이 과연 좋은 번역 방법인지 등은 여전히 숙제로 남아 있다. 그럼에도 이 안을 확정할 수 있도록 번역에 참가한 연구자들이 기꺼이 자기 의견을 양보해주었음을 밝혀둔다. 앞으로 이 용어가 사용되기 시작하면 이와 관련한 논의가 많아지겠지만, 어떤 경우든 번역용어를 통일해서 사용하는 방향으로 진행되길 기대한다.

간행사업단은 전문적인 주석과 해제작업을 위해 '해제와 옮긴이 주위원회'를 구성하여 전집 전반에 걸쳐 균일한 수준의 해제와 전문적인 주석 작업을 할 수 있도록 '해제와 옮긴이주 작성 원칙'을 마련했다. 이 원칙의 구체적인 내용도 '한국칸트학회' 홈페이지에서 확인할 수 있다. 번역자들은 원문의 오역을 가능한 한 줄이면서도 학술 저서를 번역할 때 허용하는 범위 내에서 가독성을 높일 수 있도록 번역하려고 많은 노력을 경주했다. 이를 위해 번역자들이 번역 원고를 수차례 상호 검토하는 작업을 거쳤다. 물론 '번역은 반역'이라는 말이 있듯이 완벽한 번역이란 실제로 불가능하며, 개별 번역자의 견해와 신념에 따라 번역 방식도 차이가 날 수밖에 없다. 따라서 번역의 완성도에 대해서는 전적으로 독자의 판단에 맡기겠다. 독자들의 비판을 거치면서 좀더 나은 번역으로 거듭날 수 있는 기회가 있기를 바랄 뿐이다.

『칸트전집』 간행사업단은 앞에서 밝힌 목적을 달성하려고 오랜 기간 공동 작업을 해왔으며 이제 그 결실을 눈앞에 두고 있다. 수많은 전문 학자가 참여하여 5년 이상 공동 작업을 수행한다는 것은 우리 학계에서 그동안 경험해보지 못한 전대미문의 도전이었다. 이런 이유로 간행사업단은 여러 가지 시행착오와 문제점에 봉착했으며, 그것을 해결하는 일은 결코 쉽지 않았다. 그럼에도 이견을 조정하고 문제점을 해결해나가면서 길고 긴 공동 작업을 무사히 완수할 수 있었던 것은 『칸트전집』 간행을 성공적으로 마무리하여 학문 후속세대에게 좀더 정확한 번역본을 제공하고, 우리 학계의 학문연구 수준을 한 단계 끌어올려야겠다는 '한국칸트학회' 회원들의 단결된 의지 덕분이었다. 이번에 출간하는 『칸트전집』이 설정한 목표를 완수했다면, 부정확한 번역에서 비롯되는 칸트 원전에 대한 오해를 개선하고, 기존의 번역서 사이에서 발생하는 용어 혼란을 시정하며, 나아가 기존의 칸트 원전 번역이 안고 있는 비전문성을 극복하여 독자가 좀더 정확하게 칸트의 작품을 이해하게 될 것이다. 물론 『칸트전집』이 이러한 목표를 달성했는지는 독자의 판단에 달려 있으며, 이제 간행사업단과 '한국칸트학회'는 독자의 준엄한 평가와 비판에 겸허히 귀를 기울일 것이다.

끝으로 『칸트전집』을 성공적으로 간행하기 위해 노력과 시간을 아끼지 않고 참여해주신 번역자 선생님 모두에게 진심으로 감사하는 마음을 드린다. 간행사업단의 다양한 요구와 재촉을 견뎌야 했음에도 선생님들은 이 모든 과정을 이해해주었으며, 각자 소임을 다했다. 『칸트전집』은 실로 번역에 참여한 선생님들의 땀과 노력의 결실이라 할 수 있다. 또 한국연구재단의 지원 아래 『칸트전집』 간행사업을 진행할 수 있도록 큰 도움을 주신 '한국칸트학회' 고문 강영안, 이엽, 최인숙, 문성학, 김진 선생님께도 감사의 말씀을 전한다. 『칸트전집』 간행 사업을 원활하게 진행할 수 있었던 것은 무엇보다도 공동연구원 아홉 분이 활약한 덕분이다. 김석수, 김수배, 김정주, 김종국, 김화성, 이엽, 이충진, 윤삼석, 정성관 선생님은 번역 이외에도 용어 조정 작업, 해제와 옮긴이주 원칙 작성 작업, 번역 검토 기준 마련 등 과중한 업무를 효율적이고도 성실하게 수행해주었다. 특히 처음부터 끝까지 번역작업의 모든 과정을 꼼꼼히 관리하고 조정해주신 김화성 선생님께는 진정한 감사와 동지애를 전한다. 사업을 진행하기 위해 여러 업무와 많은 허드렛일을 처리하며 군말 없이 자리를 지켜준 김세욱, 정제기 간사에게는 그저 고마울 따름이다. 그뿐만 아니라 열악한 출판계 현실에도 학문 발전을 위한 소명 의식으로 기꺼이 『칸트전집』 출판을 맡아주신 한길사 김언호 사장님과 꼼꼼하게 편집해주신 한길사 편집부에도 심심한 감사의 말씀을 드린다.

2018년 4월
『칸트전집』 간행사업단 책임연구자
최소인

『칸트전집』 일러두기

1. 기본적으로 칸트의 원전 판본을 사용하고 학술원판(Akademie-Ausgabe)과 바이셰델판(Weischedel-Ausgabe)을 참조했다.

2. 각주에서 칸트 자신이 단 주석은 *로 표시했고, 재판이나 삼판 등에서 칸트가 직접 수정한 부분 중 원문의 의미 전달과 상당한 관련이 있는 내용은 알파벳으로 표시했다. 옮긴이주는 미주로 넣었다.

3. 본문에서 [ ] 속의 내용은 독자의 이해를 돕기 위해 옮긴이가 넣었다.

4. 본문에 표기된 'A 100'은 원전의 초판 쪽수, 'B 100'은 재판 쪽수다. 'Ⅲ 100'는 학술원판의 권수와 쪽수다.

5. 원문에서 칸트가 이탤릭체나 자간 늘리기로 강조 표시한 부분은 본문에서 고딕체로 표시했다.

6. 원문에서 독일어와 같이 쓴 괄호 속 외래어(주로 라틴어)는 그 의미가 독일어와 다르거나 칸트의 의도를 파악하는 데 도움이 될 경우에만 우리말로 옮겼다.

7. 칸트철학의 주요 용어에 대한 우리말 번역어는 「번역용어집」(한국칸트학회 홈페이지 kantgesellschaft.co.kr 참조할 것)을 기준으로 삼았지만 문맥을 고려해 다른 용어를 택한 경우에는 이를 옮긴이주에서 밝혔다.

차례

실용적 관점에서 본 인간학

인간학 제1편 인간학적 교수론: 인간의 내면과 외면을 인식하는 방식에 대하여

인간학 제2편 인간학적 성격론: 인간의 내면을 외면에서 인식하는 방식에 대하여

실용적 관점에서 본 인간학

홍우람·이진오 옮김

일러두기

『실용적 관점에서 본 인간학』(*Anthropologie in pragmatischer Hinsicht*) 번역은 1800년 발표된 원전 제2판(B판)을 대본으로 사용하되 1798년 발표된 원전 제1판(A판)과 대조했고, 베를린 학술원판(*Kant's gesammelte Schriften*, hrsg. von der Königlich Preußischen Akademie der Wissenschaften, Bd. Ⅶ, pp.117-333, Berlin, 1911)과 바이셰델판(*Immanuel Kant Werke in Zehn Bänden*, hrsg. von Wilhelm Weischedel, Bd. X, pp.395-690, Darmstadt, 1983)을 참조했다.

머리말

문화적으로 진보할 때마다 인간은 학습을 거듭한다. 이렇게 습득한 지식과 숙련이 세계를 위해 쓰이도록 하는 것이 모든 문화적 진보의 목표다. 그러나 이 세계에서 인간이 지식과 숙련을 발휘할 가장 중요한 대상은 인간이다. 인간의 궁극적 목적은 인간 자신이니 말이다. ― 그러므로 그 종에 의거하여 인간을 이성을 가진 지상의 존재 자로 인식하는 것은, 인간이 비록 지상의 피조물 중 일부를 이룰 뿐이라 해도, 특별히 세계지라고 불릴 만하다.

인간에 대해 체계적으로 작성된 지식 이론(인간학)은 **생리학적 관점**에서 본 것이거나 아니면 **실용적 관점**에서 본 것일 수 있다. ― 생리학적 인간지는 **자연**이 인간으로 무엇을 이루어내는지에 대한 탐구로 나아가고, 실용적 인간지는 자유로운 행위자인 **인간**이 스스로 무엇을 이루어내는지 그리고 무엇을 이루어낼 수 있으며 무엇을 이루어내야 하는지에 대한 탐구로 나아간다. ― 예를 들어 기억력의 근거가 될지도 모르는 자연 원인에 대해 숙고하는 사람은 수용된 감각이 남긴 흔적, [즉] 뇌에 남아 있는 인상의 흔적에 대해 이리저리 (데카르트처럼[1]) 억측해볼 수 있다. 그러나 동시에 그는 자신의 표상들이 펼치는 이 놀이에서 자신이 순전한 구경꾼이며 자연이 하는 대로 맡겨두어야 한다고 실토할 수밖에 없다. 그는 뇌의 신경과 섬유조직에 대해 알지 못하고 이것을 자신의 의도대로 조작하는 법도 몰라서, 이에 대한 모든 이론적 억측은 완전히 헛수고이기 때문이다. ― 그러나 만약 그가 기억에 방해가 되거나 도움이 된다고 여겨진 것에 관한 지각들을 기억을 확장하거나 촉진하기 위해 이용하고 이를 위해 인간에

BA Ⅵ 대한 지식을 사용한다면, 그것은 **실용적** 의도에 따른 인간학의 일부를 이룰 테고, 그것이 바로 우리가 여기서 다루는 것이다.

Ⅶ 120   그런 인간학은 학습에 뒤따르기 마련인 세계지로 여겨진다. 그런데 그런 인간학은 원래, 세계 안에 있는 사물, 예를 들어 다양한 지역과 기후에 속한 동물, 식물, 광물에 대한 광범위한 인식을 포함하는 경우가 아니라 **세계시민**으로서 인간에 대한 인식을 포함하는 경우에 비로소 **실용적**이라고 불린다. ― 그러므로 자연의 놀이에 속하는 산물

BA Ⅶ 인 인종에 대한 지식조차 실용적 세계지가 아니라 단지 이론적 세계지의 일부로 여겨질 뿐이다.

    더욱이 세계를 **안다**는 표현과 세계를 **갖는다**는 표현은 그 의미상 서로 동떨어진다. 세계를 안다는 것이 단지 놀이를 구경했고 그 놀이를 이해한다는 것이라면, 세계를 갖는다는 것은 놀이에 **참여**했다는 것이기 때문이다. ― 그러나 이른바 상류 세계, 즉 귀족 계층을 평가하기에 인간학자는 대단히 불리한 처지에 놓여 있다. 이 계층 사람들은 서로 너무 가까이 있는 데 비해 다른 사람들과는 너무 멀리 있기 때문이다.

    여행은 단지 여행기를 읽는 것뿐이라 해도 인간학의 외연을 확장

BA Ⅷ 하는 수단에 속한다. 그렇지만 인간지의 외연을 크게 확장하기 위해 바깥에서 무엇을 찾아야 하는지 알고 싶다면, 우리는 먼저 집 안에서 우리 도시나 지역의 동료들과 교류함*으로써 인간지를 얻었어야 한

BA Ⅸ 다. (이미 인간지를 전제하는) 그런 계획이 없다면 세계시민은 인간학

과 관련하여 항상 제한된 채로 남게 될 것이다. 일반적 **지식**이 철학에 의해 정돈되고 인도될 경우에는 항상 일반적 지식이 **국지적 지식**에 우선한다. 철학이 없다면 모든 습득된 인식은 주변에 대한 단편적 더듬거림에 불과하며 어떤 학문도 될 수 없다.

*　*　*

그러나 그런 학문에 철저하게 다다르려는 모든 시도는 인간 본성 자체에 수반되는 심각한 난점과 부딪친다.

1. 인간은 누군가 자신을 관찰하고 탐구하고자 한다는 사실을 알 　Ⅶ 121
아채면, 자기 자신을 있는 그대로 내보일 수 없어 당혹함(난처함)을 　BA X
나타내거나 아니면 자신이 알려지는 것을 원하지 않아서 자신을 위장한다.

2. 단지 자기 자신을 탐구하려 해도 인간은, 일반적으로 어떤 위장도 허용되지 않는 감정 상태와 관련된 경우에는 특히, 위험한 처지에 놓인다. 즉, 동기가 활동할 때 인간은 자신을 관찰하지 못한다. 그리고 인간이 자신을 관찰할 때2) 동기는 활동을 멈춘다.

3. 장소와 시간의 상황은 지속되는 경우 습관을 낳는다. 사람들이 말하듯이 습관은 또 하나의 본성이며, 인간이 자신을 무엇으로 간주 　BA XI
해야 하는지 자신에 대해 판단하는 것을 어렵게 만든다. 그러나 오

---

*　한 나라의 중심으로서 정부의 지방기관이 위치하며 (학문을 일구기 위한) 대학을 소유하고 있는 동시에 심지어 해상무역에 적합한 자리를 차지해서 강을 통해 나라 내부와 교역할 때뿐만 아니라 언어와 풍습이 다양한 원거리의 이웃 나라들과 교역할 때도 유리한 대도시, 예를 들어, 프레겔강가에 있는 쾨니히스베르크 같은 도시는 이미 인간지뿐만 아니라 세계지를 확장하기 위해서도 적합한 곳으로 생각될 수 있다. 이런 곳이라면 여행을 하지 않고도 그런 지식을 얻을 수 있다.

히려 습관은 인간이 자신과 교류하는 다른 사람들을 무엇으로 이해해야 하는지 판단하는 것을 더욱 어렵게 만든다. 그래서 운명을 통해 인간에게 정해진 위치의 변화 혹은 인간이 모험가로서 스스로 정한 위치의 변화는 인간학이 형식적 학문의 지위에 오르는 것을 매우 어렵게 만든다.

마지막으로 인간학을 위한 원천은 없다 하더라도, 세계사와 전기 그리고 심지어 희곡과 소설 등과 같이 인간학을 위한 수단은 있다. 물론 후자의 경우[3] 본래 기초에 놓인 것은 경험과 진리가 아니라 단지 허구일 뿐이고, 마치 꿈속 환상에서처럼 후자도 인물에 대해 그리고 인간이 놓인 상황에 대해 과장해서 표현하는 것이 허락된다. 따라서 후자는 인간 지식을 위해 아무것도 가르쳐주지 않는 것처럼 보인다. 그렇지만 리처드슨이나 몰리에르 같은 사람들이 기획해낸 그런 인물은 인간의 실제적 행동을 관찰해 그 특징을 취한 것이 분명하다. 이 특징은 정도에서는 과장되었어도 질에서는 인간의 본성과 일치해야 하니 말이다.

체계적으로 기획되었으면서도 (모든 독자가 찾아낼 수 있는 예와 관련시킴으로써) 실용적 관점에서 대중적으로 작성된 인간학은 독자를 위한 다음과 같은 이점이 있다. 즉, 인간에게서 관찰되는 실천과 관련된 이런저런 속성을 포괄하도록 제목을 완벽히 해서 인간학에 속하는 하나의 분야로 배치되도록 모든 특수한 것을 하나의 고유한 주제로 만들어낼 계기와 요구를 독자에게 제공한다. 이로써 이 인간학 작업은 저절로 이 연구의 애호가 사이에 확산되고 통일된 계획에 따라 점차 하나의 전체로 수렴된다. 그리하여 나중에는 [이 인간학이라는] 공익적 학문의 성장이 촉진되고 가속화된다.*

---

*   처음에는 내가 자발적으로 맡았지만 나중에는 내게 교무로 부과된 순수 철

학의 과업 중에서 나는 약 30년 내내 세계지를 목표로 삼는 두 강의, 즉 (겨
울학기에는) 인간학과 (여름학기에는) **자연지리학** 강의를 해왔다.[4) 이 강의
들은 대중 강연으로서 다른 계층의 사람들에게 참석하도록 권장되기도 했
다. 지금 이 안내서는 두 강의 중 첫째 강의에 대한 것이다. 그러나 내가 교
재로 사용했지만 나 이외에는 아무도 읽을 수 없는 수기를 통해 둘째 강의
에 대해 그런 안내서를 만들어내는 일은 내 나이에 비추어볼 때 지금 나에
게 거의 불가능할 것 같다.[5)

차례

　*　본문에서는 '자신의 표상에 관한 자의적 의식에 대하여'.

인간학 제1편
인간학적 교수론
인간의 내면과 외면을 인식하는 방식에 대하여

제1권[1)
인식능력에 대하여

자기 자신에 관한 의식에 대하여[2)

§ 1. 인간은 '나'에 대한 표상을 가질 수 있다는 사실에 의해 지상의 다른 모든 생물보다 무한히 우위에 선다. 그 때문에 인간은 하나의 인격이며, 자신에게 일어나는 모든 변화 중에도 의식을 통일하여 하나의 동일한 인격을 이룰 수 있다. 다시 말해 인간은 지위와 존엄성에 비추어볼 때, 우리가 마음대로 처리하고 지배할 수 있는 이성 없는 동물과 같은 그런 **사물**과는 완전히 구별되는 존재다. 이는 설령 인간이 아직 '나'를 말할 수 없다 하더라도 그렇다. 그런 때에도 인간은 '나'를 생각하기 때문이다. 특수한 단어로 '나임'을 표현하지 않더라도 1인칭으로 이야기하는 경우 모든 말에서 '나'를 생각해야 하는 것과 마찬가지다. 이 능력(즉, 생각하는 능력)이 **지성**이다.

그러나 어린아이가 이미 꽤 능숙하게 말할 수 있는데도 자신에 대해 3인칭으로(카알은 먹고 싶어, 가고 싶어 등) 이야기하면서 상당히 나중에야(아마도 약 1년 뒤) '나'를 처음 이야기하기 시작한다는 사실은 주목할 만하다. '나'를 사용해서 말하기 시작하는 순간 그 아이에게는 광명이 비치는 것처럼 보이고, 그날부터 그 아이는 결코 이전의 말하는 방식으로 더는 돌아가지 않는다. ─ 이전에 그 아이가 자기 자신을 단지 느낄 뿐이었다면, 지금 그 아이는 자기 자신을 생각한다. ─ 이 현상을 설명하는 일이 인간학자에게는 꽤 어려울지도 모른다.

관찰에 따르면 어린아이는 생후 3개월이 지나서야 울음이나 웃음을 표출하는데, 이는 이성을 암시할 수도 있는 어떤 표상, 즉 모욕과 부당행위에 대한 표상의 발달에 기인하는 것처럼 보인다. ─ 이 시기에 그 아이가 자신 앞에 놓인 반짝이는 대상을 눈으로 좇기 시작하는 Ⅶ 128 것은 지각(감각 표상의 포착)이 감각 대상에 대한 인식, 즉 경험으로 확장되기 위한 지각 발전의 서투른 출발점이다.

BA 5 더구나 어린아이가 막 말하기를 시도할 때 단어를 더듬거리는 것은 어머니와 유모가 그 아이에게 친절하고 애정을 갖도록[3] 만든다. 그래서 그들은 그 아이를 끊임없이 껴안고 그 아이에게 입 맞추게 되며, 모든 바람과 의지를 들어줌에 따라 그 아이를 작은 지배자로 잘못 키우게 된다. 인간성이 발현되기까지 그 시기에 이 피조물의 그런 사랑스러움은 틀림없이, 한편으로는 이 피조물의 모든 표현에서 나타나는 천진난만함과 솔직함, 즉 아무런 숨김도 악의도 없지만 아직 결함이 많은 모든 표현에서 나타나는 천진난만함과 솔직함 덕분이기도 하지만, 다른 한편으로는 애교를 부리며 타인의 의사에 전적으로 자신을 내맡기는 이 피조물에 대해 친절을 베푸는 유모의 자연적 성벽 덕분이기도 하다. 왜냐하면 이 피조물에게는 모든 시간 중에서 가장 행복한 놀이시간이 허락되고, 그때 보육자 자신도 말하자면 아이가 됨으로써 이 [어린 시절의] 안락함을 다시 한번 즐기게 되기 때문이다.

그러나 어린 시절에 대한 보육자의 회상은 그 시절에 결코 다다르지 못한다. 그 시절은 경험의 시절이 아니라 단지 산만한 지각의 시절, 아직 대상의 개념 아래에서 통일되지 못한 지각의 시절일 뿐이기 때문이다.

이기주의에 대하여

§ 2. '나'를 사용해서 말하기 시작하는 날부터 인간은 허용만 된다면 어디서나 사랑하는 자기 자신을 내세우고, 이기주의는 거침없이 진행된다. 공공연하게 그렇게 하지 않는다 해도 (만약 그럴 경우 타인의 이기주의가 그와 맞설 것이므로), 인간은 표면적으로 자기를 부정하고 겸손을 가장하여 더욱 확실하게 타인의 판단에서 특별한 가치 BA 6
를 부여받기 위해[4] 암암리에 그렇게 한다.

이기주의는 지성의 월권, 취미의 월권 그리고 실천적 관심의 월권이라는 세 가지 월권을 포함할 수 있다. 즉, 이기주의는 논리적이거나 미감적이거나 실천적일 수 있다.

논리적 이기주의자는 자신의 판단을 타인의 지성으로도 검토해보는 일이 불필요하다고 여긴다. 그에게는 마치 이런 시금석(진리의 외적 기준)이 전혀 필요하지 않은 것처럼 말이다. 그러나 우리의 판단이 진리임을 보장해주는 이 수단이 우리에게 없을 리 없다는 점, 그리고 아마도 이것이 학식 있는 국민이 그토록 간절히 문필의 자유를 외치는 가장 중요한 이유라는 점은 너무나 확실하다. 이 문필의 자유가 부정되면, 우리는 우리 자신의 판단이 올바른지 검토하는 중요 VII 129
한 수단도 마찬가지로 빼앗기게 되고 오류에 자신을 내맡기게 되기 때문이다. 적어도 수학은 그 고유한 절대적 권위로 판정 내릴 특권을 가진다고 말하는 것도 안 된다. 왜냐하면 측량가의 판단이 이 분야에 재능을 갖고 노력하는 다른 모든 사람의 판단과 철저히 일치한다는 사실이 앞서 지각되지 않으면, 수학조차 어디선가 오류에 빠질지 모른다는 걱정을 떨치지 못할 것이기 때문이다. ─ 또한 우리가 예를 들어 종소리가 단지 우리 귓속에만 있을 뿐인지 아니면 실제로 종이 울리는 것을 들었는지, 우리 자신의 감각만으로 판단한 것조차 믿지 BA 7 못하고 다른 사람들 역시 그렇게 생각하지 않는지 물어볼 필요가 있다고 생각하는 경우도 많다. 그리고 철학을 수행하면서 우리가 우리 자신의 판단을 확증하기 위해 마치 법률가가 법률에 정통한 사람의 판단을 근거로 삼듯이 타인의 판단을 근거로 삼아서는 안 되건만, 공표된 자기 의견으로 추종자를 얻지 못한 모든 작가는 그 의견의 중요성에도 불구하고 오류를 범했다는 의혹을 받게 될 것이다.

바로 그 때문에 일반적인 의견과 충돌하는 주장, 심지어 지적인 사람들과도 충돌하는 주장을 공적으로 펼치는 것은 하나의 모험이다. 이기주의와 유사한 이것은 기벽(奇癖)[5]이라고 한다. 어떤 것이 참이 아닌데도 위험을 감수하며 행하는 것이 아니라, 어떤 것이 소수에게만 수용될지 모르는데도 위험을 감수하며 행하는 것이 용감한 행위다. ─ 기벽을 애호하는 것은 말하자면 타인의 모방자가 되기보다 비범한 사람으로 보이고자 하는 논리적 아집인데, 그런 아집은 비범한 사람 대신 그저 괴짜를 만들어내는 경우가 잦다. 그러나 모든 사람은 자신의 고유한 의견을 가지고 주장해야 하므로 (모든 아버지가 그렇다 하더라도 나는 그렇지 않다.-아벨라르두스[6]) 만일 기벽이 차별화하고자 하는 허영심에서 기인한 것이 아니라면 기설에 대한 지적이 나쁜 의미를 갖는 것은 아니다. ─ 기벽과 대조되는 것은 일반적인 의견을 자기 것으로 삼는 평범성이다. 그러나 평범성도 안정적이지 못한 것은 마찬가지다. 안심시킨다는 점에서 평범성이 더 불안정한 것은 아니지만 말이다. 그 대신 기벽은 주의해서 탐구하도록 마음을 북돋아 종종 발견으로 인도한다.

미감적 이기주의자는 다른 사람들이 그의 시, 그림, 음악 등을 형편 없다고 생각하고 혹평하거나 심지어 비웃는다고 해도 자기 자신의 취미에 진정 만족하는 사람이다. 그가 자신의 판단만 지닌 채 홀로 고 BA 8 립되어 자신에게 박수 치며 예술의 아름다움에 대한 시금석을 오직 Ⅶ 130 자신 안에서만 찾을 때, 그는 더 좋은 것을 향해 진보하기를 스스로 포기하게 된다.

마지막으로 **도덕적** 이기주의자는 모든 목적을 자기 자신으로 한정 하고 자신에게 유용한 것 외에는 어디서도 유용성을 보지 못하는 사 람이다. 그는 자신의 의지에 대한 최상의 규정 근거를 의무에 대한 표상이 아니라 단지 유용성과 자신의 행복에만 두는 행복주의자다. 다른 사람도 각자 행복이라고 여기는 것을 저마다 달리 이해하므로 이기주의는 반드시 보편적으로 타당한 원리여야 하는 진정한 의무 개념의 시금석을 전혀 갖지 못하게 하는 것이니 말이다. ─ 그러므로 모든 행복주의자는 실천적 이기주의자다.

이기주의와 대조될 수 있는 것은 오직 다원주의, 즉 자신이 세계 전 체를 자기 안에 포괄하는 자라고 여기며 처신하는 것이 아니라 그저 세계시민이라고 여기며 처신하는 사고방식이다. ─ 인간학에 속하 는 것은 이 정도다. 왜냐하면 형이상학적 개념에 따라 [이기주의와 다원주의를] 구별하는 것에 대해 말하자면, 그런 구별은 여기서 다루 어야 할 학문의 영역에서 완전히 바깥에 있기 때문이다. 다시 말해서 단순하게, 생각하는 존재로서 내가 내 현존 이외에 나와 더불어 공동 체를 이루는 다른 존재 전체(이것이 세계라고 불린다)의 현존을 가정 할 이유가 있는지 묻는다면, 이 물음은 인간학적인 것이 아니라 그저 형이상학적인 것일 뿐이다.

주해
이기주의적 언어의 격식에 관하여

국민에게 말할 때 국가 원수의 언어는 요즈음 통상 복수형이다 (신의 은총으로 '우리'는 …… 등). 여기서 그 의미가 오히려 이기주의적인 것, 즉 절대적 권위를 내보이는 것은 아닌지, 그리고 스페인 왕이 "나, 국왕은"이라고 말하는 것과 정확히 동일한 것을 의미하는 것은 아닌지 의문이 든다. 그러나 최고 권위자의 이런 격식은 근원적으로 겸양(우리, 국왕과 그의 자문회 혹은 의회)을 나타내는 것처럼 보인다. ─ 그런데 오래된 고전적 언어에서 '너'[7]라고, 즉 단수로 표현했던 상호 호칭을 어떻게 다양한 민족이, 특히 게르만 민족이 복수로 '너희'라고 표시하게[8] 되었을까? 더욱이 독일인은 함께 이야기 나누는 사람에게 더 큰 경의를 나타내는 두 가지 표현, 즉 '그'와 '그들'[9] (마치 어떤 호칭도 아니며, 한 사람이건 여러 사람이건[10] 부재자에 대해 이야기하는 것처럼)이라는 표현을 고안했다. 그러고는 결국 호칭된 사람 밑으로 자신을 낮추고 타인을 자신 위로 높이는 불합리한 헛치레를 완성하기 위해 호칭된 사람에 준하는 인칭 대신 신분의 질을 추상하여 사용하기에 (폐하, 전하, 각하, 예하 등) 이르렀다. ─ 추측건대 이 모든 것은 봉건제도의 산물이다. 봉건제도에서는 왕의 존엄에서부터 모든 신분을 거쳐 인간의 존엄이 완전히 소멸되고 그저 인간이기만 할 뿐인 신분에 이르기까지, 즉 윗사람이 그저 '너'라고 호칭할 뿐인 농노나 아직 자기 의지를 가질 권리가 없는 아이 신분에 이르기까지 ─ 상위 신분의 사람에게 적절한 존경의 정도가 훼손되지 않도록 배려되었다.

자신의 표상에 관한 자의적 의식에 대하여

§3. 자신의 표상을 의식하려고 노력한다는 것은[11] 내가 의식하는 어떤 표상에 주의를 쏟거나 그 표상에서 주의를 돌리는 것이다. ── 주의를 돌리는 것은 단지 주의를 쏟는 것을 그만두거나 소홀히 하는 것 (이런 것은 주의가 산만한 것[12]일 테니)이 아니라 내가 의식한 어떤 표상이 하나의 의식 안에서 다른 표상들과 결합하지 못하도록 인식능력이 실제로 작용하는 것이다. ── 따라서 사람들은 **어떤 것을** 추상한다(추출한다)고 말하지 않고 **어떤 것에서** 추상한다고, 즉 내 표상의 대상에 대한 어떤 규정에서 추상한다고 말한다. 이렇게 추상함으로써 그 표상은 하나의 개념으로서 보편성을 얻게 되고, 그래서 그 표상은 지성 안에 수용된다.

어떤 표상이 감각능력을 통해 인간에게 밀려올 때조차 그 표상에서 추상할 수 있다는 것은 그 표상에 주의하는 것보다 훨씬 더 대단한 능력이다. 왜냐하면 그것은 사고 능력의 자유를 그리고 **자기 표상의 상태를 스스로 지배하는**[13] 마음의 자주권을 증명하기 때문이다. ── 이를 고려해보면 감각 표상과 관련하여 **추상** 능력은 주의 능력보다 훨씬 더 힘들기는 하지만 더 중요한 것이다. BA 11

추상할 수 없어서 불행한 사람이 많다. 구혼자는 자기 애인의 얼 Ⅶ 132 굴에 있는 사마귀나 이 빠진 자리에서 눈을 돌릴 수만 있다면 결혼을 잘 할 수 있을 것이다. 그러나 우리의 주의 능력은 무의식적이라 하더라도 하필 타인의 결함에 관심을 두는 특별한 악습이 있어서, 얼굴을 직접 마주한 사람의 상의에서 단추 하나가 떨어진 자리나 이가 빠진 자리 혹은 습관적인 언어 장애를 주시한다. 그리하여 타인을 당황하게 하고 자신의 즐거움뿐만 아니라 교제의 즐거움도 망쳐버린다. ── 핵심적인 것이 좋다면, 타인의 불행에서 눈을 돌리는 것, 심지어 우리 자신의 행운 상태에서조차 눈을 돌리는 것이 공정한 행동일 뿐만 아니라 영리한 행동이다. 하지만 이런 추상 능력은 오직 연습으로만 얻을 수 있는 마음의 힘이다.

자기 자신에 관한 관찰에 대하여

§4. 자기 자신에 주목하는 것은 아직 자기 자신을 관찰하는 것이 아니다. 후자는 우리 자신에게 일어난 지각들을 방법에 따라 취합하는 것으로, 자기 자신에 대한 관찰자의 일지에 소재를 제공하고, 쉽게 광신과 망상으로 인도한다.

BA 12 자기 자신에게 주의를 쏟는 것은 사람들과 관계 맺을 때 실제로 필수적이지만 교제 중에 그것이 드러나서는 안 된다. 그럴 경우에 그것은 **거북하게**(난처하게) 만들거나 **과장되게**(꾸미게) 만들기 때문이다. 이 둘 모두에 대해 반대되는 것은 **꾸밈없음**(편안한 태도)으로, 타인이 자신의 태도를 좋지 않게 평가하지 않을 거라고 자기 자신을 신뢰하는 것이다. 마치 거울 앞에 있는 자신이 어떤지 스스로 평가하려는 듯한 태도를 취하는 사람, 혹은 마치 자기 말을 (단지 타인이 들을 뿐만 아니라) 스스로 듣는 듯이 말하는 사람은 일종의 배우다. 그는 연기를 하려고 하면서 자기 자신의 인격을 가상으로 꾸민다. 그리하여 만일 사람들이 이런 노력을 알아채면 그는 타인의 판단에서 손해를 입는다. 이런 노력은 속이려고 했다는 의심을 일으키니 말이다. ─ 사람들은 이런 의심을 전혀 일으키지 않으면서 자신을 외적으로 내보이는 진솔한 태도를 **자연스러운** 행동이라고 한다(그렇다고 해서 이 행동이 미적 기예와 취미 도야를 모두 배제하는 것은 아니다).[14] 이런 행동은 단지 표현의 **진실성**만으로 호감을 준다. 그러나 동시에 천진함에서 비롯된 솔직함, 즉 이미 규칙이 된 꾸밈 기술의 부족에서 비롯된 솔직함이 말에서 드러나는 경우, 그것은 소박함이라고 부른다.

성년에 가까운 소녀나 도시 예절에 익숙하지 않은 농부가 자신을 Ⅶ 133 표현하는 솔직한 방식은 순진함과 천진함(꾸미는 기술에 대한 무지)으로, 그런 기술에 이미 숙달되고 약아빠진 사람들에게 즐거운 웃음을 선사한다. 그것은 경멸을 담은 비웃음이 아니다. 이때 사람들은 마음속으로 순수함과 올곧음을 존경한다. 오히려 그것은 꾸미는 기술 BA 13 이 미숙하다는 점에 대한 선량하고 자애로운 웃음이다. 그런 꾸미는 기술은 우리의 이미 부패한 인간 본성에 근거하지만 악한 기술이며, 아직 부패하지 않은 본성의 이념에 비추어본다면* 웃음 짓기보다 차라리 한탄해야 할 기술이다. 그것은 구름 낀 하늘이 햇빛을 통과시키기 위해 일부를 잠시 열었다가 이기심이라는 두더지의 약한 눈을 보호하기 위해 이내 다시 닫힐 때처럼 순간적 즐거움이다.

그러나 이 절의 본래 의도에 대해 말하자면 앞서 말했듯이 그것은 자신의 사고와 감정의 비자의적 흐름의 내적 역사를 탐색해서 흡사 학자처럼 기록하는 일에 결코 관여하지 말라고 경고하는 것이다. 이런 경고가 생겨나는 이유는 그런 일에 관여하는 것이 광명주의[16]와 공포주의에 빠지는 직통로이기 때문이다. 우리는 고차원적이라고 상상된 영감과 어디서 오는지 누구도 알지 못한 채 우리 개입 없이 우리 안으로 흘러든 힘으로 머리가 혼란스러워져 그런 광명주의와 공포주의에 빠진다. 왜냐하면 이때 우리는 우리 자신이 우리 안으로 가져온 것을 발견했다고 자기도 모르게 잘못 믿어버리기 때문이다. 우쭐한 생각을 가졌던 부리뇽[17]이나 두렵고 걱정스러운 생각을 가졌

---

* 이런 점을 고려해서 페르시우스의 유명한 시구를 "그들은 본성을 보면서 버려진 본성을 한탄한다"라고 패러디할 수 있다.[15]

던 파스칼[18] 같은 사람이 그렇다. 평소 뛰어난 두뇌의 소유자였던 알브레히트 할러[19]조차 그런 경우에 해당한다.[20] 할러는 곧잘 중단하곤 했지만 오랫동안 지속적으로 써온 자신의 영혼 상태에 대한 일기에서 마침내, 유명한 신학자이자 이전에 대학 동료였던 레스[21] 박사에게 자신의 불안한 영혼을 달래는 위안을 신학에 관한 그의 방대한 보고 속에서 만날 수는 없을지 질문하기에 이르렀다.

내가 내 안에 있는 **표상능력**의 다양한 작용을 **호출**할 때 그 작용을 관찰하는 것은 충분히 고려할 가치가 있고, [특히] 논리학과 형이상학을 위해서는 필수적이고 유용하다. — 그러나 그 작용들이 **호출되**

지 않고도 스스로 마음에서 일어날 때(이런 일은 의도 없이 무언가를 꾸며내는 상상력의 놀이로 생긴다) 몰래 엿보려는 경우, 사고의 원리가 (마땅히 그래야 하듯이) 선행하지 않고 뒤따르게 되므로 인식능력의 자연 질서가 뒤집힌다. 그렇게 몰래 엿보는 것은 이미 마음이 병든 것(우울증)이거나 아니면 마음을 병들게 해서 정신병원에 가게 만들 그런 것이다. **내적 경험**에 대해(은총이나 시련에 대해) 많은 이야기를 할 줄 아는 사람은 자기 자신을 탐구하는 탐사 여행에서 항상 그저 안티키라[22]에 선착하는 것에 불과할지도 모른다. 왜냐하면 그런 내적 경험의 사정은 공간 속에 있는 대상에 대한 **외적 경험**과 같지 않기 때문이다. 공간 속에서 대상들은 서로 나란히 그리고 영속적으로 고정된 것으로 현상한다. 내감은 자기 규정들의 관계를 단지 시간 속에서만, 따라서 흐름 속에서만 바라보는데, 이 경우 관찰의 지속성은 경험을 위해 필수적임에도 불구하고 일어나지 않는다.*

---

* 하나의 개념(사고)을 가능하게 하는 내적 작용(자발성)인 반성과 하나의 지각, 즉 경험적 직관을 가능하게 하는 감수성(수용성)인 포착을 둘 다 우리가 의식적으로 표상한다면, 자기 자신에 대한 의식(통각)은 반성의 의식과 포착의 의식으로 구분될 수 있다. 이때 전자를 내감이라고 잘못 부르기도 하

§5. "표상을 가지고 있지만 의식하지는 않는다"는 것에는 모순이 있는 것처럼 보인다. 우리가 그것을 의식하지 않는다면 가지고 있다는 사실을 어찌 알 수 있겠는가? 로크가 이미 이런 이의를 제기했으며, 바로 그 때문에 로크는 그런 종류의 표상이 존재한다는 것을 거부했다. ─ 그러나 우리는 어떤 표상을 **직접적으로** 의식하지 않으면 BA 16 서도 그 표상을 가지고 있음을 **간접적으로** 의식할 수 있다. ─ 이때 그와 같은 표상은 **모호한** 표상이라고 부른다. 그 외의 표상은 **명확한** 표상이고, 이 표상 전체의 부분 표상들과 부분 표상들의 결합까지 명확하다면 이 표상은 사고의 표상이건 직관의 표상이건 **분명한** 표상이다.

　내게서 멀리 있는 초원 위의 어떤 사람을 내가 보고 있다고 의식할 때, 비록 그의 눈, 코, 입 등을 본다고 의식하지 않아도, 실제로 나는 저것은 사람이라고 단정한다. 왜냐하면 내가 머리의 이런 부분들

지만, 전자는 지성의 의식이고 후자가 내감이며, 전자는 순수한 통각이고 후자는 경험적 통각이다. 심리학에서 우리는 내감의 표상에 따라 우리 자신을 연구하지만 논리학에서는 지성적 의식이 건네준 것에 따라 우리 자신을 연구한다. 그런데 여기서 '나'는 우리에게 (모순적이겠지만) 이중적으로 나타난다. 1) (논리학에서) 사고의 주체인 '나'. 이것은 순수한 통각을 의미하고(단지 반성할 뿐인 나), 이것에 대해 더 언급될 것은 아무것도 없으며, 이것은 하나의 완전히 단순한 표상이다. 2) 지각의 객체, 따라서 내감의 객체인 '나'. 이것은 내적 경험을 가능하게 하는 다양한 규정을 함유한다.
　사람의 마음(마음의 기억이나 마음이 받아들인 원칙들)이 다양하게 내적으로 변화하는 동안 그 사람이 그런 변화를 의식할 때, 그가 바로 그 동일한 사람이라고 여전히 말할 수 있느냐는 질문은 부당한 질문이다. 왜냐하면 BA 16 그는 오직 다양한 상태에 있는 자신을 하나의 동일한 주체로 표상함으로써만 그런 변화를 의식할 수 있으며, 인간인 '나'는 형식(표상 방식)에 따라 보면 이중적이지만, 질료(내용)에 따라 보면 이중적이지 않기 때문이다.

을 (그리고 이 사람의 나머지 부분들도 역시) 지각한다고 의식하지 않는다는 이유로 이 사람에 대한 표상을 내 직관 안에 전혀 가지고 있지 않다고 주장하려 한다면, (머리 또는 사람의) 전체 표상은 이런 부분 표상들로 구성되므로 나는 어떤 사람을 보고 있다고 말할 수도 없을 것이기 때문이다.

우리가 가지고 있다고 의심 없이 단정할 수 있으면서도 의식하지 못하는 우리의 감각적 직관과 감각의 영역, 즉 사람에게 있는 (그리고 동물에게도 역시 있는) **모호한 표상들**의 영역은 광활하다. 이와 반대로 명확한 표상은 표상들 중에서 의식에 드러나는 한없이 적은 수의 점만 포함한다는 사실, 말하자면 우리 마음이라는 거대한 **지도** 위에서 단지 소수의 장소에만 **빛**이 비친다는 사실은 우리 자신의 존재에 대한 경탄을 불러일으킬 수 있다. 왜냐하면 더 상위의 어떤 능력자는 단지 "빛이 있으라!"고 외치기만 하면 아무런 도움 없이도 (예컨대, 우리가 어떤 작가를 그의 기억 속에 있는 모든 것과 더불어 상상해본다면) 이를테면 세계의 절반 정도가 그의 눈앞에 놓일 것이기 때문이다. (아마도 달을 향한) 망원경이나 (적충류를 향한) 현미경으로 발견하는 것은 모두 육안으로도 보인다. 왜냐하면 이런 광학 도구는 인공적 도구 없이 망막에 그려지는 것보다 광선을 더 많이 그리고 그 광선으로 만들어지는 상을 더 많이 눈에 가져오지는 않기 때문이다. 이런 광학 도구는 단지 그런 것을 더 크게 퍼뜨려 우리에게 의식되게 하는 것뿐이다. ─ 이것은 청각에 대해서도 똑같이 타당하다. 음악가가 자기 옆에 서 있는 사람과 이야기를 잘 나누면서도 열 손가락과 양발을 이용해서 오르간으로 어떤 환상곡을 연주할 때를 생각해보자. 이때 그 음악가의 영혼 안에서는 잠깐 사이에 많은 표상이 떠오르는데, 그 표상들 각각은 더욱이 선택받기 위해 어울림에 관한 특수한 판단을 필요로 한다. 화음에 적합하지 않은 단 한 번의 손가락 타

BA 17

Ⅶ 136

건도 즉시 불협화음으로 들릴 테니 말이다. 그럼에도 전체는 잘 마무리된다. 그래서 자유롭게 즉흥 연주를 펼친 음악가는 자신이 운 좋게 연주해낸 많은 부분, 아마도 평소라면 아무리 노력해도 그렇게 잘해낼 거라고 기대하지 못할 많은 부분을 악보로 담아두었다면 좋았을 거라고 자주 바랄 것이다.

모호한 표상들의 영역은 이렇게 인간에게 가장 큰 영역이다. 그러 BA 18
나 이 영역은 단지 인간의 수동적인 부분에서 감각의 놀이로 인간에게 지각되므로 모호한 표상에 대한 이론은 오직 생리학적 인간학에만 속할 뿐이지 우리가 여기서 목표로 삼는 실용적 인간학에는 속하지 않는다.

우리는 종종 모호한 표상들을 가지고 놀이하면서, 상상력에서 애호되거나 애호되지 않는 대상들을 압도하는 일에 관심을 갖는다. 하지만 우리 자신이 모호한 표상들의 놀이거리가 되는 경우가 더 잦으며, 그때 우리 지성은 모호한 표상들이 착각임을 인정하면서도 그런 모호한 표상들의 영향으로 불합리에 빠져 벗어나지 못한다.

성적 사랑의 실제 목적이 호의가 아니라 오히려 그 대상에 대한 향유인 한에서, 성적 사랑의 상황도 마찬가지다. 인간이 애호하긴 하지만 인간을 비천한 동물류와 매우 가까운 친족관계에 있는 것으로 보이게 만드는 것, 그리하여 부끄러움이 요구되고, 상류사회에서는 미소를 자아내기에 충분히 솔직하면서도 결코 노골적이지 않은 표현으로 드러내야 하는 것, 바로 그것을 얇은 천으로 가리기 위해 옛날부터 얼마나 많은 기지가 허비되어야 했던가. — 여기서 상상력은 모호함 속에서 즐겁게 소요할 수 있는데, 견유주의를 피하려고 어리석은 결벽주의에 빠지는 위험에 처하지 않으려면, 언제나 범상치 않은 기술이 필요하다.

그 외에 우리가 지성에 의해 조명되더라도 사라지려 하지 않는 모 BA 19

호한 표상의 놀이거리가 되는 경우는 충분히 자주 있다. 자기 무덤을 자신의 정원이나 그늘진 나무 아래에 마련할지 아니면 들판이나 메마른 땅에 마련할지는 죽음을 앞둔 사람에게는 중요한 문제다. 비록 전자의 경우에는 아름다운 경치를 바라서는 안 되고, 후자의 경우에는 습기에 의한 감기를 염려할 이유가 없다 해도 말이다.

"옷이 그 사람을 만든다"는 말은 지적인 사람에게도 어느 정도 유효하다. 예컨대, "맞이할 때는 손님 옷에 맞추고, 배웅할 때는 손님 지성에 맞춘다"는 러시아 속담도 있다. 그러나 지성은 옷을 잘 차려입은 사람이 만들어낸 인상, 즉 모종의 중요성에 대한 모호한 표상의 인상을 막아낼 수는 없다. 다만 지성은 적어도 그런 모호한 표상에 관하여 일시적으로 내려진 판단을 나중에 바로잡으려고 결심할 수 있다.

간혹 해 질 녘이나 안개 속에서 본 대상들이 원래보다 더 크게 보이듯이,* 심지어 심오하고 철저한 척하기 위해 부자연스러운 모호성을 이용하고 바라던 결과를 얻는 경우가 종종 있다. "스코티손"[23](모 호하게 만들라)은 지혜의 보물을 찾는 사람들을 유혹하기 위해 모호성을 꾸며내는 모든 신비주의자의 표어다. — 그러나 일반적으로 한 편의 글에서 어느 정도의 수수께끼는 독자에게 환영받을 만하다. 그런 구절로 독자는 모호한 것을 명석한 개념으로 해명해내는 자기 자

---

* 반대로 일광 속에서 보면, 주위 대상들보다 더 밝은 것이 역시 더 크게 보인다. 예컨대, 흰 양말은 검은 양말보다 발을 더 굵어 보이게 하고, 높은 산 위에 놓인 불은 측량으로 확인되는 것보다 더 크게 보인다. 아마도 이로부터 지평선 가까이에서 달이 더 크게 보일 뿐만 아니라 별들 사이의 거리가 더 넓게 보이는 것이 설명될 수 있을 것이다. 왜냐하면 두 경우에서 모두 밝게 빛나는 대상들은 하늘 높이 있을 때보다 지평선 가까이 있을 때 더 어두운 대기층을 통해 보이도록 우리에게 나타나고, 어두운 것은 주위의 빛에 의해 더 작게 판정되기 때문이다. 사격 연습에서도 역시 중앙에 하얀 원이 있는 검은 과녁이, 이와 반대인 과녁보다 명중하기에 더 유리하다.

신의 총명함을 체감하니 말이다.

자신의 표상에 관한 의식에서 분명성과 불분명성에 대하여

§ 6. 자신의 표상에 관한 의식이 어떤 대상을 다른 대상과 **구별**하기에 충분할 때 그 의식은 **명확**하다. 그러나 의식에 의해 표상들의 합 Ⅶ 138 성도 역시 명확해진다면 그 의식은 **분명**하다고 부른다. 이 분명한 의식만이 표상들의 집합을 인식이 되게 만든다. 이때 인식 안에서는 저 다양한 표상들의 질서가 생각되는데, 의식적인 모든 합성은 의식의 통일을, 따라서 합성의 규칙을 전제하기 때문이다. ─ 분명한 표상 BA 21 과 반대되는 것은 **혼란한 표상**(혼동된 지각)일 수 없다. 분명한 표상과 반대되는 것은 오직 **불분명한** (단지 명석하기만 한) 표상이어야 한다. 혼란한 것은 합성된 것일 수밖에 없다. 단순한 것에는 질서도 혼란도 없기 때문이다. 그러므로 혼란은 불분명성의 원인이지 정의는 아니다. ─ 모든 인식은 (인식을 위해서는 항상 직관과 개념이 필요하므로) 많은 것을 포함하는 표상(복합 지각)이며, 그런 표상 안에서 분명성은 부분 표상들을 합성하는 질서에 근거를 둔다. 이때 부분 표상들은 (오직 형식과 관련하여) 상위표상과 하위표상(1차 지각과 2차 지각)의 단지 논리적인 구분을 야기하거나 아니면 주요한 표상과 부수적 표상(주요 지각과 부수 지각)의 **실재적인** 구분을 야기한다. 이런 질서를 통해 인식은 분명하게 된다. ─ 주지하듯이, 인식능력 일반을 지성이라고 (이 단어의 가장 일반적 의미에서) 칭해야 한다면, 이 지성은 대상들에 대한 **직관**을 산출하기 위해서는 주어진 표상들의 **포착 능력**(주의)을, 대상들에 대한 개념을 산출하기 위해서는 여러 표상에 공통적인 것의 **분리 능력**(추상)을, 대상에 대한 인식을 산출하기 위해서

는 성찰 능력(반성)을 포함해야 한다.

사람들은 이런 능력들을 탁월하게 소유한 사람을 수재라고 부르고, 이런 능력들을 아주 조금 타고난 사람을 (그는 항상 다른 사람에 의해 이끌려갈 필요가 있으므로) 둔재라고 부른다.[24] 그러나 이런 능력들을 사용할 때 심지어 독창성을 발휘하는 사람은 (독창성 덕분에 BA 22 이 사람은 대개 남의 지도 아래에서 배워야 하는 것을 스스로 산출한다) 천재라고 부른다.

알기 위해서는 반드시 배워야 하는 것을 배우지 못한 사람은, 만약 그 사람이 배운 사람으로 보이길 원하는 한[25] 반드시 그것을 알아야 했다면, 무지한 사람이라고 불린다. 이런 요구가 없다면 그는 위대한 천재일 수 있기 때문이다. 많은 것을 배울 수 있지만 스스로 생각할 수 없는 사람은 답답한(고루한) 사람이라고 불린다. ─ 어떤 사람은 대단 VII 139 히 박식한 사람(자신이 배운 대로 타인을 가르치는 기계)이면서도 자신의 역사적 지식에 대한 이성적 사용과 관련해서는 매우 고루할 수 있다. ─ 자신이 배운 것을 공개적으로 전달할 때 학교 식의 강제(그러므로 스스로 생각하는 자유의 결핍)가 드러나도록 행동하는 사람은 완고한 사람이다. 그렇다 하더라도 그 사람은 학자나 군인, 심지어 신하일 수도 있다. 이 중에서 그나마 원칙상 가장 견딜 만한 사람은 완고한 학자다. 그래도 그에게서 우리는 배울 수 있기 때문이다. 이에 반해서[26] 신하들이 격식을 차릴 때 드러내는 꼼꼼함(완고함)은 단지 쓸모없을 뿐만 아니라 완고한 사람에게 불가피하게 나타나는 자만심 때문에 심지어 우스꽝스럽게 된다. 그런 것은 무지한 사람의 자만심이기 때문이다.

사교적인 어조로 말하고 일반적으로 유행에 따라 자신을 내보이는 그런 기술 혹은 더 정확히 말해서 그런 능숙함은 특히 학문과 관련해서 대중성이라고 잘못 불리지만, 그것은 오히려 장식된 천박성이라

고 불려야 마땅하다.[27] 그런 기술이나 능숙함은 답답한 사람의 수많
은 부족함을 은폐하는 것이다. 하지만 그런 것에 잘못 이끌리는 것은
어린아이들뿐이다. "(애디슨[28] 곁에 있던 퀘이커교도가 마차 안에서
자기 옆에 앉아 수다를 떠는 장교에게 말하기를) 당신의 북은 당신의
상징이오. 북이 비어 있으니 북이 울리는 것이지요."

사람들을 그들이 지닌 인식능력(지성 일반)에 따라 판단하기 위해
우리는 그들을 모름지기 **평범하지**(통속 감각) 않은 **공통감**(공통 감각)
을 부여받은 것이 틀림없는 사람과 학식을 가진 사람으로 구분한다.
전자는 사례에 적용할 때 (구체적으로) 규칙들에 정통한 사람이고,
후자는 적용에 앞서서 그 자체로 (추상적으로) 규칙들에 정통한 사람
이다. ─ 전자의 인식능력에 속하는 지성은 **건전한 인간 지성**(양식[29])
이라고 불리고, 후자의 인식능력에 속하는 지성은 **명석한 두뇌**(총명
한 기질)라고 불린다. ─ 놀라운 것은 통상 단지 실천적 인식능력으
로 간주되는 건전한 인간 지성을 사람들은 수련하지 않아도 괜찮을
뿐만 아니라 충분히 깊은 수련이 이루어지지 않을 경우 어쩌면 수련
으로 해를 입을 수도 있는 능력으로 여기고, 따라서 그 능력을 광신
에 이르기까지 찬양하면서 마음 깊은 곳에 숨겨놓은 소중한 보고로
생각한다는 점이다. 그래서 가끔 사람들은 그 능력의 진술을 마치 신
탁(소크라테스의 수호신)처럼, 강단의 학문이 늘 시장에 내놓을 모든
것보다 더 신뢰할 만한 것이라고 공언한다. ─ 이제 확실한 것은 어
떤 문제의 해결이 지성의 보편적이고 선천적인 규칙(이런 규칙의 소
유를 타고난 지혜라고 부른다)에 근거를 둔다면, 인위적으로 정해진
강단의 원리(습득한 지혜)를 찾아서 그런 원리에 따라 자신의 결정을
내리는 것은 마음의 모호함 속에 놓여 있는 판단의 수많은 규정 근거
에 의해 결정 내릴 때보다 더 위험하다는 점이다. 이런 [후자의] 것을
우리는 논리적 촉각이라고 부를 수 있는데, 이때는 마음 안에서 일어

나는 작용들이 의식되지 않은 채 대상에 대한 성찰이 여러 측면에서 이루어지고 올바른 결과를 산출해낸다.

그러나 건전한 지성은 경험의 대상과 관련해서만 이런 장점을 증명할 수 있다. [건전한 지성은] 경험을 통해 인식을 증진할 뿐만 아니라 그것(경험) 자체를 확장하지만, 이는 사변적 고려에 따른 것이 아니라 단지 경험적-실천적 고려에 따른 것이다. 사변적 고려에서는 아프리오리한 학문적 원리가 필요하지만 경험적-실천적 고려에서는 경험도 역시, 즉 시도와 결과를 통해 계속 입증되는 판단도 역시 있을 수 있기 때문이다.

BA 25   ## 지성과 대조되는 감성에 대하여[30]

§ 7. 표상들의 상태와 관련해서 내 마음은 **능동적**이면서 능력을 내보이든가 아니면 **수동적**이면서 감수성(수용성)으로 존속한다. 하나의 인식 안에서 이 양자는 결합되어 있고, 이런 인식을 갖게 할 가능성은 **인식능력**이라는 이름을 지니는데, 이 이름은 인식에서 가장 중요한 부분, 즉 표상들을 결합하거나 서로 분리하는 마음의 활동에서 가져온 것이다.

어떤 표상과 관련해서 마음이 수동적 태도를 취하고 따라서 그 표상을 통해 주관이 촉발된다면(그런데 주관은 자기 자신에 의해 촉발되기도 하고 어떤 객관에 의해 촉발되기도 한다), 그 표상은 **감성적 인식능력**에 속한다. 그러나 오직 **행위**(사고)만을 포함하는 표상들은 **지성적 인식능력**에 속한다. 전자는 하위의 인식능력이라고 하지만 후자는 **상위의 인식능력**이라고 불리기도 한다.* 전자는 감각에 대한 내감의 **수동성**을 특성으로 지니고 후자는 통각의 자발성, 즉 활동에 대한

BA 26; Ⅶ 141

순수한 의식의 자발성을 특성으로 지닌다. 이 활동은 사고를 형성하며 논리학(지성 규칙의 체계)에 속한다. 이는 전자가 **심리학**(자연법칙 아래에서 모든 내적 지각의 총체)에 속하며 내적 경험에 기초를 놓는 것과 같다.

주해. 표상의 대상은 오직 내가 그 대상에 의해 촉발되는 방식만을 포함하고, 나는 그 대상을 오직 내게 현상하는 대로만 인식할 수 있다. 그리고 외적 경험과 마찬가지로 내적 경험도, 즉 모든 경험(경험적 인식)은 (그 자체로만 볼 때) 있는 그대로 대상을 인식하는 것이 아니라 우리에게 **현상하는** 대로 대상을 인식하는 것이다. 왜냐하면 객관의 사고(객관에 대한 개념)가 뒤따르게 되는 감성적 직관이 어떤 종류일지는 이제 단지 표상의 객관이 지니는 성질이 아니라 주관과 주관의 감수성이 지니는 성질에 달려 있기 때문이다. ── 그런데 이 수 BA 27 용성의 형식적 성질은 감각능력에서 얻을 수 있는 것이 아니라 (직관으로서) 아프리오리하게 주어져야 한다. 즉, 그것은 (감각능력을 통한 감각을 포함해서) 모든 경험적인 것이 제거되더라도 남아 있는 감성

---

* 감성을 단지 표상들의 불분명성으로 정립하고, 그와 반대로 지성을 표상들의 분명성으로 정립한 것, 그리고 이를 통해 단지 사고의 형식만이 아니라 내용과도 관련되는 의식의 **실재적**(심리적) 구별 대신, 의식의 순전히 형식적(논리적) 구별을 정립한 것은 라이프니츠-볼프 학파의 큰 잘못이었다. BA 26 즉, 그들은 감성을 단지 (부분 표상들의 명확함에 대한) 결핍으로, 따라서 불분명성으로 정립한 데에 반해서 지성 표상의 성질은 분명성으로 정립했는데, 이것은 잘못이다. 왜냐하면 감성은 불분명함에도 불구하고 매우 긍정 Ⅶ 141 적인 것이며 인식을 산출하기 위해서 반드시 지성 표상에 더해져야 하는 것이기 때문이다. 실제로 라이프니츠는 이 잘못에 책임이 있었다. 그는 플라톤 학파에 심취하여 이데아라고 불리는 선천적인 순수한 지성적 직관을 인정했으니 말이다. [라이프니츠에 따르면] 이 지성적 직관은 인간의 마음 속에서 당장은 단지 혼란스럽게 발견될 뿐이며, 그것을 주의 깊게 분석하고 해명함으로써만 우리는 객관을 있는 그 자체로 인식하게 된다.

적 직관이어야 하고, 직관에서 이런 형식적인 것은 내적 경험에서의 시간이다.

경험이란 경험적 인식이지만, (인식은 판단에 근거를 두므로) 인식은 성찰(반성)을 필요로 하고, 따라서 의식을 필요로 한다. 다시 말해서 인식은 다양을 통일하는 규칙에 따라 표상의 다양을 정돈하는 활동[의 의식]을, 즉 개념과 (직관함과 구별되는) 사고 일반을 필요로 한다. 그래서 의식은 (논리적 의식으로서 규칙을 제공하기 때문에 우선해야 하는) 추론적 의식과 직관적 의식으로 구분되고, 전자(자기 마음의 작용에 대한 순수 통각)는 단순하다. 반성의 '나'는 자신 안에 어떤 다양도 지니지 않으며, 모든 판단에서 항상 하나이고 동일한데, 반성의 '나'는 의식에서 오직 형식적인 것만을 포함하기 때문이다. 반대
VII 142 로 내적 경험은 의식에서 질료적인 것과 경험적인 내적 직관의 다양, 즉 포착의 '나'(따라서 경험적 통각)를 포함한다.

사고하는 존재인 '나'는 말하자면 감각하는 존재인 '나'와 동일한 하나의 주관이다. 그러나 내적인 경험적 직관의 객관으로서 '나'는,
BA 28 즉 동시적이건 연속적이건 감각에 의해 시간 속에서[31] 내적으로 촉발되는 한에서 나는 나를 사물 자체로 인식하지 않고 단지 나 자신에게 현상하는 대로만 인식한다. 왜냐하면 경험적 직관의 객관으로서 나는 지성 개념이 아닌 (따라서 순수한 자발성이 아닌) 시간 조건, 그러므로 내 표상능력을 수동적이라고 (그리고 수용성에 속한다고) 여기게 하는 조건에 의존하기 때문이다. — 그러므로 나는 나를 항상 내적 경험을 바탕으로 단지 나에게 현상하는 대로만 인식한다. 이때 이 명제는 자주 악의적으로 왜곡되곤 한다. 즉, 마치 이 명제가, 내가 어떤 표상과 감각을 지녔다는 것이, 심지어 일반적으로는 내가 실존한다는 것이 단지 나에게 그렇게 가상으로 나타나는(나에게 그렇게 보이는) 것일 뿐임을 뜻하고자 한 듯이 왜곡된다. 가상은 객관적 원인으로 오인된 주관적 원인에서 생기는 잘못된 판단의 근거다. 그러나 현상은 전혀 판단이 아니다. 현상은 단지 경험적 직관일 뿐이고, 반성을 통해 그리고 반성에서 생겨난 지성 개념을 통해 내적 경험이 되는 것 그리고 그에 따라 진리가 되는 것이다.

내감과 **통각**이라는 두 단어가, 전자는 단지 심리적(응용적) 의식을 가리키고 후자는 논리적(순수한) 의식을 가리킴에도 불구하고, 심리학자들에 의해 대개 동일한 의미로 간주된다는 사실이 이런 잘못의 원인이다. 그러나 우리가 우리를 단지 내감을 통해 우리가 우리에게 **현상하는** 대로만 인식할 수 있다는 사실이 밝혀지는 이유는 내감의 인상들에 대한 포착이 주관의 내적 직관에 대한 형식적 조건, 즉 시간을 전제하기 때문이다. 시간은 지성 개념이 아니므로 인간 영혼의 BA 29 성질에 따라 우리에게 내적 감각이 주어지듯이, 단지 주관적 조건으로만 타당하다.[32] 따라서 이러한 시간은 우리가 객관을 그 자체로 인식하게 하는 것이 아니다.

* * *

이 주해는 원래 인간학에 속하지 않는다. 인간학에서는 지성 법칙에 따라 통일된 현상들이 경험들이며, 인간학은 사물들에 대한 표상 방식을 따르면서 어떻게 사물들이 **감각능력**과 맺게 되는 관계를 고려하지 않고서도 (따라서 그 자체로) 있는지에 대해서 전혀 묻지 않는 VII 143 다. 그런 연구는 아프리오리한 인식의 가능성을 다루는 형이상학에 속하기 때문이다. 그러나 사변적인 머리를 가진 사람이 이 질문과 관련해서 단지 잘못만이라도 범하지 않게 막을 수 있을 정도만큼은 되짚어볼 필요가 있었다. ─ 덧붙이면, 내적 경험을 통한 인간의 지식은 대단히 중요한데, 인간은 그런 지식에 의해서 타인도 판정하기 때문이다. 그러나 동시에 그런 지식은 타인을 올바르게 판정하는 것보다 어쩌면 훨씬 더 어렵다. 자신의 내면을 탐구하는 사람은 그저 관찰하는 것이 아니라 많은 것을 자기의식 안으로 쉽게 끌어들이기 때문이다. 그래서 자기 자신 안에서 관찰되는 현상에서 시작하고, 그다음에 비로소 인간의 본성과 관련된 어떤 명제를 주장하는 것으로, 즉 내적 경험으로 나아가는 것이 효과적이고 심지어는 필수적이다.

BA 30

감성에 대한 변론

§ 8. 상위의 인식능력이라는 명칭이 이미 보여주듯이, 누구나 지성에 존경을 표한다. 지성을 찬미하려 하는 사람은 덕의 찬양을 독려하는 연설가가 받았던 그 조롱(어리석구나! 일찍이 누가 덕을 비난하기라도 했단 말인가!) 속에서 쫓겨날 것이다. 그러나 감성은 평판이 나쁘다. 사람들은 감성에 대해 안 좋은 말을 많이 한다. 예를 들어, 1) 감성은 표상력을 혼란스럽게 한다거나, 2) 감성은 허풍스럽게 큰소리치고, 그저 지성의 시녀여야 함에도 마치 여왕처럼 고집스럽고 통제하기 어렵다거나, 3) 감성은 심지어 기만적이어서 인간은 감성과 관련하여 충분히 경계할 수 없다는 식으로 말이다. ─ 그러나 다른 한편으로 감성을 찬양하는 사람도 적지 않다. 특히 시인이나 취미를 가진 사람들 가운데 그런 이들이 적지 않은데, 그들은 지성 개념의 감성화를 유익한 일이라고 칭송할 뿐만 아니라 바로 이런 점에서 그리고 지성 개념이 그렇게 난처할 만큼 면밀하게 요소들로 분해되어서는 안 되리라는 점에서, 언어의 함축성(사유의 풍부함)과 강조성(강력함) 그리고 표상의 명확성(의식 안에서 선명함)을 수립하는 반면, 지성의 노골성을 빈곤성이라고 서슴없이 설명한다.* 여기서 우리는 찬양인이

BA 31

50 제1편 인간학적 교수론

필요한 것이 아니라 단지 고발인에 맞서는 변호인이 필요할 뿐이다.

감성에서 수동적인 것, 그럼에도 우리가 버릴 수 없는 것, 그것이 사 Ⅶ 144 람들이 감성에 대해 말하곤 하는 모든 해악의 본래 원인이다. 인간의 내적 완벽성에서 핵심은 인간이 자신의 모든 능력을 자기 통제 아래 사용하고 그리하여 그 모든 능력을 자신의 자유로운 자의에 종속시킨다는 점이다. 그러나 이를 위해서는 반드시 지성이 지배적이면서도 (사고하지 않기에 그 자체로는 천민에 해당하는) 감성을 약화하지 않아야 한다. 감성이 없다면 입법적 지성을 사용하기 위해 가공될 수 있는 어떤 소재도 주어지지 않을 테니 말이다.

첫째 고발에 대한 감성의 변호

§ 9. 감각능력은 혼란스럽게 하지 않는다. 주어진 다양을 포착하긴 했지만 아직 정돈하지 않은 사람에게 그가 다양을 혼란스럽게 한다고 말할 수는 없다. 감각능력의 지각(의식된 경험적 표상)은 단지 내적 현상이라고 불릴 수 있다. 그에 더해서 사고의 규칙에 따라 지각을 결합하는 (다양 안에 질서를 부여하는) 지성은 이로부터 처음으로 경험적 인식, 즉 경험을 만들어낸다. ─ 그러므로 만약 지성이 우선 감각표상들을 개념에 따라 정돈하지 않은 채 감히 판단을 내린 뒤 곧이어 그 BA 32 런 표상들의 혼란함은 감성적 성질을 지닌 인간 본성의 잘못일 수밖에 없다고 불평한다면, 문제는 자신의 의무를 등한시한 지성에 있는 것이다. 이런 질책은 감성에 의해서 외적 표상뿐만 아니라 내적 표상도 혼란스러워진다는 근거 없는 불평에도 적용된다.

감성적 표상은 물론 지성의 표상보다 선행하고 대량으로 나타난

---

* 여기서는 단지 인식능력만, 그러므로 (쾌나 불쾌의 감정이 아닌) 표상만 이야기하므로 감각은 개념(사고)뿐만 아니라 순수 직관(공간과 시간의 표상)과도 구별해서, 오직 감각표상(경험적 직관)만 의미할 것이다.

다. 그러나 질서와 지성적 형식을 지닌 지성이 더해지고, 예컨대 개념을 위한 **함축적 표현**, 감정을 위한 **강조적 표현**, 그리고 의지 규정을 위한 **관심 끄는 표상**을 의식 안으로 가져올 때 수확은 더욱더 풍성해진다. ― 수사적 예술이나 시적 예술에서 정신적 산물은 지성에 단번에 (다량으로) **풍부함**을 드러내는데, 만일 이때 지성이 모호하긴 하지만 실제로 행한 모든 반성 작용을 분명하게 만들고 정리해야 한다면, 그 풍부함에 의해서 지성은 종종 혼란에 빠지게 된다. 그러나 여기서 감성에는 아무런 잘못이 없으며, 오히려 지성에 풍부한 소재를 제공한 공로가 있다. 이와 반대로 지성의 추상적 개념은 초라한 빈약성에 불과한 경우가 많다.

Ⅶ 145

둘째 고발에 대한 감성의 변호

BA 33 § 10. 감각능력은 지성을 지배하지 않는다. 오히려 감각능력은 자신의 봉사를 처리해달라고 지성에 자청할 뿐이다. 사람들이 공통적인 인간 감각(공통 감각)이라고 부르는 것과 관련해서 감성은 중요성을 부여받는데, 감성이 이 중요성을 제대로 인정받기를 원한다고 해서, 감성이 지성을 지배하려고 월권한다고 생각될 수는 없다. 물론 지성에 의해 판결이 내려지도록 형식에 따라 지성의 법정으로 소환되지 않는 판단, 그러므로 감각능력을 통해 직접 지시받은 것처럼 보이는 판단도 있다. 이른바 격언이나 (소크라테스가 자기 수호신 덕으로 돌렸던 진술같이) 신탁에 따른 갑작스러운 진술이 그런 판단을 포함한다. 즉, 여기서 전제되는 것은 어떤 일이 일어날 경우에 정당하고 현명하게 행해진 것에 관한 **최초**의 판단은 일반적으로도 역시 올바를 것이며, 숙고를 통하면 그저 기교적이 될 뿐이라는 것이다. 그러나 그런 판단들은 사실 감각능력에서 나오는 것이 아니라 지성의 모호하긴 하지만 실제적인 반성에서 나온다. 감각능력은 그런 판단에 대해 아무런 권리도 주장하지 않는다. — 감각능력은 일반 민중과 같아서, 천민(천한 민중)이 아닌 한 상위층, 즉 지성에 기꺼이 복종하면서도 경청되기를 바란다. 그러나 만일 어떤 판단과 통찰이 내감에서 직접 생겨나는 것으로, 오히려 내감은 독자적으로 명령하는 것으로, 나아가 감각은 판단으로서 타당한 것으로 승인된다면, 그것은 광기와 근친 관계인 명백한 광신이다.

셋째 고발에 대한 감성의 변호

[33]감각능력은 기만하지 않는다. 이 명제는 사람들이 감각능력에 대해 가하는 가장 중요한 질책, 그러나 엄밀히 고려해보면 가장 공허하기도 한 질책을 거부한다. 그것은 감각능력이 항상 올바르게 판단하기 때문이 아니라 전혀 판단하지 않기 때문이다. 이런 이유로 오류는 항상 지성에만 짐을 지운다. — 그렇지만 **감각가상**(외관, 나타남)이 지성을 위해 변호는 아니더라도 변명은 제공해준다. 감각가상에 의해 종종 인간은 자신의 표상방식에서 주관적인 것을 객관적인 것으로 간주하고 (모서리가 보이지 않는 멀리 있는 탑을 둥근 것으로 간주한다거나, 바다 중에서 멀리 있는 부분이 더 높은 광선을 통해 눈에 들어오게 되고 그리하여 바다를 해안보다 더 높은 것(높은 바다)으로 간주한다거나, 지평선 위로 떠오르는 것을 안개 낀 대기를 통해서 바라본 보름달을, 동일한 시직경[34]으로 파악되는데도 불구하고, 하늘 높이 나타난 보름달보다 더 멀리 있는 것으로 간주하고 따라서 더 큰 것으로도 간주하는 등), 그리하여 **현상**을 경험으로 간주하며, 이에 따라 감각능력의 결함이 아닌 지성의 결함으로 오류에 빠진다.

＊　　＊　　＊

논리학이 감성에 던지는 비난은, 사람들이 감성을 통해 촉진되는 그런 인식에 대해 피상성(개성, 개별적인 것으로의 제한)을 질책한다는 것이다. 이와 반대로 보편적인 것을 향해 나아가지만 바로 그 때문에 추상에 순응해야 하는 지성은 건조성의 질책에 직면한다. 그러나 대중성을 첫째로 요구하는 미감적 취급은 두 가지 결함을 모두 우회할 수 있는 길로 나아간다.

BA 35
인식능력 일반과 관련한 '할 수 있음'에 대하여

§ 10.[35] 누구도 어찌할 수 없는 것 가운데 가상 능력을 다룬 앞 절은 가벼운 것과 무거운 것의 개념에 대한 논의로 우리를 인도한다. 이 두 개념은 문자로 보면 독일어에서는 단지 물체적 성질과 힘을 의미

VII 147 할 뿐이지만 모종의 유비로 보면 라틴어에서처럼 행할 수 있는(쉬운) 것과 비교적 행할 수 없는(어려운) 것을 의미해야 마땅하다. 왜냐하면 [행할 수 없는 것이 아니라] '거의' 행할 수 없는 것이더라도, 그것을 위해 필요한 자기 능력의 정도를 의심하는 주관은 자신의 상황과 관계에 따라 그것을 '주관적으로' 행할 수 없는 것으로 간주하기 때문이다.

어떤 것을 행하기 쉬움(신속함)은 그런 행위에 대한 숙달(습관)과 혼동돼서는 안 된다. 전자는 "내가 하려고 하면 나는 할 수 있다"는 식으로 일정 정도 역학적 능력을 의미하고 주관적 가능성을 가리킨다. 후자는 주관적이고 실천적인 필연성, 즉 습관을 가리키며, 따라서 "의무가 그것을 명령하므로 나는 그것을 하려고 한다"는 식으로 자

신의 능력을 반복해서 자주 사용함으로써 습득된 일정 정도의 의지를 가리킨다. 그러므로 덕은 자유롭고 정당한 행위에 대한 숙달이라고 설명될 수 없다. 그렇게 설명되면 덕은 단지 힘이 사용되는 기제[36]에 불과할 테니 말이다. 오히려 덕은 자신의 의무를 준수하게 되는 도덕적 힘이다. 덕은 결코 습관이 되어서는 안 되며, 사고방식에서 항상 BA 36 전적으로 새롭게 그리고 근원적으로 솟아나야 한다.

쉬운 것은 어려운 것과 반대되지만 종종 부담스러운 것과도 반대된다. 한 주관이 어떤 것을 위한 행동에 요구되는 힘을 사용하고도 자기 안에 자기 능력의 여분을 많이 발견한다면, 바로 그 어떤 것은 그 주관에 쉬운 것이다. 방문, 축하 그리고 애도를 위해 의례를 행하는 것보다 더 쉬운 일이 무엇일까? 그러나 바쁜 사람에게는 그보다 더 힘든 일이 무엇일까? 모든 사람이 진심으로 벗어나기를 바라지만 그럼에도 역시 관례에 어긋나지는 않을지 우려하게 되는 그런 성가신 친교 업무가 있다.

종교의 일부로 여겨지기는 하지만 원래는 교회의 형식으로 도입된 외면적 관례 중 어떤 성가신 일은 없는가? 이런 관례가 아무런 쓸모도 없는 것이라는 바로 그 점에 의거해서, 그리고 예식과 계율, 참회와 (많으면 많을수록 더 좋은) 고행을 통해 끈기 있게 고통을 감내하는 신앙인의 전적인 복종에 의거해서, 경건함은 칭찬받을 만한 것으로 확립된다. 그런데 이런 노역봉사는 (이때 아무런 방탕한 경향성도 희생될 필요가 없으므로) 역학적으로는 쉽다 하더라도, 이성적인 사람에게 도덕적으로는 매우 힘들고 부담스러울 수밖에 없다. ─ 그러므로 민중의 위대한 도덕 교사가 "나의 계명은 어렵지 않다"고 말했을 때 그는 자신의 계명을 이행하기 위해서는 단지 약간의 힘을 소모할 필요가 있을 뿐이라고 말하고자 했던 것이 아니다. 왜냐하면 사실 그 계명은 순수한 진심을 필요로 하는 것으로, 명령될 수 있는 모든 것 BA 37

중 가장 어려운 것이기 때문이다. 그러나 이성적인 사람에게 그 계명은 유대교에 의해 정초된 것과 같은 부지런히 헛일을 하라는 계몽(헛되이 숨을 헐떡이고 많은 일로 바쁘지만 아무것도 완수하지 못하네.[37]) 보다 무한히 더 쉽다. 왜냐하면 이성적인 사람은 역학적으로 쉬운 일에 대해서, 그 일에 쏟은 노고가 쓸모없음을 알게 된다면, 매우 힘겹게 느끼기 때문이다.

어려운 것을 쉽게 만드는 것은 이로운 일이다. 사람들이 혼자서 그 일을 실행할 수 없는데도 그 일을 쉽다고 묘사하는 것은 기만이다. 쉬운 것을 행하는 것은 이로움 없는 일이다. 방법과 기계 그리고 이에 따른 여러 기술자의 노동 분업(공장식 노동)은 다른 도구 없이 각자의 손으로 하기는 어려웠을 많은 것을 쉽게 만든다.

(예컨대 형이상학에 대한 연구에서처럼) 착수를 지시하기 전에 어려운 점들을 알려주는 것은 물론 겁주는 것일 수도 있지만, 그래도 숨기는 것보다는 더 좋다. 자기가 기획하는 모든 것을 쉬운 것으로 간주하는 사람은 경솔하다. 자신이 행하는 모든 것을 쉽게 해내는 사람은 노련하고, 아울러 그런 모든 행동에서 수고하는 것으로 보이는 사람은 서투르다. ― 사교적 담화(대화)는 놀이에 불과하며, 거기서는 모든 것이 쉬울 수밖에 없고 쉽게 될 수밖에 없다. 그러므로 그런 담화에서 예식(경직)은, 예컨대 연회를 마친 뒤 격식을 차린 고별인사와 같은 것은 낡은 것으로 폐지된다.

어떤 일에 착수할 때 인간의 기분은 기질 차이에 따라 다르다. 어떤 사람은 어려운 것과 걱정스러운 것에서 시작하고(기질적으로 우울한 사람), 다른 사람은 희망 그리고 실행하기 쉬우리라는 짐작을 첫째로 머릿속에 떠올린다(기질적으로 낙천적인 사람).

그러나 "인간은 하려고 하는 것을 할 수 있다"는 정력가들의 우쭐대는 발언, 단순히 기질에 근거를 두지 않는 이 발언은 어떻게 생각해야 할까? 이 발언은 허풍스러운 동어반복에 불과하다. 즉, 도덕적으로 명령하는 자기 이성의 지시에 따라 인간이 하려고 하는 것, 그것을 인간은 마땅히 해야 하고, 따라서 역시 그것을 할 수도 있다(이성은 그에게 불가능한 것을 명령하지 않을 테니 말이다). 그러나 수년 전에 자신과 관련하여 이 발언을 물리적 의미에서도 찬양하고 그리하여 자신을 세계습격자라고 선전한 바보들이 있었다. 하지만 그런 족속은 사라진 지 오래다.

마지막으로 습관화되는 것은 말하자면, 동일한 종류의 감각이 바뀌지 않고 오래 지속됨으로써 감각능력이 주의하지 못하게 되어 사람들이 그 감각을 더는 거의 의식하지 못하게 되는 것이다. 따라서 습관화되는 것은 악을 견디기 쉽게 만들기는 하지만(그리고 나서 사람들은 이렇게 악을 견디는 것을 인내라는 덕의 이름으로 잘못 칭송한다), 받았던 선을 의식하고 기억하기 어렵게 만들기도 한다. 일반적으로 이는 곧 배은망덕(진정한 부덕)으로 이어진다.[38] VII 149

그러나 버릇은 이때까지 행동했던 것과 동일한 방식으로 계속 행동하라는 물리적인 내적 강요다. 바로 이런 이유로 버릇은 선한 행위에서조차 도덕적 가치를 빼앗는다. 버릇은 마음의 자유를 중지시키고 나아가 동일한 행위를 생각 없이 반복하는 지경(천편일률)까지 이르러 우스꽝스럽게 되기 때문이다. ─ 허사(단지 사유에서 공허함을 채우기 위해서만 사용되는 상투어)를 쓰는 버릇은 청자로 하여금 그 뻔한 어구 따위를 반복해서 들어야 한다는 사실을 끊임없이 걱정하게 만들고, 화자를 말하는 기계로 만든다. 타인의 버릇이 우리 안에 혐오감을 일으키도록 그렇게 유발되는 이유는, 이때 인간에게서 동물성이 대단히 강하게 돌출해서 흡사 (비인간적인) 다른 본성인 것처럼 본능적으로 버릇의 규칙에 지배받게 되고, 그래서 짐승과 동일한 부류로 전락할 위험이 진행되기 때문이다. ─ 그럼에도 어떤 버릇은 의 BA 39

도적으로 시작되고 조절될 수 있는데, 즉 자연이 자유로운 자의에 도움 주기를 거부하는 경우에, 예컨대 노인이 식사와 음주 혹은 수면 시간과 질 그리고 양에 버릇을 들여서 점차 기계적으로 되는 경우에 그러하다. 그러나 이는 예외적으로만 그리고 어쩔 수 없을 때만 타당하다. 일반적으로 모든 버릇은 물리쳐야 한다.

감각가상과의 인위적 놀이에 대하여

§ 11. 감각표상을 통해 지성에 일어나는 **환영**은 자연적일 수도 있고 인위적일 수도 있는데, 이는 **착각** 아니면 **기만**이다. ─사람들이 자신의 지성을 통해 어떤 것을 불가능한 것으로 단언하는데도 눈의 증언에 의거해 바로 그 동일한 주관으로 하여금 그것을 실제적인 것으로 간주하게 만드는 환영은 환시라고 부른다.

착각[39]은 대상으로 생각된 것이 실제적인 것이 아님을 알고 있음에도 지속하는 환영이다. ─마음이 감각가상과 이렇게 놀이하는 것은 매우 유쾌하고 즐거운데, 예컨대 어떤 사원의 내부를 원근법에 따라 스케치하는 일이나, (내 생각으로는 **코레조**[40]의) 그림에 대해 **멩스**[41]가 "그들을 오랫동안 보고 있으면 그들이 걷는 것처럼 보인다"고 말한 일이나, 암스테르담 시청사에 그려진 반쯤 열린 문이 달린 계단 그림이 모든 사람을 올라가고 싶게끔 유혹하는 일 등이 그렇다.

그러나 대상의 성질이 어떠한지 알게 되자마자 곧바로 가상도 중지될 경우에는 감각능력의 기만이 있는 것이다. 각종 마술이 바로 그런 것이다. ─보기 좋게 색을 맞춰 옷을 입는 것은 착각이지만 화장은 기만이다. 전자는 사람들을 유혹하지만 후자는 사람들을 속인다. 그러므로 자연색으로 칠해진 인간 형태나 동물 형태의 조각상을 사

BA 40

Ⅶ 150

람들이 꺼리는 경우도 있다. 그 조각상이 갑자기 눈에 들어올 때마다 사람들은 매 순간 기만을 당해서 그것이 살아 있다고 생각하게 되기 때문이다.

보통 건전한 마음 상태에서의 매혹은 사람들이 자연 사물과 관련 이 없다고 말하는 감각능력의 환영이다. 왜냐하면 '어떤 대상(혹은 그 대상에게 어떤 성질)이 있다'는 판단이 그 대상에 주의를 기울임에 따라서 '그 대상이 없다(혹은 다른 상태로 있다)'는 판단으로 거부할 수 없이 바뀌게 되고, ― 따라서 감각능력은 자신과 모순되는 것처럼 보이기 때문이다. 이는 마치 자기 자신이 비치는 거울 앞에서 날개를 퍼덕거리는 어떤 새가 그것을 때로는 현실의 새로, 때로는 현실의 새가 아닌 것으로 보는 것처럼 말이다. 자기 자신의 감각능력을 신뢰하지 않는 이런 식의 놀이는 인간의 경우, 특히 열정에 강하게 사로잡힌 사람에게서 일어난다. (엘베티우스[42])에 따르면) 자기 애인이 다른 남자의 팔에 안겨 있는 것을 본 사랑에 빠진 남자에게 그 애인이 이 사실을 전적으로 부인하며, "믿음 없는 분이시여, 당신은 나를 더는 사랑하지 않아요. 당신은 내가 당신에게 말하는 것보다 당신이 보는 것을 더 믿는군요."라고 말할 수도 있다. 복화술사, 가스너[43])나 메스머[44]) 추종자 등과 같이 마술사를 자처하는 사람들이 행한 기만은 더 조잡했고, 적어도 더 해로운 것이었다. 옛날에 사람들은 초자연적인 어떤 것을 행할 수 있다고 자처하는 가엾고 무지한 여성을 마녀라고 불렀고, 그런 것에 대한 믿음은 금세기에도 아직 완전히 근절되지 않았다.* 들 BA 42

---

* 금세기에도 스코틀랜드의 한 개신교 목사는 이런 사건에 대한 심문에서 증인으로서 재판관에게 "재판관님, 저는 성직자로서 명예를 걸고 이 여성 Ⅶ 151 이 마녀임을 당신께 단언합니다"라고 말했다. 이에 대해 재판관은 "저도 재판관으로서 명예를 걸고 당신이 마법사가 아님을 당신께 단언합니다"라고 응수했다. 지금은 독일어가 된 단어 '마녀'[45])는 성체 봉헌식의 미사 문구 BA 42 중 첫 단어들에서 유래했다. 신자는 육체의 눈을 통해 성체를 작은 빵 조각

제1권 인식능력에 대하여 59

도 보도 못한 것에 대한 경탄의 감정은 약한 사람에게는 그 자체로 매우 유혹적인 것을 지닌 듯이 보인다. 이는 그저 약한 사람에게 갑자기 새로운 전망이 펼쳐지기 때문이 아니라 이를 통해 그가 이성 사용의 부담을 버리도록 유혹받는 한편, 반대로 다른 사람을 자신과 마찬가지로 무지하게 만들도록 유혹받기 때문이다.

허용되는 도덕적 가상에 대하여

§12. 인간은 모두 문명화되면 될수록 더 배우가 된다. 인간은 타인에 대한 호의와 존경, 정숙 그리고 사욕 없음의 가상을 띠고 있지만, 이로써 결코 누구도 기만하지 않는다. 그것이 진심으로 의도된 것이 아님을 타인 모두가 양해하기 때문이다. 그리고 세상이 그렇게 돌아간다는 것은 매우 좋은 일이기도 하다. 왜냐하면 사람들이 그런 배역을 연기함으로써 그들이 오랜 시간에 걸쳐 가상으로 단지 꾸며내기 만 했을 뿐인 덕이 마침내 점차 실제로 고양되어 마음씨에서 흘러넘치게 되기 때문이다. ─ 그러나 우리 자신 안에 있는 기만자를 기만하는 것, 즉 경향성을 기만하는 것은 덕의 법칙에 대한 순종으로 다시 복귀하는 것이며, 그것은 기만이 아니라 우리 자신의 무죄한 착각이다.

───────────

으로 보지만, 미사 문구가 진술된 뒤에는 **영적인 눈**을 통해 성체를 인간의 신체로 보도록 강제된다. 왜냐하면 처음에는 'hoc est'[이것은 ~이다]라는 단어에 'corpus'[신체]라는 단어가 추가되었는데, 'hoc est corpus'[이것은 신체다]라고 말할 때, 추측하건대 정확한 명칭을 말하면 신성을 모독할 수도 있다는 경건한 두려움 때문에 hocuspocus로 변하게 되었기 때문이다. 마치 미신을 믿는 사람이 비자연적인 대상을 모독하지 않기 위해 그런 대상들에게 늘 그렇게 하곤 하듯이 말이다.

마음이 끊임없이 추구하는 감각에 대한 마음의 공허함, 즉 **권태**에서 비롯하는 자신의 고유한 실존에 대한 **혐오감**이 그렇다. [마음은 끊임없이 감각을 추가하지만] 그럼에도 이때 동시에 사람들은 노동이라고 불리는 모든 업무, 노고와 결합되어 있다는 점에서 저런 혐오를 몰아낼 수 있는 모든 업무에 시들해짐을, 즉 싫증을 실감한다. 이런 혐오감은 가장 거슬리는 감정이며, 그 원인은 **안락함**(아무런 피로도 선행하지 않는 안식)을 향한 자연적 경향성 이외에 다른 것이 아니다. ─ 그러나 이런 경향성은 이성이 인간의 법칙으로 삼는 목적 과 관련해서조차 기만적이다. 그래서 인간은 **아무것도 하지 않을** (목적 없이 연명할) 때에도 **나쁜 일은 하지 않는다**는 이유로, 자기 자신에게 만족한다. 그러므로 이런 경향성을 다시 기만하는 것(이것은 예술과의 놀이를 통해, 그러나 가장 흔히는 사교적 담화를 통해 일어날 수 있다)은 **시간 보내기**(시간을 잊고 지내기)라고 불린다. 여기서 이 표현은 일 없는 안식을 향한 경향성 자체를 기만하려는 의도를 이미 비추고 있다. 예술을 통해 놀이하면서 마음이 즐거워지고, 심지어는 평화로운 경쟁 속에서 그 자체로는 아무 목적 없는 순전한 놀이만으로 마음의 수양이 얻어질 때가 그러한데, 만일 그렇지 않다면 그것은 시간 죽이기라고 불릴 것이다. ─ 경향성 안에 있는 감성에 힘으로 대항해서는 아무것도 얻어지지 않는다. 우리는 책략을 써서 감성을 극복해야 한다. 스위프트[46]가 말하듯이, 배를 구하려면 고래에게 가지고 놀 수 있는 큰 통을 던져주어야 한다.

VII 152

BA 44

현명하게도 자연은 인간이 스스로 덕을 구해내도록 혹은 어쨌든 자신을 덕으로 이끌어가도록 기꺼이 자신을 속이게 두는 성벽을 인간에게 심어두었다. 선하고 바른 **예절**은 타인에게 존경심을 불어넣는 (자신을 천하게 만들지 않는) 외적 가상이다. 말하자면, 부녀자는 남성이 자신의 매력에 경의를 표하는 것처럼 보이지 않으면 별로 만족하지 않을 것이다. 그러나 **정숙**, 즉 열정을 숨기는 자기 강제는 착각이긴 하지만, [성별이] 다른 사람의 향락을 위한 단순한 도구로 전락하지 않으려면 필요한 이성 간의 간격을 만들어내는 데에 매우 유용하다. ─ 사람들이 예의 **바름**이라고 부르는 모든 것은 일반적으로 동일한 종류에 속하며, 아름다운 가상 이외에 다른 것이 아니다.

공손함은 애정을 불어넣는 겸양의 가상이다. 인사 그리고 완전히 격식을 갖춘 정중한 태도는, 매우 열렬한 우정의 언약과 더불어서, 그야말로 항상 **진실**한 것은 아니지만(나의 사랑하는 친구여, 친구라는 건 없다네!─아리스토텔레스), 그렇다고 **기만**하는 것도 아니다. 왜냐하면 누구나 자신이 이런 것들을 어떻게 받아들여야 하는지 알기 때문이며, 게다가 특히 이렇게 처음에는 호의나 존경을 공허하게 표시하던 것들이 점차 이런 종류의 실제 마음씨로 나아가기 때문이다.

교제할 때 인간의 모든 덕은 보조 화폐다. 그것을 진짜 금이라고 여기는 사람은 어린아이다. ─ 그럼에도 유통할 수 있는 보조 화폐를 가지고 있는 것이 그런 수단을 전혀 지니지 않은 것보다는 더 좋으며, 결국 그것은 상당한 손실이 따른다고 하더라도 순금으로 교환될

수 있다. 덕을 아무런 가치도 없는 **놀이용 화폐**라고 주장하면서, 스위프트와 함께 빈정대며 "성실성은 진흙 속에서 닳아서 해진 한 켤레 구두"라고 말하거나, 마르몽텔[47)]의 『벨리제르』를 비판한 목사 호프스테데[48)]와 함께 아무도 덕의 존재를 믿지 못하도록 소크라테스 같은 사람조차 비방하는 것은 인간성에 대해 대역죄를 범하는 것이다. 다른 사람에게 있는 선의 가상조차 우리에게는 가치 있는 것일 수밖에 없다. 어쩌면 존경을 얻을 자격이 없을지 모르는데도 존경을 얻도록 위장하는 이런 놀이에서 결국에는 중대한 것이 생겨날 수 있기 때문이다. ─ 다만 우리 자신 안에 있는 선의 가상만은 아낌없이 제거되어야 하고, 우리의 도덕적 결핍을 감추기 위한 자기애의 장막은 거두

어져야 한다. 왜냐하면 사람들이 아무런 도덕적 내용도 없는 것을 통해 자신의 죄가 없어진 듯이 자신에게 연기하거나, 심지어 모든 도덕적 내용을 내팽개치고는 아무런 죄도 없음을 납득한 듯이 자신에게 연기하는 경우, 가상은 기만적이기 때문이다. 예컨대 생의 마지막 순간에 악행을 뉘우치는 것이 실제적인 개과천선이라고 이야기되거나, 고의적 위반이 인간의 허약성이라고 이야기되는 경우가 그렇다.

다섯 가지 감각능력에 대하여

§ 13. 인식능력 중 감성(직관에 속하는 표상의 능력)은 두 부분, 즉 BA 46 감각능력과 상상력을 포함한다. — 감각능력은 현존하는 대상과 관련된 직관 능력이고 상상력은 현존하지 않는 대상과 관련된 직관 능력이다. — 그러나 감각능력은 다시 외적 감각능력[외감]과 내적 감각능력[내감]으로 구분된다. 전자는 인간의 신체가 물체적 사물에 의해 촉발되는 경우의 감각능력이고, 후자는 인간의 신체가 마음에 의해 촉발되는 경우의 감각능력이다. 여기서 주의할 점은 내감이 (경험적 직관의) 단순한 지각능력이며, 쾌와 불쾌의 감정과는 다른 것, 다시 말해 어떤 표상의 상태를 보존할지 아니면 거부할지 그 표상에 따라 결정되는 주관의 감수성, 즉 사람들이 내면적 감각능력이라고 부를 수 있는 것과는 다른 것으로 생각된다는 사실이다. — 감각능력의 표상은 사람들이 그런 표상으로 의식하는 한에서 특별히 감각지각[49] 이라고 불리며, 이때 감각은 동시에 주관의 상태에 대한 주의를 환기한다.

§ 14. 신체감각의 감각능력은 우선 생명감각의 감각능력과 기관감 VII 154

각의 감각능력으로 구분될 수 있다. 또한 이것들은 모두 신경이 있는 곳에서만 발견되므로 전체 신경 체계를 촉발하는 것과 단지 신체의 특정 부분에 속하는 신경만을 촉발하는 것으로 구분될 수 있다. 따뜻함과 차가움의 감각은 마음이 (예컨대 갑자기 발생한 희망이나 두려움이) 일으킨 것이라 하더라도, 생명 감각능력에 속한다. 숭고한 것을 표상할 때 인간 자신에게 엄습하는 경외심, 그리고 아주 늦은 저녁 시간 유모의 옛날이야기가 아이들을 잠자리로 몰아넣을 때의 공포는 후자의 종류에 속한다. 신체에 생명이 있는 한, 이런 것들은 신체를 사로 잡는다.

BA 47

그러나 기관 감각능력은 외적 감각과 관련된 한에서 더도 덜도 아닌 딱 다섯 개로 열거될 수 있다.

그러나 이 중 셋은 주관적이라기보다 객관적이다. 즉 경험적 직관으로서 그것들은 촉발된 기관의 의식을 활성화하기보다는 외적 대상의 인식에 기여한다. 그러나 [나머지] 둘은 객관적이라기보다 주관적이다. 즉 이 둘에 의한 표상은 외적 대상에 대한 인식의 표상이라기보다는 향유의 표상이다. 그러므로 전자의 [세 가지] 감각능력과 관련해서 사람들은 타인과 쉽게 일치할 수 있지만 후자의 [두 가지] 감각능력과 관련해서는, 동일한 이름의 대상에 대해 동일한 외적인 경험적 직관을 가진다 하더라도, 주관이 그 대상에 의해 촉발됨을 어떻게 자각하는지 그 방식은 전혀 다를 수 있다.

첫째 부류의 감각능력은 1) 촉각, 2) 시각, 3) 청각의 감각능력이다. ― 둘째 부류의 감각능력은 a) 미각, b) 후각의 감각능력이다. 이것들은 모두 기관감각의 감각능력일 뿐이며, 말하자면 대상을 구별할 수 있도록 자연이 동물에게 마련해준 것과 똑같은 수의 외부 입구다.

§ 15. 촉각의 감각능력은 단단한 물체의 표면을 접촉해서 그 물체의 형태를 탐지하기 위해 손가락 끝과 그 끝의 신경돌기에 위치한다. ― 자연은 인간이 어떤 물체를 사방으로 만져보고 그 물체의 형태에 대해 개념을 얻을 수 있도록 오직 인간에게만 이 기관을 수여한 것처럼 보인다. 곤충의 더듬이는 물체의 현존을 목표로 삼을 뿐이지, Ⅶ 155 그 형태의 탐지를 목표로 삼지는 않는 것으로 보이기 때문이다. ― 이 감각능력은 **직접적인 외적 지각**에 대한 유일한 감각능력이기도 하다. 그리고 바로 이런 이유로 촉각의 감각능력은 가장 중요한 감각능력이자 가장 확실히 알려주는 감각능력이기도 하지만 가장 거친 감각능력이기도 하다. 왜냐하면 우리가 표면을 접촉함으로써 형태를 알게 되는 것이 마땅한 물질은 고체일 수밖에 없기때문이다. (생명감각과 관련해서 표면 감촉이 부드러운지 부드럽지 않은지, 하물며 그것이 따뜻한지 차가운지는 여기서 다루지 않는다.) ― 이 기관 감각능력이 없다면 우리는 물체적 형태에 대해 어떤 개념도 만들 수 없을 테고, 그러므로 첫째 부류의[50] 다른 두 감각능력이 경험 인식을 제공하기 위해서는 둘 다 근원적으로 이 형태에 대한 지각과 관계를 맺어야 한다.

청각에 대하여

§ 16. 청각의 감각능력은 오로지 **간접적** 지각에 대한 감각능력 중 하나다.[51] ― 우리를 둘러싸고 있는 공기를 통해서 그리고 그런 공기를 매개로 해서 멀리 있는 대상이 광범위하게 인식된다. 그리고 사람들은 발성기관인 입에 의해 운동하게 되는[52] 바로[53] 이 매체를 통해, 특히 사람들이 각자 다른 사람에게 들려주는 소리를 또박또박 발 BA 49 음하고 그 소리가 지성에 의해 법칙대로 결합되어 하나의 언어를 이

루어낼 때, 다른 사람들과 가장 쉽고 완벽하게 생각과 감각을 공유할 수 있다. ― 청각은 대상의 형태를 제공하지 않고, 말소리는 대상의 표상으로 직접 이어지지 않는다. 그러나 말소리는 바로 그 때문에 그리고 말소리 자체는 아무것도, 적어도 아무런 객관도 의미하지 않고 기껏해야 단지 내적 감정만 의미하기 때문에, 개념을 표시하기에 가장 적합한 수단이다. 바로 그런 까닭에 선천적으로 듣지 못하는 사람은 계속 말을 못하는 (언어 없는) 상태에 머무를 수밖에 없고, 이성의 유사물 이상의 어떤 것에도 다다를 수 없다.

그러나 생명 감각능력에 관하여 말하자면, 이 감각능력은 청각 감각의 규칙적 놀이인 음악을 통해 이루 말할 수 없을 만큼 생생하고 다양하게 활동할 뿐만 아니라 강화된다. 그러므로 음악은 말하자면 (아무런 개념 없는) 오직 감각만의 언어다. 음악에서 소리란 음조이며, 청각에 대해 그것은 시각에 대해 색깔과 같은 것이다. 즉, 음악에서 소리는 주변 공간에 있는 모든 사람에게 먼 곳에서 감정을 전달하는 것이다. 그것은 공동으로 향유하는 것이며, 이 향유는 많은 사람이 참여한다고 해서 감소하지 않는다.

시각의 감각능력에 대하여

§17. 시각 역시 간접적인 감각에 대한 감각능력으로, 특정 기관(눈)에서만 감각될 수 있는 운동 물질, 즉 빛을 매개로[54] 한다. 빛은 음향과 마찬가지로 단순히 주변 공간에서 사방으로 퍼져나가는 유동적 원소들에 의한 파동 운동이 아니다. 오히려 빛은 발산이며, 이 발산에 의해서 공간 속의 대상이 위치한 지점이 결정된다. 이런 빛의 도움으로 우리는 우주를 광범위하게 인식하는데, 특히 스스로 빛을 발하는 천체의 경우, 그 거리를 이 지상에서 우리의 척도와 대조할 때 우리가 수를 헤아리다 지쳐버릴 만큼 그 인식 범위는 끝없이 넓다.

그럼에도 우리에게는 대상(우주)의 크기에 대해 경탄하기보다 대단히 미약한 인상들을 지각한다는 점에서 이 기관의 민감성에 대해 경탄할 이유가 훨씬 더 많은데, 특히 현미경을 통해, 예컨대 적충류에서, 우리 눈앞에 놓일 만큼 작은 세계를 볼 때 그렇다. ― 시각의 감각능력은 청각의 감각능력보다 더 필수적이지는 않지만 가장 고귀한 감각능력이다. 왜냐하면 모든 감각능력 중 그것은 가장 제한적인 지각 조건인 촉각의 감각능력에서 가장 멀리 떨어져 있으며, 공간상 가장 넓은 지각 영역을 포함할 뿐만 아니라 그 기관이 가장 적게 촉발된 채로 느끼기(그렇지 않다면 그것은 단순히 보는 것이 아닐 테니) 때문이다. 그러므로 이런 점에서 시각의 감각능력은 순수 직관(주목할 만한 감각이 섞이지 않은, 주어진 객관에 대한 직접적 표상)과 가깝다.

*　　*　　*

이 세 가지 외감은 반성을 통해 주관이 대상을 우리 바깥의 사물로 인식하도록 인도한다. ― 그러나 감각이 너무 강해져서 외적 객관과의 관계에 대한 의식보다 기관의 운동에 대한 의식이 더 강해지면, 외적 표상은 내적 표상으로 변한다. ― 만질 수 있는 것에서 매끄러운 것이나 거친 것을 알아채는 일은 외적 물체를 만져서 그 형상을 탐지하는 일과는 완전히 다르다. 마찬가지로, 다른 사람이 너무 크게 말해서 사람들이 흔히 말하듯이 어떤 사람의 귀가 고통을 받는 경우라든가, 어두운 방에서 밝은 햇빛 속으로 나온 누군가가 눈을 깜박이는 경우, 후자는 너무 강하거나 너무 갑작스러운 조명에 의해 잠시 못 보게 되고, 전자의 사람은 날카로운 소리에 의해 잠시 못 듣게 된다. 다시 말해 두 사람은 모두 감각능력에 의한 감각이 강렬한 나머지 객관에 대한 개념에 이르지 못하고 단지 주관적 표상, 즉 기관의 변화에만 주의를 고정하게 된다.

미각과 후각의 감각능력에 대하여

§18. 미각과 후각의 감각능력은[55] 모두 객관적이라기보다 주관적이다. 전자는 외적 대상이 혀, 목구멍, 입천장의 기관을 접촉할 때 [생기고], 후자는 공기와 뒤섞인 외래적 발산물을 흡입함으로써 [생기는데], 후자의 경우 그 발산물을 내뿜는 물체 자체는 기관에서 멀리 있을 수도 있다.[56] 두 감각능력은 서로 근친적이어서 후각에 결함이 있는 사람은 항상 미각이 둔하다. 말하자면, 두 감각능력은 모두 **염류**에 의해, 즉 입안의 액체로 용해되어야 하는 (고체성) 염류와 공기로 용해되어야 하는 (휘발성) 염류에 의해 촉발되고, 이런 염류가 자신의 특수한 감각을 기관에서 일으키기 위해서는 그 기관에 유입되어야 한다.

외감에 대한 일반적 주해

§19.[57] 외감의 감각은 **역학적 영향의 감각**과 **화학적 영향의 감각**으로 구분될 수 있다. 역학적 영향의 감각에는 세 가지 상위의 감각능력이 속하고, 화학적 영향의 감각에는 두 가지 하위의 감각능력이 속한다. 전자는 **지각**의 (표면적인) 감각능력이고 후자는 **향유**의 (가장 깊게 받아들이는) 감각능력이다. ── 그래서 메스꺼움, 즉 향유된 것을 지름길인 식도를 통해 제거하려는(토해내려는) 충동이 그토록 강력한 생명감으로 인간에게 부가된 것이다. 그렇게 깊이 받아들인 것은 동물에게 위험할 수 있으니 말이다.

그러나 사유의 전달로 이루어지는 **정신적 향유**도 존재한다. 하지만 이 정신적 향유가 우리에게 강요되고 그럼에도 그것이 우리에게 정신적 자양분으로 유익하지 않을 때(예컨대, 항상 똑같이 익살스럽고 유쾌해야 마땅한 발상을 되풀이하는 것이 그 똑같음 탓에 우리 자신에게 유익하지 않을 수 있듯이), 마음은 그것을 불쾌하게 여긴다.[58] 그러므로 정신적 향유에서 벗어나려는 자연의 본능은, 비록 그것이 내 감에 속한다고 하더라도, 유비에 의해 동일하게 메스꺼움이라고 불린다. <inline type="margin">Ⅶ 158</inline>

후각은 말하자면 원거리의 미각이며, 타인은 자신이 원하건 원하지 않건 함께 향유할 것을 강요받는다. 이 때문에 후각은 자유에 위배되는 것으로 미각보다 덜 사교적이다. 미각의 경우 손님은 여러 접시와 병 중[즉, 여러 음식 중] 자신이 좋을 대로 하나를 선택할 수 있으며, 이때 타인은 그것을 함께 향유하라고 강요받지 않는다. ─ 오물은 눈과 혀의 거슬림이 아니라 그로부터 추정되는 악취로 메스꺼움을 일으키는 것으로 보인다. 왜냐하면 후각을 통해 (폐 안으로) 받아들이는 것은 입이나 목구멍의 수용관을 통해 받아들이는 것보다 훨씬 더 깊기 때문이다. <inline type="margin">BA 53</inline>

감각능력에 가해진 영향의 정도가 똑같은 경우에는 감각능력이 촉발된다는 느낌이 더 강할수록, 감각능력이 알려주는 것은 더 적다. 역으로, 감각능력이 마땅히 많은 것을 알려주어야 한다면, 감각능력은 반드시 적절하게 촉발되어야 한다. 사람들은 가장 강한 빛 속에서 아무것도 보지(구별하지) 못하고, 우렁찬 포효는 사람들을 귀먹게(생각할 수 없게) 한다.

생명 감각능력이 인상에 대해 더 감수적일수록(더 예민하고 더 민감할수록) 인간은 더 불행하다. 인간은 기관 감각능력에 대해서는 더 감수적(더 다감적)이면서도 반대로 생명 감각능력에 대해서는 더 둔감할수록 더 행복하다. ─ 나는 더 행복하다고 말하는 것이지 그야말로 도덕적으로 더 선하다고 말하는 것이 아니다. ─ 왜냐하면 인간은 스스로 통제할 수 있을 때 자신이 안녕하다는 감정을 더 많이 가지기 때문이다. 사람들은 강함에서 오는 감각능력[59](강한 감수성)을 섬세한 다감성이라 부르고, 감각능력의 영향이 의식으로 유입될 때 충분히 저항하지 못하는 주관의 약함, 즉 의지에 반하여 그런 영향에 주목하게 되는 주관의 약함에서 오는 감각능력을 여린 민감성(약한 감수성)이라고 부를 수 있다.

B 54
A 54

질문

§ 20.[60] 어떤 기관 감각능력이 가장 만족스럽지 못한가? 그리고 어떤 기관 감각능력이 가장 쓸모없이 보이는가? 후각의 감각능력이다. 향유하기 위해 이 감각능력을 연마하거나 개선하는 것은 보람 없는 일이다. 이 감각능력이 제공할 수 있는 대상들 중에는 쾌적한 것보다 메스꺼운 것이 (특히 사람들이 많은 장소에서는) 더 많으며, 이 감각능력을 통한 향유는 그것이 마땅히 즐거움을 주어야 할 때조차 항상 단지 덧없고 일시적일 뿐이기 때문이다. — 그러나 안녕의 소극적 조건으로서, 유해한 공기(화덕 연기, 늪지나 썩은 고기의 악취)[61]를 흡입하지 않거나 부패한 것을 양식으로 삼지 않기 위해서는 이 감각능력이 중요하다 — 제2의 향유 감각능력인 미각의 감각능력도 똑같이 중요하다. 그러나 미각의 감각능력은 후각의 감각능력이 하지 못하는 일, 즉 향유할 때 사교성을 증진하는 일을 자신의 고유한 장점으로 가지고 있다. 더욱이 미각의 감각능력은 음식이 장관(腸管)으로 유입되기 전에 이미 입구에서 그 음식이 건강에 유익함을 미리 판정하는 장점도 가지고 있다. 왜냐하면 이 유익함은 상당히 확실하게 예보된 것으로, 미각의 감각능력이 사치와 탐닉에 지나치게 세세히 길들여지지만 않았다면, 향유의 쾌적함과 잘 연결되기 때문이다. — 병자들의 경우에 식욕이 꽂히는 음식은 약과 마찬가지로 대개 병자들의 건강에도 역시 유익한 경우가 많다. — 음식 냄새를 맡는 것은 말하자면

Ⅶ 159

미리 맛보는 것이다.[62] 배고픈 사람은 좋아하는 음식 냄새에 의해 향 BA 55
유로 이끌리고, 배부른 사람은 그 냄새에 의해 물러난다.

감각능력의 대리역은 있는가? 다시 말해서 어떤 감각을 대신하기 위해 다른 감각을 사용하는 경우가 있는가? 듣지 못하는 사람에게서 우리는, 그가 예전에 들을 수 있었다면, 몸짓을 통해 그러므로 그의 눈을 통해 [그가 예전에] 익혔던 언어를 이끌어낼 수 있다. 사람들의 입술 움직임을 관찰하는 것 역시 그런 일에 속하고, 어둠 속에서 움직이는 입술을 만지는 느낌으로도 똑같은 일이 일어날 수 있다. 그러나 그가 선천적으로 듣지 못한다면, 발음기관의 움직임을 보는 시각의 감각능력에 의해서 그는 사람들이 가르치면서 그에게서 이끌어냈던 소리를 발음근육의 고유한 움직임에 대한 느낌으로 변화시켜야 한다. 그러나 이것으로도 그는 결코 실제적인 개념에 도달하지 못한다. 왜냐하면 그런 개념에 도달하기 위해 그에게 필요한 기호는 보편적일 수 없기 때문이다. ─ 단순한 물리적 청각에는 이상이 없지만 음악적 청각에 결함이 있는 것은 설명하기 어려운 장애다. 왜냐하면 그 경우 청각이 소리는 들을 수 있지만 음조는 들을 수 없고, 따라서 사람이 말할 수는 있지만 노래할 수는 없기 때문이다. 마찬가지로 매우 잘 볼 수 있지만 아무런 색깔도 구별할 수 없고 모든 대상이 마치 동판화 속에 있는 것처럼 보이는 사람도 있다.

어떤 감각능력의 결함 혹은 상실이 더 심각한가? 청각의 상실인가 시각의 상실인가? ─ 청각의 상실은 만일 그것이 타고난 것이라면, 모든 것 중에서 가장 대체하기 어렵다. 그러나 몸짓을 관찰하기 위해서건 혹은 더 간접적으로 글을 읽음에 의해서건 눈의 사용이 이미 연 BA 56
마된 뒤 청각 상실이 단지 나중에 일어났다면, 그런 상실은 특히 부 Ⅶ 160
유한 사람의 경우 시각으로 부족하나마 대체할 수 있다. 그러나 나이 들어 듣지 못하게 된 사람은 이런 교제 수단의 상실을 매우 한탄한

다. 우리는 앞을 보지 못하는 사람들이 이야기하기 좋아하고 사교적
이며 식사 자리에서 기뻐하는 것을 자주 보지만, 청각을 잃은 사람이
사교모임에서 짜증 내고 의심하며 불만을 품는 것 이외에 달리 있는
것을 거의 목격하지 못할 것이다. 그런 사람은 식사 자리의 친구 표
정에서 여러 종류의 감정이 표현되는 것을, 혹은 적어도 관심이 표현
되는 것을 보며 그것의 의미를 알아내고자 헛되이 힘을 빼고는, 사교
모임 한가운데서 스스로[63] 고독의 벌을 받는다.

*　　*　　*

§ 21.[64] 나아가 뒤의 두 (객관적이라기보다 주관적인) 감각능력에
는 특수한 종류의 외적 감각[65]을 일으키는 어떤 객관에 대한 감수성
이 속해 있다. 이 외적 감각은 단지 주관적일 뿐이며 어떤 자극에 의
해 후각기관과 미각기관에서 일어난다. 이 자극은 냄새도 맛도 아니
지만, 기관을 자극해서 특수하게 배출되는 모종의 고체성 염류가 작
용한 것으로 감지된다. 따라서 이런 [외적 감각을 일으키는] 객관은
실제로 향유되어 기관 안으로 깊이 받아들여지지 않고, 기관과 단지
접촉만 한 뒤 곧 사라지기 마련이다. 그러나 바로 그런 이유로 이 객
관은 포만감 없이 (식사 시간과 자는 동안을 제외하고) 온종일 사용될
수 있다. — 이 객관 중에서 가장 일반적 재료는 **담배**인데, 담배 냄새
를 **코로 들이마시건**, 타액을 자극하기 위해 입안에서 담배를 볼과 입
천장 사이에 놓아두건, 아니면 **리마**에서 심지어 스페인 부녀자가 엽
궐련에 불을 붙여서 피우는 것처럼 파이프로 담배를 **피우건** 마찬가
지다. 이 마지막 경우에 말레이 사람은 담배 대신 빈랑나무 열매(빈
랑자)를 그 잎에 싸서 사용하는데, 그것은 똑같이 작용한다. — 이런
욕구(이식증)는 두 기관에서 액을 분비시킴으로써 뒤따를 수도 있는

의학적 손익과는 별개로, 감각능력의 일반적 느낌을 단순히 자극하는 것으로, 말하자면 자신의 사고 상태에 대해 주의를 환기하도록 자주 반복해서 충동하는 것이다. 만일 그렇게 환기되지 않는다면 사고 상태는 잠들게 되거나, 단조롭고 일률적이어서 지루하게 될 테고, 그 대신 저런 [자극의] 수단들은 항상 쿡쿡 찌르며 주의를 다시 각성시킨다. 이런 방식으로 인간이 자기 자신을 위로하는 것은 사고를 대신 Ⅶ 161 한다. 왜냐하면 그런 것은 담화를 대신해서 시간의 공허함을 항상 새롭게 생겨난 감각과 빨리 사라지면서도 항상 갱신되는 자극으로 채워주기 때문이다.

내감에 대하여[66]

§22.[67] 내감은 순수 통각, 즉 인간이 행하는 것에 대한 의식이 아니다. 이런 의식은 사고 능력에 속하기 때문이다. 오히려 내감은 인간이 자신의 고유한 사고 놀이로 촉발되는 한에서 자신이 겪는 것에 대한 의식이다. 내감에서는 내적 직관이, 따라서 시간 속에서 표상들의 (표상들이 시간 속에서 동시에 있거나 서로 잇따라 있는) 관계가 기초에 놓여 있다. 내감의 지각 그리고 그것이 연결되어 합성되는 (참이 BA 58 건 가상이건) 내적 경험은 인간학적일 뿐만 아니라 심리학적이기도 하다. 인간학적일 경우 사람들은 인간이 (비물체적인 특수한 실체인) 영혼을 지니는지 아닌지의 문제를 도외시한다. 그러나 심리학적일 경우 사람들은 그런 영혼을 자기 안에서 지각한다고 믿으며, 단지 감각하고 사고하는 능력으로 표상되는 마음을[68] 인간 안에 거주하는 특수한 실체로 간주한다. ── 이때 인간이 자신을 내적으로 감각하게 되는 기관이 여럿은 아니므로 오직 하나의 내감만이 존재하며, 사람들

은 영혼을 내감의 기관이라고 말할 수 있을 것이다. 그런데 이 내감에 대해 사람들은 이 감각능력도 역시 **착각**에 굴복한다고 말한다. 여기서 착각은 인간이 이 내감의 현상을 외적 현상으로, 즉 상상을 현상으로 여기거나 아니면 이 내감의 현상을 심지어는[69] 어떤 다른 존재이면서도 외감의 대상은 아닌 그런 존재가 원인이 된 영감으로 간주하는 데서 성립한다. 이때 착각은 **광신**이거나 **시령**이며, 이 둘은 모두 내감의 기만이다. 두 경우에 모두 **마음의 병**이 있는데, 이 마음의 병은 곧 내감에 의한 표상들의 놀이를 단지 허구일 뿐임에도 경험 인식으로 수용하려는 성벽, 아마도 어떤 기분이 감각표상의 비천함을 능가하는 숭고한 것이자 유익한 것으로 여겨진다는 이유에서 종종[70] 그런 기분을 꾸며내서 유지하려는 성벽, 그리고 그렇게 해서 형성된 직관(백일몽)으로 자신을 속이려는 성벽을 말한다. ― 왜냐하면 인간은 점차 자신이 스스로 의도하여 마음 안에 가져다놓은 것을 이미 마음 안에 앞서 놓여 있던 것으로 간주하고, 자신이 자신에게 강요한 것을 자신의 영혼 깊은 곳에서 단지 발견했을 뿐이라고 믿기 때문이다.

B 59

Ⅶ 162

A 59

부리뇽 같은 사람의 광신적으로 자극적인 내적 감각이나 파스칼 같은 사람의 광신적으로 전율적인 내적 감각들도 마찬가지다. 마음의 이런 이탈은 이성적 표상으로 적절히 제거될 수 없다.(직관으로 추정된 것에 저항해서 이성적 표상이 무엇을 할 수 있는가?) 자기 자신 안으로 침잠하려는 성벽을 그 때문에 생기는 내감의 착각과 더불어 질서 있게 만들 수 있는 유일한 방법은 인간이 외적 세계 안으로 되돌아가고 그리하여 외감 앞에 놓인 사물들의 질서 안으로 되돌아가는 것뿐이다.

§ 23.[72] 정도에 따라서 감각은 1) 대조, 2) 새로움, 3) 교체, 4) 점증으로 증가한다.

a) 대조

대조는 서로 대립하는 감각표상들을 하나의 동일한 개념 아래에 나란히 세워서 주의를 불러일으키는 것이다. 대조는 서로 충돌하는 개념들이 결합될 때 성립하는 모순과 구별된다. 시리아의 다마스커스 지방에 있는 이른바 낙원 지역처럼, 사막에 있는 잘 경작된 땅 한 조각은 단순한 대조로 그 땅의 표상을 부각한다. ─ 궁전이나 대도시의 떠들썩함과 휘황찬란함 바로 옆에서 시골 농부의 조용하고 소박하지만 만족스러운 삶을 마주치거나, 초가집 내부에 품위 있고 쾌적한 방이 있는 것을 발견하면, 표상이 생생해지고 사람들은 기꺼이 그곳에 머무른다. 대조에 의해 감각능력이 강화되기 때문이다. ─ 반면에 빈곤과 허영, 다이아몬드로 빛나는 귀부인의 화려한 장신구와 더러운 속옷 ─ 혹은 과거 어느 폴란드 귀족처럼 호화롭게 차려진 식탁과 그 옆에서 인피 구두를 신은 채 시중드는 여러 하인, 이런 것들은 대조를 이루는 것이 아니라 모순을 이루며, 감각능력의 한 표상은 다른 표상을 파괴하거나 약화한다. 왜냐하면 감각능력의 한 표상이 반대되는 것을 하나의 동일한 개념 아래에서 통합하려 하지만, 그것은 불가능하기 때문이다. ─ 그래도 사람들은 익살스럽게 대조할 수도 있다. 사람들은 명백한 모순을 진리의 어조로 진술하고, 분명히 경멸할 만한 것을 찬미의 언어로 진술하여 불합리한 것을 훨씬 더 선명하게 만들 수 있다. 『위대한 조너선 와일드』에서 필딩[73]이나 희화화된 『버질』에서 블루마우어[74]가 한 일이 그런 것이다. 그리고 사람들은 예컨

BA 61

VII 163

대,『클라리사』[75] 같은 가슴 아픈 소설을 유쾌하고 유용하게 개작해서, 허위적이고 유해한 개념들이 감각능력에 섞어 넣은 충돌에서 감각능력이 벗어나게 함으로써 감각능력을 강화할 수 있다.

b) 새로움

 희귀한 것과 감춰진 것도 포함하는 새로운 것은 주의를 증진한다. 왜냐하면 새로운 것은 획득이고, 따라서 감각능력은 그런 새로운 것으로 더 많은 힘을 얻기 때문이다. 일상적인 것이나 습관적인 것은 주의를 소멸시킨다. 그럼에도 새로운 것이 고대 유물 한 조각을 발견하거나 접촉하거나 공공연하게 전시하는 것을 의미하지는 않는다. 이런 것들은 사물의 자연적 진행에 따라 시간의 힘에 의해 오래전에 사라졌다고 추측해야 마땅할[76] 사태를 생생하게 현재화한다. (베로나혹은 님에 있는) 로마인의 고대 극장 폐허 한 부분에 걸터앉는 것, 수세기가 지난 뒤 용암 아래에서 발견된 고대 헤르쿨라네움 유적에서 나온 로마 민족의 가재도구를 손에 쥐는 것, 마케도니아 왕의 주화나 고대 조각의 보석을 꺼내 보일 수 있는 것 등은 최대한 주의할 수 있도록 전문가의 감각능력을 깨운다. 오로지 어떤 지식이 새롭고 희귀하며 감춰져 있다는 이유만으로 그 지식을 획득하려 하는 성벽은 호기심이라고 불린다. 이런 경향성이 단지 표상들과 놀이할 뿐이고 그외에 그 표상들의 대상에는 아무런 관심이 없더라도, 만일 타인만의 고유한 관심거리를 엿보는 데에 관여하지만 않는다면, 이 경향성이 비난받을 것은 아니다. — 그러나 단순히 감각능력의 인상에 대해 말하자면, 매일 아침은 오로지 그 감각의 **새로움**만으로 감각능력의 모든 표상을 (평소 이 모든 표상이 병적이지만 않다면) 저녁 무렵의 일반적인 상태보다 더 명확하고 더 생생하게 만든다.[77]

c) 교체

단조로움(감각의 완전한 균일성)은 결국 감각의 이완(자신의 상태에 대한 주의의 피로)을 초래하고 감각은 약해진다. 교체는 이런 감각을 쇄신한다. 소리를 지르며 설교하건 혹은 온화하지만 균일한 소리로 낭독하며 설교하건, 어조가 똑같은 설교는 신도들을 모두 잠에 빠뜨린다. ─ 노동과 휴식, 도시 생활과 전원생활, 사람들과 교제할 때 대화하고 놀이하는 것, 홀로 있을 때 때로는 역사를 때로는 시를, 한번 은 철학을 다음에는 수학을 즐기는 것은 마음을 강화한다. ─ 감각에 대한 의식을 활기차게 만드는 것은 바로 그 동일한 생명력이다. 그러나 다양한 감각 기관은 활동하면서 서로 교대한다. 그래서 오랜 시간 계속 걷는 일이 동일한 장소에 뻣뻣이 계속 서 있는 일보다 더 쉽다. 후자의 경우에는 하나의 근육이 한동안 쉼 없이 움직여야 하지만, 전자의 경우에는 하나의 (다리) 근육이 다른 근육과 교체하며 휴식하기 때문이다. ─ 이런 이유로 여행은 대단히 매력적이다. 한 가지 유감스러운 점이라면, 할 일 없이 빈둥거리는 사람의 경우에는 여행이 단조로운 가정생활의 결과인 공허함(이완)을 남긴다는 것이다.

그런데 자연은 이미 그 자체로 질서정연해서 감각능력을 즐겁게 하는 쾌적한 감각들 사이에 부름 받지 않은 고통이 슬쩍 끼어들고 그리하여 삶을 흥미롭게 한다. 그러나 교체를 위해서 의도적으로 고통을 끌어들여 스스로 고통을 겪거나, 새로 잠드는 것을 제대로 느끼기 위해 스스로 잠에서 깨는 것, 혹은 필딩의 소설(『기아』[78])에서 그 소설의 편집자가 필딩이 죽은 뒤에도 마지막 부분을 덧붙인 것처럼, 교체를 이유로 삼아 (이야기가 종결되는) 결혼 생활에도 질투를 끼워 넣는 것은 어리석은 일이다. 왜냐하면 어떤 상태를 악화시킨다고 해서 감각능력이 그 상태에 대해 보이는 관심이 증대되는 것은 아니기 때문이다. 이는 비극에서도 마찬가지인데, 결말을 짓는 것은 교체하는 것이 아니기 때문이다.

d) 완성에 이르기까지의 점증

정도가 다르면서 서로 잇따르는 감각표상들에서 뒤따르는 것이 앞선 것보다 항상 더 강하다면 그 표상들의 연속적 계열에는 긴장(팽팽함)의 극한이 있어서, 그 극한에 가까이 가면 **활기**를 띠지만 그 극한을 넘어서면 다시 느슨(늘어짐)해진다. 그러나 이 두 상태를 나누는 지점에 감각의 완성(극대)이 놓여 있으며, 그 결과로 무감각, 따라서 무기력이 뒤따른다.

감각능력을 활기 있게 유지하고 싶다면 사람들은 강한 감각에서 시작해서는 안 된다(강한 감각은 뒤따르는 감각에 대해 우리를 무감각하게 만들기 때문이다). 오히려 사람들은 처음에는 강한 감각을 거부해야 하고, 아끼며 조금씩 허용해서 점점 더 높여나갈 수 있어야 한다. 설교자는 서두에서 의무 개념에 대해 명심하라는 지성의 차분한 가르침으로 시작해 그다음에 자신이 다루는 성경구절 속으로 도덕적 관심을 끌어오고, 그런 도덕적 관심을 강조할 수 있는 감각을 통해 인간 영혼의 모든 동기를 발동시키도록 응용하는 것으로 끝맺는다.

젊은이여! (오락, 탐닉, 사랑 등의) 만족을 거부하라. 그런 것이 전혀 없이 지내기를 원하는 스토아적 목적은 아니더라도 향유가 항상 더 증대하리라는 전망을 지니기 위한 세련된 에피쿠로스적 목적에 서 그렇게 하라. 당신의 생활 감정이 보유한 금액을 이렇게 아낀다면, 비록 삶의 마지막에 대개 그 보유금 사용을 포기해야 한다고 하더라도, 당신은 향유를 미룸으로써 실제로는 더 풍요로워질 것이다. 향유를 당신 스스로 통제한다는 의식은, 모든 이상적인 것과 마찬가지로, 자신이 소모되고 그래서 전체 양이 감소함으로써 동시에 감각능력을 만족시키는 모든 것보다 더 유익하고 더 포용력이 크다.

감각능력의 억제와 약화 그리고 전적인 상실에 대하여

§ 23.[79] 감각능력은 약화되거나 억제되거나 전적으로 폐지될 수도 있다. 그러므로 만취, 수면, 실신, 가사(질식) 그리고 실제적 사망 상태가 있을 수 있다.[80]

만취는 자기 감각표상들을 경험 법칙에 따라 정돈할 능력이 없는 비자연적 상태인데, 이 상태가 기호품을 과도하게 섭취한 결과인 경우에 한한다.

수면은 단어 설명에 따르면 건강한 사람이 외감에 의한 표상을 의   Ⅶ 166 식하지 못하는 무능력 상태다. 이에 대한 사실적 설명을 발견하는 것은 생리학자들이 맡아야 할 일인데, 그들은 이런 긴장 풀린 상태가 그럼에도 동시에 외감의 감각을 회복하기 위해 힘을 비축하는 것(이를 통해 인간은 마치 세상에 다시 태어난 것처럼 여기게 되고, 그래서 우리 수명의 3분의 1은 의식 없이 그리고 후회 없이 지나간다)이라고 설   B 66 명할지도 모른다. — 그들이 설명할 수만 있다면 말이다.

감각능력의 도구가 마비되면 자기 자신에 대한 주의 정도가 자연적 상태에서보다 더 적어지는 일이 초래되는데, 이렇게 감각능력의 도구가 마비된 반자연적 상태는 만취와 유사하다. 그러므로 깊은 잠   A 66 에서 갑자기 깨어난 사람은 잠에 취해 있다고 말한다. — 그는 아직 온전히 정신 차린 것이 아니다. — 그러나 깨어 있을 때도 어떤 사람은 예상치 않은 경우 무엇을 해야 하는지 생각하며 갑작스러운 당혹감에 사로잡힌다. 이 당혹감은 그 사람이 반성 능력을 정상적이고 일상적으로 사용하는 것을 억제하며 감각표상들의 놀이를 중지시킨다. 이때 사람들은 그가 평정심을 잃었다, (기쁜 혹은 두려운 나머지) 제정신을 잃었다, 당황한다, 어리둥절해한다, 어안이 벙벙해한다, 트라몬타노*를 잃어버렸다는 식으로 말한다. 그리고 이런 상태는 순간적으로 빠져드는 수면처럼, 그가 감각을 집중하지 않으면 안 되는 것으로 생각된다. 격앙된 (전율, 분노 그리고 기쁨의) 감정이 갑자기 일어날 때 인간은 흔히 말하듯이 제정신을 잃고, (감각능력의 직관이 아닌 어떤 직관에 휩싸였다고 믿으면서 무아지경에 빠져) 자신을 제어하지 못하며, 외감의 사용에서 얼마간 마비된다.

B 67; A 75 § 24.[82)] 현기증(이질적인 수많은 감각의 교체가 빠르게 순환되어 자제력을 넘어서는 것)에 뒤따르기 마련인 실신은 사망의 서막이다. 이런 감각을 모두 완전히 억제하는 것이 질식 혹은 가사다. (물에 빠진 사람, 교수형을 당한 사람, 연기에 질식된 사람의 경우처럼) 가사는 외적으로 지각될 수 있는 한에서 오직 결과를 통해서만 진짜 사망한 경우와 구별될 수 있다.

Ⅶ 167 어떤 사람도 죽음 자체를 스스로 경험할 수 없으며(경험하기 위해서는 삶이 필요하므로), 단지 다른 사람에게서만 지각할 수 있다. 죽어가는 사람의 그르렁거림을 듣거나 경련을 보고서 과연 죽음이 고통스러운지 판정할 수는 없다. 오히려 그런 것은 생명력의 단순한 역학적 반응처럼 보이고, 혹시나 모든 고통에서 점차 자유로워지는 부드러운 감각일지도 모른다. — 그러므로 모든 사람에게 자연적인, 심지어 가장 불행한 사람이나 가장 현명한 사람에게조차도 자연적인 사망에 대한 공포는 죽음을 두려워하는 것이 아니라, 몽테뉴가 올바로 말했듯이, 죽어 있음(즉, 사망해 있음)에 대한 생각을 두려워하는 것이

---

* '트라몬타노' 혹은 '트라몬타나'는 '북극성'을 뜻한다. '트라몬타나를 잃어버리다', (항해자를 인도하는 별인) '북극성을 잃어버리다'는 '평정심을 잃다', '갈 길을 알지 못하다'를 뜻한다.[81)]

다. 따라서 사망 후보자는 죽음 이후에도 그런 죽어 있음에 대한 생각을 할 것이라고 잘못 추측한다. 그러면서 그는 더 이상 자기 자신이 아닌 시체가 그럼에도 어쨌든 어두운 무덤 속이나 다른 어딘가에 있는 자기 자신이라고 생각한다. — 여기서 이런 착각은 제거될 수 없다. 왜냐하면 이 착각은 자기 자신에 대해 자기 자신에게 말하는 것이라는 사고의 본성에 놓여 있기 때문이다. '나는 있지 않다'는 생각은 결코 **실존**할 수 없다. 내가 있지 않다면 나는 내가 있지 않다는 것 역시 의식할 수 없기 때문이다. 물론 '나는 건강하지 않다'는 식으 B 68; A 76 로 말할 수 있고, 나 자신에 대한 술어를 부정적으로 생각할 수 있다 (모든 동사가 그러하듯이). 그러나 1인칭으로 말하면서 주어 자체를 부정하는 것은 이 경우 주어가 자기 자신을 무효화하게 되므로 모순이다.

상상력에 대하여[83]   A 67

§25.[84] 대상이 현존하지 않는데도 직관하는 능력인 상상력은 **생산적**이거나 아니면 **재생적**이다. 즉, 상상력은 경험에 선행하여 대상을 근원적으로 현시하는 능력이거나 아니면 전에 가졌던 직관을 마음으로 다시 불러와서 파생적으로 현시하는 능력이다. — 순수한 공간 직관과 시간 직관은 근원적 현시에 속하고, 나머지 모든 직관은 경험적 직관을 전제한다. 이 경험적 직관은 대상에 대한 개념과 결합된다면, 즉 경험적 인식이 된다면 **경험**이라고 불린다. — 의도하지 않았는데도 상상을 만들어내는 한에서 상상력은 **공상**이라고 불린다. 이 공상을 (내적 혹은 외적) 경험으로 간주하는 습관이 있는 사람은 **공상가**다. — (건강한 상태인) **수면** 중 의도하지 않은 채 자신의 상상과 놀이

하는 것은 **꿈꾼**다고 한다.

상상력은 (다르게 말해서) **창작적**(생산적)이거나 아니면 단지 **회상적**(재생적)이다. 그러나 그렇다고 해서 생산적 상상력이 그야말로 창조적인 것, 즉 전에 우리의 감각능력에서 **결코** 주어지지 **않았던** 감각 표상을 만들어낼 수 있는 것은 아니며, 사람들은 항상 그런 상상력의 소재를 밝힐 수 있다. 일곱 가지 색깔 중 **빨간색**을 전혀 보지 못했던 사람에게 그 색깔에 대한 감각을 이해시킬 수는 없으며, 선천적으로 눈이 먼 사람에게는 어떤 색깔에 대한 감각도 이해시킬 수 없다. 심지어 두 색깔이 혼합되어 만들어지는 중간색, 예컨대 녹색도 마찬가지다. 노란색과 파란색이 혼합되면 녹색이 나온다. 그러나 이렇게 두 색이 혼합되는 것을 **보지** 못한다면 상상력은 녹색에 대한 최소한의 표상도 만들어내지 못할 것이다.

모두 다섯 가지인 감각능력 각각에 대해서도 사정은 똑같다. 즉 각각의 감각능력에서 나온 감각들을 합성할 때 그 감각은 상상력으로 만들어질 수 없고 근원적으로 감각능력에서 얻어져야 한다. 시각 능력에서 빛의 표상을 위해 흰색이나 검은색 이외에 그 이상의 준비를 갖추지 못한 사람들이 있다. 그들이 잘 볼 수는 있다 해도 그들에게 가시적 세계는 그저 동판화처럼 나타날 뿐이다. 마찬가지로 훌륭한 청각, 심지어 대단히 섬세한 청각을 가졌지만 결코 음악적이지는 않은 청각을 가진 사람도 생각보다 많다. 그들의 음조에 대한 감각능력은 단지 음조를 따라 하는(노래하는) 것뿐만 아니라 음조를 단순한 소리와 구별하는 것에도 전혀 감수성이 없다. ― 미각과 후각의 표상에 대해서도 사정은 똑같을 수 있다. 즉 **감각능력**이 이런 향유 소재를 종별로 다양하게 감각하는 데에 결함이 있어서 어떤 사람이 이와 관련해서 다른 사람을 이해한다고 믿는다 해도 그 사람의 감각은 다른 사람의 감각과 단지 정도에서뿐만 아니라 종별로도 철저히 구별될 수 있다. ─ 후각의 감각능력이 전혀 없고, 순수한 공기를 코로 흡입하는 감각을 후각으로 간주하며, 따라서 이런 종류의 감각에 대해 사람들이 자신에게 기술하는 모든 것에서 이해력이 부족한 사람들이 있다. 그러나 후각이 결핍되면 미각도 상당히 부족하며, 미각이 없는 경우에 미각을 가르치고 설명하는 일은 쓸데없는 짓이다. 그러나 배고픔과 그에 대한 충족(배부름)은 미각과는 전혀 다른 것이다.

그러므로 상상력은 대단히 위대한 예술가이고 심지어 마법사이지만 그럼에도 창조적이지는 않으며, 형상을 위한 **소재**를 감각능력에서 얻어야 한다. 그러나 이 형상은 이미 경고한 대로, 지성 개념처럼 ⅦI 169
그렇게 보편적으로 전달될 수 있는 것이 아니다. 그러나 사람들은 상상력의 표상이 전달되는 경우의 감수성을 (단지 비유적이기는 해도) 가끔 감각능력이라고 부르고, "이 사람은 이에 대해 감[감각능력]이 없다"고 말한다. 물론 이것은 감각능력이 무능력한 것이 아니라 부분적으로 지성이 무능력한 것, 즉 전달된 표상을 파악해서 사고 안에서 통일하지 못하는 것이다. 이런 사람은 자신이 말하는 것에서조차 아무것도 생각하지 않으며, 따라서 다른 사람들 역시 그를 이해하지 못한다. 그는 무의미한 것[85]을 말한다. 이런 결함은 **의미의 공허함**[86]과 B 71
다르다. 의미가 공허한 것은 생각들이 너무 함께 엉켜 있어서 그런 A 70
생각들로 무엇이 이루어지는지 다른 사람이 알지 못하는 경우다. ─
'감'이라는 단어는 (오직 단수일 때뿐이지만) 생각이라는 말로 꽤 자주 사용되고, 심지어 사고보다 훨씬 더 높은 단계를 가리킨다. 그래서 사람들은 어떤 구절에 대해 '그 구절에는 풍부한 혹은 깊은 의미가 있다'고 말하고(따라서 '경구'[87]라는 단어를 사용한다), 건전한 인간 지성을 공통감이라고도 부르면서 표현상으로는 원래 가장 낮은 단계의 인식능력을 가리킬 뿐인데도 그것을 가장 상위에 놓는다. 이런 사실들은 지성에 소재를 부가해서 지성 개념에 내용을 제공하는 상상력이 자신의 (창작된) 직관과 실제 지각 사이의 유비를 통해 지성 개념에 실재성을 제공하는 것으로 보인다는 점에 근거를 둔다.

§ 26.[88] 상상력*을 고취하거나 진정시키기 위한 신체적 수단은 도

VII 170
B 72; A 71

취를 일으키는 기호품을 향유하는 것이다.[90] 이런 기호품 중 몇몇은 (특정한 버섯, 백산차, 야생 어수리, 페루인들의 치카, 남태평양 원주민들의 아바, 아편) 독물로서 생명력을 약화하고, (발효 음료인 포도주와 맥주 또는 이런 것들의 알코올 추출물인 독주 같은) 다른 몇몇은 생명력을 강화하거나 적어도 생명력의 감정을 고조하지만, 이런 기호품은 모두 반자연적이며 인위적이다. 이런 기호품을 너무 과도하게 섭취해서 얼마 동안 감각표상들을 경험 법칙에 따라 정돈할 수 없게 된 사람은 **취해 있다** 또는 **도취되어 있다**고 하고, 자신을 자의적으로 혹은 의도적으로 이런 상태에 두는 것은 **도취한다**고 한다.[91] 그러나 이 모든 수단은 인간이 삶 일반에 근원적으로 놓인 것처럼 보이는 짐을

---

*   여기서 나는 어떤 의도를 위한 수단이 아니라 어떤 상황에서 자연스럽게 귀결된 것, 즉 어떤 사람이 처하게 된 상황에서 자연스럽게 귀결된 것 그리고 어떤 사람이 단지 자신의 상상력에 의해 평정심을 잃게 된 상황에서 자연스럽게 귀결된 것은 그냥 넘어간다. 그런 것에 속하는 것으로는 가파른 높은 곳 가장자리에서 (아마도 난간 없는 좁은 다리에서) 내려다볼 때의 현기증과 뱃멀미가 있다. ─스스로 나약하다고 느끼는 사람이 널빤지 위를

B 72; A 71

걸을 때, 그 널빤지가 땅 위에 놓여 있다면, 그에게는 아무런 공포도 일어나지 않을 것이다. 그러나 그 널빤지가 깊은 골짜기 위에 마치 다리처럼 걸쳐 있다면, 그는 잘못 디딜 수 있다는 단순한 가능성에 대해 너무 많이 생각해서 실제로 시도할 때 위험에 빠질 수 있다. ─ (이런 것도 항해라고 할 수 있을지 모르겠지만 필라우에서 쾨니히스베르크로 가는 중 나 자신이 경험했던) 구토의 발작을 수반하는 뱃멀미는 내가 알아냈다고 믿듯이, 단지 눈에 의해서 내게 일어났다. 왜냐하면 배가 흔들릴 때 선실에서 보니, 한 번은 발트해의 석호가 눈에 들어오고 한 번은 발가성[89] 꼭대기가 눈에 들어오면서 내려갔다 올라가기를 되풀이하다 보니 상상력을 매개로 복근을 통해 내장이 반대로 연동운동을 하도록 자극받았기 때문이다.

84 제1편 인간학적 교수론

잊게 하는 데 기여해야 마땅하다. ─ 매우 만연된 이런 경향성과 이 것이 지성사용에 미치는 영향은 특히 실용적 인간학에서 고찰할 만 한 가치가 있다.

침묵의 도취, 즉 사교 그리고 사유의 상호 전달을 북돋우지 않는 도 B 73; A 72 취는 모두 수치스러운 무언가를 지녔다. 아편과 독주에 의한 도취가 그런 침묵의 도취다. 포도주와 맥주 중 전자는 단지 자극적이고 후자 는 영양이 더 풍부하며 마치 음식처럼 포만감을 주는데, [둘 다] 사교 적 도취를 위해 쓰인다. 하지만 이 경우에도 차이가 있어서, 맥주가 마련된 술자리에서는 더 몽롱한 상태로 과묵해지고 종종 무례해지 기조차 하지만, 포도주가 마련된 술자리에서는 유쾌하고 재치 있게 큰 소리로 수다를 떨게 된다.

사교적 음주에서 감각능력이 흐려지는 데까지 나아가는 무절제는 분명히 남성의 나쁜 버릇이다. 그것은 사람들이 즐기는 사교모임을 고려해서도 나쁜 습관이지만 만일 그가 비틀거리면서, 아니면 적어 도 불안정한 걸음을 걸으면서, 혹은 혀 꼬인 소리로 떠들면서 그 단 체를 떠난다면, 자기 존중이라는 목적에 비추어봐도 나쁜 습관이다. 그러나 자기 통제의 한계선을 무시하고 넘어서기는 대단히 쉬우므로 그런 과실에 대한 판단을 완화해주는 많은 구실이 도입되기도 한다. 왜냐하면 그래도 주인은 손님이 이런 사교적 행위를 통해 충분히 만 족한 채로 떠나기를 원하기 때문이다.

도취의 결과로 생겨나는 태평함 그리고 이에 따른 부주의함은 생 명력이 증대된 것으로 착각하는 감정이다. 도취된 사람은 자연이 끊 임없이 극복해 나가야 하는 (건강은 이런 극복으로 성립한다) 생명의 장애를 더는 느끼지 않는다. 그리고 그 사람이 약할 때 자연은 실제 로 그 사람 안에서 그의 힘을 점진적으로 향상함으로써 그의 생명을 점차 다시 회복하려고 노력하는데도, 그는 그런 약한 상태에서 행복 VII 171

해한다. ─ 여자, 성직자 그리고 유대인은 일반적으로 취하지 않는다. 적어도 그들은 모든 그런 취한 모습을 조심스럽게 피한다. 왜냐하면 그들은 시민으로 무력해서 신중할 필요가 있기 때문이다(이를 위해서는 철저히 맑은 정신이 요구된다). 실제로 그들의 외적 가치는 단지 그들의 순결성, 경건성 그리고 분리주의적 율법성에 대한 다른 사람들의 **믿음**에 근거를 둔다. 후자와 관련해서 말하면 모든 분리주의자, 즉 단지 공식적인 국가의 법률만이 아니라 특수한 (종파적) 법률에도 복종하는 사람들은 별난 사람이자 자청 선택받은 사람으로, 공동체의 주목과 비판의 칼날에 특히 노출된다. 그러므로 그들은 자기 자신에 대한 주의를 게을리할 수 없다. 이런 신중함을 빼앗는 도취는 그들에게 추문이 되기 때문이다.

카토[92]의 스토아 신봉자는 카토에 대해 "그의 덕은 포도주에 의해 강화되었다"[93]고 말하고, 어떤 현대인은 고대 독일인에 대해 "그들은 (전쟁을 결의하기 위한) 논의가 흔들리지 않도록 술을 마시며 논의를 진행했고, 그 논의가 이치에 맞게끔 맑은 정신으로 그 논의를 숙고했다"[94]고 말한다.

음주는 혀가 풀리게 한다(포도주는 말이 많게 만든다). ─ 그러나 음주는 마음을 열게도 하며, 어떤 도덕적 성질, 즉 솔직함의 질료적 수단이다. ─ 자신의 사유를 삼가는 것은 순수한 마음을 억압하는 상태이며, 기분이 좋은 음주가는 누군가가 술자리에서 매우 절제하는 것을 참아내기도 어려워한다. 왜냐하면 그런 사람은 다른 사람의 잘못에 주목하면서도 자기 자신의 잘못은 삼가는 감시자 역할을 하기 때문이다. **흄** 역시 "사교모임에서 잊어버리지 않는 사람은 불쾌하다. 어떤 날에 행한 어리석은 짓은 다른 날에 행할 어리석은 짓에 자리를 마련해주기 위해 잊혀야 한다"[95]고 말한다. 남성이 사교의 기쁨 때문에 맑은 정신의 한계선을 조금 그리고 잠깐 넘어서는 것이 허용될 때는 선량함이 전제된다. 오십 년 전 유행했던 정략, 이를테면 북방의 왕실에서 술을 잘 마시는 사절을 파견해서 자신은 취하지 않으면서 다른 사람들은 취하게 만들어 그들의 속셈을 알아내거나 그들을 구슬렸던 것과 같은 그런 정략은 간교한 술책이다. 그러나 이런 정략은 그 당시 도덕의 미숙함과 더불어 사라졌고, 이제 그런 악덕에 대해 경고하는 설교는 교양 있는 계층과 관련해서라면 불필요하다.

술을 마실 때 사람들은 술에 취한 인간의 기질이나 성격을 탐구할 수 있을까? 나는 그렇지 않다고 생각한다. 새로운 액체는 혈관을 Ⅶ 172 따라 순환하는 체액과 섞이면서 신경에 대한 색다른 자극이 되는데, 이 자극은 **자연적 기질**을 더 분명하게 드러내는 것이 아니라 또 다른 기질을 **주입한다.** ― 그래서 술 취한 사람 중 어떤 사람은 사랑에 빠지고, 다른 사람은 허풍을 떨며, 제3의 사람은 호전적이 되고, 제4의 (특히 맥주를 마신) 사람은 상냥해지거나 진지해지거나 심지어 말이 없어진다. 그러나 그들 모두 자고 나서 술이 깨면 그리고 사람들이 그들에게 지난밤 그들이 말한 것을 상기시켜주면, 자기 감각능력의 기이한 느낌이나 언짢음에 대해 그들 스스로 웃게 될 것이다.

§ 27.[96] 상상력의 독창성(모방하지 않는 생산)은 만일 그것이 개념 B 76 과 조화를 이룬다면 **천재**라고 불리지만, 그렇지 않다면 **광신**이라 불린다. 우리가 인간의 형태 이외에 **이성적 존재**에 적합한 어떤 다른 형태도 생각할 수 없다는 점은 주의할 만하다. 각각의 다른 형태들은 ― 예컨대 뱀이 약삭빠른 교활함의 형상이듯이 ― 기껏해야 인간이 지닌 하나의 특정 속성의 상징을 보여주겠지만 이성적 존재 자체는 보여주지 못할 것이다. 그래서 우리는 다른 모든 천체에 순수하게 인간의 형태를 지닌 존재들이 거주한다고 상상한다. 비록 그런 존재들을 떠받치고 먹여 살리는 대지의 상이함 그리고 그런 존재들을 구

성하는 요소들의 상이함에 따라 그런 존재들이 매우 상이한 형태를 가질지 모른다는 생각도 그럴듯하지만 말이다. 우리가 그런 존재에게 부여할 수 있는 다른 모든 형태는 희화화된 것이다.*

A 77 어떤 감각능력(예컨대 시각)의 결함이 타고난 것이라면, 그런 장애가 있는 사람은 그 감각능력을 대신하는 다른 감각능력을 가능한 한 B 77 연마하고 고도의 생산적 상상력을 발휘한다. 말하자면 그는 촉각을 통해 외적 물체의 형식을 파악하고자 하고, 촉각이 (예컨대 집의) 크기를 파악하기 위해 충분하지 않은 경우, 그 넓이를 아마도 청각의 감각능력과 같은 또 다른 감각능력을 통해서라도, 즉 실내에서 목소리 Ⅶ 173 의 반향으로라도 파악하고자 한다. 그러나 결국 운 좋게 수술해서 감각 기관이 자유로워지면, 그는 무엇보다 보고 듣는 법을 배워야 한다. 즉, 그는 자신의 지각을 이런 종류의 대상들에 대한 개념들 아래로 보내려고 노력해야 한다.

대상들에 대한 개념들이 (생산적 상상력을 통해) 저절로 만들어진 형상을 대상들에 무심코 덧붙이게 만드는 경우가 종종 있다. 재능이나 공적 혹은 신분이 위대한 사람의 삶과 행적에 대해 읽거나 들으면, 사람들은 상상력 안에서 그에게 건장한 체격을 부여하게 되고, 반대로 성격이 섬세하고 온화하다고 기술된 사람에게는 왜소하고 부드러운 형상을 부여하게 되는 경우가 일반적이다. 농부뿐만 아니라 세상을 충분히 잘 아는 사람이라 하더라도, 전해 들은 행적에 따

---

* 그러므로 성삼위인 노인, 젊은이, 새(비둘기)는 실제로 그 대상들과 유사한 형태로 표상되는 것이 아니라 단지 상징으로 표상되어야 한다. '하늘에서 내려온다' 그리고 '하늘로 올라간다'는 비유적 표현도 똑같은 것을 의미한 다. 이성적 존재에 대한 우리의 개념에 직관을 더하기 위해 우리는 그 개념 A 77 들을 의인화하는 것 외에는 달리 행할 것이 없다. 그런데 이때 상징적 표상 이 사태 자체에 대한 개념으로까지 찬양된다면, 그것은 불행한 혹은 유치 한 일이다.

라 머릿속에 그려왔던 어떤 영웅이 왜소한 남자로 드러난다면, 거꾸 A 78
로 섬세하고 온화한 **흄**이 거친 남자로 드러난다면 낯설게 느끼게 된
다. ─ 그러므로 사람들은 어떤 것에 대한 기대를 높이 부풀려서는
안 된다. 상상력은 자연적으로 최극단까지 올라가는 경향이 있지만,
현실은 실행의 본보기 역할을 하는 이념보다 항상 제한적이기 때문
이다. ─ 97)

　사교모임에 처음 소개하고자 하는 사람에 대해 사전에 너무 많이 B 78
칭찬하는 일은 유익하지 않다. 오히려 종종 그런 일은 그 사람을 웃
음거리로 만들려는 어떤 악당의 교활한 장난일 수 있다. 왜냐하면 고
대하던 것의 표상을 상상력이 너무 높이 띄워 놓아서, 선입견이 된
이념과 비교될 때 그 사람은 손해 볼 수밖에 없기 때문이다. 사람들
이 어떤 글이나 희곡 아니면 미적 양식에 속하는 어떤 다른 것을 과
도하게 찬미하며 선전할 때 바로 그런 일이 일어난다. 왜냐하면 그것
은 현시되는 그 순간 하락할 수밖에 없기 때문이다. 어떤 훌륭한 희
곡을 단지 읽은 것만으로도, 그 희곡이 상연되는 것을 보는 사람들의
인상은 이미 약해진다. ─ 그러나 미리 칭찬받던 것이 예상과 정반대
일 경우, 그 공연된 대상은 그렇게 미리 칭찬받지 않았다면 문제없을 A 87
것인데도 큰 웃음을 불러일으킨다. 98)

　가변적으로 움직이는 형태는 원래 그 자체로는 주의를 불러일으
킬 만한 아무런 의미도 지니지 않는다. 그런데 이런 형태, ─ 난롯불
의 어른거림 혹은 돌 위를 흐르는 시냇물의 다양한 소용돌이와 거품
내기 운동 같은 것은 (이 경우 시각의 표상과는) 전혀 다른 종류의 수 Ⅶ 174
많은 표상을 가지고 마음 안에서 놀이하고 깊은 생각에 몰두하게 해
서 상상력을 즐겁게 한다. 전문가처럼 음악을 듣지 않는 사람에게는
심지어 음악도 [마찬가지여서, 예컨대] 어떤 시인이나 철학자를 어
떤 분위기에 빠지게 할 수 있다. 그 분위기 속에서 각자는 자신의 본

B 79 업이나 취미에 따라서 그가 방 안에 혼자 앉아 있었다면 그렇게 운 좋게 붙잡지 못했을 생각을 붙잡아 내고는 마음껏 펼쳐볼 수 있다. 이런 현상의 원인은 다음과 같은 사실에 놓인 것으로 보인다. 즉, 그

A 79 자체로는 아무런 주의도 불러일으킬 수 없는 다양한 것이 더 강력하게 주어지는 다른 어떤 대상에 대한 감각능력의 주의를 흐트러뜨리면, 사고는 지성 표상 아래에 소재를 제공하기 위해서 더 강렬하고 더 지속적인 상상력을 필요로 하게 되며, 그런 한에서 사고는 이완될 뿐만 아니라 활발해진다. 영국의 『관객』[99]이라는 잡지는 어떤 변호사에 대해 다음과 같이 서술한다. "그는 변론 중 주머니에서 실을 꺼내 끊임없이 손가락에 감았다 풀었다 하는 버릇이 있었다. 장난꾸러기인 그의 상대편 변호사가 그 실을 주머니에서 몰래 꺼내버렸더니, 그는 완전히 당황해서 순전히 무의미한 이야기만 늘어놓았다. 이 때문에 사람들이 '그는 자기 이야기의 실마리를 잃어버렸다'고 말했다." — 하나의 감각에 꽉 붙들린 감각능력은 다른 낯선 감각에 주의하지 못하게 되고, 따라서 그런 낯선 감각에 의해 산만해지지 않는다. 그러나 상상력은 규칙적인 흐름을 이런 때에 더욱더 잘 유지할 수 있다.

다양한 종류의 감성적 창작 능력에 대하여

§ 28.[100] 세 가지 상이한 종류의 감성적 창작 능력이 있다.[101] 그것

B 80 들은 공간 속에서 직관을 형성하는 능력(조형적 상상력), 시간 속에서 직관을 연상하는 능력(연합적 상상력) 그리고 공통적 기원에 의한 표상들 상호 간의 친화 능력(친화성)이다.

A. 형성의 감성적 창작 능력에 대하여

예술가는 물체적 형태를 (말하자면 손으로 잡을 수 있게) 현시할 수 있기 전에 상상력 안에서 그 형태를 만들어야 하며, 이 경우 그 형태 는 하나의 창작이다. 이 창작이 (아마도 꿈에서처럼) 자의에 따른 것 이 아니라면 **공상**이라고 불리고, 이런 창작은 예술가의 것이 아니다. 그러나 창작이 자의로 통제된다면 **구성, 발명**이라고 불린다. 그런데 예술가가 자연의 작품과 유사한 형상에 따라 작업한다면, 그의 생산 물은 **자연스럽다**고 불린다.[102] 그러나 예술가가 (시칠리아의 팔라고니 아 대공[103])처럼) 경험에서 나타날 수 없는 형상에 따르는 그런 형태 의 대상을 만든다면, 그 대상은 진기하다거나 자연스럽지 않다거나 괴상하다고 불리며, 그런 착상은 말하자면[104] 깨어 있는 사람이 꿈꾸 듯 떠올린 형상이다(환자가 꿈꾸듯 환영이 만들어진다). ― 우리는 자 주 그리고 기꺼이 상상력과 놀이한다. 그러나 (공상으로서) 상상력은 마찬가지로 자주 우리와 놀이하면서도 가끔은 대단히 거북하게[105] 우 리와 놀이한다.

잠들어 있을 때 공상이 인간과 놀이하는 것이 꿈이며, 그것은 건강 한 상태에서도 일어난다. 그와 반대로 깨어 있을 때 그런 놀이가 일 어난다면 그것은 병든 상태임을 드러낸다. ― 모든 외적 지각 능력 그리고 무엇보다도 모든 자의적 운동 능력을 이완하는 수면은 깨어 있을 때 소모되는 힘을 비축하기 위해 모든 동물에게, 심지어 식물에 게조차(후자를 전자와 유비함으로써) 필수적인 것으로 보인다. 그러 나 이는 꿈의 경우도 마찬가지인 것으로 보인다. 그래서 잠들어 있 을 때 생명력이 꿈을 통해 항상 활동을 유지하지 못하면 생명력은 사 그라질 수밖에 없으며, 가장 깊은 수면은 동시에 죽음을 수반할 수밖 에 없다. ― 어떤 사람이 꿈꾸지 않고 숙면했다고 말한다 해도, 그것 은 그 사람이 잠에서 깨어 꿈을 전혀 기억하지 못한다는 말일 뿐이다. 그렇게 기억하지 못하는 일은 상상이 빠르게 전환된다면 깨어 있을 때도, 즉 방심 상태에 있을 경우 누군가에게 일어날 수 있다. 이를테면, 멍한 눈길로 잠시 동일한 지점을 응시하던 사람에게 "지금 무슨 생각을 하는가"라고 질문하면 "나는 아무것도 생각하지 않았다"는 답을 얻게 된다. 잠에서 깨어날 때 우리의 기억 속에 끊김(사이사이를 연결하지만 부주의로 간과되는 표상)이 많지 않다면, 그리고 지난밤에 우리가 꿈꾸다 멈췄던 그 지점에서 오늘 밤 다시 꿈꾸기 시작한다면, 과연 우리는 상이한 두 세계에서 살고 있다고 망상하지 않을는지 나는 모르겠다. ─ 꿈을 꾸는 일은 자의에 근거한 신체의 운동인 근육 운동이 정지한 사이에 비자의적으로 창작된 사건과 관련된 촉발을 통해 자연이 생명력을 북돋기 위해 현명하게 마련해둔 것이다. ─ 다만 사람들은 꿈에서 일어난 것을 눈에 보이지 않는 어떤 세계에서 온 계시로 생각해서는 안 된다.

B 82

VII 176

B. 연상의 감성적 창작 능력에 대하여

A 82

연합의 법칙은 종종 서로 잇따르는 경험적 표상들이 마음속에 습관, 즉 하나의 표상이 생겨날 때 다른 표상도 역시 발생하게 하는 습관을 생성하는 것이다. ─ 이에 대한 생리학적 설명을 요구하는 것은 쓸모없다. 이를 위해 사람들은 뇌 안에 있는 이른바 물질적 관념에 대한 데카르트의 가정처럼 (그 자체로 다시 창작물인) 모종의[106] 가정을 사용할 수도 있다. 적어도 그와 같은 설명은 결코 **실용적**이지 않다. 다시 말해서 그와 같은 설명은 어떤 기술을 실행하기 위해서도 사용될 수 없다. 왜냐하면 우리는 뇌에 대해서도 아는 것이 전혀 없으며, 표상들에서 온 인상들의 흔적들이 마치 서로 접하듯이 공감적으로 일치할 수 있게 되는 뇌 안의 장소에 대해서도 전혀 아는 것이 없기 때문이다.

이런 근접 관계는 대단히 멀리까지 확장되는 경우가 많다. 그리고 상상력은 백 번째에서 천 번째까지 종종 대단히 빨리 나아가서 사람들이 표상들의 연쇄에서 어떤 중간항들을 아예 건너뛰는 것처럼 보이기도 한다. 그러나 그런 중간항들은 단지 의식되지 못했을 뿐이 B 83 다. 그래서 사람들은 자주 자문해야 한다. "나는 어디에 있었는가?" "나는 어디에서 내 말을 시작했고, 나는 어떻게 이 종점에 도달했는가?"*

C. 친화의 감성적 창작 능력에 대하여

친화를 나는 다양한 것이 하나의 근거에서 기원함으로써 통합되는 것이라고 이해한다. ─ 사교적 담화를 나눌 때 하나의 화제에서 A 83; Ⅶ 177
다른 종류의 화제로 뛰어넘는 것은 순전히 주관적인 근거를 둔 (즉, 이 사람은 저 사람과 다르게 표상들을 연합하는) 표상들의 경험적 연합에 의해 오도된 것이며, 내가 보기에 그것은 모든 담화를 중지하고 B 84
파괴하는 일종의 무의미한 일이다. ─ 하나의 화제가 고갈되고 잠시 중단되는 일이 생길 때만 누군가가 흥미로운 다른 화제를 도입할 수 있다. 규칙 없이 배회하는 상상력은 어떤 것에도 객관적으로 매이지 않은 표상들을 교체해나감으로써 머리를 혼란시켜서 이런 종류의

---

* 그러므로 사교적 담화에 착수하는 사람은 그에게 가까이 있고 현존하는 것에서 시작하고, 멀리 있는 것이 흥미를 끌 수 있는 한에서 그런 멀리 있 A 83
는 것으로 점차 이끌어가야 한다. 거리에 있던 사람이 서로 환담을 나누고 자 모인 사교모임에 들어설 때, 나쁜 날씨는 담화를 위한 훌륭하고 일반적 인 방편이다.[107] 왜냐하면 예를 들어, 어떤 사람이 방 안으로 들어갈 때 때 마침 신문에 있던 터키 소식으로 시작하는 것은 무엇이 그를 그렇게 하도 록 이끌었는지 다른 사람은 알지 못한다는 점에서, 다른 사람의 상상력에 폭력을 가하는 것이기 때문이다. 마음은 사유가 전달되는 모든 경우에서 Ⅶ 177
어떤 질서를 필요로 한다. 따라서 설교와 마찬가지로 담화에서도 예비적 표상과 시작이 매우 중요하다.

사교모임에 있다 나온 사람은 마치 꿈을 꾼 것 같은 기분이 들게 된

A 84 다.—조용히 사고할 때뿐만 아니라 사유를 전달할 때도 다양한 것을 한 줄로 엮어주는 한 가지 주제가 항상 있어야 하고, 따라서 지성도 역시 그때 작동해야 한다. 그러나 여기서도 상상력의 놀이는 감성의 법칙을 따르며, 감성을 통해 소재를 제공받는다. 이 소재의 연합은 규칙에 대한 의식 없이도 규칙에 **적합**하게, 그리고 지성에서 유래한 것이 아님에도 지성에 **적합**하게 이루어진다.

친화라는 단어는 화학에서 다뤄지는 상호작용을 상기시킨다. 저지성결합과 유비되는 것으로서 이 상호작용은 종적으로 다른 두 개의 물체적 소재가 서로 매우 긴밀하게 작용하여 통일을 이루고자 하는 것이다. 이때 **통합**은 제3의 어떤 것을 만들어내며, 이 제3의 것은 이질적인 두 소재의 통합으로만 생겨날 수 있는 속성들을 지니게 된다. 지성과 감성은 서로 이종적임에도 우리의 인식을 생성하기 위해

B 85 마치 하나가 다른 것에 기원을 둔 것처럼 혹은 둘이 모두 하나의 공통 줄기에 기원을 둔 것처럼 저절로 친족관계를 맺는다. 하지만 이는 있을 수 없는 일이며, 적어도 우리는 어떻게 이종적인 것이 하나의 동일한 뿌리에서 생겨날 수 있었는지 이해할 수 없다.*

---

* 표상들을 합성하는 처음 두 가지 방식[즉, 형성과 연상]은 (증대의) 수학적 합성이라고 부를 수 있지만, 셋째 방식[즉, 친화]은 (산출의) **동역학적** 합성이라고 부를 수 있으며, 이 동역학적 합성에 의해서는 (아마도 화학에서 중

A 85
VII 178
성염처럼) 완전히 새로운 사물이 생겨난다. 생명 없는 자연에서나 생명 있는 자연에서나, 영혼에서나 신체에서나, 힘의 놀이는 이종적인 것의 분열과 통합에 의거한다. 사실 우리는 힘의 작용을 경험함으로써 힘을 인식하기에 이르기는 하지만, 최고 원인에는 그리고 그 힘의 소재를 구성할 수 있는 단순한 요소에는 다다를 수 없다.—우리가 알고 있는 모든 유기적 존재가 자신의 종을 오직 (암수라고 불리는) 두 성(性)의 통합으로만 번식한다[108]는 사실의 원인은 과연 무엇인가? 그럼에도 우리는 창조자가 단지 특별함을 위해서 그리고 단지 우리 지구 위에 자기 마음에 드는 제도를 만들기 위해서, 말하자면 그저 놀이를 했을 뿐이라고 생각할 수는 없다. 오히

§ 29.[109) 그렇지만 상상력은 사람들이 자부하는 것만큼 그렇게 창
조적인 것이 아니다. 우리는 인간의 형태 이외에 다른 어떤 형태도
이성적 존재에게 적합한 것으로 생각할 수 없다. 따라서 조각가나 화
가는 천사나 신을 제작할 때 항상 어떤 인간을 만들어낸다. 그에게
다른 모든 모양은 그의 이념에 의거할 때 이성적 존재의 구조와 함께
통합될 수 없는 (날개, 발톱 또는 발굽과 같은) 부분을 포함하는 것처
럼 보인다. 반면에 크기는 그가 원하는 대로 창작할 수 있다.

인간 상상력의 힘에 의해 종종 착각은 너무 멀리 뻗어나가 그가 단
지 머릿속에 가지고 있을 뿐인 것을 밖에서 보거나 느낀다고 믿는다.
이 때문에 심연을 들여다보는 사람에게는 그의 주위에 떨어지지 않
을 만큼 충분히 넓은 지면이 있는데도, 혹은 심지어 튼튼한 난간에
기대 서 있는데도 현기증이 엄습한다. ─ 자발적으로 아래로 투신하
려고까지 하는 내적 충동의 발작에 대한 몇몇 정신병자의 두려움은
놀랍다. ─ 다른 사람이 역겨운 것을 즐기는 광경(예컨대, 퉁구스족이
자기 아이들의 코에서 나온 콧물을 단숨에 들이켜 삼킬 때)을 보면, 마
치 보는 사람 자신이 그렇게 즐길 것을 강요받은 것처럼[110) 그에게도
똑같이 구토가 유발된다.

타지로 이주하게 되면서 스위스 사람들이 (그리고 내가 어떤 경험
많은 장군의 입에서 들었듯이, 몇몇 지역의 베스트팔렌 사람들과 포메
른 사람들도 역시) 불현듯 사로잡히는 향수는 그들의 유년 시절 근심
없던 광경과 이웃들이 서로 어울리던 광경을 회상하면서 생겨난 그

려 번식을 위하여 두 성(性)이 설립되지 않았는데도, 유기적 피조물이 우
리 지구의 물질에서 다른 방식으로 번식해서 생성된다는 것은 **불가능**할 수
밖에 없는 것처럼 보인다. ─ 여기서 인간 이성이 그런 기원을 규명하고자,
아니면 그저 추측이라도 해보고자 시도하기를 원한다면 인간 이성은 어떤
어둠 속에서 길을 잃을 것인가?

리움의 결과, 즉 그들이 매우 단순한 삶의 기쁨을 누렸던 장소를 그리워한 결과다. 나중에 그들은 그 장소를 방문하고 나서 자신들의 기대가 착각이었음을 알게 되고 그래서 치유된 것도 역시 알게 된다. 이는 그곳의 모든 것이 너무 달라졌다는 생각에서 그렇기도 하지만, 사실 그들이 자신의 유년 시절을 거기서 다시 보낼 수 없기에 그런 것이다. 그럼에도 여기서 주목할 만한 것은 돈벌이에 혈안이 돼서 '잘사는 곳이 고향'이라는 말을 좌우명으로 삼는 사람들보다 가난하지만 그 대신 형제관계나 사촌관계로 결속된 지방의 시골 사람들이 그런 향수에 더 많이 사로잡힌다는 사실이다.

이 사람 혹은 저 사람이 나쁜 사람이라는 말을 사전에 들었다면 사람들은 그의 얼굴에서 악의를 읽어낼 수 있다고 믿는다. 이때 특히 감정과 열정이 더해지면, 창작이 경험과 뒤섞여 하나의 감각에까지 이른다. 엘베티우스[111]에 따르면, 어떤 귀부인이 망원경으로 달에서 두 연인의 그림자를 보았다. 뒤이어 같은 망원경으로 관찰했던 목사는 "절대 아닙니다, 부인. 그것은 중앙 교회의 두 종탑입니다"라고 말했다.

사람들은 이 모든 것에 상상력의 공감에 따른 작용도 추가할 수 있다. 경련성 발작 혹은 심지어 간질성 발작이 일어난 사람을 목격하면, 유사한 경련 운동이 유발된다. 다른 사람이 하품하면 그와 함께 하품하게 되는 것과 같다. 의사인 미카엘리스[112] 씨가 예로 든 것에 따르면, 북아메리카의 군대에 있던 한 남자가 격렬한 광란 상태에 빠졌을 때 이런 발작이 단지 일시적이었음에도 곁에 있던 두세 명이

그 광경을 목격하고 갑자기 동일한 상태에 빠졌다고 한다. 따라서 신경이 쇠약한 (우울증이 있는) 사람들에게 호기심으로 정신병원을 방문해보라고 충고해서는 안 된다. 그들은 자신의 머리를 두려워하므로 대부분 이런 일을 본인 스스로도 회피한다. ── 다들 알겠지만, 활

발한 사람들은 누군가가 자신에게 일어난 일에 대해 격정적으로, 특히 분노하며 그들에게 이야기하면 열심히 주목하면서 그에 맞춰 인상을 찌푸리고, 무의식적으로 그의 격정에 어울리는 표정을 짓는다. ― 마찬가지로 다들 인지했겠지만, 서로 사이가 좋은 부부는 점점 인상이 비슷해지는데, 그 이유는 그들이 바로 그 비슷함으로 말미암아 (유사한 것은 유사한 것을 좋아한다) 서로 결혼했기 때문이라는 식으로 해석된다. 그러나 이는 거짓이다. 왜냐하면 자연은 일찍이 성적 본능에서 주체들의 다양성을 강요하기에 그들은 자신의 배아에 자연이 놓아둔 모든 다양성이 개발되게끔 그렇게 서로 사랑에 빠지게 되기 때문이다. 오히려 그들이 서로 바짝 붙어서 그들끼리만 담화를 나누면서 서로 자주 그리고 오랫동안 눈으로 확인한 친밀함과 애착이 공감적인 유사한 표정을 일으키는 것이며, 그런 표정이 굳어지면 결국 지속적인 인상으로 변하게 되는 것이다. $\quad$ A 89; Ⅶ 180

마지막으로 **공상**이라고 명명될 수 있는 생산적 상상력의 이런 의도하지 않은 놀이에는 악의 없이 **거짓말하는** 성벽도 포함될 수 있다. 이 성벽은 어린아이에게서 **항상** 발견되지만 평소 선량한 성인에게서도 **때때로**, 즉 거의 유전적 질병처럼 간혹 발견된다. 이런 경우 이야기 속의 사건 그리고 이른바 모험은, 재미있게 만드는 것 이외에 다른 어떤 이익도 의도되지 않은 채, 마치 굴러 떨어지는 눈덩이처럼 상상력에서 부풀려지게 된다. 마치 셰익스피어[113]에서 기사 존 팔스타프가 두꺼운 외투를 입은 두 남자를 자기 이야기를 끝마치기 전에 다섯 명으로 만들었던 것처럼 말이다. ― $\quad$ B 89

§ 30.[114] 상상력은 표상과 관련하여 감각능력보다 더 풍부하고 비옥하므로 열정이 더해지면 대상이 현존할 때보다 대상이 부재할 때 더 활성화된다. 분산돼서 한동안 지워진 것으로 보였던 것의 표상을

마음속에 다시 살려내는 일이 일어날 때가 그렇다. ─ 이전에 거친 전사이면서도 귀족이었던 독일의 한 영주가 자신의 영지에 사는 한 평민 여성에 대한 사랑을 마음에서 털어내기 위해 이탈리아 여행을 떠났다. 그러나 그가 여행에서 돌아와 그녀 집을 처음 본 순간, 지속적으로 교제했을 때보다 훨씬 더 강력하게 상상력이 발동되었고, 그래서 그는 더 주저하지 않고 [결혼의] 결심을 받아들였고, 다행히 그 결심은 예상대로 이루어졌다. ─ 창작적 상상력의 결과인 이런 병은 오직 결혼으로만 치유될 수 있다. 결혼은 진리이기 때문이다(가면이 사라지고 실상이 남는다 ─ 루크레티우스).[115]

A 90

창작적 상상력은 우리 자신과 일종의 교제를 이루어내는데, 이 교제는 비록 내감의 현상일 뿐이지만 그럼에도 외감과 유비되어 이루어진다. 밤은 그런 상상력을 활성화해서 상상력을 현실적 내용 이상으로 고양한다. 이는 마치 밝은 낮에는 단지 하찮은 조각구름처럼 보이던 달이 저녁 시간에는 하늘에 큰 모양을 만들어내는 것과 같다. 창작적 상상력은 밤의 정적 속에서 공부하는 사람 혹은 상상의 적과 싸우는 사람 혹은 방 안에서 어슬렁거리며 공중누각을 짓는 사람에게 충만하다. 그러나 그때 그에게 중요한 것처럼 보이는 모든 것은 밤에 잠을 잔 뒤 다음 날 아침에는 그 모든 중요성을 상실한다. 그러나 아마도 그는 점차 이런 나쁜 습관으로 말미암아 마음의 힘이 지쳐간다는 것을 느낄 것이다. 따라서 다음 날 일찍 일어날 수 있도록 일찍 취침함으로써 상상력을 억제하는 것은 심리학적 양생에 속하는 매우 유용한 규칙이다. 그러나 부녀자와 우울증 환자는 반대되는 생활 태도를 좋아한다(일반적으로 그들은 바로 이 때문에 고통을 겪는다). ─ 왜 늦은 밤에는 귀신 이야기를 귀 기울여 듣게 되는가? 아침에 일어나는 순간 그런 이야기는 누구에게나 하찮은 것으로 그리고 담화에 전혀 어울리지 않는 것으로 여겨지는데도 말이다. 아침에

B 90

Ⅶ 181

A 91

일어나서 사람들은 반대로, 집에서 혹은 공동체에서 무슨 새로운 일이 일어났는지 혹은 전날 우리의 일이 무슨 새로운 일로 이어지는지 묻는다. 이유는 이것이다. 그 자체로 순전히 놀이인 것은 낮 동안 소모된 체력을 진정시키는 데에 적합하지만, 업무인 것은 밤의 휴식으로 강화된 사람, 말하자면 밤의 휴식으로 새로 태어난 사람에게 적합하다.

상상력의 과오는 그것의 창작이 순전히 **속박 없는** 것(제멋대로인 것)이거나 아니면 전혀 **규칙 없는** 것(잘못된 것)이라는 점이다. 후자 B 91 의 잘못은 최악이다. 전자의 창작은 어쨌건 어떤 가능한 (우화의) 세계에서 제자리를 찾을 수 있을 것이다. 후자의 창작은 자기 모순적이므로 어떤 세계에서도 자리를 찾을 수 없다. ― 리비아의 황무지 랏셈에서 자주 마주치는 돌로 조각된 인간과 동물의 형태들을 아라비아 사람들은 저주받아 돌로 변한 인간으로 여기기에 두려워하며 바라보는데, 이런 것은 첫째 종류의 상상, 즉 속박 없는 상상력의 상상에 속한다. ― 그러나 바로 그 아라비아 사람들은 이 동물 조각상들이 어느 날 모두 부활하여 조각가에게 호통치면서 그가 조각상들을 만들었음에도 조각상들에 아무런 영혼도 부여하지 못했다고 꾸짖을 거라고 생각하는데, 그것은 모순이다. ― 속박 없는 공상은 (데스테 추기경[116])이 자신에게 헌정된 책을 건네받고서 "아리오스토 선생, 당신은 헛소리만 가득한 이 망할 놈의 책을 어디서 얻었나요?"라고 묻게 한 그 시인의 공상처럼) 언제라도 꺾일 수 있다. 속박 없는 공상에서는 그 풍부함이 넘쳐난다. 그러나 규칙 없는 공상은 망상에 가깝다. 이 A 92 경우 공상은 인간을 완전히 가지고 놀며, 불운한 사람은 자기 표상들의 흐름을 전혀 통제하지 못한다.

덧붙이면 미적 기술자와 마찬가지로 정치 기술자도 현실을 대신해서 자신이 그럴듯하게 꾸며낼 줄 아는 상상을 통해서, 예컨대 순전히 형식적으로만 성립하는 (영국 의회에서 그렇듯이) 국민의 자유에 의해서 혹은 (프랑스의 국민의회에서 그렇듯이) 신분의 자유와 평등에 의해서 세상을 인도하고 통치할 수 있다(세상은 속기를 원한다). 그러나 인간성을 드높이는 선 자체를 소유하고 있다는 가상을 가지는 것만으로도 그런 선을 분명히 빼앗겼다고 느끼는 것보다는 더 좋다.

B 92; Ⅶ 182

상상력으로 과거의 것과 미래의 것을 현재화하는 능력에 대하여

§31.[117) 과거의 것을 의도적으로 현재화하는 능력은 상기 능력이고, 어떤 것을 미래의 것으로 표상하는 능력은 예견 능력이다. 둘 다[118) 감성적인 한에서 이 두 능력은 모두 주관의 과거와 미래 상태에 대한 표상을 주관의 현재 상태와 연합하는 일에 근거를 둔다. 그리고 이 둘은 비록 그 자체로 지각은 아니지만 시간 속에서 지각을 연결하는 일에, 즉 현재 있는 것을 통해서 더는 있지 않은 것과 아직 있지 않은 것을 서로 관련된 하나의 경험으로 연결하는 일에 쓰인다. 이 두 능력은 (이런 표현이 허용된다면) 회상과 예상을 위한 상기 능력과 예기 능력이라고 불린다. 왜냐하면 사람들은 자신의 표상을 과거 상태나 미래 상태에서 만났을 것으로 의식하기 때문이다.

A 93

A. 기억에 대하여

B 93   기억은 이전의 표상을 자의적으로 재생할 수 있다는 점에서, 따라서 마음이 상상력과 그저 놀이하는 것이 아니라는 점에서 단순히 재생적인 상상력과 구별된다. 공상, 즉 창조적 상상력이 그 안에 섞여서는 안 된다. 공상에 의해 기억은 부실해질 테니 말이다. ─ 어떤 것

을 빨리 기억 안에 담고 쉽게 **생각해내며** 오래 간직하는 것은 기억의 형식적 완전성이다. 그러나 이런 속성들은 좀처럼 공존하지 못한다. 누군가가 어떤 것을 기억 속에 가지고 있다고 믿으면서도 그것을 의식으로 **끄집어낼** 수 없다면, 그는 **그것을 떠올릴 수 없다**(자기 자신에게 떠올릴 수 없다는 것이 아니다. 그것은 자기 자신을 무감각하게 만드는 것과 같은 것을 의미하기 때문이다.[119])고 말한다. 이때 사람들이 그것을 떠올리려고 애쓴다면, 그 수고는 대단히 골치 아픈 것이어서, 그들이 최선으로 할 수 있는 일은 얼마간 다른 생각을 하며 휴식을 취하고 때때로 잠깐만 그 객관에 대해 회고하는 것이다. 그러면 대개 사람들은 저런 수고로 소환되는 연합된 표상들 중 하나를 붙잡게 된다. Ⅶ183

어떤 것을 **방법적으로** 기억 안에 담는 것(기억에 새김)은 (미래에 자신이 하게 될 설교를 단순히 외워서 익히는 목사에 대해 세상 사람들이 말하듯이 학습함이 아니라) 기억함이라고 불린다. ── 이런 기억함은 기계적이거나 기교적이거나 분별적일 수 있다. 첫째 것은 단순히 자주 글자 그대로 반복하는 데에 의거한다. 예컨대 구구법을 배울 때는 찾는 답에 이르기 위해서 익숙한 순서로 서로 이어지는 단어들의 계열 전체를 두루 거쳐 가야 한다. 예를 들어 초보자는 "3 곱하기 7은 얼마인가"라는 질문을 받으면, 3 곱하기 3에서 시작해서 21에 제대로 이를 수 있다. 그러나 사람들이 "7 곱하기 3은 얼마인가"라고 묻는다면, 그는 곧바로 생각해낼 수 없을 테고, 그 수들을 거꾸로 해서 익숙한 순서로 놓아야 할 것이다. 습득된 것이 어떤 표현도 변경되어서는 안 되는 엄격한 공식이고, 사람들이 말하듯이 기계적으로 외워야 하는 것이라면, 아마 최고의 기억을 가진 사람들도 기억에 의존하기를 두려워할 것이다. (이런 경우 그 두려움 자체가 사람들로 하여금 실수하게 만들 수 있을 테니) 따라서 사람들은, 원숙한 목사도 그렇게 하듯 A94 B94

이, 엄격한 공식을 한 글자 한 글자 낭독하는 일이 필수적이라고 여길 것이다. 엄격한 공식에서는 단어를 조금이라도 바꾸게 되면 웃음거리가 될 테니 말이다.

기교적으로 기억하는 것은 어떤 표상을 (지성에 관해서는) 그 자체로 전혀 서로 친화적이지 않은 부수적 표상들과 연합함으로써 기억에 새기는 방법이다. 예컨대 사람들은 어떤 말소리를 그와 완전히 이종적이면서도 그 말소리에 대응하게 되어 있는 형상과 연합함으로써 기억에 새긴다.[120] 이 경우 사람들은 어떤 것을 더 쉽게 기억에 담기 위해서 더 많은 부수적 표상으로 기억을 닦달할 수도 있다. 그러므로 이것은 하나의 동일한 개념 아래 함께 속할 수 없는 것을 짝짓는 상상력의 무규칙적 처리 방식으로 **불합리한** 짓이다. 그리고 동시에 이것은 수단과 의도 사이의 모순인데, 사람들은 기억의 노고를 경감하고자 하지만 사실은 서로 매우 괴리된 표상들의 연합이라는 불필요한 짐을 기억에 지움으로써 그 노고를 가중하기 때문이다.*[121] 익살꾼들은 충실한 기억을 지니는 경우가 드물다(익살꾼들의 기억은 그다지 충실하지 않다)는 점이 이런 현상을 설명해준다.

분별적으로 기억하는 것은 사고 속에 있는 (예컨대 린네의 것과 같은) 어떤 체계의 구분표를 기억하는 것과 다름없다. 이런 경우에는 어떤 사람이 무언가를 잊어버리게 되었다 해도, 그는 자신이 간직했던 항목들을 열거함으로써 혹은 분명하게 형성된 전체의 **부분들**(예

A 95

B 95

Ⅶ 184

---

* 그래서 그림성서같이 그림으로 된 입문서 혹은 심지어 그림으로 설명된 **법령총론**은 유치한 교사가 자신의 제자를 원래보다 더 유치하게 만들기 위한 요지경이다. 후자에 대해 예로 쓰일 수 있는 것이 "자권 상속인과 법정 상속인에 대하여"라는 제목의 법령집인데, 이 제목은 그런 [그림 설명의] 방식으로 기억에 의지한 것이다. 첫째 단어는 맹꽁이자물쇠가 달린 상자로, 둘째 단어는 돼지로, 셋째 단어는 모세의 석판 두 개로 감성적으로 구현되었다.[122]

B 95

Ⅶ 184

컨대 지도 위에서 어떤 나라의 북방, 서방 등에 있는 지방들)을 열거함으로써 올바로 되찾을 수 있다. 왜냐하면 이렇게 기억하려면 지성이 사용되며, 이 지성은 상상력과 서로 도움을 주고받기 때문이다. 대개 **위상론**,[123] 즉 **공통장소**라고 불리는 보편 개념들을 위한 뼈대는, 도서 A 96
관에서 책들이 다양한 표제어가 붙은 책장으로 분배될 때처럼, 분류를 통해서 쉽게 상기하게 한다.

일반론으로서의 기억술은 없다. 기억술에 속하는 특수한 요령 가운데 시구로 된 격언들이 있다. 운율은 기억의 기제에 큰 도움이 되는 규칙적인 억양을 포함하기 때문이다. — 미란돌라의 피코,[124] 스 B 96
칼리거,[125] 폴리치아노,[126] 마글리아베키[127] 등과 같은 기억의 귀재들에 대해서 그리고 학문을 위한 재료로 100마리 낙타에 실을 만큼의 책을 머릿속에 담고 다니는 박식한 사람들에 대해서, 아마도 이 사람들은 합목적적 사용을 위해 그 모든 지식을 선별해낼 수 있는 적합한 판단력을 소유하지 못했을 거라는 이유로, 경멸적으로 말해서는 안 된다. 나중에 판단력으로 원재료를 가공할 다른 재능이 더해져야 하기는 하지만, 그런 원재료를 충분히 조달했다는 점으로도 이미 공적이 충분하기 때문이다(우리는 기억하는 그만큼 알고 있다). 옛사람 중 하나는 "쓰는 기술이 기억을 파괴했다(부분적으로 불필요하게 만들었다)"고 말했다. 이 명제는 참된 어떤 것을 담고 있다. [그 이유는 다음과 같이 설명된다.] 보통 사람의 경우에는 그에게 부과된 다양한 일을 줄 세워두고서 그 일을 순서대로 실행하고 기억해내는 것이 일반적으로 더 좋다. 이때 기억은 기계적이어서 당치 않은 생각이 Ⅶ 185
섞여들지 않기 때문이다. 이에 반해서 낯선 종류의 부수적 생각이 머릿속을 통과하게 되는 학자의 경우에는 집안일 중 많은 것이 분산되 A 97
어 달아난다. 그가 그런 일을 충분히 주의해서 파악하지 못했기 때문이다. 그러나 호주머니 속 메모장으로 확실하게 해두는 것은 사람들이 머릿속에 넣어 간직했던 모든 것을 매우 정확하고 쉽게 다시 찾아내기 위해서 대단히 편리한 것이다.[128] 쓰기 기술은 자신의 앎을 다른 사람에게 전달하기 위해 사용되지 않을지라도, 가장 광대하고 가장 충실한 기억을 대신해서 그것의 결함을 보충할 수 있으므로 항상 훌륭한 기술로 남는다.

B 97

이와 반대로 건망증은 머리가 아무리 자주 채워진다 해도 구멍투성이 통처럼 항상 비게 되므로 그만큼 더 큰 해악이다. 이런 해악에는 젊은 시절 일들은 아주 잘 상기할 수 있지만 방금 전 일은 매번 잊어버리는 노인들의 경우처럼 나무랄 일이 아닌 경우도 가끔 있다. 그렇지만 역시 그런 해악은 습관적인 산만함의 결과인 경우가 많다. 특히 소설을 애독하는 여성들이 늘 그런 산만함에 빠지곤 한다. 왜냐하면 이러한 독서에서 사람들은 그것이 단지 허구에 불과함을 알면서도 잠시 즐기고자 의도할 뿐이어서, 이때 저 여성 독자는 독서 중에 자기 상상력의 흐름대로 창작을 펼칠 충만한 자유를 갖기 때문이다. 이것은 자연히 주의를 흐트러뜨리고 **방심**(현존하는 것에 대한 주의의 결핍)을 습관적으로 만들어서 기억을 불가피하게 약화할 수밖에 없다. — 시간을 죽이면서 자신을 세상에 대해 쓸모없는 것으로 만드는 기술, 그럼에도 나중에는 삶의 짧음을 한탄하게 되는 기술을 이렇게 실천하는 것은, 그것이 만들어내는 공상적 기분과는 별개로, 가장 적대적으로 기억을 훼손하는 일 중 하나다.

A 98

B 98

B. 예견 능력에 대하여

§ 32.[129] 이 능력을 소유하는 것은 다른 어떤 능력을 소유하는 것보다 더 흥미롭다. 그것은 모든 가능한 실천의 조건이며 인간이 자기 힘을 사용하게 되는 목적의 조건이기 때문이다. 모든 욕구는 이 조건을 통해 가능해지는 것에 대한 (의심스럽건 확실하건) 예견을 포함한

다. 과거에 대한 회상(상기)은 그런 회상으로 미래의 것을 예견할 수 Ⅶ 186 있게 하리라는 의도에서만 일어난다. 어떤 것을 결심하거나 각오하기 위해 일반적으로 우리는 현재의 입장에서 자신을 둘러보기 때문이다.

경험적 예견은 유사한 경우를 기대하는 것이며, 이를 위해 필요한 것은 원인과 결과에 대해 이성적으로 아는 것이 아니라 단지 관찰된 사건들이 일반적으로 어떻게 서로 잇따르는지 상기하는 것뿐이다. 이런 점에서 반복된 경험은 노련함을 낳는다. 바람과 날씨가 어떻게 될지는 선원과 농부에게 큰 관심거리다. 그러나 바람과 날씨와 관련해서 우리의 예보가 이른바 농사달력보다 훨씬 더 멀리 미치는 것은 아니다. 농사달력의 예보는 적중하면 각광받고 적중하지 못하면 잊 A 99 혀서 언제나 크지 않은 신뢰 속에 머무는데도 말이다. ─사람들은 거의 다음과 같이 믿는 듯하다. 날씨의 장난은 파악될 수 없도록 섭 B 99 리에 의해 의도적으로 짜였고, 따라서 매시간 날씨의 장난에 따라 요구되는 채비를 하는 것이 사람들에게 쉽지 않게 되었으며, 이로써 사람들은 모든 경우에 대비하기 위해 지성을 사용하지 않을 수 없게 되었다.

(조심도 하지 않고 걱정도 하지 않으며) 그날그날 살아가는 것은 인간 지성에 크게 명예로운 일이 아니다. 아침에는 해먹을 팔아버리고 저녁에는 밤에 어떻게 자야 할지 몰라서 당황하는 카리브 사람이 그렇다. 그러나 이 경우 도덕성만 위반하지 않는다면, 온갖 사건으로 단련된 사람이 항상 우울한 전망으로 스스로 삶의 즐거움을 줄이는 사람보다 훨씬 더 행복하다고 생각될 수 있다. 그러나 인간만이 가질 수 있는 모든 전망 가운데 가장 위안이 되는 것은, 현재의 도덕적 상태에 전망의 근거를 두는 한에서, [현재의 도덕적 상태를] 지속하면서 장차 더 나은 상태로 전진할 거라고 전망하는 것이다. 이와 반대

로 만일 그가 지금부터 새롭고 더 나은 품행으로 나아가겠다고 용감하게 결심해놓고는, 자기 자신에게 "그렇지만 이로써 아마 아무것도 이루어지지 않을 것이다. 너는 (질질 끌면서) 이런 약속을 자주 했지만, 이 한 번만 예외라는 핑계로 항상 그 약속을 깨뜨렸기 때문이다" 라고 말할 수밖에 없다면, 그것은 유사한 경우에서 암울한 상태로 기대하는 것이다.

A 100
B 100; Ⅶ 187 그러나 우리의 자유로운 자의 사용이 중요하지 않고 우리 위에서 떠다닐지 모르는 운명이 중요하다면 미래에 대한 전망은 선감각, 즉 예감이거나 아니면* 예기[134)다. 전자는 아직 현존하지 않는 것에 대한 감각능력으로서, 말하자면 비밀스러운 감각을 가리키고, 후자는 미래의 것에 대한 의식으로서, 사건들이 서로 잇따라 벌어지게 하는 법칙(인과 법칙)을 반성함으로써 생겨나는 의식을 가리킨다.

모든 예감이 환영이라는 사실을 알기는 어렵지 않다. 아직 있지도 않은 것을 어떻게 감각할 수 있겠는가. 그러나 만일 그런 어떤 인과 관계에 대한 모호한 개념들에서 나오는 판단이 있다면, 그것은 선감각이 아니다. [이 경우] 오히려 사람들은 그런 판단으로 나아가게 되는 개념들을 전개해서 어떻게 그런 판단이 생각 속에 성립되는지 설명해낼 수 있다. ― 예감은 대부분 불안함의 일종이다. 이런 두려움의 대상이 무엇인지는 불확실하지만 **물리적 원인**에 따른 걱정이 선행한다. 그러나 광신자들의 즐겁고 대담한 예감도 있다. 광신자들은

---

*   최근에 사람들은 어떤 것을 '예상하다'[130)는 단어와 '예감하다'[131)는 단어를 구별하고자 했다. 그러나 전자는 독일어 단어가 아니고, 남는 것은 후자 뿐이다.[132) ― '예감하다'는 단어는 '마음에 두고 생각하다'와 같은 의미다. '내가 예감한다'는 것은 '내가 어떤 것을 마음에 떠올려서 상기한다'는 것을 말하고, '어떤 것을 예감한다'는 것은 누군가의 행위를 좋지 않은 것으로 마음에 두고 생각한다(그 행위를 처벌한다)는 것을 의미한다.[133) 그것은 항상 동일한 개념이지만 다르게 쓰인다.

인간의 감각능력으로는 결코 수용될 수 없는 어떤 비밀이 곧 공개될 A 101
것이라는 기미를 느끼고, 마치 신비교도처럼 신비로운 직관 속에서
기다리면서, 기다리던 것의 선감각이 곧 드러남을 목격할 것이라고 B 101
믿는다. ─스코틀랜드 고지에 사는 사람들의 제2의 시각도 이런 부
류의 마력에 속한다. 제2의 시각을 통해 그들 중 몇몇은 돛대에 목을
맨 사람을 보았다고 믿는데, 그들은 멀리 떨어진 항구에 실제로 도착
해서는 그 사람의 사망 소식을 이미 접한 것처럼 말한다.

C. 예언자적 재능에 대하여

§ 33.[135] [경험에 의한] 예상, [점에 의한] 예언 그리고 [계시에 의
한] 예시[136]는 다음과 같이 구별된다. 예상은 경험 법칙에 따른 (그러
므로 자연적) 예견이고, 예언은 알려진 경험 법칙에 반대되는 (반자연
적) 것이지만, 예시는 자연과 구별되는 (초자연적) 원인에 대한 영감
이거나 그런 영감으로 여겨지는 것이다. 예시의 능력은 신의 영향에 Ⅶ 188
서 기인하는 것처럼 보이므로 본래적 예언 능력이라고도 불린다(왜
냐하면 미래의 것을 날카롭게 추측하는 일은 모두 비본래적으로 예언이
라고도 불리기 때문이다).

만일 누군가에 대해 "그는 이런저런 운명을 예언한다"고 말한다면,
이는 전적으로 자연적 숙련을 나타내는 것일 수 있다. 그러나 이 경
우에 초자연적 통찰을 표방하는 사람에 대해서는 "그는 점을 친다" BA 102
고 말해야 한다. [예컨대] 손[금]을 보고 예언하는 것을 행성[의 운행]
을 읽는다고 칭하는 힌두족 혈통의 집시 또는 점성술사와 보물탐험
가 같은 이들이 그러하며, 연금술사 역시 그런 사람에 속한다. 그러
나 이들 모두보다 단연 두드러지는 사람은 고대 그리스의 델포이 무
녀, 그리고 우리 시대에 이르러서는 허름한 옷차림의 시베리아 무당
이다. 로마인들이 새점이나 창자점에 의한 예언으로 의도한 것은 세

상사의 흐름 속에 감춰진 것을 드러내는 것이 아니라, 그들이 자신의 종교에 따라 복종해야 했던 신들의 의지를 드러내는 것이었다. ― 그러나 도대체 어떻게 시인들이 자신을 영감 얻은(혹은 신들린) 자이자 예언하는 자로도 여기게 되었는지, 그리고 어떻게 시인들이 시적 열광(시적 광기) 속에서 영감을 지녔다고 자찬할 수 있었는지는 다음과 같은 사실로만 설명될 수 있다. 시인은 산문연설가처럼 맡은 일을 천천히 이루어나가지 않고, 그를 엄습하는 내감 분위기에서 징조가 좋은 순간을 잽싸게 붙잡아야 한다. 이 순간에 그에게는 생생하고 강력한 시상과 감정이 저절로 밀려들며, 이때 그의 태도는 말하자면 단지 수동적이다. 천재에게는 어느 정도 광기가 스며 있다는 옛말도 이미 있듯이 말이다. 유명한 (말하자면 영감에 의해 고취된) 시인의 시구 중 우연히 선택된 것에서 신탁이 추정된다는 믿음(베르길리우스점[137])이나, 최근 거짓 신앙인들이 하늘의 의지를 알아내기 위해 사용하는 보물 상자 같은 수단이나, 로마인들에게 나라의 운명을 예고했다고 BA 103 하지만 로마인들이 구두쇠 기질을 잘못 적용한 탓에 안타깝게도 일부가 소실되어 버린 시빌레의 신탁집[138]에 대한 해석도 역시 그런 사실에 근거를 둔다.

한 민족의 바뀔 수 없는 운명, 그럼에도 그 민족이 스스로 책임져야 하고 따라서 그 민족의 자유로운 자의로 야기되어야 하는 운명을 예고하는 모든 예시에는 그 자체로 불합리한 점이 있다. 아무래도 운명을 거스를 수는 없으므로 운명을 미리 아는 것이 그 민족에게 전혀 Ⅶ 189 쓸모없다는 점을 제외하더라도, 이런 무조건적 숙명(절대적 결정) 속에서 생각되는 자유기제의 개념은 자기 모순적이기 때문이다.

예언에서 불합리나 기만의 극치는 아마 어떤 미친 사람을 (눈으로 볼 수 없는 것을) 보는 사람으로 여기는 것, 마치 아주 오랫동안 신체의 거처와 작별했던 영혼을 대신하는 어떤 영 같은 것이 그에게서 나와 이야기하는 것처럼 여기는 일일 것이다. 그리고 어떤 불쌍한 정신병자를 (혹은 단순한 간질환자도) 영에 씐 사람(신들린 사람)으로 간주하는 것도 마찬가지인데, 만일 그에게 깃든 수호령이 선한 영으로 생각되면, 그리스인들은 그를 영매라고 불렀고, 그에 대해 해석하는 사람을 예언자라고 불렀다. — 미래의 일을 예견하는 것은 우리에게 매우 흥미로운 일이지만, 지성에 따라서 경험이 미래로 인도해줄 모든 단계를 건너뛰고서 미래의 일을 소유하려 하면 온갖 어리석은 짓이 벌어질 수밖에 없다. 오, 인간의 고뇌여!

무한한 천체의 변화를 예고하는 천문학이라는 예언 학문 이외에 BA 104 그만큼 확실하면서도 그만큼 폭넓게 밖으로 확장되는 예언 학문은 없다. 그럼에도 이것은 신비론이 쉽게 개입되지 않도록 막을 수는 없었다. 신비론은 이성의 요구대로 사건들에 의거해서 시대를 헤아리는 수를 만들지 않고, 거꾸로 특정한 수들에 의거해서 사건들을 만들고자 했다. 그래서 모든 역사의 필수적 조건인 연대기 자체를 하나의 우화로 바꿔버렸다.

건강한 상태에서의 비자의적 창작, 즉 꿈에 대하여

§ 34.[139] 잠, 꿈, (자면서 큰 소리로 말하는 것 역시 포함하는) 몽유병이 각각의 자연적 성질에 따라 무엇인지 탐구하는 것은 **실용적 인간학**의 영역 바깥에 있다. 왜냐하면 이런 현상에서는 꿈꾸는 상태에서의 행동 규칙이 전혀 도출될 수 없기 때문이다. 이런 규칙은 깨어 있는 사람에게만, 즉 꿈을 꾸지 않으려 하거나 아무런 생각 없이 잠자려 하는 사람에게만 유효하니 말이다. 그리고 황제를 시해한 꿈을 친구들에게 이야기한 어떤 사람에게 "그가 깨어 있을 때 그런 생각을

품지 않았다면 그런 꿈을 꾸지 않았을 것"이라는 구실로 사형을 선

Ⅶ 190 고한 저 그리스 황제의 판결은 경험에 어긋나며 매정하다. "깨어 있을 때 우리는 하나의 공통 세계를 갖지만, 잠을 잘 때 우리는 각자 자신의 고유한 세계를 갖는다." — 잠자는 것은 필연적으로 꿈꾸는 것

BA 105 을 요구하는 듯이 보인다. 그래서 만일 내적 생명 기관이 상상력에 의해 비자의적이긴 하지만 자연적으로 선동되어 [잠에] 꿈이 수반되지 않는다면, 잠과 죽음은 하나일 것이다. 그래서 나는 다음과 같은 일을 아주 잘 기억한다. 소년이었던 내가 놀다 지쳐 잠을 자려고 누웠을 때, 깜빡 잠든 순간 나는 물에 빠져서 가라앉기 직전까지 소용돌이에 휩쓸린 것 같은 꿈을 꾸고 갑자기 깼지만 곧 다시 편안하게 잠들었다. 추정컨대 그 이유는 전적으로 자의에 의존하는 호흡작용에서 흉부 근육의 활동이 약화되고, 그래서 호흡이 지체될 뿐만 아니라 심장운동이 억제되지만, 이로써 꿈에서 상상력의 놀이가 재개될 수밖에 없기 때문이다. — 이른바 가위 눌리는 꿈(악몽)의 유익한 효과도 여기에 속한다. 왜냐하면 망령이 우리를 짓누르고 [우리는] 다른 자세를 취하고자 모든 근력을 쏟는 이 끔찍한 상상이 없다면, 혈류의 정체는 생명을 신속히 종결시킬 것이기 때문이다. 바로 이 때문에 자연은 대부분 꿈이 곤란한 일과 위태로운 상황을 포함하도록 그렇게 짜놓은 것으로 보인다. 모든 것이 바람과 의지대로 진행될 때보다 그와 같은 표상들이 영혼의 힘을 더 많이 자극하니 말이다. 사람들은 자기 발로 일어설 수 없다거나, 설교 중 말문이 막혀 헤맨다거나, 깜빡 잊어먹고는 큰 모임에서 머리에 가발 대신 잠자리용 모자를 썼다거나, 공중을 마음대로 이리저리 날 수 있다거나, 왠지 몰라도

BA 106 기뻐서 웃다가 깬다거나 하는 꿈을 자주 꾼다. — 우리가 종종 꿈속에서 머나먼 과거의 시간 속으로 옮겨져 예전에 죽은 사람과 이야기하는 일, 그리고 우리 스스로 이 일을 하나의 꿈이라고 여기려 애쓰

지만 그럼에도 이 상상을 현실로 여길 수밖에 없음을 느끼는 일이 어떻게 일어나는지는 아마도 설명되지 않은 채 언제까지나 남아 있을 것이다. 그러나 꿈이 없는 잠은 있을 수 없으며, 꿈꾸지 않았다고 생각하는 사람은 누구나 단지 자신이 꾼 꿈을 잊어버렸을 뿐이라는 사실은 아마도 확실하게 인정될 수 있을 것이다.

표시능력에 대하여

§35.[140] 예견된 것의 표상을 지나간 것에 대한 표상과 연결하는 수단으로서 현존하는 것을 인식하는 능력이 **표시능력**이다. — 이런 연결을 일으키는 마음의 활동이 **표시**이며, 이것은 기호화라고도 불리는데, 이 중에서 정도가 더 큰 것은 **특기**라고 불린다.

사물의 형태(직관)는 단지 개념에 의한 표상의 수단으로만 쓰이는 한에서 **상징**이고, 이런 상징에 의한 인식은 상징적 혹은 **형상적**이라고 한다. — 문자는 아직 상징이 아니다. 문자는 단지 매개적(간접적)으로만 기호일 수 있으며, 그 자체로는 아무것도 의미하지 않고 오직 직관과 어우러져 그 직관을 통해 개념에 이르기 때문이다. 따라서 상징적 인식과 대립되는 것은 **직관적** 인식이 아니라 **추론적** 인식임이 틀림없다. 추론적 인식에서 기호(문자)는 그때그때 개념을 재생하기 위 해 단지 보관자(수호자)로서만 개념에 부수된다. 그러므로 상징적 인식과 대립되는 것은 (감성적 직관에 따른) 직관적 인식이 아니라 (개념에 의한) 지성적 인식이다. 상징은 지성 개념에 어떤 대상을 현시함으로써 의미를 제공하기 위한 지성의 단순한 수단이지만, 지성 개념이 적용될 수 있는 모종의 직관과의 유비에 따른 단지 간접적 수단이다.

항상 자신을 단지 상징적으로만 표현할 수 있는 사람은 지성 개념을 아직 많이 가지고 있지 못하다. 현상들에서는 꿈꾸는 상태에서의 행동 규칙이 전혀 도출될 수 없기 때문이다. 이 현상들은 깨어 있는 사람에게만, 즉 꿈을 꾸지 않으려 하거나 아무런 생각 없이 잠자려 하는 사람에게만 유효하니 말이다. 생생한 표상을 칭송하는 경우가 매우 잦은데, 그렇게 칭송받는 것은 개념의 빈곤일 뿐이며, 따라서 그런 개념을 표현하는 단어의 빈곤일 뿐이기도 하다. 예컨대 아메리카 야만인이 "우리는 전투 도끼를 묻어버리고 싶다"고 말할 때, 그것은 "우리는 화평을 맺고 싶다"는 말과 같은 뜻이다. 실제로 호메로스에서 오시안[141]에 이르기까지 또는 오르페우스 같은 사람에서 예언자들에 이르기까지 고대 시가 문체의 현란함은 순전히 그들의 개념을 표현하는 수단이 결핍된 덕분이다.

감각능력 앞에 놓인 실제적인 세계 현상들을 배후에 숨겨진 예지적 세계의 단순한 상징이라고 (스베덴보리[142]와 함께) 주장하는 것은 Ⅶ 192 광신이다. 그러나 모든 종교의 본질을 이루는 도덕성에 속하는 개념, 따라서 (이념이라고 불리는) 순수 이성에 속하는 개념을 현시할 때, BA 108 상징적인 것을 지성적인 것과 (예배를 종교와) 구별하는 것, 이를테면 잠시 동안은 내내 유용하고 필요한 외피를 사태 자체와 구별하는 것은 계몽이다. 왜냐하면 이런 구별을 하지 않을 경우 (순수 실천 이성의) 이상이 우상으로 혼동되어 궁극 목적이 이루어지지 못하기 때문이다. ─지상의 모든 민족이 이렇게 혼동하기 시작했다는 사실, 그리고 그들의 교사들이 몸소 자신의 신성한 글을 작성할 때 실제로 무엇을 생각했는지가 문제일 경우 사람들이 그 글을 상징적이 아니라 글자 그대로 해석해야 한다는 사실은 논쟁할 여지가 없다. 그 말들을 왜곡하는 것은 불성실한 태도일 테니 말이다. 그러나 교사의 진실성뿐만 아니라, 이를테면 본질적으로 교리의 진리성이 문제일 경우 사람들은 시행되는 의례와 관습을 통해서 저 실천적 이념들에 부수되는 단순히 상징적인 표상 방식으로 그 교리를 해석할 수 있으며, 마땅히 그렇게 해석해야 한다. 왜냐하면 그렇게 해석하지 않을 경우 궁극목적을 이루는 지성적 의미가 상실될 것이기 때문이다.

§ 36.[143] 기호는 자의적(인위적) 기호, 자연적 기호, 불가사의한 기호로 나눌 수 있다.

A. 자의적 기호에는 1. 몸짓 기호(부분적으로는 자연적이기도 한 모방적 기호), 2. 문자 기호(소리에 대한 기호인 글자), 3. 음조 기호(음표), 4. 개인들 사이에서 오직 시각에 대해서만 약정된 기호(암호), 5. 세습적 지위의 명예가 수여된 자유인의 신분 기호(문장), 6. 법으로 정해진 BA 109 복장에 담긴 직무 기호(정복과 제복), 7. 직무의 명예 기호(훈장의 장식 띠), 8. 불명예 기호(낙인 등)가 속한다. ─ 글을 쓸 때 쉼의 기호, 의문이나 감정의 기호, 감탄의 기호(구두법 기호들)도 여기에 속한다.

모든 언어는 사유의 표시이고, 거꾸로 사유를 표시하는 가장 뛰어난 방식은 자기 자신과 타인을 이해하기 위한 제일 위대한 수단인 언어로 표시하는 것이다. 사고하는 것은 자기 자신과 이야기하는 것이며(타이티 원주민들은 사고를 뱃속의 언어라고 한다), 따라서 자신에게 (재생적 상상력을 통해) 내적으로 귀 기울이는 것이기도 하다. 선천적으로 듣지 못하는 사람에게 말하는 것이란 자신의 입술, 혀 그리고 턱의 움직임을 느끼는 것이다. 그리고 말하는 중에 그가 본래적인 개념의 소유와 사고 없이 신체적 느낌으로 놀이하는 일 이외에 더 많은 일을 한다고 표상하기는 쉽지 않다. ─ 그러나 말하고 들을 수 있 VII 193 는 사람들도 그렇다고 항상 자기 자신이나 타인을 이해하는 것은 아니다. 특히 이성과 관련해서 표시능력이 부족하거나 (기호가 사물로 여겨지거나 혹은 거꾸로 여겨져서) 잘못 사용될 때 언어에서는 일치하는 사람들이 개념에서는 천지 차이가 나는 일이 있다. 이런 일은 사람들이 각자 자신의 개념에 따라 행동할 때 그저 우연히 눈에 띄게 된다.

B. 둘째로 자연적 기호에 관하여 말하자면, 기호와 표시된 사물의 관계는 시간에 따라 명증적이거나 회상적이거나 예측적[144]이다.

연기가 불을 표시하듯이, 의사에게 맥박은 현재 환자의 발열 상태를 표시한다. 풍향계가 바람을 드러내듯이, 화학자에게 시약은 물속에 숨은 소재를 드러낸다. 그밖에도 비슷한 예들은 많다. 그러나 주어진 상황에서 얼굴을 붉히는 것이 죄의식을 나타내는지 또는 오히려 예민한 자존심을 나타내는지 또는 그저 사람들이 수치스러워해야 할 어떤 것을 견뎌내야 한다는 부담을 나타낼 뿐인지는 불확실하다.

무덤과 사당은 고인을 추억하는 기호다. 마찬가지로 피라미드도 어느 왕의 과거 위대했던 권위를 영원히 추억하기 위한 기호다. 바다에서 멀리 떨어진 내륙 지방에 있는 조개무덤이나 알프스 고산지대에 있는 조개들이 만들어낸 바위 구멍이나 지금은 땅에서 어떤 불도 분출되지 않는 화산 잔해는 우리에게 세계의 옛 상태를 표시하고, 자연에 대한 고고학의 기초를 놓는다. 물론 전사의 흉터 남은 상처처럼 그렇게 직관적이지는 않지만 말이다. 팔미라, 바알베크 그리고 페르세폴리스[145]의 폐허는 고대 국가들[146]의 기술 상태를 말해주는 기념 기호이자 만물의 변화에 대한 애처로운 징표[147]다.

예측적 기호는 모든 기호 중 가장 흥미롭다. 변화의 이어짐 속에 서 현재는 한순간에 불과하고, 욕구 능력의 규정 근거는 주로 미래에 일어날 것에 주의를 기울이면서 현존하는 것을 단지 그런 미래에 일어날 것을 위해서만(미래의 결과 때문에) 고려하니 말이다. ─미래에 세계에서 일어날 사건들과 관련해서 가장 확실한 예측은 천문학에서 나타난다.[148] 그러나 별의 형태, (별들의) 조합 그리고 행성들의 변화된 위치가 (점성술에서) 인간에게[149] 닥쳐올 운명을 우의적으로 표시하는 하늘의 문자 기호로 표상된다면, 천문학은 유치하고 공상적인 것이다.

닥쳐올 질병이나 쾌유에 대한 자연적 예측 기호 혹은 (히포크라테스 안모[150] 같은) 임박한 죽음에 대한 자연적 예측 기호는 오랜 기간 반복된 경험에 근거를 둔 현상이며, 의사는 그런 연관을 원인과 결과로 통찰함으로써 그 기호를 치료의 지침으로 사용한다. 액일도 그와 같은 것이다. 그러나 정략적 의도로 로마인들이 행한 새점과 창자점은 위급한 시국에 국민을 이끌기 위해 국가에서 신성시한 미신이었다. Ⅶ 194

C. 불가사의한 기호(사물의 본성이 뒤바뀌게 되는 사건)에 대해 말하자면, 요즘 사람들이 아무것도 아니라고 생각하는 것(기형으로 태어난 사람과 짐승) 외에는, 하늘의 기호나 불가사의가 있다. 이를테면 혜성, 고공에서 쏜살같이 움직이는 공 모양 광체,[151] 북극광이 있고, 더구나 일식과 월식도 있다. 특히 그런 기호들이 함께 더 많이 나타나고 심지어 전쟁이나 역병 등까지 수반되면, 겁먹은 대중에게 이런 것들은 머지않은 최후의 날과 세계의 종말을 예고하는 것으로 생각된다. A 112 B 112

부록

기호와 사태가 혼동되고 마치 사태가 기호를 따라야 하는 것처럼 기호에 내적 실재성이 부여되는 것은 인간과 상상력의 놀이에 의한 것이다. 이 놀라운 놀이에 대해 여기서 더 이야기해볼 가치가 있다. ─ 네 가지 위상(초승, 상현, 보름, 하현)에 따른 달의 운행을 정수로 헤아릴 경우 가장 정확한 것은 28일로 (따라서 아라비아인들은 수대[황도대]를 달의 28숙으로) 구분하는 것이고, 28일의 4분의 1은 7일이 되므로 7이라는 수는 신비로운 중요성을 얻었다. 그래서 세계창조 역시 그 수에 맞추어졌음이 틀림없는데, 무엇보다 그 이유는 음계 속에 7개 음, 무지개 속에 7개 단색, 그리고 7개 금속이 있듯이[152] (프톨레마이오스의 체계에 따르면) 7개 행성이 있어야 마땅했기 때문이다. — 이로 말미암아 액년주기(7×7, 그리고 인도인에게는 9도 신비로운 수이므로 7×9 그리고 마찬가지로 9×9)라는 것도 생겨났는데, 이 주기의 마지막에 인간의 생명은 큰 위험에 처하게 된다고 한다.[153] 그리고 실제로 유대교-기독교의 연대기에서도 역시 7년이 70번 반복되는 기간(490년)이 가장 중요한 변화의 시기(아브라함에 대한 신의 부름과 그리스도의 탄생 사이)에 해당할 뿐만 아니라, 마치 연대기가 역사를 따르지 않고 거꾸로 역사가 연대기를 따라야 하는 것처럼 그렇게 변화 시기의 경계를 아프리오리하게 규정한다.

그러나 다른 경우들에서도 사태가 수에 의거하도록 만드는 것이 습관으로 되어 있다. 환자가 자기 하인을 통해 의사에게 사례금을 보낸 경우, 그 의사가 종이를 펼치고 그 안에서 금화 11닢을 발견한다면, 그는 그 하인이 혹시 금화 1닢을 슬쩍 했을 수도 있다는 의심에 빠질 것이다. 온전한 1다스가 아닐 무슨 이유가 있는가. 어떤 사람이 동일하게 제작된 도자기 세트를 경매로 매입할 때, 만일 그 세트가 온전한 1다스가 아니라면 그 사람은 값을 낮춰 부를 것이다. 그리고 만일 그 세트가 접시 13장이라면 하나가 깨지더라도 그 세트는 1다스라는 수를 온전히 갖게끔 보장된다는 점만으로 그 사람은 13번째 접시에 값을 매길 것이다. 하지만 사람들이 손님을 1다스씩 초대하지 않는다는 점에서 보면, 바로 그 1다스라는 수에 특권을 부여하는 것이 무슨 이득이 될 수 있는가? 어떤 남자가 유언장에서 자기 사촌에게 은수저 11개를 물려주기로 하고는 "내가 그에게 12번째 은수저를 물려주지 않는 이유를 그 자신이 가장 잘 알 것이다"라고 덧붙였다(저 방탕한 젊은이는 그 사람의 식탁에 있던 수저 1개를 주머니에 슬쩍 집어넣었고, 물론 그 사람은 이를 알아챘지만 그 당시 그 젊은이에게 창피를 주고 싶지 않았다). 유언장을 개봉했을 때 사람들은 유언자의 의도가 무엇이었는지 쉽게 짐작할 수 있었지만, 이 짐작은 오직 1다스만이 온전한 수라는 선입견을 받아들임으로써 나온 것일 뿐이다. ─ 수대 12궁(이 수와 유비하여 영국에서는 판관이 12명 임용되는 것 같다)도 그런 신비스러운 의미를 포함한다. 이탈리아, 독일 그 BA 114 리고 아마 다른 곳에서도 정확히 손님 13명으로 구성된 식사 모임은 불길한 것으로 간주된다. 사람들은 그런 경우 그가 누구건 간에 그들 중 한 명이 그해에 죽을 거라고 믿기 때문이다. 마치 판사 12명이 모인 자리에 있는 13번째 사람은 심판받게 된 피고인일 수밖에 없는 것과 같다. (나도 예전에 그런 자리에 참석한 적이 있었다. 그때 그 집의 안주인은 자리에 앉았다가 이 난처한 상황을 알아채고는 그곳에 있던 자기 아들에게 일어나서 다른 방에서 식사하라고 몰래 지시했고, 그 덕분에 흥이 깨지지 않았다.) ─ 그러나 누군가가 어떤 수로 표시되는 물건을 넉넉히 가지고 있을 경우에, 그 수의 크기가 십진법에 따른 (따라서 그 자체로는 자의적인) 수량 구간을 채우지 못한다는 단순한 사실만으로 놀라움을 불러일으키기도 한다. 그래서 중국의 황제가 선 Ⅶ 196 박 9,999척으로 구성된 선단을 가지고 있다고 하면, 바로 그 수로 말미암아 사람들은 왜 한 척이 더 없을까 하고 남몰래 의아해한다. 이 수만큼의 선박도 그가 사용하기에는 충분하기 때문이라는 답변이 있을 수도 있겠지만, 근본적으로 이 질문을 마음에 품게 한 것은 용도가 아니라 단지 수가 지니는 일종의 신비감일 뿐이다. ─ 인색함과 기만으로 은화 9만 냥에 달하는 재산을 얻은 누군가가 10만 냥을 온전히 소유할 때까지는 그 돈을 사용하지도 못하고 계속 불안해한다는 것은 특별한 일은 아니지만 화나는 일이다. 이런 점에서 그 누군가는, 아마도 [실제로] 교수형을 받지는 않겠지만 교수형을 받을 만하다.

인간이 감성의 고삐에 휘둘리게 된다면, 성숙한 나이에 이르러서

도 얼마나 유치하겠는가! 이제 우리는 인간이 지성의 조명 아래에서 자기 길을 나아간다면 많건 적건 얼마나 개선될지 알아보고자 한다.

지성에 근거를 두는 인식능력에 대하여

구분

§ 37.[154] 사고하는(개념에 의해 어떤 것을 표상하는) 능력인 지성은 (하위의 인식능력인 감성과 구별하여) 상위의 인식능력이라고도 불린다. 왜냐하면 (순수하건 경험적이건) 직관의 능력은 대상들 가운데 단지 개별적인 것만을 포함하는 데에 비해 개념의 능력은 대상의 표상에서 보편적인 것, 즉 규칙을 포함하고, 객관의 인식을 위한 통일을 산출하기 위해서 감성적 직관의 다양은 이 규칙에 종속될 수밖에 없기 때문이다. — 그러므로 지성은 당연히 감성보다 더 고귀하다. 그럼에도 지성이 없는 동물들은 미리 심어진 본능에 따라 부족하나마 감성에 의지할 수 있다. 이는 마치 지도자 없는 민중과 같다. 그 대신 민중 없는 지도자(감성 없는 지성)는 아무것도 할 수 없다. 따라서 둘 사이에 지위 다툼은 없다. 그저 하나는 상위로, 다른 하나는 하위로 이름 붙여졌을 뿐이다.

그러나 '지성'이라는 단어는 특수한 의미로 파악되기도 한다. 왜냐하면 지성은 곧 구분된 [항들 중] 하나의 구분항으로서 다른 두 구분

항과 더불어 일반적 의미의 지성에 종속되기 때문이다. 이 경우 상위의 인식능력은 (그 자체만으로 고찰되지 않고 대상 인식과 관련해서, 즉

질료적으로 고찰된다면) 지성, 판단력, 이성으로 구성된다. ─ 이제 이런 마음의 재능에서 혹은 그런 재능의 통상적 사용이나 오용에서 어떻게 이 사람이 저 사람과 다른지 인간에 대해 관찰해보자. 먼저 건강한 영혼을 지닌 경우를 관찰하되, 이어서 마음에 병이 있는 경우도 관찰해보자.

세 가지 상위의 인식능력 상호 간의 인간학적 비교

§ 38.[155] 올바른 지성은 개념이 많다는 점에서가 아니라 개념이 대상 인식을 위해 적합하다는 점에서 돋보이는 지성, 그러므로 진리를 파악하기 위한 능력과 숙련도를 갖춘 지성이다. 다수의 개념을 머릿속에 가지고 있는 인간은 많이 있으며, 전체적으로 그 다수의 개념들은 사람들이 그에게서 듣고자 하는 것과 결국 유사하게 된다. 그러나 그렇다고 그 개념들이 객관 그리고 그 객관의 규정에 적합한 것은 아니다. 그는 개념들을 광범위하게 가질 수 있으며, 실로 능숙하게 개념들을 다룰 수도 있다. 일반적인 인식을 위한 개념을 갖기에 충분한 올바른 지성은 건전한(일상에 충분한) 지성이라고 불린다. 이런 지성은 유베날리스[156]의 작품에 등장하는 위병장과 함께 "내가 알고 있는 것으로 나는 충분하다. 나는 아르케실라스[157]나 불쌍한 솔론[158] 같이 되는 것에 관심이 없다"[159]고 말한다. 오로지 성실하고 올바른 지성의 자연적 재능은 자기에게 요구되는 앎의 범위에 관해서 자기를 제한할 테고, 이런 지성을 갖춘 사람은 겸손하게 처신할 것이 자명 BA 117 하다.

§ 39.[160] 지성이라는 단어가 규칙의 인식능력(따라서 개념에 의한

인식능력) 일반을 의미하고, 그래서 지성이 상위의 인식능력 전체를 포괄한다면, 이때의 규칙은 동물들이 자연 본능에 의해 작동될 때처럼 인간 행동이 **자연**에 의해 인도될 때 인간이 따르게 되는 규칙이 아니라, 인간이 스스로 만들어내는 규칙으로 이해되어야 한다. 순전히 배워서 기억에 맡겨둔 것, 그런 것을 인간은 지성 없이 단지 (재생적 상상력의 법칙에 따라) 기계적으로 실행할 뿐이다. 그저 정해진 격식에 맞춰서 인사해야 하는 하인은 전혀 지성을 사용하지 않는다. 다시 말해서 하인은 스스로 생각할 필요가 없다. 그러나 혹시 주인이 없을 Ⅶ 198 때 하인이 주인의 집안일을 처리해야 할 때는 글자로 하나하나 지시될 수 없는 갖가지 행동 규칙이 필요하게 될 것이다.

올바른 지성, **숙달된 판단력** 그리고 **철저한 이성**은 지성적 인식능력의 전체 범위를 이룬다. 이는 특히 이 인식능력이 실천적인 것을 촉진하기 위해, 즉 목적들을 위해 유용하다고 평가되는 한에서 그러하다.

올바른 지성은 개념들이 그 사용 목적에 **적합한** 한에서 건전한 지 BA 118 성이다. 그런데 충분성과 **정확성**이 합쳐져 적합성이라는 개념의 성질, 즉 대상이 요구하는 것보다 많지도 적지도 않은 것을 포함하는 성질(사물에 적합한 개념)을 형성한다. 이와 같이 올바른 지성은 지성적 능력 중에서 가장 중요한 제1의 능력이다. 왜냐하면 올바른 지성은 **최소의 수단**으로 자신의 목적을 충족하기 때문이다.

간계를 위한 머리, [즉] 간지는 오용된 지성이긴 하지만 흔히 위대한 지성으로 여겨진다. 그러나 이런 지성은 단도직입적으로 말해서 매우 편협한 인간의 사고방식에 불과하다. 이런 지성은 영리함의 외양을 지녔지만 영리함과는 구별된다. 누구든지 순진한 사람을 단 한 번은 속일 수 있는데, 결과적으로 이런 일은 간교한 사람 자신의 의도에 상당한 해를 입힌다.

분명한 명령 아래 있는 가복이나 공복에게 필요한 것은 오직 지성 뿐이다. 부여된 임무에 대해 단지 일반적 규칙만 지시받고서, 어떤 상황이 발생할 때 무엇을 해야 하는지는 스스로 결정하도록 위임받은 장교에게는 판단력이 필요하다. 어떤 상황이 가능한지 평가하고 그런 상황에 대해 규칙 자체를 생각해내야 하는 장군은 이성을 소유해야 한다. ─ 이 다양한 방책을 위해 요구되는 재능들은 매우 상이하다. "가장 높은 자리에서는 눈에 띄지 않을 많은[161] 사람이 둘째 자리에서는 빛을 발한다."[162]

똑똑한 체하는 것은 지성을 가지고 있는 것이 아니다. 스웨덴의 크리스티나[163]처럼 자기 행위가 준칙들과 모순되는데도 그 준칙들을 보여주기식으로 내세우는 것은 이성적이라고 불리지 않는다. 이는 영국의 왕 찰스 2세가 깊은 생각에 빠져 있던 로체스터 백작[164]을 만나서 "경은 무엇을 그토록 깊이 생각하시오?"라고 물었을 때 백작이 찰스 2세에게 한 대답과 같은 상황이다. 백작이 "폐하의 묘비명을 짓고 있습니다"라고 대답하자 찰스 2세가 "문구가 무엇인가요?"라고 물었다. 백작은 다음과 같이 대답했다. "살아서 현명한 말은 많이 했지만 현명한 일은 전혀 하지 않았던 왕 찰스 2세 여기 잠들다."

사교모임에서 침묵하다가 그저 가끔 아주 일반적인 판단을 내리는 것은 지적인 것처럼 보이는데, 이는 마치 일정 정도의 **조야함**이 (예전 독일의) 정직함이라고 사칭되는 것과 마찬가지다.

Ⅶ 199

*　　*　　*

어쨌든 자연적인 지성은 가르침을 통해 많은 개념을 확충하고 규칙을 갖출 수 있다. 그러나 둘째의 지성적 능력, 즉 어떤 것이 규칙의 사례인지 아닌지 구별하는 능력인 **판단력**은 **가르쳐질** 수 있는 것이 아

제1권 인식능력에 대하여 121

니라 단지 숙달될 수만 있을 뿐이다. 따라서 판단력의 성장은 성숙이라 불리고 연륜을 쌓아야 생기는 지성이라 불린다. 사정이 이럴 수밖에 없다는 것은 쉽게 이해된다. 가르치는 일은 규칙의 전달로 일어나니 말이다. 그러므로 판단력에 대한 가르침이 있다면 어떤 것이 규칙의 사례인지 아닌지 구별할 수 있게 해줄 일반적 규칙이 있어야 하고, 이것은 끝없이 소급 질문을 불러일으킨다. 그래서 판단력은 연륜을 쌓아야 생기는 지성이라고들 말하는 것이다. 이런 지성은 각자의 오랜 경험에 근거를 두며, 프랑스공화국 같은 곳에서는 이런 지성의 판단을 이른바 원로원에서 구한다.

BA 120

오직 할 수 있는 것, 어울리는 것, 적당한 것에만 관여하는 (기술적,[165] 미감적, 실천적 판단력을 위한) 이 능력은 확장적인 능력처럼 그렇게 두드러지지는 않는다. 왜냐하면 이 능력은 그저 건전한 지성을 위해 옆으로 비켜서서 건전한 지성과 이성 사이의 화합을 이루어내기 때문이다.

§40.[166] 이제 지성이 규칙의 능력이고 판단력이 이 규칙의 한 가지 사례가 되는 그런 특수한 것을 찾아내는 능력이라면, 이성은 보편적인 것에서 특수한 것을 도출하여 이 특수한 것을 원리에 따라 필연적인 것으로 표상하는 능력이다. ― 따라서 이성은 원칙에 따라 판단하고 (실천적 견지에서) 행위 하는 능력이라고 설명될 수 있다. 인간은 모든 도덕적 판단을 위해 (따라서 종교적 판단을 위해서도) 이성을 필요로 하고, 종규와 관례화된 풍습에 의거할 수 없다. ― 이념이란 경험 안에서 어떤 대상도 적합하게 주어질 수 없는 이성 개념이다. 이념은 (공간과 시간의 직관처럼) 직관도 아니고 (행복학이 추구하는 것 같은) 감정도 아니다. 직관과 감정은 둘 다 감성에 속한다. 오히려 이념은 사람들이 늘 가까이 다가서지만 결코 완벽하게 도달할 수는 없

VII 200

는 완전성에 대한 개념이다.

(건전한 이성 없이) 궤변적으로 추리하는 일은 궁극목적에 어긋난 이 성 사용으로서 부분적으로는 무능력에서, 부분적으로는 잘못된 관점에서 비롯한다. 이성으로 날뛰는 것은 사고[167]의 형식에서 보면 원리에 따라 행동하는 것을 말하지만, 그 질료나 목적에서 보면 그와 반대되는 수단을 사용하는 것을 말한다.

부하는 궤변적으로 추리해서는 (꼬치꼬치 따져서는) 안 된다. 왜냐하면 그가 행위를 할 때 따라야 하는 원리는 그에게 숨겨져 있어야 하고, 적어도 그 원리는 그에게 알려지지 않은 채 남아 있는 것이 당연하기 때문이다. 그러나 지휘관(장군)은 이성을 지녀야 한다. 왜냐하면 일어날 모든 경우에 대해 그에게 지령이 주어질 수는 없기 때문이다. 그러나 종교가 도덕으로 존중되어야 한다는 이유로, 종교 문제에서 이른바 평신도는 그 자신의 이성을 사용하지 말고 오히려 성직자로 임명된 사람을, 그러므로 타인의 이성을 따르는 것이 마땅하다고[168] 요구하는 것은 부당하다. 왜냐하면 도덕적인 것에서는 각자가 자신의 일거일동을 스스로 책임져야 하기 때문이다. 성직자가 자기 자신의 위험을 무릅쓰고 그런 책임을 떠맡을 리가 없으며, 그럴 수도 없다.

그러나 이런 경우 인간들은 자기 자신의 이성 사용을 포기하고 성인들에 의해 관례화된 종규를 수동적으로 그리고 순종적으로 따름으로써 자신의 인격을 더 안전하게 보장하려는 경향이 있다. 하지만 인간들이 이렇게 행하는 것은 자신의 무능한 통찰력을 통감함에서 비롯한 것이 아니다(왜냐하면 모든 종교에서 본질적인 것은 아무래도 도덕이고, 모든 인간은 각자 혼자서 이 도덕을 즉각적으로 이해하기 때 문이다). 오히려 그것은 간교함에서 비롯한 것으로, 한편으로는 이때 혹시나 잘못이 있을 경우 다른 사람에게 책임을 떠넘기기 위한 것이고, 특히 다른 한편으로는 예배 의식보다 훨씬 더 어려운 저 본질적인 것(개심)을 무사히 모면하기 위한 것이다.

지혜는 완전히 합법칙적인 실천적 이성 사용의 이념이며, 이것을 인간에게 요구하는 것은 분명히 지나치다. 그리고 최소한의 정도라 할지라도 다른 사람이 지혜를 그에게 불어넣을 수는 없으며, 오히려 그는 자기 자신에게서 지혜를 끌어내야 한다. 지혜에 이르기 위한 지침은 지혜로 인도하는 세 가지 준칙을 포함한다. 1) 스스로 사고하기, 2) (사람들과 소통할 때) 다른 사람 처지에서 사고하기, 3) 항상 스스로 일관되도록 사고하기.

Ⅶ 201 인간이 자신의 이성을 완벽히 사용하기에 이르는 시기는 (임의의 의도를 이루기 위한 기술 능력인) 숙련과 관련해서는 대략 20대, (다른 사람을 자기 목표를 위해 사용하는) 영리함과 관련해서는 40대로 정할 수 있고, 끝으로 지혜의 시기는 대략 60대로 정할 수 있다. 그러나 이 마지막 시기에서 지혜는 오히려 부정적이어서 이전 두 시기의 온갖 어리석음을 통찰한다. 그때 사람들은 "사람이 진정으로 선하게 살려면 어떻게 했어야 하는지 지금에야 비로소 알게 되었는데 이제 죽어야 한다니 안타깝다"고 말할지도 모르지만, 그럼에도 이런 판단을 하는 일은 흔치 않다. 왜냐하면 행위에서뿐만 아니라 향유에서도 삶의 가치가 적어지면 적어질수록 삶에 대한 애착은 더 강해지기 때문이다.

BA 123 § 41.[169] 보편적인 것(규칙)에 대해서 특수한 것을 찾아내는 능력이 판단력이듯이, 특수한 것에 대해서 보편적인 것을 생각해내는 능력은 기지다. 전자는 부분적으로 동일한 다양 안에서 차이를 알아채는 일에 관여하고, 후자는 부분적으로[170] 상이한 다양의 동일성을 알아채는 일에 관여한다. ─ 이 둘 모두에서 가장 탁월한 재능은 아무리 미세한 공통점 혹은 차이점이라도 알아채는 것이다. 이렇게 알아채기 위한 능력은 **총명함**이고, 이런 식으로 알아채는 것은 **치밀함**이라고 불린다. 그러나 이 치밀함이 인식을 확장하지 않으면 그것은 공허한 억지 부림이나 헛된 궤변적 추리라고 불리는데, 그것은 지성 일반을 거짓되게 사용하는 잘못은 아닐지라도 무익하게 사용하는 잘못을 범한 것이다. 그러므로 총명함은 단지 판단력과 결부될 뿐만 아니라 기지에도 속한다. 차이가 있다면, 전자의 경우에 총명함은 정확성(정확한 인식) 때문에, 후자의 경우에 총명함은 훌륭한 두뇌의 풍부성 때문에 유익한 것으로 여겨진다는 점뿐이다. 이 때문에 기지는 만개한다고도 일컫는다. 자연이 꽃을 피울 때는 오히려 노는 것처럼 보이고 열매를 맺을 때는 일하는 것처럼 보이듯이, 기지에서 마주치는 재능이 판단력에 속하는 재능보다 지위가 더 낮은 것으로 평가된다. ─ 일반적인 건전한 지성은 기지도 요구하지 않고 총명함도 요구하지 않는다. 기지나 총명함은 두뇌에 일종의 화려함을 제공하는 데에 반해서 일반적인 건전한 지성은 진정으로 필요한 것에 자신을 한정한다.

인식능력과 관련한 영혼의 박약과 병에 대하여 BA 124; VII 202

A. 일반적 구분[171]

§ 42. 인식능력의 결함은 마음의 박약이거나 마음의 병이다. 인식능력과 관련하여 영혼의 병은 크게 두 종류로 나뉜다. 하나는 **우울증**(심기증)이고 다른 하나는 **착란한 마음**(광기)이다.[172] 전자의 경우 병자는 자신의 이성이 사유의 진행을 인도하거나 억제하거나 촉진하기에 충분할 만큼 자신을 통제하지 못한다는 점에서 자신의 사유 흐름이

올바로 진행되지 않는다는 사실을 곧잘 자각한다. 불시의 기쁨과 불시의 근심이 뒤바뀌고, 따라서 기분이 마치 있는 그대로 받아들일 수밖에 없는 날씨처럼 뒤바뀐다. ― 후자는 병자의 사유가 자의적으로 흐르는 것이며, 이 사유는 나름대로의 (주관적) 규칙을 가지지만 그 규칙은 경험 법칙과 조화를 이루는 (객관적) 규칙과 어긋난다.

감각표상과 관련하여 마음착란은 망언이거나 아니면 **망상**이다. 판단력과 이성이 전도된 것으로서 마음착란은 망단이나 **망념**이라 불린다. 자신의 상상을 경험 법칙과 비교하기를 늘 무시하는 (백일몽을 꾸는) 사람은 **공상가**(변덕쟁이)다. 이때 **격정**이 수반된다면 그는 **열광가**라고 불린다. 공상가의 예기치 않은 변덕은 공상의 돌발이라고 불린다.

B 125

단순한 사람, 경솔한 사람, 우둔한 사람, 바보, 어리석은 사람, 멍청이는 착란자와 마음의 부조화 정도에서 구별될 뿐만 아니라 그 질의 상이함에서도 구별된다. 전자의 사람들은 그래도 그들의 결함으로 말미암아 정신병원에 수용되지는 않는다. 정신병원은 성숙하고 유력한 나이의 사람들이라 하더라도 극히 사소한 일상사와 관련해서까지 다른 사람의 이성에 의해 관리되어야 하는 곳이다. ― 격정이 수반된 망상은 실성이다. 이것은 비자의적으로 엄습하긴 하지만 종종 독창적일 수 있는데, 그 경우 시적 영감[173](시적 광기)처럼 **천재**에 근접하게 된다. 하지만 이념들이 경쾌하게 그러나 불규칙하게 쏟아져 나오는 이런 발작이 만일 이성을 덮친다면, 그것은 **광신**이라고 불린다. 하나의 동일한 이념, 그러나 아무런 가능한 목적도 없는 이념에 관해 멍하니 **생각**에 빠지는 것, 예컨대 죽은 남편이 다시 살아 돌아오지는 못할지라도 상심 자체에서 위안을 찾기 위해 남편의 죽음에 관해 멍하니 생각에 빠지는 것은 **무언의 광기**다. ― 미신은 오히려 망상과 비교되고, 광신은 **망단**과 비교될 수 있다. 후자의 두뇌 질환자는

A 125

Ⅶ 203

흔히 (완화된 표현으로) 지나치게 흥분해 있는 사람이라고 일컫기도 하고 심지어 머리가 이상한 사람이라고 일컫기도 한다.

열이 날 때 헛소리하는 것이나 어떤 미친 사람을 단순히 멍하니 응시하다 간혹 강력한 상상력에 의해 공감적으로 (이런 이유로 신경이 매우 예민한 사람들에게 그들의 호기심을 저 불행한 사람들의 골방까지 확장하라고 충고해서는 안 된다) 간질과 유사한 광란의 발작을 일으키는 것은 일시적인 것으로서 아직 발광으로 간주될 수 없다. — 그러나 **변덕**이라고 불리는 것(이것은 마음의 병이 아니다. 마음의 병은 통상적으로 내감의 우울증적 이상을 뜻하기 때문이다)은 대부분 망상에 가까운 어떤 사람의 교만이다. 이 교만한 사람의 요구, 즉 그와 비교할 때 다른 사람들은 스스로 경멸해야 마땅하다는 요구는 (미친 사람의 의도와 마찬가지로) 그 자신의 의도와 정확히 어긋난다. 왜냐하면 바로 그런 요구에 의해 그는 다른 사람들로 하여금 가능한 모든 방법으로 그의 자만을 무너뜨리고 그를 괴롭히라고, 그리고 그의 역겨운 어리석음을 이유 삼아 그를 단순한 웃음거리로 삼으라고 부추기기 때문이다. —엉뚱함이라는 표현은 더 유한 표현이다. 누군가는 이 엉뚱함을 자기 안에 품고 있기도 한데, 이 엉뚱함은 대중적이어야 마땅한 원칙이지만 영리한 사람 중 아무에게도 동의를 얻지 못한다. 예컨대, 예감의 재능 혹은 소크라테스의 수호신과 유사한 모종의 영감 혹은 공감, 반감, 특이 성질(은닉 성질)처럼 경험에 근거를 둔다고 하지만 설명될 수는 없는 모종의 감화, 이런 것은 누군가의 머릿속에서 말하자면 귀뚜라미처럼 떠들어대지만 다른 사람은 결코 들을 수 없는 것이다. — 건전한 지성의 한계선을 넘은 모든 일탈 중 가장 유한 것은 **도락**이다. 도락은 지성이 단지 오락을 위해 놀이할 뿐인 상상력의 대상을 일부러 마치 일처럼 다루며 즐기는 것, 말하자면 바쁜 게으름이다. 나이 들어 은퇴한 부자에게 이런 마음 상태, 말하자면

B 126

A 126

근심 없던 어린 시절로 되돌려진 마음 상태는 항상 왕성하게 생명력을 유지해주는 일종의 건강에 대한 격려로 유익할 뿐만 아니라 매력적이다. 그러나 동시에 그것은 웃음거리가 되기도 하는데, 그런 경우에도 웃음거리가 된 사람은 마음 좋게 함께 웃을 수 있다. 하지만 젊은 사람이나 바쁜 사람에게도 이렇게 도락을 즐기는 것은 기분전환을 위해 유용하다. 아무런 해도 없는 이런 사소한 어리석음을 융통성없이 진지하게 꾸짖는 영리한 척하는 사람들은 스턴[174]의 다음과 같은 훈계를 받을 만하다. "모든 사람이 각자 목마를 타고 시내 거리를 이리저리 달린다 해도 상관 마라. 그가 당신에게 뒤에 타라고 강요하지만 않는다면 말이다."

B.[175] 인식능력에서 마음의 박약에 대하여

§ 43.[176] 기지가 부족한 사람은 머리가 둔한 사람(둔재)이다. 그렇지만 지성과 이성을 따지자면, 그는 머리가 매우 좋은 사람일 수 있다. 다만 사람들은 그에게 마치 클라비우스에게 그랬듯이 시인 역할을 하라고 요구해서는 안 된다. 클라비우스는 시를 한 구절도 지어낼수 없었기 때문에 그의 교사는 그를 대장장이에게 도제로 보내고자했지만, 수학책을 손에 넣게 되자 그는 위대한 수학자가 되었다. ― 더디게 이해하는 머리가 그렇다고 박약한 머리인 것은 아니다. 기민하게 이해하는 머리가 항상 심오한 머리인 것은 아니며, 오히려 매우천박한 경우가 많은 것처럼 말이다.

판단력이 부족한데 기지도 없다면 그것은 우둔함이다. 그러나 동일하게 판단력이 부족하지만 기지가 있다면 그것은 고지식함이다. ―

업무에서 판단력을 보이는 사람은 분별 있는 것이다. 게다가 그가 기지도 동시에 가지고 있다면 그는 영리하다고 불린다. ― 이런 속성들중 하나를 그저 꾸며낼 뿐인 사람, 즉 기지 있는 척하는 사람과 영리한 척하는 사람은 구역질 나는 인간이다. ─ 손해를 통해 사람들은 지혜롭게 된다. 그러나 이런 교육장에서 다른 사람에게 손해를 입혀서 그를 영리하게 만들 수 있는 지경에까지 이른 사람은 간사하다. ─ 무지함은 우둔함이 아니다. "말은 밤에도 먹이를 먹나요?"라는 어느 학자의 질문에 어느 귀부인이 "어떻게 그토록 박식한 사람이 그토록 우둔할 수 있나요?"라고 응수했듯이 말이다. 대개는 (자연이나 다른 사람에게 배우기 위해) 사람이 어떻게 질문해야 좋은지 아는 것만으로도 훌륭한 지성이 입증된다. A 128

자신의 지성으로 많은 것을 파악할 수 없는 사람은 단순하다. 그러나 그렇다 해도 그가 많은 것을 틀리게 파악하지 않는다면 그는 우둔한 것은 아니다. (몇몇 사람이 포메라니아 하인을 부당하게 묘사한 것처럼) 정직하지만 우둔하다는 것은 가장 비난받아 마땅한 잘못된 판정이다. 이 말이 잘못된 이유는 정직함(원칙에서 비롯한 의무 준수)이 실천 이성이기 때문이다. 이 판정이 가장 비난받아 마땅한 이유는, 누구든 자기가 기만하는 데에 능숙하다고 여기기만 한다면 기만할 테고 만일 누군가가 기만하지 않는다면 그것은 그의 무능력 때문일 것이라고 전제하기 때문이다. ─ 따라서 "그는 화약을 발명하지 않았다" 혹은 "그는 나라를 배반하지 않을 것이다" 혹은 "그는 마법사가 아니다"라는 말들은 인간 혐오의 원칙들을 내비친다. 즉 사람들은 우리가 알고 있는 인간들이 선의지를 전제한다는 점에는 확신하지 못하면서도, 단지 그 인간들이 무능하다는 점에만 확신한다는 것이다. ─ 그래서 **흄**이 말하듯이, 이슬람의 황제는 하렘을 하렘 경호원들의 덕에 맡기지 않고 오히려 (흑인 거세자인) 그들의 무능력에 맡긴다. ─ 개념의 외연과 관련하여 매우 좁다(편협하다)는 것이 우둔함을 나타내는 것은 아니다. 중요한 것은 오히려 그 개념의 성질(원칙)이다. ─ 사람들이 보물사냥꾼, 연금술사, 복권 상인에게 속아 넘어 VII 205 B 129 A 129

가는 것은 그들의 우둔함 탓이 아니라 오히려 적절한 노고 없이 다른 사람의 희생으로 부자가 되려는 그들의 악한 의지 탓이다. 교활함, 노회함, 약삭빠름은 다른 사람을 기만하는 일에 능숙한 것이다. 그런데 문제는 과연 기만하는 사람은 쉽게 기만당하는 사람보다 틀림없이 더 영리하며, 쉽게 기만당하는 사람은 우둔한 사람인가 하는 점이다. 쉽게 **신뢰하는**(믿는, 신용하는) 순진한 사람은 악당들의 손쉬운 먹잇 감이므로 매우 부당하기는 하지만 간혹 **멍청**이라고도 불린다. 멍청이가 시장에 오면 상인들이 기뻐한다는 속담처럼 말이다. 나를 한 번 기만했던 사람을 나는 결코 더는 신뢰하지 않는다는 것은 참되고 영리한 것이다. 그 사람은 자신의 원칙에 빠져 타락했기 때문이다. 그러나 어떤 한 사람이 나를 기만했다는 이유로 **다른** 사람은 아무도 신뢰하지 않는 것은 염세적이다. 사실은 기만한 사람이야말로 멍청이다. — 그러나 만일 기만자가 갑자기 큰 기만을 당해서 더 이상 다른 사람의 신뢰도 자기 자신의 신뢰도 필요치 않은 상태에 처했음을 알게 되었다면 어떨까? 그런 경우 그의 **현상적인** 성격은 혹시 변할 수

B 130 도 있다. 그러나 이는 단지 그 기만당한 기만자가 **놀림받는** 대신에 그 운 좋은 사람이 **경멸받는다**는 점에서만 그렇다. 하지만 이 경우에도 영속적 이득은 없다.*

A 130

VII 206

* 우리와 함께 사는 팔레스타인 사람들은 이득을 쫓는 근성으로 말미암아, 유랑 이래 그들 대부분과 관련해서 근거가 없지는 않은 '기만한다'는 평판을 얻게 되었다. 그런데 기만자들로 구성된 민족을 생각하는 것은 사실 이상해 보인다. 그러나 순전히 상인들로만 구성된 민족, 즉 그 구성원들 대부분이 그들이 사는 국가에서 승인한 옛 미신으로 결속되어 어떤 시민적 명예도 추구하지 않고, 그들을 품어 보호해주는 국민을 속여서 얻는 이득 그리고 심지어는 그들이 서로를 속여서 얻는 이득으로 이런 [시민적 명예의] 손실을 보상받고자 하는 상인들의 민족을 생각하는 것도 마찬가지로 이상하다. 그런데 이것은 사회의 비생산적 구성원들로서 순전히 상인들로만 구성된 민족 전체(예컨대 폴란드에 있는 유대민족)의 경우에도 다를 수 없

§ 44.[177] 산만함은 주의가 일정한 지배적 표상들에서 벗어나서(추 B 131; A 130
상) 상이한 종류의 다른 표상들로 분산된 상태다. 산만함이 고의적이
라면 발산이라고 불린다. 그러나 비자의적인 산만함은 자기 자신에
대한 방심(부재)이다.

재생적 상상력으로 말미암아 크고 지속적인 주의가 기울여졌던 A 131
표상에 얽매이게 되고 그런 표상에서 벗어나지 못하는 것, 즉 상상력
의 흐름을 다시 자유롭게 만들지 못하는 것은 마음의 박약 중 하나
다. 이런 해악이 습관이 되고 하나의 동일한 대상을 향한다면 그것은 B 132; Ⅶ 207
망상으로 이어질 수 있다. 사교모임에서 산만한 것은 무례한 일이며,

다. 물론 옛 규율에 의해 인가된, 그리고 그들과 함께 사는 (그들과 특정 성
서를 공유하는) 우리 스스로 승인한 그들의 체제는 비록 그들이 우리와 거
래할 때 "구매자여, 정신 똑바로 차리시오"라는 말을 그들의 최고 도덕 원
칙으로 삼는다고 하더라도 모순 없이는 폐기될 수 없다. ― 기만과 정직이
라는 쟁점을 고려해서 이 민족을 도덕화하려는 헛된 계획 대신에, 차라리
나는 이 별난 체제(즉 순전히 상인들로만 구성된 민족)의 기원에 대한 내 추
측을 제시하고자 한다. ― 아주 오랜 옛날에 부(富)는 인도와 무역으로 그
리고 거기에서 육로로 지중해 서쪽 연안과 페니키아(팔레스타인도 여기에
속한다)의 항구까지 전해졌다. ― 그런데 부는 사실 다른 많은 곳으로, 예컨 A 131
대 팔미라 혹은 더 오래전에는 티루스, 시돈 또는 바다를 몇 번 거쳐서 에 B 131
치온게베르와 엘라트 같은 곳으로, 그리고 아라비아해안에서 대(大)테베
로도, 그래서 이집트를 거쳐 저 시리아해안으로도 나아갔다. 그러나 예루
살렘이 수도였던 팔레스타인은 대상 무역을 위해 매우 유리한 위치에 있
었다. 아마도 옛날 솔로몬이 부유했던 현상도 이 위치의 결과였을 테고, 로
마시대까지는 주변 지방조차 상인들로 가득했을 것이다. 그들은 이 언어
와 신앙을 가진 다른 상인들과 전부터 이미 광범위하게 교역해왔으므로
이 도시가 파괴된 뒤에도 그 언어 및 신앙과 더불어 점점 (유럽의) 더 먼 지
방으로 퍼져나갈 수 있었고, 서로 관계를 유지할 수 있었으며, 그들이 이주
한 국가에서도 상업으로 얻은 이득으로 보호받을 수 있었다. ― 그래서 종
교와 언어가 통일된 채로 그들이 전 세계로 확산된 것은 이 민족에게 내려
진 저주 탓으로 여겨서는 안 되고 오히려 축복으로 간주되어야 한다. 특히
부를 인원별로 평가한다면, 아마도 그들의 부는 지금 동일한 인원수로 구
성된 다른 어떤 민족의 부보다 클 것이다.

종종 웃음거리가 되기도 한다. 부녀자가 일반적으로 이런 기분 변화

에 휩쓸리지 않는다면, 그녀는 배움의 길에 매진하고 있음이 틀림없다. 식사 자리에서 시중들 때 산만한 하인은 대개 무언가 좋지 못한 일을 생각하는 것이다. 즉, 그는 무언가 좋지 못한 일을 꾸미거나 아니면 그 좋지 못한 일이 초래할 결과를 걱정하는 것이다.

그러나 주의를 흩뜨리는 것, 즉 비자의적인 재생적 상상력에서 주의를 돌리는 것은 자기 마음의 건강을 사전에 배려하기 위해 필수적이지만 일부 인위적이기도 한 처치다. 예컨대 성직자가 암기했던 설교를 행한 뒤 머릿속에서 잔향이 일어나는 것을 막고자 하는 경우가 그렇다. 하나의 동일한 대상에 대한 지속적 숙고는 말하자면 어떤 여운을 남긴다. (똑같은 춤곡이 오랫동안 계속되면 연회를 마치고 귀가한 사람에게 여전히 그 곡이 귓가에 맴돈다거나, 어린아이가 어떤 명언이 자기 마음에 들고 특히나 율동적으로 들리면 그 동일한 명언을 끊임없이 반복하는 것처럼[178]) — 내 생각에 이런 여운은 머리를 성가시게 하는 것이며, 오직 주의를 흩뜨려서 다른 대상에 주의를 쏟음으로써만, 예컨대 신문을 읽음으로써만 상쇄될 수 있다. — 각자 새로운 일을 준비하기 위해 주의를 다시 **집중하는 것**(정신 집중)은 영혼 능력의

균형을 회복하여 마음의 건강을 증진하는 일이다. 이를 위한 가장 효과적 수단은 — 놀이처럼 — 화제가 늘 뒤바뀌는 사교적 담화다. 그

러나 이런 사교적 담화는 이념들의 자연적 친근성을 거스르며 한 화제에서 다른 화제로 비약해서는 안 된다. 만일 그런 비약이 일어난다면, 백 번째 화제가 천 번째 화제와 뒤섞여 대화의 통일성이 완전히 사라지게 되고, 따라서 마음은 혼란스러움을 느끼며 이런 산만함에서 벗어나고자 필수적으로 새롭게 주의를 흩뜨리게 되므로 사교모임은 산만한 마음 상태로 끝나게 된다.

이로써 알 수 있는 것은 (일반적이지 않은) 마음의 섭생학에 속하

는 기술로서, 업무로 바쁜 사람들로 하여금 주의를 흩뜨려 힘을 집중하게 하는 기술이 있다는 사실이다. ─ 그러나 사람들이 생각을 집중했을 때, 즉 사람들이 임의의 의도대로 그것을 사용할 준비를 마쳤을 때, 사람들은 어떤 장소에서 혹은 다른 사람과의 업무 관계에서 어울리지 않게 일부러 자기 생각에 몰두하고 심지어 그런 관계에 주의를 기울이지 않는 사람을 **산만한 사람**이라고 부를 수는 없다. 오히려 사람들은 그의 방심을 질책할 수 있을 뿐이다. 방심은 당연히 단체에 부적절한 것이다. ─ 그러므로 [주의를] 흩뜨리면서도 결코 산만해지지 않는 것은 일반적이지 않은 기술이다. 습관이 될 경우 이 산만함은 그런 해악에 빠진 인간을 몽상가로 보이게 하고, 단체를 위해 쓸모없는 사람으로 만든다. 왜냐하면 그는 이성에 따라 규제받지 않은 채 스스로 자유롭게 놀이하는 상상력을 맹목적으로 따르기 때문이다. ─소설 읽기는 마음에 여러 가지 다른 불화를 일으킬 뿐만 아니라 산만함을 습관화하는 결과도 낳는다. 진실한 소설 읽기는 인간들 사이에서 (약간의 과장은 있더라도) 실제로 발견될 법한 인물들의 묘사를 통해 사고에 **연관성**을 부여하는데, 이는 항상 일정한 방식에 따라 체계적으로 진술될 수밖에 없는 진실한 이야기에서와 마찬가지다. 그렇지만 동시에 소설 읽기는 마음이 독서 중에 딴생각(즉, 허구와는 다른 사건들)을 품는 일도 허용해서, 사고의 흐름이 **단편적으로** 된다. 그리하여 마음속에서 하나의 동일한 객관에 대한 표상들이 지성 통일에 따라 연결되어(함께) 놀이하지 않고 산만하게(제각각) 놀이하는 것이다. 강단이나 대학 강의실의 교사 혹은 법원의 검사나 변호사가 (즉석에서) 자유롭게 강연할 때 혹은 그저 이야기할 때라도 마음의 평정을 증명하기로 되어 있다면, 세 가지 일에 주의하고 있음을 증명해야 한다. 첫째는 그 자신이 **지금** 말하는 것을 명확히 표상하기 위해서 그것을 바라보는 일이고, 둘째는 그 자신이 **말했던** 것을 되돌

VII 208

B 134

A 134

아보는 일이며, 셋째는 그 자신이 이제 막 말하려는 것을 내다보는 일이다. 만일 그가 이 세 가지 일 중 어느 하나에 대해 주의하기를, 즉 이런 질서에 따라 총괄적으로 주의하기를 게을리한다면, 그는 자기 자신을 그리고 자신의 청자나 독자를 산만하게 만들고, 그가 비록 다른 점에서는 머리가 훌륭하더라도 여기서는 머리가 혼란스러운 사람이라고 불리는 것을 거부하지 못한다.

§ 45.[179] 지성은 (마음의 박약 없이) 그 자체로 건전하다 하더라도 지성의 실행과 관련해서 박약함이 수반될 수도 있는데, 이 경우 박약함은 충분히 성숙할 때까지 성장하기 위한 유예를 필요로 하거나 아니면 시민적 자질에 해당하는 업무와 관련하여 타인의 인격에 의한 자기 인격의 대리를 필요로 하는 것이다. 다른 모든 점에서는 건전한 인간이 시민적 업무에 대한 자기 지성의 고유한 사용에서 (자연적으로 혹은 법률적으로) 무능력한 것은 미성숙이라고 불린다. 이 미성숙이 연령의 미숙함에 근거를 둔다면 그것은 미성년이라고 불린다. 그러나 그것이 시민적 업무에 관한 법률적 제도에 의거한 것이라면, 그것은 법률적 혹은 시민적 미성숙이라고 명명될 수 있다.[180]

아이들은 자연적으로 미성숙하고 아이들 부모는 아이들의 자연적 후견인이다. 여자는 연령이 어떻든 간에 시민적으로 미성숙하다고 공언된다. 남편이 그녀의 자연적 보호자다. 그러나 그녀가 별도로 재산을 가지고 남편과 함께 산다면 사정이 다르다. ― 말하기가 문제일 경우 여자는 자신의 본성에 따라 (나와 너의 소유권과 관련하여) 법정에서도 자기와 자기 남편을 변호하기에 충분한 말재주를 가지고 있으며, 이런 점에서 여자는 심지어 글자 그대로 과성숙하다고 공언될 수도 있다. 그러나 전쟁에 나가는 것이 여성의 권한이 아니듯이 부인들은 자신들의 권리를 몸소 지킬 수 없고, 국가의 시민적 업무도 스스로 하지 못하며 단지 대리인을 통해서만 처리할 수 있다. 공적인 협의와 관련한 이런 법률적 미성숙으로 말미암아 부인들은 가정의 복지와 관련해서만 더 능력을 발휘하게 된다. 왜냐하면 여기서 **약자의 권리**가 등장하기 때문인데, 남성은 이 권리를 존중하고 지키는 일을 본성적으로 이미 자기 사명이라고 자각한다.　　　　　　　　B 136

　그러나 자기 자신을 미성숙하게 만드는 것은 명예롭지 못하기는 해도 매우 편리한 것이다. 그러니 당연히 우두머리가 있을 수밖에 없　A 136 다. 그런 우두머리들은 대중들의 고분고분함(대중들은 스스로 통일되기 어려우므로)을 이용할 줄 알고, 다른 어떤 사람의 지도 없이 자기 자신의 지성을 사용하는 것이 매우 큰 위험임을, 심지어는 치명적 위험임을 보여줄 줄 안다. 국가의 최고 우두머리는 **국부**라고 불린다. 그는 어떻게 해야 **국민**이 행복할지 국민보다 더 잘 이해하기 때문이다. 그러나 민중은 자기 자신에게 최선인 것을 위해서 계속 미성숙할 것을 선고받게 된다. 애덤 스미스는[181] 저 우두머리들[즉, 국가의 최고 우두머리]에 대해 "예외 없이 그들 자신이야말로 모든 사람 중 가장 큰 낭비자들이다"라고 말하지만, 그는 많은 나라에서 공포된 (현명한!) 사치금지법으로 강력하게 반박된다.

　성직자는 엄하게 그리고 끊임없이 **평신도**를 미성숙 상태에 붙들어둔다. 민중은 자신을 천국으로 이끌어가야 할 길에 관해 아무런 소리도 내지 못하고 아무런 판단도 하지 못한다. 천국에 이르기 위한 인간 각자의 시각은 필요치 않다. 사람들이 이미 그를 인도할 것이다. 그가 자신의 눈으로 볼 수 있도록 성서가 그의 손에 건네진다고 하더라도, 그 순간 그의 인도자는 그에게 "인도자가 성서 안에서 찾을 수　Ⅶ 210 있다고 보증한 것 이외에 다른 어떤 것도 성서에서 찾지 말라"고 경고한다. 대체로 인간을 다른 사람의 통제 아래 두고 기계적으로 다루는 것은 법률적 질서에 복종시키기 위한 가장 확실한 방법이다.　　B 137

A 137 학자는 가사 정리와 관련해서 일반적으로 부인에 의해 미성숙 상태로 유지되는 것을 기꺼이 허락한다. 자기 책 아래에 파묻혔던 어떤 학자는 어느 한 방에서 불이 났다는 하인의 외침에 이렇게 대답했다. "자네도 알다시피, 그런 일은 내 집사람 소관일세." ─ 마지막으로, 어떤 낭비자가 법률적으로 성년이 된 뒤 자기 재산을 관리하고자 할 때, 어린아이나 저능아처럼 보일 만한 지성의 박약을 입증하면 이미 취득된 그의 성숙 상태가 국가에 의해 시민적 미성숙 상태로 되돌려지는 일도 일어날 수 있다.

§ 46.[182] 아무것도 가르칠 수 없는 사람, 배우는 능력이 없는 사람은 단련되지 않은 칼이나 손도끼처럼 **단순하다**(둔하다). 모방하는 일에만 능숙한 사람은 **얼간**이라고 불린다. 이에 반해 **스스로** 정신적 산물이나 예술적 산물의 창작자가 될 수 있는 사람은 **수재**라고 불린다. (소박함은 단순함과 완전히 다르다. 소박함은 기교적인 것과 반대된다. 이에 대해 사람들은 "완전한 기교는 다시 자연이 된다"고 말한다. 사람들은 말년이 되어야만 그런 소박함에 다다른다.) 수단을 절약하여, ─ 즉 우회하지 않고 ─ 같은 목적에 다다르는 능력, 이런 재능을 소유한 사람(현자)은 소박하지만 결코 단순하지 않다.

BA 138 특히 판단력이 없어서 업무에 쓰일 수 없는 사람은 **우둔**하다고 불린다.

어리석은 사람은 아무런 가치도 없는 목적을 위해 가치 있는 것을 희생하는 사람, 예컨대 집 바깥에서 화려하기 위해 가정의 행복을 희생하는 사람이다. 어리석음이 모욕하는 것일 경우에는 **멍청함**이라고 불린다. ─ 우리는 어떤 사람이 우리를 모욕하지 않아도 그 사람을 어리석다고 말할 수 있다. 심지어 그가 **스스로** 어리석음을 인정할 수도 있다. 그러나 (포프를 따라서) 악당의 도구라고, 즉 **멍청**이라고 불리는 것은 아무도 잠자코 듣고 있을 수 없다.* 거만함은 멍청함이다. 무엇보다 그 이유는, 다른 사람들에게 그들 자신을 나에 비해 하찮게 VII 211 평가해야 한다고 요구하는 것은 어리석은 짓이며, 그러면 결과적으로 항상 내가 훼방받게 될 것이기 때문이다.[183] 그런 요구에는 모욕이 담겨 있고, 그것은 당연히 증오를 불러일으킨다. 부녀자에게 사용되는 멍청이라는 말은 그런 거친 의미를 갖지 않는다. 왜냐하면 남자는 부녀자의 우쭐대는 불손함으로 모욕받을 수 있다고 믿지 않기 때문이다. 그래서 멍청함은 단지 남자의 거만함이라는 개념에만 결부되어 BA 139 있는 것 같다. ― (일시적으로든 영구적으로든) 자기 자신을 해치는 사람을 우리가 멍청이라고 부르고, 이어서 그에 대한 경멸 속에 증오를 함께 섞는다면, 설사 그가 우리를 모욕하지는 않았더라도, 우리는 그것을[184] 인간성 일반에 대한 모욕으로, 따라서 다른 어떤 사람에게 가해진 모욕으로 생각하는 것이 틀림없다.

자기 자신의 합당한 이익과 정반대로 행위 하는 사람도, 설사 그가 단지 자기 자신만을 해친다고 하더라도 가끔 멍청이라고 불린다. 볼테르의 아버지 아루에는 대단히 유명한 그의 아들들에 대해 그에게 축하한 누군가를 향해 다음과 같이 말했다. "제게는 멍청한 아들이 둘 있는데, 한 녀석은 산문에서 멍청이이고, 다른 녀석은 운문에서 멍청이입니다"(한 아들은 얀센주의에 투신하여 박해받았고, 다른 아들은 풍자시를 쓰고서 바스티유에 수감되는 벌을 받아야 했다). 일반적으로 어리석은 사람은 그가 합리적으로 마땅히 부여해야 할 것보

---

* 사람들이 누군가의 농담에 "당신은 영리하지 않군요"라고 대답한다면 그것은 "당신 농담하는군요" 혹은 "당신은 분별이 없군요"라는 말을 다소 노골적으로 표현한 것이다. ― 분별 있는 인간은 올바르고 실천적으로 판단하되 기교 없이 판단하는 인간이다. 물론 경험은 분별 있는 인간을 영리하게, VII 211 즉 기교적인 지성사용에 능숙하게 만들 수 있다. 그러나 그를 분별 있게 만들 수 있는 것은 오직 자연뿐이다.

다 더 큰 가치를 **사물**에 부여하고, 멍청이는 그것을 **자기 자신**에게 부여한다.

어떤 인간을 맵시꾼이나 멋쟁이라고 호칭하는 것도 멍청하다는 의미에서의 **영리하지 않다**는 개념에 근거를 둔다. 전자는 젊은 멍청이이고 후자는 늙은 멍청이다. 둘 다 악당이나 사기꾼의 유혹에 이끌리지만, 이때 전자는 그래도 아직 동정을 받는 데 비해 후자는 쓴 비웃음을 받는다. 철학자이자 시인인 기지 넘치는 어떤 독일인[185]은 ('멍청이'라는 공통 이름 아래 있는) 멋쟁이와 맵시꾼이라는 칭호[186]를 다음과 같은 예를 들어 설명했다. 그의 말에 따르면 "전자는 파리로 떠난 독일 청년이고, 후자는 파리에서 막 돌아온[187] 그 동일한 사람이다."

*　　*　　*

(발레 지방의 크레틴병 환자처럼) 생명력을 동물적으로 사용하는 데도 충분치 않고 (손을 앞뒤로 움직이거나 땅을 파는 등) 동물에게 가능한 외적 활동을 단순히 기계적으로 모방하는 데도 충분치 않은 극심한 마음의 박약은 **저능함**이라고 불린다. 그것은 영혼의 병이 아니라 오히려 영혼의 상실이라고 이름 붙일 수 있다.

C.[188] 마음의 병에 대하여

§ 47.[189] 위에서 이미 언급했듯이[190] [마음의 병의] 최상위 구분은 **우울증**(심기증)과 **착란한 마음**(광기)의 구분이다. 전자의 명칭은 밤의 정적 속에서 귀뚜라미가 우는 소리에 주의를 기울이는 것과 유비하여 얻은 것으로, 이 소리는 수면에 필요한 마음의 안정을 어지럽힌다. 그런데 심기증 환자의 병과 관련해서 핵심적인 사실은, 어떤 내

적인 신체 감각은 신체 안에 실제로 존재하는 질환을 드러낸다기보다 오히려 단지 그런 질환에 대해 걱정하게 만들 뿐이고, 인간의 본성은 어떤 국부적 인상에 대해 주의함으로써 그 인상에 대한 감정을 강화하거나 지속시키기까지 하는 (동물은 지니지 못하는) 특수한 성질을 지닌다는 것이다. 반면에 이때 고의에 의해서 아니면 주의를 흩뜨리는 다른 일들에 의해서 생겨나는 추상은 그런 인상을 약화시키고, 이것이 습관이 될 경우 그런 인상은 아예 나타나지 않게 된다.* 우 BA 141울증으로서 심기증은 그런 방식으로 신체적 질환에 대한 상상의 원인이 되고, 심기증 환자는 그런 질환이 상상임을 자각하면서도 가끔 그 상상을 실제적인 어떤 것으로 간주할 수밖에 없게 된다. 혹은 거꾸로 그 환자는 (팽만감을 불러일으키는 음식을 섭취하여 생기는 식후의 답답함 같은 질환이 그렇듯이) 어떤 실제적인 신체적 질환으로 말미암아 온갖 걱정스러운 외적 사건들을 상상하고 자기 업무들에 대해 염려할 수밖에 없게 되기도 한다. 이런 상상과 염려는 완전히 소화된 뒤 팽만감이 그치자마자 즉각 사라지지만 말이다.── ──심기증 환자는 가장 가련한 변덕쟁이(공상가)다. 그는 누가 뭐라 해도 자기 상상을 그만두지 않고 항상 의사에게 달려들어 떼를 쓴다. 그 사람 때문에 골치를 앓는 의사는 (약 대신에 빵 속살로 만든 환약으로) Ⅶ 213 아이를 진정시키는 방식 이외에 달리 그를 진정시키지 못한다. 항상 골골거리지만 결코 병에 걸리지는 않는 이 환자가 만일 의학서를 접하게 되면, 그는 완전히 견딜 수 없게 된다. 의학서에서 읽은 모든 질환을 자기 몸 안에서 느낀다고 믿을 테니 말이다.── 이런 상상병의 식별 기준으로 이용되는 것은 지나친 명랑함, 활발한 기지, 쾌활한

---

* 내가 다른 저서에서 말했듯이[191] 어떤 고통스러운 감각에 대한 주의를 전환해서 자의적으로 생각해낸 다른 어떤 대상에 주의를 쏟아붓는다면, 그 BA 141 감각이 병으로 이어지지 못할 만큼 그 감각을 멀리 떨쳐낼 수 있다.

웃음이다. 때때로 이 환자는 그런 상태에 내맡겨진 것으로 느끼고, 그래서 그는 늘 불안정한 자기 기분의 놀잇감이 된다. 죽음에 대한 생각으로 어린아이처럼 겁먹고 두려워하는 것은 이런 병을 키운다. 그

래도 남자다운 용기를 갖고 이런 생각을 무시하지 않을 경우 그 사람은 결코 삶을 제대로 즐기지 못할 것이다.

착란한 마음의 경계 이편에도 갑작스러운 기분 변화(돌발)가 있다. 어떤 주제로부터 누구도 예상하지 못한 완전히 다른 주제로 돌연히 비약하는 것이 그렇다. 간혹 이런 비약은 착란을 예고하며 착란에 선행한다. 그러나 이렇게 돌발한 무규칙성을 규칙으로 삼을 만큼 머리가 이미 전도된 경우가 많다. — 흔히 자살은 그저 돌발의 결과일 뿐이다. 심한 격정에 휩싸여 자기 목을 벤 사람이 그것을 다시 봉합하도록 너그럽게 허락하지 않는가 말이다.

우울함은 (상심하는 경향이 있는) 침울한 자학자가 만들어내는 비참함에 대한 단순한 망상일 수도 있다. 사실 우울함 자체는 아직 마음의 착란이 아니지만 쉽게 그런 착란으로 이어질 수 있다. — 덧붙여 말하자면, 그저 생각이 깊은 사람이라는 뜻을 염두에 두고서 (예컨대 하우젠[192] 교수를) 우울한 수학자라고 말하는 것은 잘못된 표현이긴 하지만 자주 나타나는 표현이다.

§ 48.[193] 깨어 있는 사람이 열이 있는 상태에서 헛소리하는 것(섬망)은 신체적 병이며, 의학적 예방 조치가 필요하다. 다만 의사가 그런 병적 사태를 인지하지 못하는데도 헛소리하는 사람은 광기가 있다고 여겨진다. 이에 대해 착란했다는 단어는 그저 온건한 표현일 뿐이다. 그러므로 누군가가 고의로 사고를 일으켰고, 과연 그 사고로 말미암아 그에게 책임이 부과되는지 그리고 어떤 책임이 부과되는지 하는

것이 지금 문제가 된다면, 따라서 그 당시 그가 광기를 띠었는지가

먼저 결정되어야 한다면, 법원은 그에 대한 심사를 의학부에 회부할 수 없고 (재판소는 능력이 없으므로) 철학부에 회부해야 한다. 왜냐하면 피고인이 그 행위 중 그의 자연적 지성능력과 판정능력을 소유했는지 하는 문제는 심리학적인 것이며, 혹시나 영혼 기관의 신체적 이 Ⅶ 214 상이 (모든 인간에게 내재하는) 의무 법칙에 대한 부자연스러운 위반의 원인인 경우도 간혹 있긴 하지만, 일반적으로 의사와 생리학자는 인간의 기계적 본성을 깊이 통찰해서 그런 만행을 야기한 변덕을 설명해낼 수 있을 정도까지 혹은 (신체 해부 없이) 그런 변덕을 예상해낼 수 있을 정도까지 이르지 못했기 때문이다. **법의학이** 행위자의 마음 상태가 광기가 있는 상태였는지 아니면 건전한 지성에 따른 결의였는지를 중요한 문제로 삼을 경우, 법의학은 다른 분야의 업무에 간섭하게 된다. 그런 업무에 대해 아무것도 알지 못하는 재판관은 저 문제를 자기 소관이 아닌 것으로 다른 학부에 회부해야 한다.*

§ 49.[194] 치유 불가능하게 본질적으로 무질서한 것을 체계적으로 BA 144 구분하는 일은 어렵다. 그런 일에 애쓰는 것은 별로 효용도 없다. 당사자의 능력은 (신체적 질병이 있는 경우처럼) 그런 일에 참여하지 않지만 그럼에도 그런 일의 목적은 오직 주체 자신의 지성사용으로만

---

* 그래서 그런 어떤 재판관은 어떤 사람이 징역형을 판결받고는 절망해서 어린아이를 살해한 사건과 관련하여 그 사람을 광기 있는 사람으로, 따라서 사형에서 면제된다고 선고했다. — 그 재판관의 말에 따르면 그 이유는 거짓 전제에서 참인 결론을 이끌어내는 사람은 광기 있는 사람이기 때문이다. 말하자면 저 사람은 징역형이 죽음보다 더 끔찍한(그러나 이는 거짓이다) 씻을 수 없는 치욕임을 원칙으로 수용했고, 이 원칙에서 추론을 통해 BA 144 자신이 죽어 마땅하다는 결심에 이르렀다는 것이다. — 결과적으로 저 사람은 광기를 지녔고, 광인으로서 사형을 면했다. — 이런 논증에 기초하면, 모든 범죄자는 사람들이 동정하고 치료해야 하지만 처벌해서는 안 되는 광인이라고 선고하는 일이 아마 쉬울지도 모르겠다.

성취될 수 있으므로, 그런 의도에 따른 모든 치료책은 틀림없이 아무런 성과도 없게 될 테니 말이다. 이 경우 인간학은 단지 간접적으로만 실용적일 수 있다. 다시 말해서 인간학은 단지 치료 중단만을 명령할 수 있다. 그러나 이런 상황에서도 적어도 인간학은 인간성이 본성으로 말미암아 이렇게 가장 낮게 실추된 상태에 대해 일반적으로 약술해볼 것을 요구한다. 일반적으로 우리는 광기를 소요적 광기, 방법적 광기, 체계적 광기로 구분할 수 있다.

1) **망언**은 그저 자기 표상들을 경험이 가능하기 위해 필수적인 맥락 속으로 가져오는 일마저도 못하는 것이다. 정신병원에 있는 여성

Ⅶ 215

은 대부분 수다스러움 때문에 이 병에 시달린다. 그들이 이야기하는 것 중에는 활발한 상상력의 산물이 너무 많이 삽입돼서 아무도 그들이 본래 말하고자 했던 것을 이해하지 못한다. — 이런 첫째 광기는 소요적이다.

BA 145

2) **망상**은 마음 착란의 일종인데, 이 경우에는 광인이 이야기하는 모든 것이 경험을 가능하게 하는 사유의 형식적 법칙에 부합하기는 하지만, 거짓으로 창작해내는 상상력에 의해 스스로 만들어낸 표상들이 지각으로 간주된다. 자기 주위 도처에 적이 있다고 믿는 사람들이 그런 부류에 속한다. 그들은 다른 사람의 표정, 말 혹은 그밖의 사소한 행위들이 모두 자신을 겨냥한 것이며 자신을 잡기 위해 처놓은 덫이라고 여긴다. — 다른 사람들이 자연스럽게 행하는 것을 해석할 때 흔히 그들은 불행한 망상 속에서 그 행위가 자신을 노린 것이라고 설명하는데, 그 설명이 너무나 예리해서 만일 그 자료가 참이기만 하다면 사람들은 그들의 지성에 온갖 경의를 표하지 않으면 안 될 정도도. — 나는 여태껏 이 병에서 치유된 사람을 본 적이 없다(왜냐하면 이성으로 광란하는 것은 어떤 특별한 소질이기 때문이다). 그러나 그럼에도 그들은 정신병원에 수감되어야 할 환자로 여겨지지 않는

다. 왜냐하면 그들은 자기 자신만을 보살피면서 자신의 그릇된 교활함으로 그들 자신의 보존만을 지향하되 다른 사람들을 위험에 빠뜨리지는 않으므로, 그들은 안전상 이유로 감금될 필요가 없기 때문이다. ─ 이런 둘째 광기는 **방법적이다.**

3) 망단은 착란한 **판단력이다.** 이로 인해 마음은 서로 유사한 사물들에 대한 개념과 혼동되는 유비에 애달프게 되고, 상상력은 지성과 유사한 놀이, 즉 상이한 사물들의 결합이라는 놀이를 그런 사물들에 대한 표상을 포함한 보편자로 믿도록 마술을 부린다. 이런 종류의 정 BA 146 신병자들은 대부분 매우 쾌활하다. 그리고 몰취미하게 시를 쓰면서 자신들이 조화롭다고 생각하는 개념들의 광범위한 근친 관계가 풍부하다는 점을 과시한다. ─ 이런 종류의 망상증 환자는 치유될 수 없다. 왜냐하면 그런 사람은 시가 일반적으로 그렇듯이 창조적이며, 다양성을 즐기기 때문이다. ─ 이런 셋째 광기는 방법적이기는 하지만 단지 **단편적이다.**

4) 망념은 착란한 **이성의** 병이다. ─ 이 정신병자는 경험의 사다리 너머로 높이 날아올라서, 경험의 시금석에서 완전히 자유로울 수 있는 원리들을 얻으려 애쓰고, 이해 불가능한 것을 이해한다고 망상한다. ─ 원과 넓이가 동일한 정사각형 작도법이나 영구기관을 고안하 VII 216 는 일, 자연의 초감성적 힘을 발견하는 일, 그리고 삼위일체의 신비를 이해하는 일이 그의 능력으로는 가능하다. 그는 모든 병원환자 중에서 가장 평온하며, 자기 내면에 갇힌 사색으로 말미암아 광란에서 가장 멀리 떨어져 있다. 그는 자기만족으로 충만해서 따지고 드는 일의 온갖 성가심을 외면하기 때문이다. ─ 사람들은 이런 넷째 광기를 체계적이라고 부를 수 있을 것이다.

그 이유는 이 마지막 종류의 마음 착란 속에 단지 무질서와 이성 사용의 규칙 위반뿐만 아니라 **적극적 반이성,** 즉 다른 규칙, 완전히 상이한 관점이 있기 때문이다. 이런 경우 영혼은 말하자면 완전히 상이한 관점으로 전치되고, 그 관점을 통해 영혼은 모든 대상을 달리 보게 된다. 그리고 영혼은 (동물의) 생명의 통일을 위해 요구되는 공통감에서 분리되어, 거기서 멀리 떨어진 곳에 전치되어 있음을 깨닫는다(광기라는 단어는 여기서 유래한다). 마치 조감을 통해 그려진 산악 풍경이 평지에서 바라볼 때와는 완전히 다르게 그 지역에 대해 판단하게 만드는 것과 같다. 물론 영혼이 어떤 다른 위치에서 느끼거나 보는 것은 아니다. (왜냐하면 영혼이 모순을 범하지 않고서 공간 속 자신의 장소에 따라 자기 자신을 지각할 수는 없기 때문이다. 만약 그렇게 지각할 수 있다면, 영혼은 자기 자신을 자기 외감의 객관으로 직관하는 것일 텐데, 영혼 자신은 단지 내감의 객관일 수 있을 뿐이니 말이다.) 그래도 사람들은 그런 방식으로 이른바 광기를 최선을 다해 설명한다. ─그러나 놀랄 만한 점은 혼란에 빠진 마음의 힘들이 그럼에도 하나의 체계 속에서 함께 정돈된다는 사실, 그리고 자연은 그런 힘들을 결합하는 원리를 심지어 반이성 속에도 부여하려 애쓰며, 따라서 사고능력은 비록 객관적으로 사물들에 대한 참된 인식을 위해 분주하지는 않다고 해도 그저 주관적으로 동물적 삶을 위해 분주하다는 사실이다.

이와 반대로 자의로 자기 자신을 광기에 가까운 상태로 전치한 사람이 물리적 수단으로 자기 자신을 관찰하고 그리하여 비자의적인 광기 상태도 더 잘 통찰해내려고 시도하는 것은 현상의 원인을 탐구하기에 충분한 이성을 보여준다. 그러나 마음을 가지고 실험하는 것, 마음을 어느 정도 병들게 해서 관찰하며, 그때 발견될 수도 있는 현상을 통해 마음의 본성을 연구하는 것은 위험하다. ─그런 방식으로

헬몬트[195]는 일정량의 (독성 뿌리를 가진) 투구꽃을 섭취한 후에 마치 자신이 위장 안에서 생각한 것 같은 감각을 지각했다고 말한다. 다른

어떤 의사는 마치 거리의 모든 것이 큰 소란에 빠진 것처럼 여겨질 때까지 장뇌 복용량을 점점 늘렸다. 여러 사람이 아편을 가지고 그들 자신에게 실험하기도 했는데, 사유 활성화를 위한 이 보조제를 계속 사용하기를 중지할 경우 그들이 마음의 박약에 빠지게 될 정도까지 그렇게 오랫동안 실험했다. ─ 인위적 망상은 진짜 망상으로 쉽게 변할 수 있다.

잡다한 주해

§ 50.[196) 생식을 위해 배아가 발육할 때 동시에 광기의 배아도 함께 발육한다. 그래서 이 광기도 역시 유전적이다. 그런 인간이 단 한 명이라도 나타난 가족과 혼인을 하는 것은 위험하다. 왜냐하면, 비록 어떤 부부의 많은 아이가 예컨대 모두 아버지 혹은 그 아버지의 부모나 조상을 닮아서 이런 끔찍한 유전에서 보호된 채 남아 있다 하더라도, 어머니의 가족 중 단 한 명이라도 광기 있는 아이가 있었다면(설사 어머니 자신은 이런 재액을 면했다 하더라도), 언젠가 이 부부관계에서는 (외모의 유사성으로도 알아챌 수 있듯이) 모계 가족을 쫓아서 유전적인 마음 착란을 자기 안에 가지고 있는 아이가 나타날 수 있기 때문이다.

흔히 사람들은 이 병의 우연적 원인을 지정하는 법을 알아내려 한다. 그래서 이 병은 유전된 것이 아니라 마치 그 불행한 사람 자신에게 책임이 있는 것처럼 초래된 것으로 생각되어야 한다는 것이다. 사람들은 어떤 사람에 대해 "그는 **사랑** 때문에 실성했어"라고 말하고, 다른 사람에 대해 "그는 **교만** 때문에 미쳤어"라고 말하며, 또 다른 사람에 대해 "그는 지나치게 **공부했어**"라고 말한다. ─ 혼인을 요구하는 것이 최고로 멍청한 짓이 되는 그런 신분의 사람과 사랑에 빠지는 것은 실성의 원인이 아니라 결과였다. 교만에 관하여 말하자면, 별것도 아닌 인간이 다른 사람에게 자기 앞에서 굽신거리라고 요구하는 것 그리고 다른 사람에게 뻐기는 태도를 취하는 것은 실성을 전제한 것이다. 실성하지 않았다면 그는 그런 행실에 빠지지 않았을 것이다.

그러나 **지나치게 공부하는 것***에 관하여 말하면, 젊은이들에게 그런 것을 경고할 만큼 위험스러운 점은 분명히 없다. 청년에게 당장 필요한 것은 고삐보다 오히려 박차다. 이런 점에서 가장 열렬하고 지속적인 노력이 혹시나 마음을 **지치게** 할 수도 있고 그로 말미암아 인간이 심지어 학문을 싫어하게 되기도 한다. 그러나 그 이전에 마음이 이미 뒤틀려 있었고 따라서 건전한 인간 지성 너머로 나아가는 신비로운 책이나 계시에서 취미를 발견했던 것이 아니라면, 그런 노력조차도 마음을 **상하게** 할 수는 없다. 도유(塗油) 의식으로 신성시된 책을 읽으면서 도덕적인 것을 의도하지 않고 그 문자를 위해서만 정진하는 성벽도 건전한 인간 지성 너머에서 취미를 찾는 일에 속한다. 이런 것에 대해 어떤 저자는 "그는 문자광이다"라는 표현을 고안했다.

보편적 실성과 특정 대상에 집착하는 실성 사이에 차이가 있는지 나는 의심스럽다. (단순한 이성의 결여가 아니라 적극적인 어떤 것인) 반이성은 이성과 마찬가지로 객관이 부합될 수 있는 단순한 **형식**이므로 둘 다 보편적인 것에 기초를 둔다. 그러나 광기의 소질이 돌출하는 순간(이런 일은 대개 갑자기 일어난다) 마음이 처음으로 마주치게 되는 것(우연히 부딪치는 **재료**로서 나중에 이에 대해 헛소리를 하게 된다), 주로 그런 것에 광인은 장차 계속 열광한다. 왜냐하면 그것은 그

---

* 상인들이 지나치게 장사를 벌이고, 거창한 계획 속에서 스스로 감당하지 못할 만큼 손해 보는 것은 일반적인 현상이다. 그러나 젊은이들이 지나치게 노력하는 것에 대해서는 (그들의 머리가 평소 그저 건강하기만 했다면) 걱정 많은 부모라 해도 아무 염려할 것이 없다. 머리가 터지도록 애를 썼으나 허사로 끝나버린 그런 것에 대해 학생이 혐오감을 품게 함으로써 이미 자연 자체가 지식의 그런 과부하를 방지한다.

색다른 인상으로 말미암아 뒤따르는 여타의 것보다 더 강하게 그의 안에 고착되기 때문이다.

머리가 정상이 아닌 누군가에 대해 사람들은 "그는 선을 넘었다"라고 말한다. 마치 열대의 적도를 처음 넘은 어떤 인간에게 지성을 상실할 위험이 있는 것과 같다. 그러나 그것은 단지 오해에 불과하다. 그것은 그저 다음과 같이 말하는 것일 뿐이다. 오랜 노력 없이 일확천금을 얻기를 바라고 인도로 여행을 떠나려 하는 바보는 멍청이처럼 여기에서 이미 계획을 세운다. 그러나 그 계획이 실행되면서 그의 초기 실성 상태가 진척돼서 설사 행운이 그에게 미소 지었다 해 BA 151 도, 그가 돌아올 때 그의 실성 상태는 완전히 발전된 상태를 보이게 된다.

자기 자신과 큰 소리로 이야기한다거나 방 안에서 혼자 몸짓하는 데에 몰두한다거나 하는 사람에게는 머리가 이상하다는 혐의가 이미 향하게 된다. ― 게다가 그가 영감을 통해 구원받거나 시련받으며 상 Ⅶ 219 위의 존재와 대화하고 교제한다고 믿는다면 혐의는 더 짙어진다. 그러나 그때 마침 그가, 아마 다른 신성한 사람들이 이렇게 초감성적으로 직관할 수 있음을 인정하면서도 자기 자신은 그런 일에 선택받은 사람이라고 망상하지 않는다면, 그뿐 아니라 그가 그런 일을 전혀 원하지도 않는다고 고백하고 따라서 그런 일에서 자신을 제외한다면, 그에게 혐의가 향하지 않게 된다.

어떤 사람이[197] 밝은 대낮에 자기 책상 위에서 곁에 있는 다른 사람은 보지 못하는데도 타오르는 불빛을 보거나 다른 사람이 듣지 못하는 소리를 듣는 경우의 예처럼, 광기의 유일한 보편적 징표는 **공통감**(공통 감각)의 상실 그리고 **논리적 고유감**[198](사적 감각)에 의한 공통감의 대체다. 왜냐하면 우리가 우리 자신의 지성을 고립시키지 않고 다른 **사람**의 지성에 비추어 평가하는 것 그리고 우리의 표상이 사

적인 것인데도 그런 표상을 이용해서 이를테면 **공적으로 판단하는**[199]

것이 우리 판단 일반의 올바름에 대한, 따라서 우리 지성의 건전함에 대한 주관-필연적 시금석이기 때문이다. 그러므로 단지 이론적 의견만 제시하는 서적을 (특히 그 서적이 법률적 행동에 전혀 영향을 미치지 않을 때) 금지하는 것은 인간성을 모욕하는 것이다. 왜냐하면 이런 금지로 말미암아 우리는 우리의 **고유한 생각을 바로잡는** 수단을 빼앗기게 되기 때문이다. 이 수단은 우리의 고유한 생각을 바로잡기 위한 유일한 수단은 아니더라도 가장 위대하고 유용한 수단이다. 이 수단으로 우리는 우리의 고유한 생각을 공적으로 제시하여 과연 그것이 다른 사람의 지성과도 잘 맞는지 알아봄으로써 우리의 고유한 생각을 바로잡는다. 이렇게 하지 않는다면 단지 주관적일 뿐인 어떤 것 (예컨대 습관이나 경향성)이 쉽사리 객관적인 것으로 간주될 테니 말이다. 바로 여기에 가상이 자리한다. 가상에 대해 사람들은 "가상이 기만한다"고 말하지만, 오히려 가상이란 사람들이 어떤 규칙을 적용할 때 그들로 하여금 그들 자신을 기만하도록 유혹하는 것이다. — 이런 시금석에는 전혀 주의하지 않고, 공통감 없이도 혹은 심지어 공통감과 어긋나더라도 사적 감각을 이미 타당한 것으로 받아들이기로 마음먹는 사람은 사고의 놀이에 몸을 맡기고는 타인과 공유하는 세계가 아니라 (꿈속에서처럼) 자기 자신의 고유한 세계 속에서 보고 처신하고 판단한다. — 그렇지만 가끔은 순전히 표현이 문제일 수도 있다. 즉, 평소에는 명석하게 생각할 줄 아는 사람이 자신의 외적 지각을 다른 사람에게 전달하고자 사용한 표현에서 그의 외적 지각이 공통감의 원리와 일치하지 않더라도 자신의 감각을 고수하는 일이 있을 수 있다. 그래서 『오세아나』를 쓴 총명한 저자 **해링턴**[200]은 자신의 땀이 파리 형태로 피부에서 튀어나오는 망상을 떠올렸다. 그러나 그것은 체내에 그런 물질이 지나치게 축적되었을 경우 일어나는 전

기적 작용이었을 수 있고, 사람들도 평소 그런 경험을 겪었다고 한 Ⅶ 220
다. 따라서 해링턴은 어쩌면 단지 자기 감정이 그렇게 파리가 튀어나
오는 것과 유사함을 그려내고 싶었을 뿐이지 그렇게 파리를 보았음
을 그려내고 싶었던 것은 아니었을 것이다.

분노를 수반하는 광기, 즉 모든 외적 인상에 대해 감정을 무감각하 BA 153
게 만드는 (참된 것이건 상상된 것이건 어떤 대상에 대한) 노여움의 감
정을 수반하는 광기는 단지 착란의 변종일 뿐이다. 이런 착란의 경우
에는 그것이 야기한 결과보다 그것 자체가 더 공포스럽게 보이는 경
우가 많다. 열병 중 발작과 마찬가지로 그것은 마음에 뿌리를 두기보
다 오히려 물질적 원인에 의해 생겨나며, 의사의 1회분 투약으로 제
거될 수 있는 경우가 많다.

인식능력의 재능들에 대하여

§ 51.[201] **재능**(천부적 자질)은 가르침에 의존하지 않고 주체의 자연
적 경향성에 의존하는 인식능력의 탁월함이라고 이해된다. 생산적 기
지(엄밀하게 혹은 실질적으로 말하는 재주), 총명함 그리고 사고의 **독창**
성(천재)이 그런 것들이다.

기지는 **비교하는** 기지(비교의 재주)이거나 **논증하는** 기지(논증의 재
주)다. 기지는 흔히 상상력의 (연합) 법칙에 따라 서로 멀리 떨어진
이질적 표상들을 **짝짓는다**(동화시킨다). 대상들을 유 아래로 포섭하
는 한에서 기지는 (보편적인 것에 대한 인식능력인) 지성에 속하는 독
특한 동류화 능력이다. 기지는 나중에 특수한 것을 보편적인 것 아래
에서 규정하고, 인식하기 위해 사고능력을 사용하고자 판단력을 필
요로 한다. — (말하기나 글쓰기에서) 기지 있음은 학교의 기제나 강제 BA 154

로 학습될 수 없다. 오히려 기지 있음은 특수한 재능으로서 서로 생각을 전달할 때 기질의 **자유로움**에 속한다(우리는 서로 호의를 베풀고 요구한다). 그것은 지성 일반의 설명하기 힘든 성질 중 하나로 말하자면 지성의 관대함이며, 이 성질은 보편적인 것을 특수한 것에 (유개념을 종개념에) 적용할 때 판단력(분별하는 판단력)의 엄격함과 대조를 이룬다. 판단력의 이런 엄격성은 동화능력뿐만 아니라 동화능력을 향한 성벽도 역시 제한한다.

비교하는 기지와 논증하는 기지의 종적 차이에 대하여

A. 생산적 기지에 대하여

§ 52.[202] 종류가 다른 사물들 사이에서 유사성을 찾아내는 일은 즐겁고 호감을 주며 통쾌하다. 그래서 기지가 행하는 일, 즉 지성에 소재를 제공해서 그 개념을 보편적으로 만드는 일은 즐겁고 호감을 주며 통쾌한 것이다. 이에 반해 개념을 제한하는 판단력, 개념을 확장하는 일보다 오히려 개념을 바로잡는 일에 기여하는 판단력은 물론 존중과 추천을 받기는 하지만, 진지하고 엄격하며 사고의 자유와 관련하여 제한을 가한다는 바로 그 이유로 호감을 주지 못한다. 비교하는 기지의 행동이 차라리 놀이인 반면, 판단력의 행위는 차라리 업무다. ── 전자가 오히려 젊은이의 꽃이라면, 후자는 차라리 늙은이의

숙성된 열매다. ── 이 양자를 하나의 정신적 산물에서 상당한 정도로 결합해내는 사람은 재치 있는 사람이다.

기지는 **묘안**을 잡으려 애쓰고 판단력은 **통찰**을 얻으려 애쓴다. 신중함은 (주어진 법률에 따라 성주의 명령하에서 도시를 보호하고 관리하는) **시장**의 덕이다. 이에 반해 자연 체계의 위대한 저자인 **뷔퐁**[203]이

판단력의 망설임을 무시하고 대담하게 판정한 것은, 비록 그것이 모험과 같은 상당히 불손한(경솔한) 일처럼 보인다 해도, 그의 동포들에 의해 공적으로 평가받았다. ─ 기지가 차라리 찌꺼기를 쫓는다면, 판단력은 양분을 쫓는다. 수도원장 트루블레[204]가 기지를 고문하듯 쥐어 짜내서 기지 있는 말을 풍부하게 제시했던 것처럼 그렇게 기지 있는 말(경구)을 추구하는 것은 천박한 머리를 만들거나 아니면 심오한 머리에 구토를 일으킨다. 기지는 유행과 관련해서, 즉 단지 새로움에 의해 인기를 얻기 하지만, 관례가 되기 전에 마찬가지로 일시적인 다른 형식에 의해 교체될 수밖에 없는 그런 임시적 행동규칙과 관련해서 독창적이다.

말장난하는 기지는 진부하다. 그러나 판단력의 공허한 궁리(세세히 따지기)는 현학적이다. 익살스러운 기지는 역설을 좋아하는 지적 경향에서 나오는 그런 기지를 일컫는다. 이 경우 단순함의 솔직한 어조 뒤에서는 누군가를 (또는 그 누군가의 의견도) 웃음거리로 만들려는 (약아빠진) 장난꾼이 엿보이는데, 갈채를 받을 만한 것과 반대되는 것이 표면적인 찬사로 찬양(조롱)받기 때문이다. 『스위프트의 시에서 포복하는 기술』[205]이나 버틀러의 『휴디브라스』[206]가 그 예다. 대비를 통해 경멸스러운 것을 더 경멸스럽게 만드는 그러한 기지는 뜻밖의 것으로 놀라게 하기에 매우 통쾌하지만, 그럼에도 언제나 그것은 단지 놀이일 뿐이며, (볼테르의 그것처럼) 경박한 기지일 뿐이다. 이에 반해서 (영[207]이 자신의 풍자시에서 그랬듯이) 참되고 중요한 원칙을 격식에 맞춰 표현하는 기지는 매우 진중한 기지라고 칭할 수 있다. 왜냐하면 그것은 일이며, 즐거움보다는 오히려 경탄을 불러일으키기[208] 때문이다.

속담은 기지 있는 말(경구)이 아니다. 속담은 모방을 통해 전해진 어떤 생각을 표현하는 상투화된 문구다. 물론 누군가 그것을 최초로 입에 담았을 때, 그것은 기지 있는 말이었을 수도 있지만 말이다. 그러므로 속담을 통해 말하는 것은 천민의 언어이고, 상류 세계와 교제할 때 그것은 기지의 전적인 결여를 보여주는 것이다.

심오함은 물론 기지의 문제는 아니다. 그러나 기지가 사상에 구상적인 것을 덧붙임으로써 이성과 이성의 도덕적이고 실천적인 이념 사용을 위한 전달 수단이자 포장 수단이 될 수 있는 한에서 기지는 (천박한 기지와 구별되는) 심오한 기지로 생각될 수 있다. 여성에 관한 **새뮤얼 존슨**의 경탄할 만한 격언 중 하나로 『왈러의 생애』[209])에 나오는 것을 인용하면 다음과 같다. "왈러는 그가 결혼하기를 망설였을 많은 여성을 아무런 의심 없이 칭찬했고, 그가 칭찬하기를 주저했을 한 여성과 결혼했다." 여기서 대구 놀이는 전체적으로 경탄할 만한 효과를 발휘하지만, 이로써 이성은 아무것도 얻지 못한다. ─ 그러나 이성을 위한 논쟁적 문제가 중요시되었을 때, 존슨의 친구 **보스웰**[210])은 존슨이 그토록 부단히 추구했던 신탁적 문구, 최소한의 기지라도 드러내주는 그런 신탁적 문구를 하나도 얻어낼 수 없었다. 존슨이 종교의 문제나 정부 권리의 문제에 회의적인 사람들에 대해서 혹은 그저 인간의 자유 일반에 대해서 진술했던 모든 것은 오히려 아첨꾼들의 비위 맞춤에 의해 정착된 그의 타고난 전제주의적 성질 때문에, 즉 무엇이든 비난하는 성질 때문에 서투른 졸렬함으로 전락하고 말았다. 그의 신봉자들은 이 졸렬함을 야성*이라고 부르기를 좋아했

---

* 보스웰은 다음과 같은 이야기를 전한다. 존슨이 더 고급 교육을 받지 못했다는 점이 유감이라고 어떤 귀족이 보스웰 앞에서 말하자, 바레티[211])는 이렇게 말했다. "아닙니다. 아니에요, 각하! 당신은 원하는 것을 무엇이든 그와 함께 이루어낼 수 있었을 것입니다. 그는 항상 곰으로 남아 있었을 테니까요." 귀족이 "그렇지만 물론 **춤추는 곰**이었겠죠?"라고 말하자 그의 친구인 제3의 인물이 이 상황을 진정시키려는 생각으로 "그는 피부 이외에 곰과 닮은 점이 하나도 없습니다"라고 말했다.

지만, 그러나 그것은 동일한 사상 속에서 기지를 심오함과 통합하지 Ⅶ 223
못하는 그의 지독한 무능력을 증명하는 것이었다. — 의회에서 대단
히 유용할 의원으로 존슨을 추천했던 존슨 친구들의 말에 귀를 기울
이지 않았던 실력자들도 존슨의 재능은 좋게 평가했던 것 같다. —
왜냐하면 어떤 언어의 사전을 편찬하기에 충분한 기지도[212] 중요 업 BA 158
무의 통찰에 요구되는 이성 이념을 일으키고 활성화하기에는 아직
충분하지 않기 때문이다. — 겸손은 스스로 그 일을 천직이라고 여기
는 사람의 마음에서 저절로 나타난다. 혼자만으로는 결정하지 못하
고 (경우에 따라서는 남몰래) 다른 사람의 판단도 함께 고려하게 되는
자기 재능에 대한 불신은 존슨에게 결코 나타나지 않은 속성이었다.

B. 총명함 또는 탐구의 자질에 대하여

§ 53.[213] (우리 자신 안에 혹은 다른 곳에 숨겨져 있는) 어떤 것을 발
견하기 위해서는 어떻게 해야 사람들이 잘 찾아낼 수 있는지 아는 특
수한 재능이 필요한 경우가 많다. 진리가 어디서 발견될지 앞서 판단
하는 천부적 자질이 그것이다. 이 자질은 찾고 있는 것을 발견하거나
발명하기 위해서 사물들에 대한 단서를 얻어내고 근친성의 가장 사
소한 계기를 이용한다. 학교의 논리학은 이런 것에 대해 우리에게 아
무것도 가르치지 않는다. 그래도 베룰럼의 베이컨[214] 같은 사람은 그
의 『신기관』에서 어떻게 자연 사물들의 숨겨진 성질이 실험으로 밝
혀질 수 있는지 그 방법에 대한 뛰어난 실례를 제공했다. 그러나 이
러한 실례조차 어떻게 해야 사람들이 무사히 찾아낼 수 있는지에 대
해 정해진 규칙에 따라 가르쳐주기에는 충분하지 않다. 왜냐하면 이
경우 사람들은 항상 어떤 것을 먼저 전제해야 (어떤 가설에서 시작해
야) 하고, 거기서부터 진행해 나아가기를 원하기 때문이다. 이런 일
은 결과를 확실히 고지해주는 원리에 따라 일어나야 하고, 이 점에 BA 159

놓인 문제가 바로 어떻게 사람들이 원리를 탐지해내야 하는가 하는 문제다. 왜냐하면 사람들이 돌부리에 걸려 비틀거리다 어떤 광석 한 조각을 찾아내고 이를 통해 광맥까지도 발견해내는 요행을 바라면서 무턱대고 그것을 감행하는 것은 탐구를 위해서는 분명히 좋지 못한 지침이기 때문이다. 그럼에도 어떤 재능이 있는 사람들, 말하자면 배운 적이 없는데도 마법의 지팡이를 손에 들고 인식의 보물에 대한 단서를 찾아내는 재능을 지닌 사람들이 있다. 그때에도 그들은 그런 일을 다른 사람들에게 가르치지는 못하고 단지 시범만 보일 뿐이다. 그것은 천부적 자질이기 때문이다.

C. 인식능력의 독창성 또는 천재에 대하여

§ 54.[215] 어떤 것을 발명하는 것은 어떤 것을 발견하는 것과는 완전히 다른 것이다. 누군가가 발견한 것은 예컨대 콜럼버스 이전의 아메리카처럼 앞서 이미 실존한다고 인정되면서도 단지 아직 알려지지 않았던 것이지만, 누군가가 발명한 것은 예컨대 화약처럼 그것을 만든 기술자* 이전에는 아직 전혀 알려지지 않았던 것이다. 이 둘은 모두 업적일 수 있다. 그러나 사람들은 (연금술사가 인을 찾아낸 것처럼) 아무도 얻고자 애쓰지 않는 어떤 것을 찾아낼 수 있는데, 이 경우 그것은 전혀 업적이 아니다. ─ 그런데 발명의 재능은 천재라고 불린다. 그러나 사람들은 이 명칭을 항상 단지 기예가에게만, 그러므로 단지 많은 것에 익숙하고 많은 것을 알기만 하는 사람이 아니라 무언가를

---

* 화약은 승려 슈바르츠[216] 시대 훨씬 전에 알헤시라스[217] 포위공격에서 이미 사용되었는데, 그것을 발명한 사람은 중국인으로 보인다. 그러나 이 화약을 입수한 저 독일인은 (예컨대 그 안에 있는 초석을 침출하고, 목탄을 씻어내며, 황을 연소시킴으로써) 그것의 분석을 시도했고, 그래서 그는 화약을 발명하지는 않았지만 발견했다고 할 수 있다.

만들어낼 줄 아는 사람에게 수여한다. 그러나 그 명칭은 역시 단순히 모방하는 기예가가 아니라 자신의[218] 작품을 **근원적으로** 생산해내는 기예가에게 부여되며, 궁극적으로는 역시 이런 기예가의 산물이 모범적인 경우에만, 즉 본보기(범형)로 모방될 가치가 있는 경우에만 그에게 부여된다. ― 그러므로 어떤 인간의 천재는 (이런저런 종류의 기예의 산물과 관련하여) "그의 재능의 모범적 독창성"이다. 그러나 사람들은 그런 것을 위한 소질을 가진 사람도 **한 명의 천재**라고 일컫는다. 그때 이 단어는 단지 한 인격의 천부적 자질뿐만 아니라 그 인격 자체를 의미해야 마땅하다. (레오나르도 다빈치처럼) 많은 분야에서의 천재는 대천재다.

천재를 위한 본래적 영역은 상상력이다. 상상력은 창조적이고 다른 능력들보다 규칙에 덜 구속되지만 그 덕분에 더욱더 독창적일 수 있기 때문이다. ― 가르침은 항상 학생들에게 모방할 것을 강요하므로 가르침의 기제는 천재의 독창성을 고려하면 천재의 발아에 분명히 불리하기는 하다. 그러나 모든 기예는 그럼에도 어떤 기계적인 근본 규칙을, 즉 그 산물이 기초에 놓인 이념과 부합함을, 다시 말해서 생각된 대상을 현시할 때의 **진리성**을 필요로 한다. 그런데 이런 것은 수업의 엄격함으로 습득되어야 하고 분명히 모방의 결과다. 하지만 상상력을 이런 강제에서조차 해방시키고 그 특유의 재능을 심지어 자유에 어긋나게 규칙 없이 행동하도록 그리고 열광하도록 두는 것은 아마 진정한 실성을 낳는 일일 것이다. 그러나[219] 이런 실성은 물론 모범적이지 않을 테고, 따라서 천재 축에 들지도 않을 것이다.

정신은 인간 안에서 **생기**를 일으키는 원리다. 프랑스어에서 정신과 기지는 '에스프리'[220]라는 동일한 명칭을 가진다. 독일어에서는 사정이 다르다. 사람들은 어떤 말, 어떤 글, 사교모임의 어떤 부인 등에 대해서 아름답지만 정신이 결여되었다고 말한다. 기지를 구비했다는 점은 여기서 중요하지 않다. 기지의 작용은 영속적인 것을 전혀 남기지 않는다는 이유로 사람들은 기지를 역겨워할 수도 있기 때문이다. 위에서 말한 저 모든 것과 인물에 대해 정신이 **충만하다**고 말해야 마땅하다면 그것들은 관심을 불러일으켜야, 더 정확히 말해서 **이념들**을 통해 관심을 불러일으켜야 한다. 왜냐하면 관심은 그와 같은 개념들을 위한 커다란 놀이 공간을 눈앞에 가지고 있는 상상력을 작동시키기 때문이다. 그러므로 만일 우리가 프랑스어 단어 '제니'[221]를 독일어로 '독특한 정신'이라고 표현한다면 어떨까? 프랑스인들은 그들의 고유한 언어 안에 그에 대한 단어를 가지고 있으나 우리는 우리 언어 안에 그와 같은 단어를 가지고 있지 않고 오히려 그들에게서 빌려와야 한다고 우리 국민이 자인하기는 하지만, 그들 **자신도** 독특한 정신 이외에 다른 것을 의미하지 않는 라틴어 단어('게니우스')[222]에서 그 단어를 빌려온 것이니 말이다.

그러나 재능의 모범적 독창성을 이런 **신비로운** 이름으로 부르게 된 이유는 이 재능을 가진 사람이 이 재능의 갑작스러운 발현을 스스로 설명해내지 못할 뿐만 아니라, 심지어 자신이 학습할 수 없었던 어떤 기예에 어찌 자신이 다다르게 되었는지 그 자신조차 이해시키지 못하기 때문이다. (어떤 결과에 대한 원인의) 불가시성은 정신(재능 있는 사람이 태어날 때 이미 동반된 정령)의 부수개념이며, 말하자면 그는 이 정신의 영감을 그저 따를 뿐이니 말이다. 그러나 이때 마음의 힘들은 상상력을 매개로 조화롭게 작동되어야 한다. 그렇지 않으면 그 힘들은 생기를 띠지 않고 서로에 의해 교란될 것이기 때문이다. 그런 조화는 주체의 **본성**에 의해 일어날 수밖에 없으므로, 사람들은 천재는 곧 재능으로서 "그 재능을 통해 자연은 기예에 규칙을 제공한다"고 말할 수도 있다.

§ 55.[223)] 위대한 천재들은 종종 새로운 길로 나아가서 새로운 전망을 제시하므로 대체로 그들이 세계에 탁월하게 기여하는지, 아니면 기계적 두뇌들이 비록 신기원을 이룩하지는 못했더라도 경험의 지팡이와 막대기에 의지해서 천천히 발전하는 자신들의 평범한 지성으로 (그들 중 누구도 경탄을 불러일으키지는 못했지만 그럼에도 그들은 아무런 무질서도 야기하지 않았으므로) 기예와 학문의 성장에 가장 크게 공헌한 것이 아닌지, 이 문제는 여기서 논의하지 않고 남겨두자. ― 그러나 이들 중 '천재인 인간'(더 적절하게는 천재인 원숭이)이라고 불리는 유형이 저 천재라는 간판 아래 합류해 들어갔다. 이 유형의 사람들은 자연에 특별히 총애를 받은 사람 같은 언어를 구사하면서 공들인 학습과 연구를 미숙한 것이라고 단언하고는, 마치 자기 BA 163가 모든 학문의 정수를 단번에 파악해냈지만 그 정수를 적은 양으로 농축해서 강력하게 제공하는 것처럼 꾸민다. 이 유형의 사람들이 만일 종교와 나랏일 그리고 도덕에 관해서 전문가나 권력자처럼 지혜의 권좌에서 굽어보고 단호한 어조로 판정하면서 [자신의] 정신의 궁색함을 숨길 줄 안다면, 돌팔이 의사나 호객꾼 유형의 사람들과 마찬가지로 학문적이고 윤리적인 교양의 진보에 매우 해롭다. 이런 자들에 맞서 해야 할 일이 달리 뭐가 있는가? 저 사기꾼들을 무시하고 웃어넘기는 것 그리고 부지런하며 질서 있고 명석하게 자기 일을 묵묵히 계속하는 것뿐이다.

§ 56.[224)] 천재는 민족 유형 그리고 자기를 낳은 토양의 차이에 따라서 상이한 근원적 배아를 자기 안에 간직하고서 그 배아를 상이하게 발전시키는 것으로 보인다. 독일인은 뿌리에, 이탈리아인은 수관에, 프랑스인은 꽃에, 그리고 영국인은 과실에 더 관심을 쏟는다.

(모든 다양한 학문을 파악해내는) 보편적 두뇌도 창의적 두뇌인 천

재와 구별된다. 전자는 학습될 수 있는 그런 것에서 보편적일 수 있다. 즉, 보편적 두뇌는 율리우스 카이사르 스칼리거[225]처럼 모든 학문에 관하여 지금까지 이루어진 것에 대한 역사적 인식을 소유한 사람(박식가)이다. 창의적 두뇌는 정신의 외연이 큰 사람이 아니라 정신의 내포가 큰 사람으로, (뉴턴과 라이프니츠처럼) 자신이 시도한 모든 일에서 신기원을 이룩하는 사람이다. 모든 학문의 연관에 대해서 그리고 어떻게 그것들이 서로 지지하는지에 대해서 방법적으로 통찰하는 건축술적 두뇌는 하위에 위치하기는 하지만 그래도 비범한 천재다. ─거인 같은 박학함도 있지만, 이 박학함은 종종 키클롭스, 즉 눈하나가 없는 거인 같다. 다시 말해서, 이 박학함은 참된 철학의 눈이 없어서 백 마리 낙타로 운반해야 할 만큼 많은 역사적 지식을 이성에 의해 합목적적으로 이용하지 못한다.

순전히 자연적 두뇌의 소유자들(자연의 제자, 스스로 배운 자)도 많은 경우 천재로 간주될 수 있다. 왜냐하면 그들은 비록 그들이 아는 많은 것을 다른 사람에게 배울 수 있었기는 하지만 그것을 스스로 생각해냈으니, 그 자체로는 전혀 천재의 용건이 아닌 것에서 어쨌든 천재이기 때문이다. 예컨대 기계적 기예에 관해 말하자면 스위스에는 이런 기예에서 발명가들이 많다. 그러나 단명한 뤼베크의 하이네케[226]나 할레의 바라티어[227]같이 일찍이 영리함을 드러낸 신동은 자연이 자기 규칙에서 일탈한 것이며 자연표본실의 희귀품이다. 그들의 대단한 조숙함은 실로 경탄을 불러일으키지만, 그런 조숙함을 촉진한 사람들을 종종 근본적으로 후회하게 만든다.

*   *   *

궁극적으로 인식능력의 사용 전체는 인식능력 자체를 촉진하기 위해 심지어 이론적 인식에서조차 이성을 필요로 한다. 이성이란 규 칙을 제공하는 것으로, 이 규칙에 따라서만 인식능력이 촉진될 수 있다. 이 때문에 이성이 인식능력에 요구하는 것은 세 가지 물음으로 총괄될 수 있으며, 이 세 가지 물음은 인식능력을 이루는 세 가지 능력에 따라 제기된 것이다.

(지성이 묻기를) 나는 무엇을 원하는가?
(판단력이 묻기를) 무엇이 중요한가?
(이성이 묻기를) 무엇이 귀결되는가?

이 세 가지 물음에 답할 수 있는 두뇌의 역량은 매우 상이하다. ─ 첫째 물음은 자기 자신을 이해하는 명석한 두뇌만 필요로 한다. 어느 정도 개화된 상태에서 이 천부적 자질은 꽤 일반적이다. 사람들이 그 것에 주의를 기울인다면 특히 그렇다. ─ 둘째 물음에 적절하게 답하는 것은 훨씬 더 드문 일이다. 왜냐하면 기존 개념을 규정하고 과제를 그럴듯하게 해결하는 방식은 다양하게 나타나기 때문이다. 그런 데 (예컨대 소송을 할 때 혹은 소송을 위한 어떤 활동 계획에 착수할 때) Ⅶ 228 이에 정확히 부합하는 유일한 해결책이란 무엇인가? 특정 상황에 딱 들어맞는 것을 골라내는 재능이 이를 위한 것이다. 이 재능은 환영받을 만하지만 매우 드문 것이다. 자신의 주장을 입증해줄 것이라 기대되는 많은 근거를 제출하는 변호사는 판사로 하여금 판결을 내리기 매우 어렵게 만든다. 변호사 자신이 갈피를 못 잡고 헤매기 때문이다. 그러나 만일 그가 자신이 원하는 것을 명확히 밝히고서 핵심적 논점을 (그것은 오직 하나뿐이므로) 똑바로 짚어낼 줄 안다면 일은 빨 리 마무리되고, 이성의 선고가 저절로 뒤따른다.

지성은 적극적이며 무지의 어둠을 몰아낸다. ─ 판단력은 오히려 소극적이어서 대상이 현상하는 희미한 빛에서 생겨나는 오류를 방지한다. — 이성은 오류의 원천(편견)을 틀어막아 원리의 보편성을 통해 지성을 보증한다. — 책에서 배우는 것은 실제로 지식을 증가시키지만, 이성이 더해지지 않으면 개념과 통찰을 확장하지는 못한다. 그러나 이성은 궤변, 즉 법칙 없이 이성을 사용하려고 무턱대고 시도하는 놀이와는 여전히 구별된다. 과연 내가 유령을 믿는 것이 마땅한가 하는 질문이 주어지면, 나는 유령의 가능성에 관해 갖가지 방식으로 궤변을 부릴 수 있다. 그러나 이성은 미신적으로, 즉 경험 법칙에 따라 현상을 설명해내는 원리 없이 그 현상의 가능성을 받아들이는 것을 금지한다.

두뇌들이 똑같은 대상을 바라보는 방식과 서로를 바라보는 방식은 대단히 상이하며, 그런 두뇌들은 서로 부딪쳐서 결합하기도 하고 분리되기도 한다. 이를 통해서 자연은 무한히 다양한 종류의 관찰자와 사상가를 무대에 세워 볼만한 연극을 연출한다. 사상가 부류에 대해서는[228] (지혜로 인도하는 것이라고 이미 위에서 언급했던)[229] 다음과 같은 준칙이 불변의 지시명령으로 제시될 수 있다.

BA 167   1) 스스로 생각하기

2) (사람들과 소통할 때) 각각의 다른 사람 처지에서 자신을 생각하기

3) 항상 자기 자신과 일치하도록 생각하기

첫째 원리는 소극적인 것(누구도 스승의 말을 따를 의무는 없다)으로, 강제에서 벗어난 사고방식의 원리다. 둘째 원리는 적극적인 것으로, 다른 사람의 개념에 적용하는 자유로운 사고방식의 원리다. 셋째 Ⅶ 229 원리는 일관된 (논리 정연한) 사고방식의 원리다. 인간학은 이 원리들

각각에 대한 실례를 제시할 수 있지만, 이 원리들에 반대되는 것의 실례를 훨씬 더 많이 제시할 수 있다.

인간의 내면에서 가장 중요한 혁명은 "인간이 자기 자신에게 책임이 있는 미성숙에서 탈출하는 것"이다. 지금까지는 다른 사람들이 그를 위해서 생각해주었고 그는 단순히 모방하거나 걸음마줄에 매여 이끌렸지만, 그 대신 이제 그는 경험의 대지 위에서 자신의 발로 비록 아직은 비틀거릴지라도 전진을 감행한다.

제2권
쾌감과 불쾌감에 대하여

구분

1) 감성적 쾌, 2) 지성적 쾌. 첫째 쾌는 A) 감관에 의한 쾌(즐거움)이 거나 B) 상상력에 의한 쾌(취향만족)다. 둘째 쾌(즉 지성적 쾌)는 a) 표 현될 수 있는 개념에 의한 쾌이거나 b) 이념에 의한 쾌다. 이와 반대인 불쾌도 이렇게 설명된다.

감성적 쾌에 대하여

A
쾌적한 것의 감정에 대하여 또는 어떤 한 대상을 감각할 때 감성적 쾌에 대하여

§ 57. 즐거움은 감관에 의한 쾌 중 하나이며 감관을 즐겁게 하는 것은 쾌적하다고 칭한다. 고통은 감관에 의한 불쾌이며 고통을 부르 는 것은 쾌적하지 않다고 칭한다. ── 이것들은 획득과 결여(+와 0)가 아니라 획득과 손실(+와 −)처럼 서로 대립된다. 다시 말해서 이것들 BA 169

은 하나가 다른 하나에 대해서 단지 반대(모순대당, 즉 논리적 대당)로서만이 아니라 대항(반대대당, 즉 실재적 대당)으로도 서로 대립된다.─마음에 드는 것이나 마음에 들지 않는 것이라는 표현 그리고 그 중간에 있는 것, 즉 아무래도 괜찮은 것이라는 표현은 지나치게 포괄적이다. 이런 표현들은 지성적인 것과도 관련될 수 있기 때문이다. 그렇게 되면 이 표현들은 즐거움과 고통에 부합하지 않게 된다.

우리의 상태에 대한 감각이 마음에 미치는 영향으로도 이러한 감정들을 설명할 수 있다. 내가 처한 상태를 떠나도록 (즉 그 상태에서 벗어나도록) 직접적으로 (즉 감관을 통해) 나를 몰아붙이는 그 무엇은 내게 쾌적하지 않은 것이다. ─ 이것은 나에게 고통을 주는 것이다. 하지만 그 상태를 붙잡도록 (즉 그 상태에 머물도록) 마찬가지로 [감관을 통해 직접적으로] 나를 몰아붙이는 그 무엇은 나에게 쾌적한 것이다. 이것은 나를 즐겁게 하는 것이다. 그러나 우리는 끊임없이 시간의 흐름 속에서 그리고 시간의 흐름과 결합된 감각의 변화 속에서 옮겨졌다. 그런데 한 시점을 벗어나는 일과 다른 시점에 들어서는 일은 (변화라고 하는) 하나의 동일한 작용임에도 우리의 사유와 이 변화에 대한 의식 안에는 원인과 결과의 관계에 맞는 어떤 하나의 시간 계기가 존재한다. 이제 다음과 같은 질문이 제기된다. 즉 즐거움의 감각을 깨우는 것이 현재의 상태를 떠난다는 의식인지 혹은 어떤 하나의 미래적 상태로 들어선다는 우리 안의 전망인지가 문제된다. 첫째일 경우에 즐거움은 고통을 제거하는 것과 다르지 않은 것이며, 부정적인 어떤 것이다. 둘째일 경우에 즐거움은 어떤 쾌적함에 대한 예감이고, 따라서 쾌 상태의 증가이며 그래서 어떤 적극적인 것이 된

다. 그러나 오직 첫째 것만이 일어나게 된다는 사실 또한 이미 추정된다. 왜냐하면 시간은 현재 상태에서 미래 상태로 끌고 가기 때문이다. (그 반대는 아니다.) 그리고 우리가 어떤 상태에 들어설지 정해지

지 않은 채로 우리는 첫째로 현재 상태에서 벗어나도록 강요받는다는 것도 추정된다. 오직 그렇게 해서 현재의 상태는 어떤 다른 상태가 되며, 오직 이것만이 쾌적한 감정의 원인이 될 수 있다.

즐거움은 삶을 촉진하는 감정이지만 고통은 삶을 저지하는 감정이다. 그런데 (동물의) 삶이란 의사들이 이미 알아챈 것처럼 양자가 팽팽히 밀고 당기는 끊임없는 대결이다.

그러므로 모든 즐거움 이전에 고통이 앞서가야 한다. 다시 말해서 고통이 항상 일차적인 것이다. 일정한 정도 이상으로 상승할 수 없는 생명력을 끊임없이 촉진하게 된다면 기뻐서 일찍 죽게 되는 것 외에 무엇이 오겠는가?

또 어떤 즐거움도 다른 즐거움 뒤에 곧장 뒤따라올 수 없다. 하나의 즐거움과 다른 즐거움 사이에는 반드시 고통이 등장할 수밖에 없다. 건강 상태를 만드는 것은 그 사이에 섞여 생명력을 촉진하는 생명력의 작은 방해들이다. 우리는 이 건강 상태를 끊이지 않고 느껴지는 안녕 상태라고 잘못 여긴다. 하지만 건강 상태는 간헐적으로 (항상 그 사이에 들어선 고통과 함께) 서로 연이어 오는 쾌적한 감정에서만 형성된다. 고통은 활동의 자극제이고, 이러한 활동 속에서 우리는 비로소 우리 생명을 느낀다. 이러한 고통이 없다면 생기를 잃게 될 것이다.

천천히 흘러가 버리는 고통은 (병이 점차 낫고, 손실 자산이 천천히 복 BA 171; Ⅶ 232
원될 때처럼) 어떤 생생한 즐거움도 만들지 않는다. 변화과정이 의식되지 않기 때문이다. — 나는 베리[1] 백작의 이 주장에 확실히 동의한다.

사례를 통한 설명

아무것도 하지 않으면 더디게 회복되는데, 어째서 노름은 (특히 돈을 건 노름은) 그토록 마음을 끌고 지나치게 사욕에 집착하지 않는 노름일 경우에는 오랜 사고의 긴장 뒤 최고의 휴식과 회복이 될까? 노름이 끊임없이 교체되는 공포와 희망의 상태여서 그렇다. 도박 후 저녁식사는 또한 소화도 더 잘된다. — 무엇 때문에 연극은 (이것이 비극이든 희극이든 간에) 그토록 유혹적인가? 모든 연극 속에는 희망과 기쁨 사이에 불안과 당혹스러움이라는 어떤 난관이 등장하고, 이로써 서로 대항하는 격정의 유희가 작품 종반에 관객을 내적으로 동요시킴으로써 관객에게 생기를 북돋워주기 때문이다. — 왜 어떤 연애소설은 결혼과 함께 끝나고, 무엇 때문에 (필딩[2]에서처럼) 서툰 작가의 손으로 혼인 중까지 소설을 덧붙여 계속 진행하는 속편은 역겹고 맛이 안 나는가? 기쁨과 희망 사이에 있는 연인들의 고통인 질투가

BA 172 결혼 전에는 양념이지만 혼인 중에는 독이기 때문이다. 소설 언어로 말해보면 (격정을 당연히 포함한) "사랑의 고통이 끝나면 동시에 사랑도 끝"이니 말이다. — 왜 노동이 자기 삶을 즐기는 최상의 방법일까? 노동은 (그 자체로는 불쾌하고 오직 성취에 의해서만 즐거움을 주는) 힘든 업무이고 휴식은 오랜 괴로움이 그저 사라짐으로써 느낄 수 있는 쾌, 즉 기쁜 상태가 되기 때문이다. 그밖의 경우 노동은 즐길 수 없는 것이 될 테니 말이다. — 담배는 (연기를 목으로 마시든 코로 마시든) 처음에는 불쾌한 감각과 결합되어 있다. 그러나 자연은 (목이나 코에 점액을 내보냄으로써) 이 고통을 순식간에 제거한다. 바로 이로써 담배는 (특히 목으로 마시는 담배는) 감각과 심지어 생각까지도 항상 새롭게 일깨우고 오락거리가 됨으로써 반려자의 일종이 된다. 비록 이때 생각이라는 것이 단지 빙빙 떠도는 것일지라도 그렇다. 끝

VII 232 으로 살펴보면, 어떤 적극적인 고통으로도 활동을 자극받지 못하는 사람일지라도 간혹 소극적 고통의 하나인 **지루함** 때문에 자극되기도 한다. 지루함은 감각의 **공허**인데, 감각의 변화에 익숙한 사람은 그 공허를 자기 안에서 지각한다. 어쨌든 인간은 생의 추동을 무엇인가로 채우려고 노력하기 때문이다. 그래서 인간은 아무것도 하지 않는 편

166 제1편 인간학적 교수론

보다는 손해를 보는 쪽으로 육박해가는 자신을 느낄 정도로 자주 자극받는다.

지루함과 재미있음에 대하여

§ 58. 따라서 자기 생명을 체감하고 스스로 즐긴다는 것은 현재 상태에서 벗어나도록 끊임없이 내몰림을 느낀다는 것 이외에 다른 것이 아니다. (그러므로 현재 상태는 자꾸 재발하는 어떤 고통임이 틀림없다.) 시간과 자신들의 삶에 주목하는 모든 사람에게(문명인들에게) 지루함은 압박을 주고 불안하게 하는 부담이라는 사실도 이로써 밝혀진다.* [우리에게] 우리가 있는 매 시점을 떠나 다음 시점으로 넘어가라는 이러한 압박과 자극은 점점 속도가 붙으며, 자신의 삶을 끝내려고 결심하는 데까지 이를 수 있다. 왜냐하면 사치스러운 사람은 온갖 종류의 향락을 다 시도해보았고, 더는 그 어떤 새로운 것도 남아 있지 않기 때문이다. 파리 사람들이 **모던트**3) 경에 대해서 "영국인들은 시간을 보내기 위해 스스로 목을 맨다"고 이야기했듯이 말이다. — 감각에서 지각된 공허는 어떤 전율(공허함의 공포)을 불러일으킨다. 달리 말하자면 이것은 서서히 다가오는 죽음에 대한 예감을

---

*　카리브인은 삶에 활력이 없게 타고났으므로 이러한 부담에서 벗어나 있다. 이들은 아무것도 낚지 않으면서도 몇 시간 동안 낚싯대를 잡고 앉아 있을 수 있다. 무념무상은 활동이 주는 자극이 결여된 상태이며, 저런 자극은 항상 어떤 고통을 동반해오는데, 카리브인은 이러한 고통에서 벗어나 있다. — 세련된 취향인 우리 독서계에서는 스스로 교양을 갖추기 위해서가 아니라 **향락**하기 위해서 늘 일회성 서적들에 구미가 당기고 심지어 독서에 대한 탐욕(아무것도 안 하는 상태의 일종)을 유지한다. 이렇게 해서 머릿속은 늘 빈 상태로 있고 포만상태를 걱정하지 않을 수 있다. 그들은 [가벼운 독서로] 바쁘게 게으름을 피우면서 겉으로는 [이것을] 노동인 양 여기고, 그러면서 가치 있게 시간을 보내는 것처럼 그럴싸하게 꾸미므로 그렇다. 하지만 그렇게 시간을 보내는 것은 『월간지-사치와 유행』이 대중에게 제공하는 시간 때우기보다 나은 게 하나도 없다.

불러일으키는 것이다. 이러한 죽음은 운명이 생명의 끈을 재빨리 끊어버리는 경우보다 더 고통스럽게 여겨진다.

BA 174   시간을 단축하는 일이 왜 즐거움과 한가지로 여겨지는지도 이렇게 해서 해명된다. 우리가 시간을 더 빨리 보낼수록 우리는 그만큼 더 원기를 얻었다고 느끼기에 그렇다. 예를 들어 유람 중 마차 안에

Ⅶ 233   서 3시간 동안 이야기 나누며 즐긴 일행이 하차하는데 그들 중 한 명이 시계를 보게 되면 기쁘게 다음과 같이 말한다. "시간이 언제 이렇게 흘러가 버린 거지!" 혹은 다음과 같이 말한다. "우리에게 시간이 참 짧아졌네!" 이와 반대로 만약 시간을 주목하는 것이 우리가 벗어나려고 애쓰는 [긴 승차 시간 같은] 부담에 주목하는 것이 아니라 어떤 향락에 주목하는 것이라면, 사람들이 시간 손실을 항상 안타까워하는 것은 당연할 것이다. ─ 표상이 거의 바뀌지 않는 담화는 지루하다고 평가되며, 그렇기에 그만큼 부담스럽기도 하다고 평가된다. 그리고 재미있는 어떤 사람은 중요한 사람으로 여겨지지 않을지라도 호감이 가는 사람으로 여겨진다. 그가 단지 방에 들어서기만 해도 금방 모든 동석자의 얼굴이 마치 어떤 고난에서 해방되어 기쁜 것처럼 명랑해진다.

그렇지만 그의 생애 대부분을 통해 지루함으로 고통을 받았고, 그래서 하루하루가 지루해졌던 한 인간이 생이 끝날 때 삶이 짧다고 탄식하는 현상은 어떻게 설명될 수 있을까? ─ 이에 대한 이유는 유사한 관찰과 유비해서 찾을 수 있다. 즉 독일의 마일은 (측량된 것이 아니고, 러시아의 베르스트[4])처럼 거리표지판을 갖춘 것도 아닌데) 수도 (예를 들어 베를린)에 가까워지면 질수록 점점 더 작아지고 (폼머른[5])

BA 175 에서처럼) 수도에서 멀어질수록 점점 커진다. 다시 말해서 보았던 대상들(마을과 가옥들)이 꽉 찬 상태에서 상기하면 뒤에 지나왔던 공간을 큰 것으로 추론하고 또 그 결과로 이 큰 공간을 위해서는 더 긴 시

간이 요청됐던 것으로 혼동하는 추론을 하게 되는 것이다. 그러나 후자의 경우 공허한 것은 본 것을 거의 상기하지 않게 하고, 그렇게 해서 더 짧은 길을 잘못 추론하게 하며, 그 결과 시계가 나타내는 것보다 더 짧은 시간을 잘못 추론하게 한다. — 이와 마찬가지로 생의 마지막을 다양하면서도 변화된 노동으로 특징짓는 많은 시기는 노인이 햇수에 따라서 믿었던 것보다 더 긴 생애를 지나왔다고 그 노인에게 상상하게 만든다. 그리고 계획대로 추진하여 어떤 의도된 큰 목적을 달성한 일들로 시간을 채우는 것은(생을 행실로 연장하는 것은) 자신의 삶을 즐거워하고 그러면서 생이 충만해지는 가장 유일하고 확실한 수단이다. "네가 생각을 많이 할수록, 네가 많이 행할수록, 너는 (너 자신의 상상 속에서일지라도) 더 오래 산 것이다." — 생을 이런 식으로 마감할 때는 **흡족함**을 함께 경험한다.

　그러나 살아가는 중에 만족하는 경우는 어떤가? — 이 만족은 인간이 성취할 수 없는 것이다. (처신을 잘하면서 자기 자신에게 만족하는) 도덕적 관점에서 볼 때도 그렇고 (인간이 능수능란함과 영리함으로 성취하겠다고 생각하는 것인 자신의 안녕 상태에 만족하는) 실용적 　VII 235
관점에서 볼 때도 그렇다. 자연은 고통을 활동의 자극제로 인간 안에 심어놓았다. 개선을 향해 늘 전진하려 할 때 인간은 고통을 피할 수 없다. 또 생의 마지막 순간에 생의 마지막 장면들에 대해 느끼는 만족은 (우리가 부분적으로는 다른 사람의 불운[빈곤]과 또 부분적으로는 　BA 176
우리 자신과 비교함으로써) 이런 비교로만 그렇게 평가할 수 있다. 하지만 이 만족은 결코 순수하고 완벽한 것이 아니다. — 생애 중 (절대적으로) 만족한다는 것은 행위 없는 휴식이자 동기가 정지된 상태일 테고, 감각의 둔화이거나 감각과 연결된 활동의 둔화일 것이다. 그러나 이러한 둔화는 동물의 신체에서 심장의 정지상태와 마찬가지로 인간의 지성적 삶과는 함께 존립할 수 없는 것이다. 심장 정지상태에 (고통에 의한) 새로운 자극이 일어나지 않는다면 죽음을 피할 수 없다.

주해. 그런데 이 절에서는 인간 안에 있는 내적 자유의 경계를 넘어서는 쾌나 불쾌의 감정인 격정[6]에 대해서도 다뤘어야만 했다. 그러나 격정은 다른 절, 즉 욕구능력에 관한 절에 등장하는 **열정**[7]과 흔히 뒤섞이는 버릇이 있으면서도 열정과 친족 관계이므로 나는 격정에 대한 해설을 3절에서 진행하겠다.

§ 59. 기쁜 상태에 습관적으로 조율되는 것은 대개 기질적 속성이지만 종종 원칙들의 작용일 수도 있다. 다른 사람들에 의해 그렇게 불렸고 그래서 평판이 나빠진 에피쿠로스의 쾌락의 원리처럼 말이다. 원래 이 원리는 현명한 사람의 항상 기쁜 마음을 의미했을 것이다. ─ 기뻐하지도 슬퍼하지도 않는 사람은 **침착**한데, 이 사람은 생의 우발적 사건들 앞에서 아무래도 괜찮아 하며 그래서 둔감한 감정을 지닌 사람과는 매우 다르다. ─ (추측건대 초기에는 몽유병 같다고 칭해졌을) **변덕스러운** 기질은 침착함과는 다르다. 변덕스러운 기질은 어떤 한 주관이 환희나 비탄으로 갑자기 변하는 성향이다. 이 주관은 이러한 변덕에 대해 스스로 어떤 근거도 제시할 수 없다. 이러한 성향은 특히 우울증 환자들에게 붙어 있다. 이러한 기질은 (버틀러나 스턴의) 해학적 재능과는 완전히 다르다. 이 재능은 재치 있는 두뇌가 대상들을 의도적으로 뒤집어 세움으로써 (말하자면 대상들을 거꾸로 세우면서) 익살스러운 단순함으로 청자나 독자가 그 대상들을 스스로 바로 세우는 즐거움을 만드는 것이다. 감수성은 앞에서 말한 침착함과 대립하지 않는다. 왜냐하면 **감수성**은 쾌의 상태는 물론이고 불쾌의 상태도 허용하거나 이를 마음에서 멀리할 수도 있는 능력이자

BA 177

Ⅶ 236

강점이며, 따라서 어떤 선택권을 갖고 있기 때문이다. 이에 반해 민감함은 말하자면 지각자의 감각기관을 임의대로 연주할 수도 있는 다른 사람들의 상황에 참여함으로써 스스로 의지에 반해 영향을 받도록 허락하는 나약함이다. 첫째 것은 남성적이다. 왜냐하면 어떤 여자나 아이의 괴로움이나 고통을 줄여주려는 남자는 다른 사람들의 느낌을 자기의 강함에 따라서가 아니라 그들의 약함에 따라서 판단하는 데 필요한 정도의 섬세한 감정을 지녀야만 하고, 그의 감각의 섬세함은 관용을 위해서도 필수적이기 때문이다. 이와는 반대로 동정심에서 다른 사람 감정에 자기감정을 맞추고, 그렇게 해서 단지 수동적으로 영향받는 속빈 감응은 가소롭고 유치하다. ─ 그래서 좋은 기분 중에는 경건함이 있을 수 있고 또한 있어야만 한다. 또한 사람들 BA 178 은 힘겹지만 필요한 일을 좋은 기분으로 수행할 수 있고 또 수행해야만 한다. 심지어는 좋은 기분으로 죽을 수도 있고 죽어야만 한다. 왜냐하면 나쁜 기분과 투덜대는 감정 상태에서 이 모든 것을 진행하거나 겪게 되면 그 가치를 잃기 때문이다.

생이 끝나야만 멈추는 고통을 일부러 품고 있는 것에 대해서 사람들은 누군가가 무엇을 (어떤 안 좋은 것을) 마음에 담는다고 말한다. ─ 그러나 사람들은 아무것도 마음에 담아둘 필요가 없다. 변할 수 없는 것은 마음에서 쳐내야만 할 테니 말이다. 왜냐하면 일어난 일을 일어나지 않은 것으로 만들려는 것은 허튼짓일 수 있기 때문이다. 자신을 개선하는 것은 잘된 일이며 의무이기도 하다. 그러나 이미 내 힘 밖에 있는 것을 여전히 개선하길 바라는 것은 불합리하다. 하지만 받아들이기로 확고하게 결심한 온갖 좋은 충고나 가르침을 이해할 수 있는 무언가를 마음에 담는 것은 의지를 실현하기에 충분히 강한 감정과 자신의 의지를 연결하려는 하나의 숙고된 사유의 성향이다. ─ 자신의 마음씨를 개선된[더 나은] 처신을 향해 좀더 신속히 바꾸는 대신 자학하는 자의 참회는 순전히 헛된 노력이다. 또한 그런 참회는 그 참회로 (즉 후회로) 자신의 죄 목록이 삭제된 것으로 여기게 하고, 그래서 이성적인 방식으로 개선을 위해 이제 더욱 배가해야 할 노력을 하지 않게 하는 등 더욱 나쁜 결과를 초래한다.

§ 60. 즐기는 방식 중에는 즐김이 동시에 하나의 개발인 것이 있다. 다시 말해 그것은 이러한 방식의 즐거움을 더욱 많이 만끽할 능력을 증대하는 일이다. 학문과 아름다운 예술로 즐기는 일이 그와 같은 것이다. 그러나 다른 하나의 방식은 **소모**다. 이러한 소모는 우리가 이후에 누릴 능력을 점점 감소시킨다. 이미 위에서 말했듯이 사람들이 어떠한 방법으로든 즐거움을 찾더라도 핵심 준칙은 사람들이 그 즐거움으로 좀더 고양될 수 있도록 즐거움을 스스로에게 안배해야만 한다는 것이다. 쾌락으로 포만해 있음은 잘못된 습관이 든 사람에게 삶 자체가 짐이 되게 만들고, 여성들을 달콤한 망상이라는 이름으로 집어삼키는 역겨운 상태를 낳는다. ─ 젊은이여! 일을 사랑하고 쾌락을 거부하라! 쾌락을 **포기**하기 위해서가 아니라 가능한 한 많은 기대를 저 전망 중에 간직하기 위해서 말이다. 쾌락에 대한 감수성을 향락으로 일찍부터 무디게 하지 마라! 그 어떤 육체적 향락이 없어도 결코 아쉽지 않은 나이가 되면 이러한 희생에서도 그대에게는 불의의 재난이나 자연법칙에 좌우되지 않는 자산이 확보될 것이다.

§ 61. 하지만 우리는 또한 쾌락과 고통에 대해서, 우리가 이것을 거부해야 하는지 아니면 이것에 자신을 맡겨야 하는지를 우리 자신에 대한 **좀더 높은** (즉 도덕적) 만족과 불만으로 판단하기도 한다.

1) 대상에 호감이 갈 수 있지만 그 대상으로 인한 쾌락은 마음에 들지 않을 수 있다. 그래서 **쓰라린 기쁨**이라는 표현이 있다. ─ 매우

난처한 행운을 맞이해서 이제 자기 부모나 풍족하고 자애로운 친척에게서 유산을 상속받을 사람은 그들의 죽음을 기뻐하지 않을 수 없지만 또한 그들의 죽음을 기뻐하는 자신을 꾸짖지 않을 수 없다. 이 BA 180와 똑같은 일은 자신이 존경하던 선임자의 장례 행렬을 진정한 슬픔으로 따르는 조수의 마음속에서도 일어난다.

2) 대상은 **불쾌**할 수 있지만 그 대상으로 인한 **고통**은 마음에 들 수 있다. 그래서 **달콤한 고통**이라는 표현이 있다. 예를 들어 남편이 죽은 것 외에 딱히 모자란 것이 없는 돈 많은 과부가 위로받으려 하지 않는 고통 같은 것이다. 흔히 이러한 것은 무례하게도 내숭으로 해석된다.

그와 반대로 쾌락이 추가로 마음에 드는 경우가 있다. 이는 몰두하는 대상들이 어떤 사람에게 명예가 되는 대상들에서 그 사람이 쾌락을 발견하는 경우다. 예를 들어 감각적 즐거움 대신에 아름다운 예술들과 함께하는 오락 그리고 (세련된 사람으로서) 그가 그러한 쾌락을 누릴 능력이 있다는 사실에 대한 만족감이 그런 것이다. ─ 이와 마찬가지로 어떤 사람의 고통이 그에게는 마음에 맞지 않을 수도 있다. 모욕당한 사람의 증오는 모두 고통이다. 그러나 생각이 깊은 사람은 그의 명예가 회복된 후에도 그가 여전히 상대에게 원한이 있다는 것에 대해 자신을 비난하지 않을 수 없다.

§ 62. 사람들은 스스로 (합법적으로) 취득한 쾌락을 두 배로 느낀 Ⅶ 238다. 먼저 **획득**으로, 그다음에는 **공로**(자신이 그 이득의 창시자라는 내적 자긍으로)로 쾌락을 느낀다. ─ 노동해서 번 돈은 도박해서 얻은 돈보다 적어도 더 **오래도록** 즐거움을 준다. 또 복권의 일반적 유해성 B 181은 문제 삼지 않더라도 복권으로 이득을 취한 경우에는 사려 깊은 사람은 그 이득을 부끄러워하지 않을 수 없다. ─ 외부의 원인에 잘못 A 181

이 있는 해악은 **고통스럽다**. 그러나 그 원인이 사람들 자신에게 있는 해악은 **한탄스럽고 의기소침하게** 만든다.

그러나 다른 사람들에 의해 누군가에게 덮친 나쁜 일의 경우 두 가지 말이 쓰인다는 사실은 어떻게 설명되고 결합될 수 있을까? ― 화를 입은 이들 중 한 사람은 "그에 대해 내가 최소한의 책임이라도 있다면 나는 납득하겠다"고 말한다. 그러나 또 다른 사람은 "내가 이것에 대해 아무런 책임이 없다는 것이 내 위안이다"라고 말한다. 책임 없이 화를 입는 일은 **격분시킨다**. 이것은 다른 사람에게 모욕당한 것이니 말이다. ― 책임이 있어 화를 입는 일은 **위축시킨다**. 이것은 내적 질책이다. ― 이렇게 쉽게 알 수 있듯이 저 양자 중 후자가 더 선한 사람이다.

§63. 사람들의 쾌락은 다른 사람들의 고통과 비교됨으로써 상승하지만 그러나 자신들의 고통은 다른 사람들의 비슷하거나 더 많은 고통과 비교됨으로써 감소한다는 인간에 대한 논평은 썩 유쾌한 것이 아니다. 그러나 이러한 효과는 ('대립적인 것을 나란히 놓으면 더욱 명료하게 드러난다'는 대조의 법칙에 따른) 그저 심리적인 것으로서, 가령 사람들이 자기 자신의 편안함을 더 느끼기 위해 다른 사람의 불행을 바란다는 식의 도덕적 일과는 아무런 상관이 없다. 사람들은 상상력에 따라 (가령, 누군가가 평형을 잃어 넘어지려는 것을 볼 때, 사람들이 전혀 본의 아니게 그리고 아무 소용없이 마치 그를 바로 세우기라도 하려는 듯이 반대편으로 자기 몸을 기울이는 것과 같이) 다른 사람과 고난을 함께하고 자기가 이러한 운명에 얽히지 않았다는 사실에 단지 기뻐할 뿐이다.[*8)] 그래서 민중은 연극을 보러 가는 것보다 더

---

*   달콤하구나, 거대한 바다에서 바람이 물을 뒤집을 때

격렬한 욕망을 갖고 범죄자가 끌려가 처형되는 것을 보려고 달려간다. 범죄자 얼굴과 거동에서 드러나는 마음의 동요와 감정은 구경꾼에게 동정심을 불러일으키고 (엄숙한 기분으로 그 강도가 더욱 높아지는) 상상력에 따른 구경꾼들의 불안 뒤에 부드럽지만 진지한 긴장을 이완시키는 감정을 남긴다. 이 이완이 뒤따라오는 삶의 쾌락을 더 느낄 수 있도록 해준다. Ⅶ 239

또 만약 사람들이 자기 고통을 자기 신변상의 가능한 다른 고통과 비교한다면, 이로써 그 고통은 좀더 버틸 만한 것이 된다. 가령 만약 사람들이 다리가 부러진 사람에게 그의 불행이 그의 목에서 쉽게 일어났을 수도 있었다는 것을 알려준다면, 이를 통해 사람들은 그의 불행을 좀더 참을 만한 것으로 만들 수 있다.

모든 고통을 완화할 수 있는 가장 철저하고 손쉬운 수단은 이성적인 자에게 기대할 수 있는 다음과 같은 생각이다. 즉 인생의 향락을 행운에 의존하는 인생은 대부분 아무런 고유한 가치도 갖지 못한다. 인생이 지향하는 목적을 위해 인생을 보내는 것과 관련해서만 어떤 BA 183 가치를 갖는다. 이러한 가치를 인간에게 부여할 수 있는 것은 행운이 아니라 오로지 지혜뿐이다. 그러므로 그 가치는 인간의 지배력 안에 있다는 것이다. 이러한 인생의 가치 상실 때문에 불안해하면서 걱정하는 사람은 결코 인생에서 기쁨을 맛보지 못할 것이다.

다른 사람이 고생하는 모습을 육지에서 바라보는 것은.
누군가 괴로운 일을 겪는 것이 달콤한 쾌락이어서가 아니라
자신이 화를 면하고 있다는 사실을 깨닫는 것이 유쾌하기 때문이다.—루크
레티우스(Lucretius, *De rerum nature*, Ⅱ, 1~4)

B

미적인 감정에 대하여,

즉 반성적인 직관에서 어느 정도 감성적이고

어느 정도 지성적인 쾌에 대하여 또는 취미에 대하여

§ 64. 맛[9]이라는 말은 원래 뜻으로는 먹고 마실 때 어떤 용해된 물질에 의해 특별하게 촉발되는 기관(혀, 입천장과 목구멍)의 속성이다. 취미/맛은 그 말이 사용될 때 한낱 구별되는 맛으로 또는 좋은 맛으로 (예컨대 어떤 것이 단지 쓴지 또는 그 맛본 것이 — 단것 또는 쓴 것이 — 쾌적한지 어떤지로) 이해되어야 한다. 전자는 특정한 물질이 명명되어야 하는 방식에서 [그것들이] 보편적으로 합치되게 할 수 있지만, 후자는 예를 들어 나에게 쾌적한 것이 (예컨대 쓴 것이) 누구에게라도 쾌적할 거라고 말하는 그런 보편타당한 판단을 제공할 수 없다. 그 이유는 명백하다. 왜냐하면 쾌 또는 불쾌는 객관에 관한 인식능력이 아니라 주관의 규정들이며, 외적 대상들에 귀속될 수 있는 것이 아니기 때문이다. — 그러므로 좋은 맛은 동시에 만족이나 불만족에 의한 판별의 개념을 포함하며, 나는 이를 지각이나 상상에서 대상의 표상과 결합한다.

이제 또 맛이라는 말은 그저 감관감각에만 따르므로 나 자신에게만 타당한 것으로 표상되는 것이 아니라 어떤 모종의 규칙에 따르므로 누구에게나 타당한 것으로 표상되는 감성적 판정능력으로 간주되기도 한다. 이 규칙은 경험적일 수도 있다. 그러나 그러한 경우 그 규칙은 어떠한 참된 보편성과 (취향의 취미에서는 다른 어느 누구의 판단이든 내 판단과 합치해야만 한다는) 필연성을 요구할 수 없다. 그래서 식사할 때 독일인에게는 수프로, 영국인에게는 덩어리진 음식으로 시작한다는 취미 규칙이 타당한 것이다. 모방을 통해 점점 확산된 습관이 이것을 식탁의 예절 규칙으로 만들었기 때문이다.

그러나 규칙이 선험적으로 정초되어야만 하는 **좋은 맛**도 있다. 왜냐하면 그 규칙은 어떤 대상이 쾌 또는 불쾌의 감정과 관련해서 어떻게 판정되어야만 하는 문제에서 필연성을 제공해야 하고, 따라서 누구에게나 타당하다는 점을 알리기 때문이다. (그러므로 이 경우 사람들이 비록 그 판단을 이성원리들에서 도출하여 그 원리에 따라 증명할 수는 없지만, 이성이 암암리에 함께 작동하는 거라는 것을 알려주는 것이다.) 그래서 사람들은 이러한 취미를 감관취미인 경험적 취미와 구별하여 **이성을 개입시킨**[10] 취미라고 (전자를 반사적 취미, 후자를 반성적 취미라고) 부를 수도 있다.

　　자기 자신의 인성이나 자신의 기예를 멋지게 하는 (자신을 전달하는)　BA 186
일은 모두 하나의 **사회적** (다른 사람의 쾌에 참여하는) 상태를 전제한다. 이 상태는 언제나 사교적인 것은 아니고 오히려 처음에는 야만적이고 비사교적이며 그저 경쟁적이다. ― 온전히 혼자 있을 때 누구도 자신이나 자기 집을 단장하거나 청소하지 않는다. 또한 그는 그러한 일을 자기 식구들에게 (아내와 자식들에게) 맞춰서 하는 것이 아니라 자신을 유리하게 보이기 위해 남들에게 맞춰서 한다. 그러나 (선별의) 취미에서, 즉 미감적 판단력에서 대상에 대한 만족을 낳는 것은 직접적으로 감각이 아니라 자유로운 상상력이 창작을 통해 이것을 조합하는 방식인 이것의 **형식**이다. 형식만이 쾌 감정을 위한 보편　Ⅶ 241
적 규칙을 요구할 수 있다. 주관들의 감관역량의 상이함에 따라서 서로 매우 다를 수 있는 감관감각에 대해 사람들은 저러한 보편적 규칙을 기대할 수 없다. ― 그러므로 사람들은 "취미란 보편타당하게 선별하는 미감적 판단력의 능력이다"라고 취미를 설명할 수 있다.

　　그러므로 취미는 외적 대상들을 상상력에서 **사회적으로** 판정하는 능력이다. ― 여기서 마음은 상상들의(그러므로 감성의) 유희 중 자신의 자유를 (자신이 자유로움을) 느낀다. 다른 사람들과의 사회 공동체성은 자유를 전제하는 것이고 — 이러한 감정이 쾌다 — 모든 이에 대해 이러한 쾌의 **보편타당성**은 그를 통해 (미적인 것의) 취미와 함께 하는 선별작업이 (그저 주관적으로 마음에 드는 것의) 다시 말해 쾌적한 것의 한낱 감관감각에 의해 선별작업과 구별되고, 이는 어떤 법칙의 개념을 동반한다. 이 법칙에 따라서만 만족한 것의 타당성이 판정하는 사람들에게 보편적일 수 있다. 그러나 보편적인 것을 표상하는 능력은 **지성**이다. 그러므로 취미판단은 미감적 판단이면서 또한 지성적 판단인데, 양자의 합일 속에서 (따라서 지성적 판단이 순수하지 않다) 생각되는 것이다. 취미에 의한 대상의 판정은 자유롭게 유희하는 상상력의 지성의 합법칙성과 일치 또는 상충에 관한 판단이다. 그러므로 이것은 단지 미감적으로 판정하는 그 형식에만(감관표상들의 이러한 합일 가능성에만) 상관하고, 이것들 안에서 저 형식이 자각되거나 산출될 산물들에는 상관하지 않는다. 그의 끓어오르는 생기발랄함이 취미의 정숙성에 의해 적당하게 조절되고 제한될 필요가 자주 있는 사람이 **천재**일 것이다.

아름다움만이 취미에 속하는 것이다. 숭고한 것도 미감적 판정에 속하기는 하지만 취미에 대한 것은 아니다. 그래도 숭고한 것의 **표상**은 그 자체로 아름다울 수 있고 아름다워야만 한다. 그렇지 않으면 그 표상은 거칠고 야만적이며 취미에 역행하는 것이다. 심지어 대상이 미감적으로 표상되어야 할 때 악하거나 추한 것(예를 들어 밀턴[11]에 의해 인격화된 죽음의 형태)에 대한 **묘사**도 아름다울 수 있고 아름다워야만 한다. 설령 이것이 테르시스[12] 같은 인물이어도 그렇다. 그렇지 않으면 그 묘사는 맛이 안 나거나 사람들을 역겹게 만들게 되고, 이 두 가지는 즐기려고 제공된 표상을 자기에게서 떨쳐내는 노력을 포함할 것이다. 그와 반대로 미는 대상과의 가장 내밀한 합일로, 즉 직접적 즐김으로 이끄는 개념을 지닌다. — 아름다운 영혼이라는 표현으로 사람들은 영혼이 자기 자신과 가장 내적으로 합일할 목적으로 만든다고 말해지는 모든 것을 말한다. 왜냐하면 **영혼의 크기**와 **영혼의 세기**는 질료와 (즉 특정한 목적을 위한 도구들과) 관련되지만 **영혼의 선함**은 순수한 형식에 관련된 것으로, 이 형식 아래에서 모든 목적이 합일되어야만 하기 때문이다. 그래서 이 형식이 관련될 때 이 형식은 신화에 등장하는 사랑의 신(에로스)처럼 **근원적으로 창조되**었지만 **현세를 넘어섰기** 때문이다. ― 그렇지만 이 영혼의 선함은 취미판단이 지성의 자유와 합일될 수 있는 감성적 쾌에 대한 그의 모든 판단을 그 주변에 모으는 중심점이다.

주해. 특히 근대의 언어들이 미감적 판정능력을 단지 특정한 감관기관(즉 입의 내부)을 지시하고 이것으로 즐길 수 있는 사물의 판별과 선택을 지시하는 표현(즉 미각, 풍미)을 가지고 표시하게 된 것은 어떻게 된 걸까? ― 좋은 사교모임에서 좋은 식사처럼 그렇게 감성과 지성이 하나를 즐길 때 통합되어 오래 계속되고 흡족하게 되풀이될 수 있는 상황은 없다. ― 그러나 이 경우 좋은 식사는 좋은 사교모임을 떠받치는 운반체로 여겨질 뿐이다. 주인의 미감적 취미는 보편타당하게 [식사를] 선택하는 능력으로 보인다. 그런데 그는 이것을 자기 자신의 감관으로 성취할 수는 없다. 그의 손님들은 각자가 자기 BA 189 입맛에 따라 다른 음식들을 고를 것이기 때문이다. 그러므로 주인은 손님들 누구에게나 자기 입맛에 맞는 게 있도록 **다채롭게** 요리와 음료를 준비해야 한다. 이것은 다른 경우에 비해 보편타당성을 제공한다. 서로서로 보편적으로 즐기기 위해 손님들 자체를 선택하는 숙련성은 (이것도 취미라고 부를 수 있겠지만 원래 이것은 취미에 적용될 때 이성이고, 이러한 취미와 다른 것이다) 지금 이 문제에서 논의될 수 없다. 그렇게 해서 [미각이라는] 하나의 특수한 감관에 의한 감관감정이 하나의 관념적인 감정적이고 감성적인 — 보편타당한 선택의 일반적 감정을 위한 명칭을 제공할 수 있다. — 더욱 이상한 것은 어떤 것이 동일한 주관의 향유 대상인지 어떤지는 (이 주체의 선택이 보편타당한지 어떤지가 아니라) 감관으로 시험해보는 숙련성이(라틴어로 sapor) 지혜로(라틴어로 sapientia) 불릴 정도로 과장되었다는 것이다. 이렇게 된 이유는 아마도 다음과 같다. 즉 무조건적으로 필연적인 목적은 아무런 고민과 시도도 필요하지 않고 직접적으로 그리고 말하자면 몸에 좋은 것을 맛봄으로써 영혼 안으로 들어가는 것이다.

§65. 숭고한 것은 외연에서든 정도에서든 외경을 불러일으키는 큰 것(경외할 위대함)으로, 이것의 접근에(자신의 힘들로 이것에 적합하게 되기 위해서) 이끌리지만 이것과 비교해서 자기 자신의 평가 중 사라져버릴까 하는 공포가 동시에 위협(예를 들어 우리 머리 위의 천둥이나 높고 험한 산맥 같은 것)이 된다. 그럴 때 사람들 자신이 안전하게 있으면, 그 현상을 파악하기 위해 자기 힘을 모으는 노력과 그래도 그 현상의 크기에 도달할 수 없겠다는 걱정이 감탄(고통을 계속 극복함으로써 얻는 쾌적한 감정)을 불러일으킨다.

숭고한 것은 아름다운 것의 균형추이기는 하지만 대항자는 아니다. 왜냐하면 대상을 파악하기 위해 일어서려는 노력과 시도는 주관에 자기 자신의 크기와 힘에 대한 감정을 일깨우지만, 묘사나 서술에서 대상에 대한 사유 표상은 아름다울 수 있고 언제나 아름다워야만 하기 때문이다. 그렇지 않을 경우 감탄은 겁내는 일이 된다. 겁내는 일은 사람들이 감탄하는 일에 질리지 않으면서 하는 판정인 경탄과는 매우 다르다.

목적에 어긋나게 큰 것은 무시무시한 것(괴물처럼 위대함)이다. 그래서 러시아제국이 광활하게 넓고 크다는 점을 찬양하려던 작가들

이 러시아제국을 무시무시하다고 말한 것은 정곡을 찌르지 못한 것
이다. 왜냐하면 그러한 서술에는 러시아제국이 단 한 사람의 지배자
를 위해서는 너무 크다고 말하는 것 같은 비난이 들어 있기 때문이
다.— 그 자신에 대한 진짜 이야기가 소설과 같은 사건들에 얽혀 들
어가는 성질을 가진 사람은 **모험적**이다.

그러므로 숭고한 것은 취미를 위한 대상이 아니라 감동하는 감정
을 위한 대상이다. 그러나 묘사와 과장과 미화에서 숭고한 것을 기교   BA 191
적으로 서술한 것은 아름다울 수 있고 아름다워야 한다. 그렇지 않으
면 이것은 야만적이고 상스러우며 반감을 일으켜서 취미에 반대되
는 것이기 때문이다.

취미는 도덕성을 외적으로 촉진하는 경향을 지닌다   VII 244

§ 66. 취미는 (이를테면 형식적 감관으로서) 자기의 쾌 또는 불쾌의
감정을 다른 사람들에게 전달하려고 한다. 취미는 그리고 이 전달로
그 자신이 쾌를 갖도록 촉발되어 그에 대한 만족을 다른 사람들과 공
동으로(사회적으로) 감각하는 감수성을 갖추고 있다. 그 만족은 그저
감각하는 주관에만이 아니라 다른 모든 이에게도, 즉 보편타당한 것
으로 관찰될 수 있다. 왜냐하면 그 만족이 그러한 것으로 생각될 수
있으려면 (그 만족의) 필연성을, 그러니까 선험적 만족의 원리를 갖
추지 않을 수 없기 때문이다. 그래서 만족은 느끼는 자의 보편적 법
칙수립에서, 즉 이성에서 생겨난 것이 틀림없는 하나의 보편적 법칙
에 따라 주관의 쾌가 다른 누구의 감정과도 합치하는 데서 오는 만족
이다. 그리고 이 만족에 따르는 선택은 형식상 의무의 원리에 종속해
있다. 그러므로 이상적 취미는 도덕성을 외적으로 촉진하는 경향이
있다.— 인간을 그의 사회적 상황에서 **예의** 바르게 만드는 것은 그를
윤리적으로 — 선하게(도덕적으로) 형성하는 것과 물론 전적으로 똑같

은 것을 말하는 것이 아니지만, 이러한 상황에서 다른 사람들에게 만족하고자(사랑을 받거나 찬사를 받으려고) 노력함으로써 그렇게 될 것을 준비하는 것이다. ― 이런 식으로 사람들은 취미를 외적으로 현상한 도덕성이라고 부를 것이다. 그렇지만 이 표현을 문자 그대로 받아들인다면 하나의 모순을 지닌다. 왜냐하면 예의 바름이란 윤리적으로 ― 선하다는 겉모습이나 단정한 몸가짐을 내포하고, 또 어느 정도 윤리적으로 ― 선함을 포함하면서도 또한 윤리적으로 ― 선함의 가상에 가치를 두는 경향성을 지니기 때문이다.

§ 67. 그렇지만 예의 바름, 단정함, 품행이 바른, 세련됨(조야함을 멀리함)은 취미의 소극적 조건일 뿐이다. 상상력에서 이러한 속성들에 대한 표상은 어떤 대상에 대한 외적 · 직관적 표상방식이거나 취미를 지닌 자기의 고유한 인격에 대한 외적 · 직관적 표상방식일 수 있다. 그러나 이것은 단지 두 감관, 즉 청각과 시각을 위한 것일 뿐이다. 음악과 조형예술(회화, 조각, 건축 그리고 원예)은 취미를 외적 직관의 단순한 형식들에 대한 쾌의 감수성으로 요구하는데, 전자는 청각에 대해 그리고 후자는 시각에 대해 그렇게 요구한다. 그에 반해 말이나 글에 의한 **논증적 표상 방식**은 그 안에서 취미가 드러날 수 있는 두 예술, 즉 **웅변술**과 **시예술**을 포함한다.

취미에 관한 인간학적 소론

A
유행 취미에 관하여

§ 68. 인간이 자신의 행동에서 자기를 더 중요한 사람과 (아이가 어

른과, 비천한 자가 고귀한 자와) 비교하고, 그의 방식을 모방하는 것은 BA 193
인간의 자연스러운 성향이다. 그저 다른 사람들보다 보잘것없이 보
이지 않기 위해서 그 이외의 어떤 이득도 고려하지 않는 이러한 모방
의 법칙을 유행이라고 말한다. 그러므로 유행은 허영이라는 분류 목
록에 속한 것이다. 의도 안에는 어떠한 내적 가치도 없다. 동시에 이
것은 우둔함이라는 분류 목록에도 속한다. 왜냐하면 사회에서 많은
이들이 보여주는 단순한 예를 봤을 때, 이것에는 자신을 노예처럼 끌
려다니게 하는 강제력이 있기 때문이다. 유행을 따르는 일은 취미의
문제다. 유행에서 벗어나 있으면서 이전의 관습에 얽매인 자는 고풍스
럽다고 불린다. 유행을 따르지 않는 일에 가치까지도 부여하는 자는
별종이다. 그럼에도 유행을 따르는 명칭이 유행을 따르지 않는 명
칭이보다는 낫다. 사람들이 저 일반적인 허영심에 대해 [명칭이라
는] 굳이 이 심한 이름을 붙인다면 그렇다는 것이다. 그러나 이러한
유행 추구가 허영으로 인해 참된 유용함은 물론이고 의무까지도 희
생한다면 실제로 저러한 명칭을 얻을 만하다. — 모든 유행은 이미
그 개념상 가변적 생활방식이다. 만약 모방의 놀이가 고착된다면 그
모방은 관습이 될 테고, 여기서는 취미가 더는 주목받지 않는다. 그러
므로 새로움이 유행을 선호하게 만드는 것이다. 그리고 여러 가지 외
면적 형식에서 참신한 것은 설령 이러한 형식이 종종 모험적이고 일
부는 흉하게 변질된다고 하더라도 궁정인들, 특히 귀부인들의 품격
에 속한다. 그런데 다른 사람들은 저들을 열렬히 추종하고, 저들이
이러한 형식들을 이미 내버릴 때도, 낮은 계층 사람들은 그것에 오랫
동안 질질 끌려다니게 된다. — 그러므로 유행은 원래 취미의 문제가
아니다. — (유행은 극단적으로 취미에 반하는 것일 수 있다.) 오히려 BA 194
고귀하게 되어보려는 단순한 허영의 문제이고, 그것을 통해 서로 상
대를 넘어서려는 경쟁심 문제다.(일반적으로 '멋쟁이'라고 불리는 '궁

정의 고상한 척하는 자들'은 경박한 무리다.)

참된 이상적 취미와 화려함, 즉 숭고하면서 동시에 아름다운 것은 결합될 수 있다(별이 빛나는 화려한 하늘 같은 것이나 저급하게 들리지 않는다면 로마의 베드로성당 같은 것). 그러나 허식, 즉 보이기 위해 과시적으로 꾸미는 것은 물론 취미와 결합될 수도 있지만 취미를 거부할 수도 있다. 왜냐하면 허식은 다수의 천민을 포함한 대중을 위한 것으로 평가되고, 천민의 취미는 무딘 것으로 판정능력보다는 감관 감각을 더 필요로 하는 것이기 때문이다.

B
예술 취미에 관하여

여기서 나는 단지 언어적 기술들인 웅변술과 시예술만 고찰한다. 왜냐하면 이것들은 마음의 기분을 겨냥하는 것이고, 이 기분으로 마음은 직접적으로 활동하도록 일깨워지며, 사람들이 인간을 인간으로부터 만들 수 있는 것에 대해 알고자 추구하는 **실용적 인간학** 안에서 웅변술과 시예술이 그렇게 해서 자리를 차지하기 때문이다.

사람들은 이념들에 의해 활력을 가지는 마음의 원리를 **정신**이라고 부른다. — **취미**란 상상력에서 잡다한 것을 결합할 때의 형식에 대한 단순하고 규제적인 판정능력이다. 그러나 정신은 형식을 위한 어떤 전형을 선험적으로 상상력의 기저에 놓는 이성의 생산적 능력이다. 정신과 취미 중 **전자**는 이념들을 창출하기 위한 것이고, **후자**는 이 이념들을 생산적 상상력의 법칙들에 알맞은 형식에 제한하여 (모방적으로가 아니라) 근원적으로 형성하기 위한 것이다. 정신과 취미에 의해 작성된 생산물은 일반적으로 **시작품**이라고 부를 수 있으며, 미적 예술 중 한 작품이다. 이는 눈이나 귀로 감관에 직접 전달될 수 있는데, **시예술**(느슨한 의미의 시 쓰기)이라고 부를 수도 있다. 또한 이는 회화, 원예, 건축 또는 음악과 운문예술(엄밀한 의미의 시 쓰기)일 수도 있다. 그런데 시예술은 웅변술과 대립되어 있지만 단지 지성과 감성의 상호 종속 관계의 면에서만 웅변술과 구별된다. 첫째 것인 시예술은 지성에 의해 질서 잡힌 감성의 유희이며, 둘째 것인 웅변술은 감성에 의해 **활력**을 얻는 지성의 일이다. 하지만 연설가와 시인 모두 (넓은 의미에서) **창작**가이며, 자기 자신에서 새로운 형태들(감성적인 것의 정돈)을 상상력 안에서 만들어낸다.* Ⅶ 247

문예가의 재능은 기예의 자질이고 취미와 결합되면 미적 예술을 위한 재능이다. 그러나 미적 기예는 어느 정도 (비록 달콤하고, 또 종종 간접적으로 유익하기도 하지만) 기만을 노리는 것이므로 삶에서 크게 (종종 또는 해롭게) 사용되지 않는다는 사실은 간과될 수 없다. — 그러므로 문예가의 성격에 대해 혹은 그의 업무가 그와 다른 사람에게 미치는 영향에 대해서도 그리고 그 영향에 대한 평가에 몇 가지 의문과 의견을 제시하는 것은 충분히 가치 있는 일이다. BA 196

왜 미적 (언어를 구사하는) 기예들 가운데서 똑같은 목적에도 불구하고 시작품이 웅변술보다 더 칭찬받는가? — 시작품은 동시에 음악 (부를 수 있는)이고 음조이지만, 즉 그 자체만으로도 쾌적한 소리지 A 197

---

* 그 개념 자체가 새롭지 않을 때라도 어떤 한 개념의 제시가 새로워야 한다는 것은 미적 기예를 창작하는 자에게 중요한 요구사항이다. — 그러나 사람들은 새로운 지각으로 우리의 지식을 증가시키기 위해서 (취미를 제외하고) 지성에 대해서 다음과 같이 표현한다. 어떤 것을 발견한다. 예를 들어 아메리카 대륙이나 양극을 향하는 자력, 공중전기처럼 이미 거기 있던 것을 맨 처음 지각한다. — 어떤 것을 발명한다. 예를 들어 나침반이나 비행선처럼 (아직 현존하지 않았던 것을 현실화한다) 어떤 것을 **찾아낸다.** 즉 잃어버렸던 것을 탐색하여 재발견한다. 고안하다. **궁리해낸다.** (예를 들어 기술자를 위해서 도구나 기계를) — **지어내다.** 가령 소설에서처럼 단지 즐거움을 위해 일이 생기는 것뿐이라면 참이 아닌 것을 참인 것으로 의식적으로 떠올리게 한다. — 그러나 진리로 참칭된 허구는 **거짓말**이다.(상체는 미녀이고 꼬리는 추한 검은 물고기다.) — 호라티우스(Horatius, *Ars poetica*, V. 3 이하)

만 단순한 언어는 그와 같은 것이 아니다. 웅변술도 시작품에서 음조에 가까이 다가선 소리인 억양을 빌려오며, 이러한 억양이 없으면 연설은 사이사이에 필요한 평정과 고취의 순간순간을 갖지 못할 것이다. 그런데 시작품은 웅변술보다 찬미될 뿐만 아니라 음악이나 조각을 포함한 회화와 같은 여느 다른 미적 기예보다도 찬미된다. 왜냐하면 음악은 단지 시작품을 운반하는 것으로 사용될 때만 (그저 쾌적한 게 아니라) 미적 기예이기 때문이다. 또한 시인들 중에서는 음악가들 정도만큼 (일에 유능하지 못한) 얄팍한 머리들이 많지 않다. 시인들은 지성에도 말하지만 음악가들은 그저 감관에만 말을 한다. ─ 좋은 시는 마음에 생기를 주는 가장 감동적인 수단이다. ─ 그러나 단지 시

인에게뿐만 아니라 모든 미적 기예의 소유자에게도 타당한 것은 다음과 같다. 즉 기예를 위해서는 사람들이 천부적으로 태어나야 하고, 근면과 모방으로는 기예에 이를 수 없다. 마찬가지로 예술가는 창작에서 성공하기 위해 마치 영감의 순간인 것처럼 그를 엄습하는 변덕스럽고 행운인 기분을 필요로 한다. (이런 이유에서 예술가들은 선지자라고 불리기도 한다.) 왜냐하면 지시규정과 규칙들에 따라 만들어진 것은 정신없이(노예적) 행해지지만 미적 기예의 산물은 모방에 기초할 수 있는 취미뿐만 아니라 자기 자신에게서 생기를 일으키는 정신이라 불리는 사유의 독창성도 필요로 하기 때문이다. ─ (산문에서든 운문에서든) 붓이나 펜을 들고 **자연을 그리는** 자는 미적 정신이 아

니다. 그는 단지 모방하는 것이다. **이념을 그리는** 자만이 기예의 대가다.

일반적으로 왜 사람들은 시인을 운문 창작자로, 즉 운율이 있게 (음악과 비슷하게 박자에 맞춰) 말하는 화법의 창작자로 이해하는가? 이것은 시인이 미적 기술의 작품을 드러내면서 (형식의 면에서) 가장 섬세한 취미도 만족시킬 수 있는 장엄함도 함께 보여주기 때문이

다. 그렇지 않다면 그 작품은 아름답지 않을 것이다. ── 그러나 이러한 장엄함은 숭고한 것을 아름답게 표상하기 위해 가장 필요한 것이므로 운문 없이 그와 같은 척하는 장엄함은 (블레어에 의해) '미쳐버린 산문'이라고 불린다. ── 다른 한편으로 만약 운문에 정신이 없다면 그것은 시작품이 아니다.

왜 새로운 시대 창작자의 운문에서 각운은 이 각운이 다행스럽게도 사유를 매듭지을 때, 우리 유럽 지역에서는 취미의 중요한 요건인가? 이와 반대로 각운은 고대 시들의 시구와 정반대 것이다. 그래서 독일어에서는 각운이 없는 운문들은 거의 마음에 들지 않지만, 각운을 붙인 라틴어의 버질[13] 또한 거의 편안한 감을 줄 수 없는 것은 왜인가? 추측건대 이것은 옛날 고전적 창작자들에게서는 운율체계가 확정되었지만 우리 시대 언어들에서는 이것이 대부분 결여되었으며, 그럼에도 시구를 예전의 시구와 똑같은 음조로 끝내는 각운에 의해서 귀가 그 손실을 보충받게 되었기 때문이다. 산문으로 된 장엄한 연설에서 대충 서로 다른 문장 사이에서 갑자기 나타나는 각운은 우습다.

그렇지만 연설가에게는 허용되지 않지만 시인에게는 허용되는, 가끔 어법을 위반하는 것과 같은 **시인의 자유**는 어디서 유래하는가? 추측건대 이것은 위대한 사상을 표현하는 데 시인이 형식의 법칙 때문에 결코 지나치게 위축되지 않는다는 사실에서 생긴 것이다. BA 199

왜 보통 수준의 시는 참을 수 없으면서 보통 수준의 연설은 견딜 만한가? 그 원인은 다음과 같은 데 있는 것으로 보인다. 즉 모든 시적 작품에서 음조의 장엄함은 큰 기대를 불러일으키는데, 바로 이 기대가 만족되지 않음으로써 그 작품이 산문적 가치라면 여전히 가지고 있을 것보다도 일반적으로 훨씬 더 아래로 처진다는 점에 있는 것으로 보인다. ── 시가 격언으로 간직될 수 있는 시구로 끝을 맺음은 뒷 Ⅶ 249

맛의 즐거움을 낳으며, 그러면서 재미없는 많은 것을 다시 좋게 만든다. 그러므로 이것은 시인의 기예에 속한다.

학문 분야에서는 훌륭한 두뇌에 작업에서 여전히 좋은 건강성과 활동성을 기대하는 시기인 노년에 **시적 혈맥**이 고갈된다는 것은 다음과 같은 사실에 기인한다. 즉 미는 꽃이지만 학문은 **과실**이다. 다시 말하면 시는 자유로운 기예여야만 하고, 어중간히 가벼운 다양성을 필요로 하지만 노년에는 이러한 경쾌한 감관이 (당연히) 사라지고 만다는 사실에 기인한다. 더 나아가 동일한 궤도 위에서 그저 전진만 하는 학문들의 습관은 동시에 그 자체를 수월하게 이끈다. 그런데 시는 그 작품마다 독창성과 **새로움**(그리고 이에다 민첩성)을 요구하는 _{A 200}것으로 노년과 합치하지 못한다. 그러나 가령 **신랄한 익살**이 문제가 되는 격언시나 풍자시에서는 예외다. 여기서 시는 유희를 넘어서 진지함이기도 하다.

_{B 200}　　시인들이 변호사나 그밖의 전문지식인들과 같은 행운을 누리지 못하는 것은 이미 그 원인이 타고난 기질이기 때문이다. 이러한 기질 자체는 타고난 시인에게 필요한 것이다. 다시 말해 사유와 즐거운 유희를 벌이면서 근심을 쫓아내는 기질이다. ─ 그러나 그 성격과 관련해서 하나의 특성은 곧 아무런 품성도 갖지 않으면서 그 대신에 괴팍스럽고 변덕스러우며 (악의는 없지만) 신뢰할 수 없고, 누군가를 증오하지도 않으면서 제멋대로 적을 만들고, 고통을 주려고 의도하지 않으면서도 자기 친구를 괴롭게 조롱하는 특성은 실천적 판단력을 초월하여 지배하는, 부분적으로는 타고난 소질인 **괴팍한 익살**에 근거한다.

사치에 대하여

§ 69. 사치는 한 공동체 안에서 **취미**를 갖고 사회적으로 잘사는

게 과도한 상태다. (그러므로 이러한 취미는 공동체의 복지와 반대되는 것이다.) 그러나 취미 없이 저렇게 과도한 상태는 공공연한 탐닉이다. ─ 만약 우리가 이 두 가지가 복지에 미치는 결과를 관찰해보면 사치는 가난을 초래하는 쓸데없는 낭비이지만, 탐닉은 병을 초래하는 불필요한 낭비다. 그렇다 하더라도 전자는 (예술과 학문에서) 국민의 진보하는 문화와 합일할 수 있다. 그러나 후자는 향락으로 넘쳐나 결국 사람들을 구역질 나게 한다. 양자는 자기가 즐기는 것이라기보다는 허식적인(외면을 번쩍거리게 하는) 것이다. 전자는 관념적 취미를 위한 (무도회와 연극에서처럼) 우아함으로, 후자는 미각(예컨대 런던 시장의 대연회에서와 같은 물리적 감관)을 위한 넘쳐남과 다양함으로 외면을 번쩍거리게 한다. ─ 과연 정부가 사치금지법으로 이 둘을 제한할 권한이 있는지는 이 자리에서 대답할 문제는 아니다. 그러나 국민을 더 잘 통치하기 위해 일정 부분 무력하게 만드는 미적 기예나 쾌적한 기예는 거친 검약주의의 등장과 더불어 정부 의도에 정면으로 반대되는 결과를 가져왔다. VII 250 A 201 B 201

좋은 생활양식은 풍족한 생활이 사교성에(그러므로 취미를 동반한) 부합되는 상태다. 이것으로 우리는 사치가 좋은 생활양식을 훼손한다는 사실을 안다. 그리고 부유하거나 고상한 사람에게 쓰이는 "그는 생활할 줄 안다"는 표현은 사교적 향유에서 그의 선택능력을 의미하는데, 이 사교적 향유는 절제(절도)를 지니며 쌍방이 유익하도록 만드는 것이면서 지속적인 것으로 간주되는 것이다.

이것으로 우리는 다음과 같은 사실을 안다. 즉 사치는 원래 가정생활에 대해서가 아니라 단지 공적 생활에 대해서만 비난할 수 있는 것이며, 국가 시민과 공동체의 관계는 인격이나 일을 미화할 때 (축제, 결혼식, 장례식에서 그리고 아래로는 보통의 교제에서 기품 있는 태도에 이르기까지) 어쨌든 이익을 선취하기 위한 경쟁에서의 자유와 관 A 202

련된 것인데, 그 관계는 사치금지법에 따라 괴로움을 당할 필요는 거의 없겠다는 것이다. 왜냐하면 사치는 예술을 활기차게 만드는 이익을 가져왔고, 그렇게 해서 그러한 낭비가 공동체에 발생시켰을지도 모를 비용을 공동체에 다시 보상해주기 때문이다.

제3권
욕구능력에 대하여

§ 70. 욕망은 이것의 작용인 장래의 어떤 것에 대한 표상으로 어느 한 주체의 힘의 자기규정이다. 습관적이고 감성적인 욕망은 **경향성**이라고 일컫는다. 객체를 산출하기 위해 힘들이지 않는 욕구는 **소망**이다. 소망은 이를 실현하는 데 주관 자신의 능력이 없다고 느끼는 대상들을 향할 수도 있는데, 이런 소망은 **공허한**(헛된) 것이다. 욕구와 욕구된 것의 획득 사이에 시간을 없앨 수 있다는 공허한 소망은 **동경**이다. 주체에 단지 자기의 현재 상태에서 나오도록 몰아붙이기만 하고, 어떤 상태로 들어서고자 하는지를 알지 못하며, 객체와 관련해서는 규정되지 않은 채로 있는 욕망은 **변덕스러운 소망**이라 불릴 수 있다.(그 어떤 것도 그런 소망을 만족시키지 못한다.)

주체의 이성에 따라 제어하는 것이 어렵거나 전혀 제어할 수 없는 경향성이 **열정**이다. 이에 반해 현재 상태에서 쾌 또는 불쾌 감정으로 존재하면서 주체가 숙고(사람들이 그 상태에 자신을 맡겨야 할지 거절 B 203 해야 할지에 관한 이성표상)하지 못하게 하는 감정은 **격정**이다.

격정과 열정에 굴복하는 것은 항상 실제로 **마음의 병**이다. 이 둘은 A 204 이성의 지배를 배척하기 때문이다. 이 둘은 또 그 정도에서 볼 때 똑같이 격렬하다. 그러나 그 질에서 이 둘은 본질적으로 서로 구별된

다. 이 둘은 정신과 의사가 꼭 적용하는 예방법과 치료법에서도 구별
된다.

열정과 비교할 때의 격정에 대하여

§ 71. 격정은 자제력을 제거하는 느낌으로 갑자기 공격당한 상태
다. 그래서 격정은 성급하다. 즉 격정은 숙고를 불가능하게 만들 정
도의 감정으로까지 급속하게 증대한다(경솔하다). ─ 또 행위를 향
한 동력의 감소 없는 무격정은 좋은 의미의 둔감함이다. 이것은 저러
한 동기의 강함으로도 침착한 숙고를 잃어버리지 않는 의연한 사람
의 속성이다. 분노의 격정을 신속하게 단행하지 않는 격정은 아예 하
지 않는다. 격정은 쉽게 잊는다. 그러나 증오의 열정은 깊이 뿌리 내
리고 적대자에게 원한을 갚기 위해 시간을 들인다. ─ 어떤 아버지
나 교사는 만약 그들이 (변명이 아닌) [자식이나 학생들의] 사죄에 귀

를 기울일 인내심만 있다면 벌을 줄 수 없을 것이다. 격분한 상태에
서 여러분에게 거친 말을 하려고 분노에 차서 여러분 방에 들어서는
이에게는 친절한 말로 앉게 할 필요가 있다. 만약 여러분이 이 일에
성공한다면, 그의 책망하는 마음은 이미 누그러진다. 왜냐하면 앉았
을 때의 안락함은 서 있을 때의 위협적 거동이나 외침과는 잘 통합될

수 없는 어떤 이완상태이기 때문이다. 이에 반해서 (욕구능력에 속하
는 심정인) 열정은 아무리 격렬할지라도 자기 목적을 달성하기 위해
시간을 갖고 숙고한다. ─ 격정은 둑을 부숴버리는 물처럼 작용하고
열정은 둑의 바닥을 점점 더 깊이 파고 들어가는 조류처럼 작용한다.
격정이 건강에 미치는 작용은 뇌졸중 같은 것이며, 열정은 폐결핵이
나 쇠약과 같이 건강에 작용한다. ─ 격정은 비록 두통이 뒤따르기는

하지만 사람들이 한숨 자고 나면 깨는 취기 같지만, 열정은 삼킨 독이나 신체장애에서 생기는 병과 같다. 이러한 병은 내과나 외과의 정신과 의사를 필요로 하며 의사는 대부분 근본적으로 처방하지 않고 언제나 그저 임시방편적 치료제만 처방할 뿐이다.

일반적으로 격정이 많은 만큼 열정은 적다. 프랑스인이 그 예다. 프랑스인은 이탈리아인과 스페인인(또한 인도인과 중국인)과 비교해 볼 때 활력 때문에 잘 변한다. 이 사람들은 원한을 가지면 복수를 꾀하고 사랑하게 되면 망상에 이를 정도로 끈질기다. ─ 격정은 솔직하고 개방적인 데 비해 열정은 계략적이고 은밀하다. 중국인은 영국인이 성급하고 쉽게 화를 내는 것이 '타타르인 같다'고 비난한다. 반면에 영국인은 중국인이 노골적인 (또는 태연한) 사기꾼들이며, 이러한 비난을 들어도 그 열정이 전혀 흔들리지 않는 자들이라고 비난한다. ─ 격정은 한숨 자고 나면 깨는 취기와 같지만, 열정은 점점 더 깊이 둥지를 트는 어떤 표상을 골똘하게 생각하는 망상 같다고 볼 수 있다. ─ 사랑하는 이는 사랑할 때도 여전히 잘 볼 수 있지만, 사랑에 푹 빠진 이는 사랑하는 대상의 결점을 못 볼 수밖에 없게 된다. 비록 그런 사람도 결혼하고 8일 뒤면 그의 시각을 되찾는 것이 일반적이지만 말이다. ─ 격정이 발작처럼 엄습하는 이는 아무리 좋은 성질의 격정일지라도 정신착란자와 비슷하다.

VII 253
B 205
A 206

그러나 그런 사람도 곧바로 이것을 후회하므로 이것은 사람들이 경솔함이라고 명명한 발작일 뿐이다. 많은 사람은 심지어 자기가 격노할 수 있기를 바라기도 한다. 소크라테스는 격노하는 것이 때로는 좋은 일이 아닐까 하는 의구심을 가졌다. 그러나 사람들이 성을 내야 할지 말아야 할지에 대해 냉정하게 생각할 수 있을 정도로 격정을 자기 통제력 안에 둔다는 것은 모순적이다. ─ 이와 달리 그 누구도 열정을 소망하지는 않는다. 자기가 자유로울 수 있다면 대체 누가 자신을 사슬에 묶어두려 하겠는가?

특별한 격정들에 대하여

A

격정을 마음으로 다스리는 일에 대하여

§ 72. 무정념의 원리인 현자는 결코 격정에 빠져서는 안 된다는 것
이, 심지어는 자신의 가장 친한 친구의 재난을 동정하는 격정에도 빠
져서는 안 된다는 것이 **스토아학파**에서는 전적으로 올바르고 숭고한
도덕원칙이다. 격정은 (많건 적건) 사람을 맹목적으로 만들기 때문이
다. ─ 그럼에도 자연이 우리 안에 격정의 소질을 심어놓은 것은 자
연의 지혜였다. 그리고 이것은 필요할 만큼 강함을 이성이 아직 갖추
기 전에 **잠정적으로** 고삐를 잡기 위한 것이었다. 즉 이것은 선한 것을
향한 도덕적 동기들에 정념적인(감성적인) 자극의 동기들을 이성에
대한 일시적 대용물로 추가해서 활기를 주려는 것이었다. 그렇지만
그밖의 경우 격정은 그 자체로만 볼 때 항상 현명하지 못한 것이다.
격정은 자기 자신의 목적을 추구하는 일을 스스로 할 수 없게 만든
다. 그러므로 격정이 자신 안에서 고의적으로 발생하도록 하는 것은
지혜롭지 못한 짓이다. ─ 그럼에도 이성은 도덕적으로 ─ 선한 것을
표상할 때 자기 이념들을 그 기초에 놓인 직관들(사례들)과 연결함으
로써 의지에 활기를 불어넣을 수 있다. ─ (대중이나 홀로 있는 자기
자신에 대한 종교적이거나 정치적인 강연에서 말이다.) ─ 그러므로 이
성은 격정의 결과로서가 아니라 원인으로서 선에 관해 영혼에 활기
를 줄 수 있다. 여기서 이러한 이성은 그럼에도 언제나 고삐를 쥐고
있으며, 선한 결의에 대한 **열광**을 불러일으킨다. 그러나 이 열광은 원
래 **욕구능력**에 속한다고 평가해야만 하지 더 강한 감성적 감정인 격
정에 속한다고 평가해서는 안 된다.

B 206

A 207

Ⅶ 254

충분한 영혼의 강함에서 무정념이라는 천부적 재능은 앞서 말했듯이 (도전적 의미에서) 행운의 **둔감함**이다. 그러한 기질을 갖고 태어난 자가 바로 그렇다고 해서 아직 현자인 것은 아니지만 그럼에도 다른 이들보다 더 쉽게 현자가 될 수 있는 특혜를 자연에서 받고 있다. B 207

대체로 격정 상태를 이루는 것은 하나의 특정한 감정의 강함이 아니라 이 감정을 그 상태에서 (쾌 또는 불쾌의) 모든 감정을 합친 것과 비교하는 숙고가 결여된 것이다. 어떤 축하연에서 봉사자가 아름답고 진기한 유리잔을 나르다 일에 서툴러서 깨뜨렸을 때, 만약 이 부자가 그 순간에 이 한 가지 상실된 즐거움을 부유한 자로서 그의 행운이 그에게 제공하는 모든 즐거움의 양과 비교한다면, 그는 이 우발적인 사고를 아무것도 아닌 것으로 여길 것이다. 그러나 지금 그는 (그런 계산을 머릿속으로 빨리 하지 못한 채) 그저 이러한 고통의 감정 하나에만 자신을 모두 맡긴다. 따라서 그에게 그때 마치 그의 전체 행복이 상실된 것 같은 기분이 드는 것은 놀랄 만한 일이 아니다. A 208

B
다양한 격정 자체에 대하여

§73. 주체로 하여금 있는 그 상태에 머무르도록 촉구하는 감정은 **쾌적**하다. 그러나 그로 하여금 떠나도록 촉구하는 감정은 **불쾌**하다. 의식과 결합되면 전자는 **만족**이라고 불리고 후자는 **불만족**이라고 불린다. ── (어떤 고통에 대한 걱정으로도 억제되지 않는) 들뜬 기쁨과 (어떤 희망으로도 누그러지지 않는) 침통한 슬픔인 비탄은 생명을 위협하는 격정이다. 그럼에도 슬픔보다는 기쁨으로 더 많은 사람이 갑자기 생명을 잃었다는 사실을 우리는 죽은 사람 명단으로 알고 있다. 왜냐하면 기대하지 않았는데도 헤아릴 수 없는 행운에 대한 전망이 열리자 마음은 희망이라는 격정에 자신을 전적으로 맡겨버리고 그리하여 B 208

A 209; Ⅶ 255

격정은 질식을 일으키는 데까지 상승하기 때문이다. 이에 반해 언제나 두려운 비탄에 대해서는 자연스럽게 언제나 마음에서 반항이 일어난다. 그러므로 비탄은 그저 서서히 죽음을 야기한다.

경악은 갑작스레 자극된 공포로 마음의 자제력을 무너뜨린다. 깜짝 놀람이 경악과 비슷한 것인데, 이것은 (아직 망연자실하게 만들지는 않지만) 당혹스럽게 만들며, 마음을 각성시켜서 숙고하게 만든다. 이것이 감탄의 자극제가 된다.(이런 감탄은 이미 자신 안에 숙고를 포함한다.) 경험자들에게는 이런 일이 그렇게 쉽게 일어나지 않는다. 그러나 일상적인 것이 깜짝 놀라게 할 때 그것을 한 측면에서 표상하는 일은 기술의 일종이다. 분노는 경악의 일종인데, 이런 경악은 동시에 해악에 저항하는 힘을 신속히 자극한다. 어떤 막연한 해악으로 위협하는 대상에 대한 공포가 걱정이다. 걱정을 일으키는 특별한 객체를 알지 못한 채 걱정에 매달릴 수 있으니, 이것은 한낱 주관적 원인(병적 상태)에서 오는 일종의 답답함이다. 치욕은 현존하는 하나의 인격에 대한 걱정스러운 경멸에서 오는 불안이고, 그 자체로 하나의 격정

B 209 이다. 이밖에도 어떤 사람은 자기가 부끄러워할 것이 현존하지 않는데도 예민하게 치욕을 느낄 수 있다. 그러나 이것은 격정이 아니라 비탄과 같은 하나의 열정인데, 이 열정은 경멸하면서 지속적이고 쓸데없이 자기 자신을 괴롭히는 짓이다. 이에 반해 격정으로서 치욕은 반드시 갑작스럽게 나타난다.

A 210 일반적으로 격정들은 병적 발작들(징후들)이며, (브라운 체계[1]와의 유비에 따라) 강함에서 오는 왕성한 격정과 약함에서 오는 무기력한 격정으로 구분할 수 있다. 왕성한 격정은 흥분을 일으키는 것이며 그로써 사람을 자주 기진맥진하게 한다. 무기력한 격정은 생명력을 이완시키며, 바로 이런 이완작용으로 곧잘 회복을 준비하는 성질이 있다. ─ 격정을 동반하는 웃음은 경련적 환희다. 울음은 운명이나 다

른 사람들에 대해 그들에게서 받은 모욕 같은 것에 무기력하게 화내는 고통스러운 느낌을 수반한다. 이 느낌이 비애다. 그러나 웃음과 울음 이 둘은 기분을 풀어준다. 왜냐하면 이것은 감정을 쏟아냄으로써 생명력의 어떤 방해에서 벗어나게 하기 때문이다. (그러므로 사람들은 소진할 때까지 웃으면서도 눈물이 날 때까지도 웃을 수 있는 것이다.) 웃음은 **남성적**인 데 반해서 울음은 **여성적**이다. (남자의 경우에는 여자 같은 짓이다.) 갑자기 눈물을 쏟는 일은 아량을 베풀지만 손쓸 길이 없이 타인의 고난에 동참할 때만 남자에게 허용된다. 남자에게 눈물은 눈 안에서 비칠 뿐 방울로 떨어지게 해서는 안 되며, 더욱이 흐느껴 울어서 역겨운 음악이 연주되게 해서는 안 된다. Ⅶ 256

겁과 용기에 대하여 B 210

§74. 걱정, 불안, 전율 그리고 경악은 공포의 등급, 즉 위험에 대한 거부감의 등급이다. 성찰하면서 이 위험을 떠맡으려고 마음을 다잡는 것이 용기다. 어떤 것으로도 쉽게 공포에 빠지지 않는 내감의 강함이 대담성이다. 용기가 결연된 것이 비겁*이고 대담성이 결여된 것이 A 211 소심함이다.

놀라지 않는 자는 대담한 자다. 성찰하면서도 위험에서 물러서지 않는 자는 용기가 있는 것이다. 위험 중에서도 용기가 지속되는 자는 용감한 것이다. 위험에 처했으면서도 위험을 알지 못하기에 실행하는 경솔한 자는 무모한 것이다. 위험을 알면서도 감행하는 자는 **모험적**이다. 자기 목적을 달성할 수 없음을 뻔히 보면서도 (벤더에서 카를 12세처럼) 매우 큰 위험에 자신을 내맡기는 자는 무모한 자다. 또한

---

* (엄지를 절단한 자에서 유래한) '비겁자(Poltron)'라는 말은 후기 라틴어에서 비겁자(murcus)라는 말과 함께 제시됐는데, 전쟁에 나가지 않기 위해 엄지를 자른 사람을 뜻했다.

터키인은 그들 중 (아마도 아편 때문에) 용감한 자들을 **미친놈**이라고 부른다. ─ 비겁함은 그래서 **명예롭지 못한 의기소침함**이다.

　놀람은 쉽게 공포에 빠지는 습관적 성질은 아니다. 이런 성질은 소심함이라고 불린다. 놀람은 오히려 대부분 그저 신체적 원인들에 달린 것으로, 갑작스럽게 부딪친 위험에 충분히 대비하지 못했다고 느끼는 그저 하나의 **상태**이자 우연한 성향이다. 잠옷을 입고 있는 한 야전사령관에게 예기치 않았던 적군이 접근해왔다고 보고되면 그의 심장의 피는 한순간 멈출 수 있다. 그리고 어떤 한 장군에 대해 그의 주치의는 장군이 위 안에 위산이 있을 때 용기 없이 소심했다고 적어놓았다. 그러나 **담대함**은 단순히 기질적 속성이다. 그에 반해 용기는 원칙들을 따르는 일이며 하나의 덕이다. 결연한 사나이에게는 이성은 자연이 그에게 가끔 거절하는 강함을 갖춰준다. 전투 중 놀라는 일은 심지어 시원하게 배설하게도 만드는데, 이러한 배설은 ('심장을 제자리에 가지고 있지 않다'는) 조롱을 속담으로 만들기도 했다. 그러나 사람들은 전투에 임하라는 작전명령이 발령되면 용변 볼 장소로 급히 가는 해군 병사들이 그 뒤 전투에서 가장 용감했다는 사실을 알게 될 것이다. 바로 이러한 것을 사람들은 왜가리에서도 목격한다. 즉 송골매가 왜가리 위를 돌면 왜가리가 그에 맞서 전투태세를 갖추는 것이다.

　따라서 인내라는 것은 용기가 아니다. 이것은 여성적인 덕의 일종이다. 왜냐하면 인내는 저항하기 위해 힘을 모으는 것이 아니라 습관에 의해 고통스러운 것(참는 것)을 알아채지 못하기를 바라는 것이기 때문이다. 그렇기에 외과의사의 수술칼 아래서 또는 통풍과 결석의 고통에 **절규하는** 사람은 이러한 상태에서 비겁하거나 연약한 것이 아니다. 이것은 사람들이 길을 걷다가 아무렇게나 놓인 돌에 (엄지발가락을 ─ 이것에서 '아무렇게나 떠들다'는 말이 유래한다) 부딪힐 때 하

는 악담과 같은 것이다. 이것은 오히려 일종의 분노 폭발이다. 이러 B 212
한 폭발 중 자연은 외침을 통해 심장에서 정체된 혈액을 분산하려고
노력하는 것이다. ― 그러나 아메리카 인디언들은 특수한 종류의 인
내를 증명해 보인다. 그들은 포위당하면 용서를 빌지 않은 채 무기를
버리고 학살을 조용히 기다린다. 그런데 여기서 이런 행동이 최후의
한 사람까지 방어하는 유럽인보다 더 용기 있는 것인가? 나에게는
이것이 그저 야만적 허영의 일종으로 보인다. 즉 그들의 적이 인디언 A 213
굴복의 증거인 애원과 신음으로 자신들을 몰고 갈 수 없도록 함으로
써 그들 종족의 명예를 유지하려는 야만적 허영심이다.

그러나 격정에 찬 (그러므로 한편으로는 감성에 속하는) 용기는 이
성으로도 일깨워질 수 있고, 그래서 참된 용기(덕의 강함)일 수 있다.
명예로운 것에 대한 빈정거림이나 익살로 날카롭게 되어 바로 그 때
문에 오직 그만큼 더 위험한 조롱적 비웃음에도 위협받지 않고 자기
길을 의연하게 걸어가는 것은 많은 사람이 갖지 못한 도덕적 용기인
데, 이것은 야전이나 결투에서 자신이 용감한 자임을 증명한다. 그리
고 단호한 결의를 위해서는 의무가 명령하는 것을 다른 사람들이 업
신여길 위험까지 무릅쓰고서 높은 용기로 실행하는 일이 필요하다.
왜냐하면 명예욕은 덕에 항상 따라다니고 다른 경우 같으면 폭력을
충분히 자제하는 사람도, 사람들이 그의 명예에 대한 요구를 히죽거
리며 거절할 경우 그러한 비웃음에 대해 평정심을 유지하기는 어렵
기 때문이다.

다른 사람과 대면할 때 존경을 조금도 잃지 않으려고 용기 있는 외 Ⅶ 258
모를 내세우려는 자세를 **호기**라고 말한다. 이것은 다른 사람에게 장 B 213
점을 못 보일까 우려하는 소심함이자 염려인 **수줍음**과는 반대되는
것이다. ― 호기는 자신에게 보내는 정당한 신뢰로는 비난할 수 없
다. 그러나 저 호기*가 다른 사람이 그에 대해 내리는 판단을 아랑곳 A 214

하지 않는 모습을 누군가에게 보이는 자세라는 점에서는 뻔뻔스러움이자 염치없음이며 완화된 표현으로는 불손함이다. 그러므로 이것은 낱말의 도덕적 의미에서 볼 때 용기에 속하지 않는다.

자살도 용기를 전제하는지 혹은 언제나 그저 낙담한 상태만 전제하는지는 도덕적 물음이 아니라 단지 심리학적 물음이다. 만약 자살이 오로지 자신의 명예를 지키기 위해 생존하지 않으려고 실행된다면, 그래서 분노에서 실행된다면 용기처럼 보인다. 그러나 이것이 모든 인내를 천천히 고갈하는 그런 슬픔에 의해 고통 중에서 인내가 고갈된 것이라면, 이것은 하나의 단념이다. 인간이 더는 삶을 사랑하지 않을 때 죽음을 직시하고 죽음을 두려워하지 않는 것은 그에게 일종의 영웅주의로 보인다. 하지만 인간이 죽음을 두려워함에도 어떤 조건에서라도 삶을 사랑하는 것을 언제나 중지할 수 있고, 그래서 자살하기 위해서는 불안에서 오는 마음의 혼란이 앞서야만 한다면 그는 겁이 많아서 죽는 것이다. 그는 삶의 고뇌를 더는 견뎌낼 수 없기 때문이다. ― 자살을 수행하는 방식은 심정의 이러한 차이를 어느 정도 알게 해준다. 만약 자살을 위해 선택한 수단이 급작스럽고 가능한 구조가 있을 수 없는 치명적인 것이라면, 가령 권총 발사나 (마치 어느 위대한 군주가 포로가 되었을 때를 대비해 전쟁 중 휴대하고 다녔던 것과 같은) 극약인 염화 제2수은이나 돌을 가득 채운 주머니와 함께하

B 214

A 215

---

* 원래 이 낱말은 'Dreistigkeit'가 아니라 ('위협하다'인 'Dräuen'이나 'Drohen'에서 유래한) 'Dräustigkeit'라고 써야 한다. 왜냐하면 호기를 부리는 사람의 말투나 표정은 그가 혹시 거친 사람일 수도 있겠다고 타인이 우려하게 만들기 때문이다. 이와 마찬가지로 사람들은 'lüderlich'라 쓰지 않고 'liederlich'라 쓰고 있다. 그런데 'liederlich'는 '경솔하고 경박하지만 무례하지는 않은 선량한 사람'을 뜻하지만, 'lüderlich'는 ('썩은 고기'인 'Luder'에서 생겨난 단어로) 다른 모든 사람을 역겹게 하는 무뢰한 인간을 뜻한다.

는 깊은 물이라면 그 자살자의 용기에 대해서는 논란의 여지가 없다. 그러나 그 수단이 다른 사람이 끊을 수도 있는 새끼줄이거나, 의사가 신체에서 제거할 수도 있는 일반적 독약이거나, 다시 봉합되어 치료될 수 있는 경부절개이고 이러한 시도들에서 자살자가 구조될 경우, 일반적으로 자살 시도자 자신이 기뻐하고 결코 다시는 그러한 시도를 하지 않는다면, 이것은 약함에서 오는 비겁한 절망이지 그러한 행동을 위해 통제하려는 강한 다짐도 있어야만 하는 강건한 절망은 아니다. Ⅶ 259

이런 식으로 삶의 무거운 짐에서 해방되려고 결심하는 사람들이라고 해서 언제나 그저 비난을 받는 무가치한 영혼은 아니다. 오히려 진정한 명예에 대해 아무런 감정도 없는 자들이 그와 같은 행동을 할 거라고 사람들이 쉽게 우려할 필요가 없다. ── 그러한 행동은 항상 잔혹하고 또 인간 자신을 그러한 행동에 의해 흉물로 만드는 것이다. 그러나 그럼에도 혁명적 상태로 합법적이라고 선언된 공공연한 부정의 시대에는 (예컨대 프랑스공화국의 공안위원회의 시대에는) (예컨대 **롤랑**²⁾과 같은) 명예심 많은 사나이들이 자살로 법률에 따라 처형당하는 것을 사전에 방지하려 했다는 사실은 주목할 만하다. 아마 헌정 질서가 유지되는 상태에서는 그들 자신이 자살을 비난받을 일로 선언했을 것이다. 그럼에도 자살하는 이유는 다음과 같다. 모든 법률에 의한 처형은 굴욕적인 면이 있다. 이것은 **형벌**이기 때문이다. 그리고 그 처형이 부당한 거라면, 법률에 희생당하는 자는 이 처형을 받아들일 만한 것으로 인정할 수 없다. 그런데 그는 이것을 다음과 같이 증명한다. 즉 만약 그가 일단 죽음에 내맡겨졌다면, 그가 차라리 자유인으로서 그 죽음을 선택하고 이것을 스스로 자신에게 가하는 것이다. 그래서 (네로와 같은) 폭군들도 사형선고를 받은 자가 스스로 목숨을 끊게 허용하는 것이 호의표시라고 떠벌렸다. 이것은 명예를 B 215

A 216

더 지켜주는 일이었기 때문이다. ─ 그러나 나는 이것의 도덕성을 변호하라고 요구하지 않는다.

그런데 전사의 용기는 결투자의 용기와는 아주 다른 것이다. 만약 결투가 정부에 의해 묵인되고, 모욕을 스스로 벗는 일이 군대 내에서 어느 정도 명예로운 일로 여겨지며, 군의 최고 지휘자가 이것을 법률로 공적으로 허용하지는 않지만 그렇다고 간섭하지도 않는다 해도 마찬가지다. ─ 결투를 묵인하는 일은 국가원수가 깊이 검토하지 않은 섬뜩한 원리다. 왜냐하면 뭔가가 통용되게 하려고 목숨을 승부에 걸지만, 국가를 보존하기 위해 자기 자신의 위험을 무릅쓰고 무엇인가 해야 한다는 것을 전혀 생각지 못하는 하잘것없는 사람들이 있기 때문이다.

B 216

A 217

용감함이란 목숨을 잃을 것을 두려워하지 않으면서도 의무가 명령하는 것 안에 있는 합법적 용기다. 대담성만으로는 이것을 이룰 수 없고, 도덕적으로 비난받지 않는 상태(당당함을 자각한 정신)가 이것과 결합하지 않으면 안 된다. 겁도 없고 흠잡을 것도 없는 기사 바야르처럼 말이다.

자신의 목적과 관련해서 자신을 약화하는 격정에 대하여
(억제할 길 없는 마음의 충동)

Ⅶ 260

§ 75. 분노와 수치의 격정은 자기 목적과 관련해서 자신을 약화한다는 특징이 있다. 이것들은 모욕이라는 하나의 해악이 순간적으로 분출한 감정들이다. 그런데 이 감정들은 격렬하므로 동시에 그 해악을 막는 것을 불가능하게 만든다.

누가 더 공포를 느끼게 되나? 격렬한 분노로 창백해진 사람일까, 아니면 그때 얼굴이 붉게 달아오른 사람일까? 전자는 그 자리에서 공포를 느끼게 되겠지만 후자는 나중에 가서 (복수심 때문에) 더욱더 공포를 느끼게 될 것이다. 격렬한 분노로 창백해져서 자제력을 잃어 버린 사람은 나중에 후회할지도 모를 폭력을 사용할 정도로 격렬해 져 어쩔 줄 몰라 하는 자기 자신을 두려워하게 된다. 붉게 달아오른 상태에서 두려움은 갑작스럽게 공포로 변한다. 이것은 자기가 자기 자신을 방어할 수 없다는 것을 확실히 의식하게 될지도 모른다는 데 서 오는 공포다. ― 만약 신속히 자제하는 마음으로 이 둘이 화를 풀 수 있게 한다면, 이 둘은 건강에 해롭지 않다. 하지만 만약 그렇지 않 을 경우 이것들은 일단 생명 자체에 위험하다. 또 다른 측면에서는 B 217 그 격정이 폭발되는 일이 억제된다면, 이것들은 하나의 원한, 즉 모 욕에 맞대응하는 자세를 취하지 못한 것에 대한 모욕감을 남긴다. 그 러나 이러한 모욕감은 만약 그와 같은 격정들이 단지 말로 표출될 수 만 있어도 피할 수 있다. 그러나 이 두 격정은 말문을 막으며 이로써 A 218 자신을 불리한 상황에 놓는 그런 종류의 것이다.

격분은 마음의 내적 훈육으로 고칠 수도 있다. 그러나 수치심이 일 어날 때 과민한 명예감정이라는 약점은 그렇게 쉽게 통제되지 않는 다. 왜냐하면 (그 자신이 이러한 약점으로 시달렸던, 즉 공석에서 연설 하는 것의 수줍음에 시달렸던) **흄**도 말했듯이, 강한 척하는 첫 시도가 실패할 경우 이런 실패가 사람을 더욱 소심하게 만들기 때문이다. 그 래서 예의에 관한 그들의 판단이 거의 문제되지 않는 그런 사람들과 교제를 시작하면서 우리에 대한 다른 사람의 판단이 중요하다는 생 각에서 차츰차츰 벗어난다. 이때 내심 그들과 동등하다는 판단에서 자신을 소중히 여기는 것 외에 다른 수단은 없다. 여기에서 습관은 수 줍음과도 그리고 모욕하는 **뻔뻔함**과도 거리가 먼 솔직함을 낳는다.

우리는 물론 다른 사람의 **수치**를 하나의 고통으로 동정하지만 다 른 사람의 **분노**에 대해서는 만약 우리에게 분노를 일으킨 그러한 자 VII 261 극이 이 격정 안에 지금 있다고 이야기할 경우 동정하지 않는다. 왜

나하면 이러한 상태에 있는 사람 앞에서 (그가 당한 모욕에 대한) 그의 이야기를 듣는 사람 자신도 안전하지 못하기 때문이다.

의아함(즉 예기치 않은 것을 마주친 당혹)은 처음에는 자연스러운 사유 활동을 방해하며 그렇기에 불편하다. 그러나 의아함은 예기치 않은 표상에 대한 사유의 흐름을 더욱더 촉진하고 쾌적하게 하는 감정의 자극이다. 이러한 격정은 원래 경이라고 부른다. 왜냐하면 사람들이 이것이 그 지각이 각성 상태에서 일어나는지 꿈 상태에서 일어나는지를 확실하게 모르기 때문이다. 풋내기는 세상 속에서 모든 것에 감탄한다. 그러나 다양한 경험으로 세상 물정을 잘 알게 된 사람은 그 무엇에 대해서도 놀라지 않는 것을 자기 원칙으로 삼는다. 이와 달리, 탐구의 눈길로 자연의 질서를 자연의 매우 큰 다양성을 고려하면서 추적하는 사람은 미처 예기하지 못했던 지혜를 넘어 놀라게 된다. 즉 그는 사람들이 그것에서 벗어날 수 없는(감탄으로는 충분하지 않은) 경탄을 하게 된다. 그러나 그럴 경우 이러한 격정은 오직 이성으로만 환기되는 것이다. 따라서 이것은 초감성적인 것의 심연이 그의 발 앞에서 열리는 것을 목격하는 신성한 오싹함의 일종이다.

자연이 건강을 기계적으로 촉진하는 수단인 격정에 대하여

§76. 건강은 몇 가지 격정으로 자연에 의해 기계적으로 촉진된다. 그중 특히 웃음과 울음이 그런 격정이다. 만약 사람들이 (저항을 걱정하지 않고) 용감하게 야단을 쳐도 된다면, 분노는 소화를 돕는 상당히 확실한 수단이기는 하다. 많은 가정주부는 아이들과 하인들을 꾸짖는 것 말고는 다른 어떤 활동도 열정적으로 하지 않는다. 그때 아이들과 하인들이 꾹 참기만 한다면 생명력이 기계적으로 움직이는 것으로 쾌적한 피로를 일정하게 발산할 것이다. 그러나 이러한 수단은 그 하인들의 우려스러운 저항으로 위험 또한 없지 않다.

그에 반해 선한 (악의 없는, 비꼬지 않는) 웃음은 더 호감이 가고 효과적이다. 이것은 곧 '새로운 오락거리를 찾아낼' 사람에게 상금을 건 저 페르시아 왕에게 추천되었을 게 틀림없다. ─이때 재채기와 Ⅶ 262 같은 띄엄띄엄 (말하자면 경련적으로) 터지는 공기호흡은 그 소리를 억제하지 않고 내지를 수만 있다면 작지만 활기를 주는 데 효과가 있으며, 횡격막의 건강한 운동으로 생명감을 강화한다. 우리를 웃게 만드는 자는 고용된 익살꾼(어릿광대)일 수도 있고, 친구 중 익살맞은 장난꾸러기 한 명일 수도 있다. 이런 사람은 악의가 전혀 없어 보이지만 "보기와는 딴판인 자"로 함께 웃는 대신 순박하게 꾸밈으로써 긴장된 기대를 (마치 팽팽해진 줄을 그렇게 하듯이) 갑자기 이완시킨다. 이렇게 웃음은 언제나 소화에 필요한 근육을 진동하는데, 웃음은 이런 진동을 의사의 지혜가 하게 될 것보다 훨씬 더 잘 촉진한다. 또 자칭 현명한 자가 잘못 짚어서 아주 멍청하다는 걸 드러내면 그의 희생을 대가로 치르기는 하지만 똑같은 효과를 낳는다.* A 220

---

* 이와 관련된 예가 많이 있겠지만 나는 여성의 귀감이던 고 카이젤링 백작 부인에게 직접 들은 사례 하나만 들겠다. 그 당시 (오스트로그 교회관구로부터) 폴란드 내 기사단 설립에 관한 관리로 위임된 사그라모소 백작이 그녀 집을 방문했다. 쾨니히스베르크에서 태어났지만 함부르크에서 몇몇 부유한 상인들의 즐거움을 위해 이런저런 물건을 수집하고 그 진열장을 관리하는 자리에 고용된 석사학위자가 프로이센의 자기 친척들을 방문했다가 우연히 그 자리에 합석했다. 백작은 이 사람에게 말을 걸고 싶어서 엉성한 독일어로 "제 '안트(Ant)'[제대로 된 독일어로 발음하면, '숙모'를 뜻하는 'Tante']가 암부르크(Amburg)[제대로 된 발음은 '함부르크']에 있었다"고 말했다. 이 말을 듣고 그 석사학위자는 즉시 "왜 당신은 그걸 껍질을 벗겨 박제해두지 않으셨습니까?"라고 물었다. 석사학위자는 독일어로 숙모를 뜻하는 '탄테'의 영어 단어인 'Ant'를 독일어 '엔테'(Ente)로 알아듣고, 죽은 오리를 갖는 것은 매우 드문 일이라고 생각해서 그것을 박제로 보관하기 위해 확보하지 못한 것을 안타깝게 여긴 것이다. 이 오해가 불러온 웃음이 어땠을지는 충분히 상상이 가능하다.

울음은 훌쩍거리면서 (경련적으로) 숨을 들이켜는 일인데 눈물이
쏟아지는 것과 결합될 경우에는 고통을 누그러뜨리는 수단으로, 웃
음과 마찬가지로 건강을 위한 자연의 사전준비다. 사람들 말대로는
다른 사람들로부터 위안받고 싶어 하지 않는 미망인은 실제로는 쏟
아지는 눈물을 저지하는 법을 알고 싶어 하지 않는 미망인인데, 이들
은 자기도 모르게 혹은 원래는 원하지 않았는데도 자기 건강을 돌보
는 것이다. 만약 이 상태에서 분노가 일어난다면 눈물이 쏟아지는 것
을 곧장 막을 테지만 그녀 건강에 해가 된다. 물론 언제나 괴로움만
이 아니라 분노도 여자와 아이들에게 눈물을 흘리게 할 수 있기는 하
지만 말이다. ── (분노의 격정이든 비애의 격정이든) 강한 격정의 경우
해악에 대해 **자신이 무기력하다는** 감정은 외적 · 자연적 표시들의 도
움을 요청한다. 이때 그리고 이런 표시들은 (약자의 권리에 따라) 남
성적 영혼을 적어도 무장해제는 시킨다. 그러나 성적 나약함인 이러
한 섬세한 표현은 동정심 많은 남자를 울리지는 않더라도 눈에 눈물
이 고이도록 동요시킨다. 첫 경우에 남자는 그의 남성다움을 모독하
는 꼴이 되고, 그의 여성성으로 좀더 약한 편을 보호하지는 못할 것
이다. 그러나 둘째 경우에도 이성과 관련해서 남성다움을 의무로 갖
게 하는 동정심을 그에게 보여주지는 못할 것이다. 그리고 곧 그 의
무는 여성을 보호하는 것이다. 이것은 기사를 다룬 책들이 용기 있는
남성에게 귀속시키는 성격이다. 그 성격은 바로 이러한 보호를 본질
로 한다.

그런데 젊은이들은 부모를 위해서 축하 파티를 열려 할 때도 비극
을 기꺼이 올리는데, 왜 젊은이들은 비극을 더 좋아하고, 이와 반대
로 노인들은 익살극까지도 포함한 희극을 더 좋아할까? 전자의 이유
중 일부는 아이들에게 위험한 일을 감행하도록 하는 이유와 같다. 이
것은 아마도 자신의 힘을 시험해보려는 자연의 본능에 따른 것이다.

그러나 그 이유 중 일부는 또 다음과 같다. 즉 젊은이들의 감각은 가볍기에 마음을 아프게 하거나 놀라게 하는 인상들에 대해 작품이 끝나자마자 아무런 우울감도 남아 있지 않다. 오히려 강렬한 내적 운동 뒤에 오는 쾌적한 피로만이 남아서 새롭게 기쁨으로 전환되기 때문 B 222 이기도 하다. 이와는 다르게 노인들에게는 이러한 인상이 그렇게 가볍게 사라지지 않는다. 그들은 명랑한 기분을 그렇게 쉽게 자기 자신 안에서 다시 만들어낼 수 없다. 눈치 빠른 기지를 지닌 어릿광대는 그의 구상으로 노인들의 횡격막이나 내장에다 건강에 좋은 진동을 일으킨다. 그렇게 함으로써 노인들은 그 후 잇따르는 즐거운 만찬장 A 223 에서 식욕이 왕성해지고 수다로 건강에 도움을 준다.

일반적인 주해

내적이고 신체적인 특정 감정들은 격정과 친족관계다. 그렇지만 이 것들은 격정 자체는 아니다. 이것들은 단지 순간적이고 지나가 없어 지는 것이며, 자신에 대해 아무런 흔적도 남기지 않는 것이다. 이것 들은 마치 어린아이들이 밤에 유모에게 유령 이야기를 들을 때 그들 을 덮치는 공포와 같다. — 마치 찬물을 뒤집어쓴 것과 같은(소나기가 올 때처럼) 전율도 이에 속한다. 위험을 지각할 때가 아니라 단지 근 심할 때 (위험이 현존하지 않는다는 것을 아는데도) 이런 느낌이 드는 것이다. 이러한 느낌이 끔찍함의 시작이 아니라 단지 갑작스러운 심 VII 264 경변화일 때 이것은 꼭 불쾌하지만은 않다.

현기증과 뱃멀미 자체도 그 원인이 그러한 관념적 위험군에 속하는 것으로 보인다. — 사람들은 땅에 깔린 널빤지 위는 비틀거리지 않고 걸을 수 있다. 그러나 그 널빤지가 낭떠러지 사이에 놓였거나, 신경 B 223 이 약한 사람에게는 구덩이 위에만 놓여 있어도 위험에 대한 근거 없 는 걱정이 실제로 위험한 것이 된다. 배는 조그마한 바람에도 가라앉았다 솟았다 하며 반복해서 흔들린다. 가라앉을 때는 솟아오르려는 자연의 노력은 솟으려고 한다. (모든 가라앉음은 일반적으로 위험 표상을 수반한다.) 그래서 아래에서 위로 향하는 위와 내장의 운동이 구토를 일으키는 자극과 기계적으로 결합되어 있다. 그때 만약 환자가 선실 안에서 선창 밖을 내다보면서 하늘과 바다를 교대로 보게 되면, 좌석이 자기 밑으로 떨어지는 것 같은 착각이 점점 심해지면서 그 구토의 자극 또한 더 커지게 된다.

그 자신은 냉정하면서도 일상적으로는 오직 지성과 강한 상상력을 지닌 배우는 진짜 격정에 의해서보다 꾸며진(인위적) 격정으로 사람 마음을 움직일 수 있다. 진지하게 사랑에 빠진 사람은 애인을 마주 대하고 있으면 당황하고 어색해하며 마음을 끌지 못한다. 그러나 단지 **사랑에 빠진 척**하는 데 평소에도 재간이 있는 사람은 자기 역할을 너무도 자연스럽게 연기할 수 있다. 그래서 속아 넘어간 불쌍한 사람들은 그의 올가미에 꼼짝없이 걸린다. 이것은 그의 마음이 사로잡히지 않아서 머리가 명료하고, 그래서 사랑하는 사람의 겉모습을 매우 자연스럽게 흉내 내기 위한 자기의 힘과 숙련성을 자유롭게 사용하는 것이다.

선량한(마음을 연) 웃음은 (환희의 격정에 속하는 것으로) **사교적**이고 음흉한 웃음(비웃음)은 적대적이다. (가발 대신 잠자리 두건을 머리에 쓰고 모자는 팔에 끼고서 학문에 대한 고대인과 근대인의 장점을 논쟁하면서 위엄 있게 돌아다니는 테라손[3]처럼) 방심한 이는 선량한 웃음을 일으킨다. 그는 **폭소**를 자아내지만 그렇다고 해서 **비웃음**을 받지는 않는다. 몰상식하지 않은 **괴짜**는 폭소를 하지만 이것이 그에게 별 손해는 아니어서 그도 함께 웃는다. ― 기계적으로 (영혼 없이) 웃는 사람은 천박하고 모임을 재미없게 만든다. 그 자리에서 전혀 웃지 않는 사람은 기분이 까다롭거나 옹졸하다. 어린이들은, 그중에 특히 소녀들은 숨김없이 억지 아닌 웃음을 웃는 습관을 일찌감치 들여야만 한다. 쾌활한 얼굴 표정은 이때 점점 내면에도 각인되어 명랑함과 친절함 그리고 사교적 **성향**의 기초가 되기 때문이다. 이러한 성향은 호의라는 덕을 향한 이런 접근을 일찍부터 준비한다.

어떤 사람을 모임에서 익살의 웃음거리로(놀림감으로) 삼되 그 안에 가시가 없고(비꼼이 없는 조소일 뿐이고) 타자도 이때 자신의 익살로 비슷하게 응수할 대비가 되어 있어서 그 모임을 유쾌한 즐거움으로 채울 준비가 되어 있는 것은 그 모임에 선량하면서도 세련된 생명력을 불어넣는 것이다. 그러나 만약 어떤 순박한 사람을 희생으로 삼아서 익살을 부린다면, 그래서 사람들이 그를 하나의 공처럼 다른 사람에게 던지고 받는다면 이러한 웃음은 남의 불행을 보고 기뻐하는 것이므로 아무래도 야비한 짓이다. 그리고 만약 이러한 일이 얹혀사는 사람에게 일어난다면, 그 사람은 배불리 먹기 위해 경박한 유희에 자신을 내놓거나 웃음거리로 만들도록 한다. 이런 짓은 그 사람에 대해 호탕하게 웃을 수 있는 사람들이 나쁜 취미를 가졌으며 도덕 감정이 무뎌졌다는 증거다. 그러나 임금의 내장을 건강에 도움이 되도록 B 225; A 226 흔들기 위해 중신을 조롱함으로써 웃음으로 식탁의 흥을 돋우어야 하는 궁정 익살꾼의 역할은, 사람들이 어떻게 받아들이든, 모든 비난을 무시하거나 어떤 비난이라도 감수하는 것이다.

열정에 대하여

§77. 어떤 욕망이 그 대상의 표상보다 앞서서 전개되는 주관적 가능성이 **성향**이다. ——사람들이 그 대상을 알기도 전에 이 대상을 소유하려는 욕구능력의 내적 강요가 **본능**이다.(동물의 짝짓기 본능이나 새

끼를 보호하는 어미의 본능 같은 것 말이다.) — 주관에 규칙으로 작용하는 감성적 욕망은 **경향성**이라고 불린다. — 어떤 선택과 관련하여 그 경향성과 모든 경향성의 총계를 비교하려는 이성을 방해하는 그런 경향성이 **열정**이다.

쉽게 알 수 있듯이 열정은 침착한 성찰과도 함께할 수 있고 격정처럼 무분별한 것이 아닐 수도 있다. 그래서 열정은 또한 질풍 같고 일시적인 것이 아니라 뿌리가 깊고 합리화하는 작업과도 공존할 수 있다. 이런 이유에서 열정은 자유를 가장 크게 훼손하며, 격정이 일종의 취기라면 열정은 일종의 병이다. 그런데 이 병은 어떤 약도 들지 않고, 그래서 앞서 말한 일시적 마음의 동요들보다 훨씬 더 나쁘다. 저 일시적인 마음의 동요들은 적어도 개선해보려는 희망이라도 불러일으키지만 이런 것과 달리 열정은 개선마저도 거절하는 어떤 매혹이다.

사람들은 열정을 (명예욕, 복수욕, 지배욕 등과 같이) **병적 욕망**이라고 부른다. 사랑에 빠졌을 때를 제외하고는 사랑의 열정은 예외적이다. 그 이유는 **사랑**의 욕망은 (즐겨서) 충족되면 그 욕망은 적어도 바로 그 동일한 사람에 대해서는 곧바로 그치기 때문이다. 그러므로 사람들은 정열적인 사랑에 빠지는 것을 (다른 한쪽이 고집스럽게 거절하는 한에서는) 열정으로 거명할 수 있지만 어떤 육체적 사랑도 대상과 관련해서 어떤 하나의 **지속할 수 있는** 원리를 지니지 않았으므로 열정으로 거명할 수 없는 것이다. 열정은 언제나 경향성이 주체에게 지정한 목적에 따라 행위를 한다는 주체의 원칙을 전제한다. 그래서 열정은 항상 주체의 이성과 결합되어 있으므로 순수한 이성 존재자에게 열정을 부가할 수 없는 것처럼 단순한 동물들에게는 부가할 수 없는 것이다. 명예욕이나 복수욕 등은 결코 완전하게 충족될 것이 아니므로 병적 열정이라고 치부된다. 이러한 병에는 [치료제는 없고] 진

Ⅶ 266
B 226

A 227

정제만 있다.

§78. 열정들은 순수 실천 이성에는 암 질환이며 대부분 치료되지 않는다. 왜냐하면 환자가 치료되기를 원치 않으며 치료를 가능하게 하는 유일한 원칙을 따르려고 하지 않기 때문이다. 이성은 감성적·실천적인 것에서도 원칙에 따라 보편적인 것에서 특수한 것으로 나아 간다. 그 원칙은 마음에 맞는 하나의 경향성 때문에 다른 모든 경향 B 227 성을 그늘이나 구석에 두지 말고, 그 경향성이 모든 경향성의 총합과 공존하도록 유의하라는 것이다. ── 어떤 한 사람의 명예욕은 언제나 이성에 의해 허가된 그의 경향성의 방향일지도 모른다. 그러나 그러 A 228 한 **명예욕**이 있는 자는 또한 다른 사람들에게서 사랑받고자 하며, 다른 사람들과 마음에 맞는 교제를 필요로 하고, 자기 재산 상태의 유지 등과 같은 것도 필요로 한다. 그러나 이제 그가 **열정적으로** ── 명예를 갈망하면, 그는 경향성이 그를 그리로 똑같이 이끄는 그러한 목적들에 대해서는 눈을 감는다. 그리하여 다른 사람들에게 미움을 받거나, 교제에서 회피당하거나, 소비로 가난하게 될 위험에 빠지는 일등은 일체 간과한다. 이것은 (자기 목적의 일부를 **전체**로 만드는) 우둔함이다. 이 우둔함은 그것의 형식적 원리에서조차 이성 자체와 정면으로 모순된다.

이상과 같은 이유로 열정들은 격정들과 같이 해악이 많은 **불행한** Ⅶ 267 심정들일 뿐만 아니라 예외 없이 악하다. 그리고 아주 선량한 욕망도 설사 이것이 (내용상으로는) 덕에, 즉 선행에 속한다고 할지라도 (형식상으로는) 열정으로 변하자마자 단지 **실용적** 차원에서 변질되기 쉬울 뿐만 아니라 **도덕적으로도** 물리쳐져야 한다.

격정은 자유와 자기 자신에 대한 지배를 한순간에 깨뜨린다. 열정 B 228 은 자유와 자제력을 단념하고 노예근성에 젖어 쾌락과 만족을 발견한다. 그렇지만 이성은 내적 자유에 대한 호소를 중단하지 않으므로 그 불행한 자는 자기 사슬 아래서 탄식한다. 그럼에도 그는 이 사슬에서 벗어날 수 없다. 이 사슬은 말하자면 이미 그의 수족과 유착되어 버렸기 때문이다.

A 229   하지만 열정들도 자기를 찬양하는 자들을 발견했다. (악한 것들도 원칙들 안에 한번 자리를 잡으면 찬양하는 자들이 어딘가에는 있지 않겠는가?) 그래서 하는 말이 "세상의 어떤 위대한 것도 격렬한 열정 없이는 이행되지 않았다. 하늘의 뜻이 현명하게도 열정을 마치 용수철처럼 인간의 자연본성 안에 심어놓았다"는 것이다. ─ 수많은 경향성과 관련해서 자연스러운 동물적 요구인 이런 경향성을 살아 있는 자연물은 (인간이라는 살아 있는 자연물 자체도) 가지지 않을 수 없다고 사람들은 인정할지도 모르겠다. 그러나 하늘의 뜻은 경향성이 **열정들이** 되어도 좋다고, 아니 열정들이 되어야만 한다고 원하지 않았을 것이다. 경향성을 이러한 관점에서 구상화하는 것이 어떤 시인에게는 허용될지도 모르겠다. (즉 **포프**[4]와 같이 "이제 이성이 하나의 자석이라면 열정은 바람이다"라고 말하는 것 말이다.) 그러나 철학자는 이러한 원칙을 가까이 오게 해서는 안 된다. 인류가 적절한 정도의 문화에 이르기 전에 열정을 의도적으로 인간의 자연본성 안에 집어넣은 하늘의 잠재된 설비라고 포상을 주기 위해서일지라도 말이다.

열정에 대한 분류

B 229   열정들은 **자연적** (즉 선천적) 경향성의 열정들과 인간의 문화에서 생겨나는 (획득된) 경향성의 열정들로 구분된다.

VII 268   **첫째** 종류의 열정들은 **자유의 경향성**과 **성의 경향성**이다. 이 둘은 모
A 230   두 격정과 결합되어 있다. **둘째** 종류의 열정들은 **명예욕**과 **지배욕**과 **소유욕**인데, 이것들은 격정의 격렬함과 결합되어 있는 것이 아니라 어

떤 목적들을 겨냥하는 원칙의 지속성과 결합되어 있다. 전자는 뜨거운 열정이라고 부를 수 있고, 후자는 탐욕처럼 차가운 열정이라고 부를 수 있다. 그러나 모든 열정은 언제나 단지 사태에 향해진 것이 아니라 인간에서 인간에게로 향해진 욕망이다. 그리고 사람들은 비옥한 농토나 풍만한 소에 대해서는 이것을 이용하려는 경향성을 충분히 가질 수 있지만 (다른 사람들과 **공동체**를 이루려는 경향성 안에 있는) 애착을 가질 수 없고 열정은 더군다나 가질 수 없다.

A
자유를 향한 열정에 대하여

§ 79. 이것은 자연적 인간이 다른 사람들과 상호적으로 요구하는 주장을 피할 수 없는 상황에서, 그에게는 모든 경향성 중에서도 가장 격렬한 것이다.

어떤 다른 사람의 선택에 따라서만 행복할 수 있는 사람은 (그리고 그 다른 사람이 우리가 항상 원하듯이 호의적이라고 하더라도) 당연히 자신이 불행하다고 느낀다. 행복에 관한 판단에서 그의 최측근이 그의 판단과 일치할지 얼마나 확실한 걸까? ― (아직 복종하는 것에 익숙하지 않은) 야만인은 복종하는 일을 가장 큰 불행으로 안다. 그리고 이것은 아직 어떠한 공적 법률도 그를 안전하게 해주지 않는 한 훈련으로 차츰차츰 그가 복종을 참아내게 만들어줄 때까지는 당연한 것이다. 그래서 다른 사람들을 가능한 한 자기에게서 멀리 떨어져 있게 하고, 황야에 흩어져 살게 하려고 의도하는 것은 그가 끊임없이 전쟁 상태에 있기 때문이다. 엄마 몸에서 막 벗어난 아이가 다른 모든 동물과 다르게 크게 울면서 세상에 들어서는 것은 아이가 자신이 자기 손발을 이용할 능력이 없다는 것을 속박으로 여기고서 (다른 어떤 동물도 표상하지 않는) 자유에 대한 자기 요구를 곧장 알리려는 단 하나

B 230

A 231

의 이유 때문으로 보인다.* — 아라비아인들처럼 유목민족들은 (목축민들로서) 어떤 토지에도 속박되지 않았으므로 설사 완전하지는 않더라도 강제에서 자유로운 자신들의 생활양식에 그토록 강하게 집착하면서, 정착한 민족들을 깔보는 정도의 자존심을 가지고 있다. 따라서 그러한 생활양식과 떼어놓을 수 없는, 수천 년간의 고난도 그 들을 그러한 생활양식에서 벗어나게 할 수 없었다. (올레니-퉁구스족과 같은) 심지어 수렵만 하는 민족들은 이러한 자유로운 감정에 의해 (그들의 친족인 다른 민족들에서 분리되어) 자신들을 실질적으로 고상하게 만들었다. — 그래서 도덕법칙들 아래의 자유 개념은 열광이라고 불리는 격정을 일깨울 뿐만 아니라, 외적 자유에 대한 단순한 감성적인 표상은 자유 안에서 그 상태를 지속하거나 자유를 확장하려는 경향성을 권리 개념과의 유비로 격렬한 열정으로까지 높인다.

---

* 시인 루크레츠는 동물의 세계에서 주목할 만한 이러한 현상을 다음과 같이 다르게 본다.
아이는 비명으로 그 장소를 채운다. 살아가는 동안
그토록 많은 고난을 겪는 일만 남은 자에게나 어울리게도!
물론 갓 태어난 아이가 이와 같은 전망을 말할 수는 없다. 하지만 아이가 품은 불만스러운 감정이 육체적 고통 때문이 아니라 자유와 이 자유의 장애물에 대한, 즉 부당함에 대한 어떤 흐릿한 관념(이와 유사한 표상)에서 생긴다는 것은 생후 몇 개월이 경과한 어린아이의 비명과 결합된 눈물이 증명해준다. 이것은 어린아이가 어떤 대상에 접근하려 하거나 일반적으로 그저 자기 상태를 변화시키려고 애쓰지만, 이런 시도가 방해를 받는다고 느낄 때 일종의 격분을 통보하는 것이다. — 자신의 의지를 가지려 하고, 여기에 대한 방해를 모욕으로 받아들이는 이러한 동기는 그 울음의 음색을 통해 특별히 표시되며, 일종의 못된 성깔로도 표시된다. 이 못된 성깔에 대해 엄마는 벌을 주는 것이 필요하다고 보지만 일반적으로 이 성깔은 더욱더 격렬한 울음소리로 응답한다. 아이가 제 잘못으로 넘어졌을 때도 똑같은 일이 일어난다. 다른 동물들의 새끼들은 놀지만, 인간의 애들은 일찍부터 서로 싸운다. 마치 (외적 자유와 관련된) 어떤 권리 개념은 동물적으로 타고나서 즉시 발전하는 것이지 점차 학습되는 것이 아닌 것 같다.

단순한 동물에게서는 가장 격렬한 경향성(예컨대 성교의 경향성)도 열정이라고 하지 않는다. 단순한 동물들은 이성이 없기 때문이다. 이성만이 자유의 개념에 토대를 제공하고, 이 개념을 가지고 열 B 232 정과 충돌한다. 그러므로 열정은 인간에게서만 폭발할 수 있는 것이다. ─ 물론 사람들은 인간에 대해 인간은 **열정적으로** 어떤 것들을 (즉 음주, 놀이, 사냥을) 사랑하거나 (사향, 화주를) 혐오한다고 말한다. 그렇지만 이러한 여러 가지 경향성이나 기피성을 그렇다고 여러 가지 **열정**이라고 부르지는 않는다. 왜냐하면 이것들은 단지 여러 가 A 233 지 본능, 즉 욕구능력에 있는 단순히 **수동적인** 것이기 때문이다. 그래서 이런 것들은 욕구능력의 객체들에 따라 **물건으로서가** (이러한 것들은 무수하다) 아니라 인간이 다른 인간을 단지 자기 목적들의 수단 Ⅶ 270 으로 삼음으로써 인간이 서로 그들의 인격과 자유를 사용하거나 오용하는 원리에 따라 분류되어 마땅한 것이다. ─ 열정들은 원래 오직 인간과만 관련되며 오로지 인간을 통해서만 충족될 수 있다.

이러한 열정들이 **명예욕, 지배욕, 소유욕**이다.

이것들은 순수하게 직접적으로 목적과 관계하는 모든 경향성을 충족하기 위한 수단들을 갖는 데에 영향을 주는 경향성이다. 그러므로 이것들은 그러한 점에서 이성의 겉모습을 갖고 있다. 곧 이것으로만 목적들 일반이 성취될 수 있는, 자유와 결합되어 있는 능력의 이념을 추구하는 외양을 가지고 있다. 물론 임의적 의도들을 위한 수단을 갖는 일은 개별적 경향성과 이것들의 충족을 지향하는 경향성보다 훨씬 더 멀리까지 미친다. ─ 그래서 또 이런 것들은 망상의 경향 B 233 성이라고 부를 수 있다. 사물의 가치에 대한 다른 사람들의 단순한 의견을 실제 가치와 같게 평가하는 데서 이러한 망상은 성립한다.

B
복수욕이라는 열정에 대해

§ 80. 열정이라는 것이 오직 인간에서 인간으로만 향해진 경향일 수 있는데, 그러한 한에서 이것은 서로 합치하거나 상충되는 목적을 향한 것이다. 즉 이것은 사랑이거나 미움이다. 그런데 권리 개념은 직접적으로 외적 자유의 개념에서 나왔으므로 호의 개념보다는 훨씬 중요하고, 의지를 훨씬 더 강하게 움직이게 만드는 동기다. 그래서 부당한 일을 겪는 데서 오는 미움과 같은 복수욕은 인간의 자연본성에서 불가항력적으로 생기는 열정이다. 그러므로 이것이 악한 의도를 갖는다고 하더라도 이성의 준칙은 복수욕의 유비물인 허용된 권리욕망에 의해 경향성과 얽혀 있고, 그로써 가장 격렬하고 깊게 뿌리박힌 열정 중 하나다. 사그라진 것처럼 보이지만 재 가운데서 희미하게 빛나는 불씨처럼, 이것은 여전히 마음속 깊은 곳에 원한이라고 불리는 증오를 남긴다.

권리가 원하는 것이 각자에게 분배될 수 있는 곳, 그러한 곳에서 이웃 사람들과 함께하고 그들과 관계를 유지하려는 욕망은 물론 열정은 아니지만 순수 실천 이성에 의한 자유로운 의지의 규정근거다. 그러나 순전한 자기사랑으로, 즉 모든 이를 위한 법칙 수립을 위해서가 아니라 단지 자기 이익을 위해 그러한 욕망이 격분될 수 있음은 불의에 대한 것이 아니라 우리에게 불의한 자에 대한 증오의 감성적 충동이다. 이러한 (박해하고 파괴하는) 경향성은 물론 근본적으로는 이기적으로 적용된 것이기는 하다. 하지만 이것은 모욕하는 자에 대한 권리욕망을 보복의 열정으로 변환한다. 이러한 열정은 흔히 광기에 이를 정도로 격렬해져 만약 적이 파멸에서 빠져나오지 못한다면, 자기 자신조차 파멸로 내몰고, (피의 복수에서는) 이 증오를 민족들에조차 상속시킨다. 왜냐하면 모욕을 받았으나 아직도 복수하지 못한 자의 피는 죄 없이 흘린 피가 다시 피로 — 이 피가 그자의 죄 없는 후손의 피라 할지라도 — 씻겨나갈 때까지는 말 그대로 절규한다고 하기 때문이다.

C

다른 사람들에게 두루 영향력이 있는 능력을 향한 경향에 대하여

§81. 이러한 경향은 기술적 · 실천적 이성에, 다시 말해 영리의 준칙에 가장 근접해 있다. — 왜냐하면 다른 사람들을 자기 의도대로 조종하고 규정하기 위해서 그들의 경향성을 자기 통제력 안에 두는 것은 다른 사람들을 자기 의지의 도구로만 소유하는 것과 같다고 할 수 있기 때문이다. 다른 사람들에게 영향을 주는 그러한 능력을 구하려 애쓰는 것이 열정이 되는 것은 놀라운 일이 아니다.

이러한 능력은 삼중의 힘을, 즉 **명예, 권력, 금전**을 자신 안에 함께 B 235 지닌다. 사람들이 이러한 위력이 있으면 그에 따라 사람들은 다른 누 A 236 구든 이러한 영향력 아래에서 이 영향력이나 저 영향력으로 억누를 수 있고, 자기 의도를 위해 이용할 수 있다. — 만약에 이러한 경향성들이 열정이 된다면 이것들은 **명예욕, 지배욕, 소유욕**이다. 물론 이 경우 인간은 자기 자신의 경향성들의 바보(기만당하는 자)가 되고, 그러한 수단들을 사용하면서 자기의 궁극목적은 놓치고 만다. 하지만 여기서 우리도 어떠한 열정도 전혀 허용하지 않는 **지혜**를 이야기하는 것이 아니다. 우리는 바보들을 조종하는 수단인 **영리함**에 대해서만 이야기한다.

그러나 일반적 열정들은 감성적 동기들로는 또 아무리 격렬할 수 Ⅶ 272 있다고 하더라도, 열정들은 이성이 인간에게 지시하는 것과 관련해서는 순전히 약점일 뿐이다. 그래서 저 열정들을 자신의 의도를 위해 사용하는 영리한 분의 능력은 다른 사람들을 지배하려는 열정이 크면 클수록 상대적으로 그만큼 작을 수 있다.

인간의 약점인 **명예욕** 때문에 사람들은 그들의 **견해를** 통해 인간에게 영향을 줄 수 있다. 지배욕은 사람들의 **공포**로 그리고 소유욕은 사람들 자신의 이익으로 영향을 줄 수 있는 인간의 약점이다. ─ 어디에나 노예근성이라는 것이 있고, 다른 사람이 이것을 장악할 때 다른 사람은 그 노예근성을 자기 자신의 경향성을 통해 자기 의도대로 사용하는 능력을 지니게 된다. ─ 그러나 이 능력 자체에 대한 의식과 그 경향성을 충족할 수단들을 점유한다는 의식은 그 수단들을 사용하는 것보다도 열정을 더 자극한다.

B 236; A 237

a
명예욕

§ 82. 명예욕은 명예심이 아니다. 즉 명예욕은 인간이 자기의 내적 (도덕적) 가치로 다른 사람에게 기대해도 좋은 존중인 명예심이 아니라, 겉모습이 충분히 그럴싸할 때 **명성**을 구하려 애쓰는 것이다. 내 의견을 말하자면, 사람들은 거만에 대해서는 (다른 사람들에게 다른 사람 자신을 우리와 비교하여 하찮게 평가하라는 무리한 요구에는, 즉 그들 자신의 목적에 어긋나게 행위 하는 바보짓에는) 그저 **아첨**만 해도 된다. 그리하여 사람들은 멍청이의 이러한 열정으로 그에 대한 지배력을 얻는다. 아첨꾼은 주요 인사에게는 기꺼이 찬사를 바치는 예스맨인데, 그는 그 주요 인사를 약화하는 이러한 열정을 키우고, 이러한 마술에 현혹되는 위인과 권력자들을 파멸한다.

거만은 자기 자신의 목적과 반대로 행동하는 잘못된 명예욕이다. 따라서 거만은 (그가 자기에게서 밀쳐내는) 다른 사람들을 자기 목적들을 위해 이용하려는 의도적 수단으로 여길 수는 없다. 거만한 자는 도리어 악한 자들의 도구가 되며 얼간이라고 불린다. 참 이성적이

Ⅶ 273

B 237; A 238

고 정직한 한 상인이 언젠가 나에게 "왜 거만한 자는 항상 비열하기도 한가?"라고 물은 적이 있다. (요컨대 이 상인은 월등한 사업능력으로 자기 부를 가지고 뻐기던 자가 나중에 자기 재산을 탕진했을 때 비굴하게 구는 데 조금도 주저하지 않는 경험을 했다.) 나는 다음과 같은 의견을 말했다. 즉 거만은 다른 사람에게 자기 자신을 거만 떠는 자와 비교하여 경멸하라는 부당한 요구다. 그리고 그러한 생각은 자기 자신이 비열하다고 이미 느끼는 자 외에는 어느 누구에게도 납득될 수 없는 것이다. 그래서 거만 자체가 이미 그러한 인간의 비열함에 결코 속아 넘어가지 않는다는 표식을 준다는 것이다.

b
지배욕

이 열정은 그 자체로 부당한 것으로, 이것이 표출되면 모든 것을 자신에게 맞춰버린다. 그런데 이 열정은 다른 사람들에게 지배받을 공포에서 출발해서 곧 다른 사람들에 대해 강제력을 행사하는 유리한 위치에 자신을 세우려고 골몰한다. 그러나 이런 짓은 다른 사람들을 자기 의도대로 이용하려는 불편하고도 부정한 방법이다. 왜냐하면 이것은 한편으로는 저항을 불러와서 **현명하지 못하고**, 다른 한편으로는 누구나 주장할 수 있는 법률들 아래에서의 자유에 반해서 **부당한** 것이기 때문이다. ― 여성이 남성을 자기 뜻대로 이용하기 위해 남성에게 불러일으킨 사랑에 의한 여성의 간접적 지배 기술을 예를 들어 말하면, 이런 예는 위의 지배욕의 목록에 포함되지 않는다. 왜냐하면 이것은 강제력을 동반하는 것이 아니라, 오히려 굴복한 자를 그 자신의 경향성으로 지배하고 구속할 줄 아는 것이기 때문이다. ― 이것은 마치 인류 중에서 여성이 남성을 지배하려는 경향성에서 자유롭다는 것과는 반대라는 사실이 진리라고 말하는 것이 아니다. 오히려 여성은 이러한 의도를 위해 남성과 똑같은 수단을 이용하지 않고, 즉 강함의 — 여기서 '지배하다'는 말이 뜻하는 것이 바로 이 강함이다 — 우월함을 이용하지 않고 지배받고자 하는 남성의 경향성을 반드시 불러일으키는 매혹의 우월함을 이용하는 것이다.

c
소유욕

돈이 답이다. [부의 신] 플루투스가 총애하는 자 앞에서는 부유하지 못한 자에게는 닫혀 있던 모든 문이 열린다. 순수하게 인간의 근로를 유통하기 위해 그리고 이 근로와 함께 모든 물리적 — 재화를 인간들 사이에 유통하기 위해 쓰이는 것 외에는 다른 용도를 갖지 않는 (적어도 가져서는 안 되는) 이러한 수단의 발명은, 특히 이것이 금속으로 대표된 후에는, 끝내 아무것도 즐기지 않고 단지 소유하는 것만으로도, 그리고 (인색한 자의) 모든 사용을 단념하면서도 돈이 다른 모든 것의 결여를 충분히 보완할 수 있다고 사람들이 믿는 힘을 지닌 소유욕을 낳았다. 이러한 완전히 정신성이 없는 열정은 비록 항상 도덕적으로 비난할 수는 없더라도 단지 기계적으로 이끌리는 열정인데, 이런 열정은 특히 노년에는 (노년의 자연적인 무능력을 보완하는 것으로서) 따라다닌다. 그리고 돈이라는 이 보편적 수단에는 이 수단의 큰 영향력으로 인해 단적으로 [능력과 같은 의미를 지닌] 재산[5]이라는 명칭을 부여했다. 또 이러한 열정은, 일단 이것이 엄습해 오면, 아무런 변경도 허용하지 않는다. 명예욕, 지배욕, 소유욕 이 세 가지 열정 중 첫째 것이 미움 받게 만들고, 둘째 것이 두려움의 대상이 되게 만드는 것이라면, 셋째 것은 **경멸스럽게** 만든다.*

B 239; A 240

---

* 여기서 '경멸'은 도덕적인 의미로 이해될 수 있다. 왜냐하면 시민들에게

220 제1편 인간학적 교수론

열정으로 존재하는 망상의 경향에 대하여

§ 83. 욕망의 한 원동력인 망상을 나는 '움직임을 일으키는 것 안에 있는 주관적인 것을 객관적인 것으로 여기는 내적이고 실천적인 기만'으로 이해한다. — 자연은 인간의 활동에 생기를 회복하기 위해서, 단순한 향유에서 생명감을 상실하지 않게 매번 생명력을 더 강하게 자극하려 한다. 이러한 목적을 위해 자연은 매우 지혜롭고 자비롭게도 천성적으로 게으른 인간에게 이 인간의 상상에 따른 대상들을 실제적 목적들(명예, 권력, 돈의 취득방식들)인 것처럼 보이게 만든다. 이러한 목적들은 마지못해 업무를 받은 자에게도 충분히 성취하게 만들고, 아무것도 하지 않으면서도 많은 것을 하게 만든다. 이때 일에 대 Ⅶ 275 한 그의 관심은 단지 망상에 대한 관심일 뿐이다. 따라서 자연은 실제로는 인간을 가지고 놀면서 인간(주체)으로 하여금 인간의 목적을 향하여 나아가도록 박차를 가한다. 하지만 인간은 (객관적으로는) 자 A 241 신이 어떤 하나의 자기 목적을 세웠다는 확신 속에 있다. 이러한 망 B 240 상적인 경향성들은, 여기서 공상은 자기창조자이므로, 특히 그 경향성들이 인간들의 경쟁으로 향하면 최고 수준으로 **열정적으로** 된다.

공놀이, 레슬링, 경주, 병정놀이와 같은 아이의 놀이들(과 더 나아가서 체스와 카드놀이와 — 앞의 놀이에서는 지성의 순수한 우월성이 목적이고, 뒤의 놀이에서는 동시에 현금의 획득이 목적인데 — 같은 어른의 놀이들, 그리고 마지막으로 공개석상에서 파로나 주사위를 가지고서 자기 운을 알아보는 시민의 놀이들)은 모두 지혜로운 자연에 의

통용되는 의미에서는 **포프**가 다음과 같이 말하듯이, 즉 "악마가 금비를 타고 두 배가 커져 고리대금업자의 무릎에 떨어져, 그의 영혼을 압도하는" 일이 벌어지면 대다수 군중은 오히려 그렇게 대단한 거래 수완을 증명한 그분에게 [경멸이 아니라] 오히려 **경탄**하니 말이다.

해 알게 모르게 그들의 힘들을 다른 사람들과 겨뤄보는 모험으로 장려되는 것이다. 이런 식으로 해서 원래 생명력이라는 것은 모두 쇠약해지지 않도록 보호되고 활기 있게 유지된다. 그렇게 맞선 두 사람은 서로 논다고 믿지만, 그러나 사실은 자연이 그 두 사람과 함께 노는 것이다. 만약 그들이 선택한 수단들이 그들의 목적들에 대해 얼마나 잘 안 맞는지를 곰곰이 생각해본다면, 이상과 같은 사실에 대해서 이성이 그들을 명료하게 확신시킬 수 있다. ─ 그러나 이렇게 흥분하는 동안의 유쾌함은 망상의 이념과(비록 해악적인 것으로 해석되기는 하지만) 근접하므로 가장 격렬하고 오래 지속하는 열정을 향한 어떤 성향의 원인이 된다.*

B 241; A 242 　　망상의 경향성들은 약한 인간들을 미신적으로 만들고 미신을 믿는 자들을 약하게 만든다. 즉 그것은 (무엇인가를 두려워하거나 희망할) 아무런 **자연원인**이 존재할 수 없는 상황에서도 미신에 빠진 자들이 의미 있는 결과를 기대하도록 만든다. 사냥꾼, 어부 그리고 (특히 복권에서) 노름꾼이 미신적이다. 주관적인 것을 객관적인 것이라고, 내감의 기분을 사태 자체에 대한 인식이라고 착각하도록 오도하는 망상은 그와 동시에 미신의 성향도 파악할 수 있게 해준다.

---

* 　노름판에서 많은 재산을 탕진한 함부르크의 어떤 분이 이제는 노름하는 자들을 구경하며 소일했다. 누군가 한때는 그런 재산을 가지고 있었던 사실을 생각하면 어떤 기분이 드냐고 그분에게 물었다. 이 질문에 그분은 다음과 같이 대답했다. "내가 다시 그런 재산을 소유한다 해도 나는 그 재산을 [노름보다] 더 기분 좋은 방식으로 쓰는 방법을 알지 못할 겁니다."

§84. 역겨움을 전혀 동반하지 않는 최대의 감각향락은 건강한 상태에서는 **노동 후의 휴식**이다. ── 건강한 상태에서는 먼저 노동하지 않고 휴식을 취하려는 성벽이 **나태**다. ── 그러나 다시 자기 **업무**로 돌아가는 것을 한동안 거부하는 것과 힘을 결집하기 위한 달콤한 무위는 아직 나태는 아니다. 왜냐하면 사람들은 (놀이에서도) 편안하면서도 동시에 유용하게 **업무**에 종사할 수 있으며, 또 노동을 종류별로 성질에 따라서 바꿔 하는 것도 동시에 아주 다양한 회복이 되지만, 이에 반해서 어려워서 마치지 못하고 방치했던 일에 복귀한다는 것은 상당한 결단이 필요하기 때문이다.

나태, 비겁함, 허위 세 가지 패악 중에서 첫째 것이 가장 경멸스러운 　A 243
것으로 보인다. 그러나 이러한 판정을 내릴 때 사람들은 인간에게 자주 매우 부당한 일을 한다. 왜냐하면 자연은 오래 지속되는 노동에 대한 혐오 또한 지혜롭게도 많은 행위 주체에게 그 자신 및 다른 사 　B 242
람을 위해 유익한 본능 속에 부여하기 때문이다. 또 오래도록 또는 자주 반복되는 힘의 소비를 주체는 고갈되지 않고는 견뎌낼 수 없고, 오히려 회복을 위해 일정한 휴식 기간이 필요하다. 그러므로 데메트리우스가 이유 없이 이 악녀(나태)에게도 제단을 마련해준 것은 아니었을 것이다. 만약 나태가 우리 사이에 끼어들지 않았다면 휴식 없는 악의가 지금보다도 더 많은 해악을 이 세상에서 저질렀을 것이다. 만약 비겁함이 인간을 불쌍히 여기지 않았다면 전투적인 살생 욕망이 인간을 순식간에 찢어버렸을 테고, (반란을 모의하기 위해 합친 많은 악한 사이에서는 많은 무리 중 예를 들어 1개 연대 중 ── 그 모의를 배신하는 자가 언제나 하나는 있으므로) 만약 허위가 없었다면, 인간 자연 본성의 선천적인 악함 때문에 모든 국가는 곧 붕괴되었을 것이다.

물리적 세계 최선을 보편적으로 배려하는 (세계 통치자의) 고차원적 이성으로 눈에 띄지 않게 인류를 대변하는 자연의 가장 강한 추진력은, 인간의 이성이 이것에 영향을 미치지 못하는 상태에서, 생명을 향한 사랑과 성을 향한 사랑이다. 전자는 개체를 보존하기 위한 것이고, 후자는 종을 보존하기 위한 것이다. 이성을 선천적으로 타고난

우리 인류의 생명은 그러한 성행위로 인류가 (전쟁으로) 의도적으로 자기 자신을 파괴하는 일을 하지만 전체적으로는 발전적으로 보존된다. 심지어 문화에서 늘 성장하는 이성적 피조물이 전쟁 때조차 다가올 시대의 인류에게 더는 후퇴하지 않을 행복 상태를 앞에서 말한 파괴에 묶이지 않고 의심 없이 전망하게 한다.

최고의 도덕적 · 물리적 좋음(선)에 대하여

§85. 두 종류의 좋음인 물리적 좋음과 도덕적 좋음은 함께 뒤섞일 수 없다. 그렇게 되면 이 둘은 어중간한 것이 되어 참된 행복의 목적에 전혀 영향을 주지 못하게 될 것이다. 오히려 서로 투쟁하는 **풍족한 삶**을 향한 경향과 덕이 서로 투쟁하는 중에 그리고 후자의 원리에 의한 전자의 원리 제한이 충돌하면서 일부는 감성적이지만 일부는 도덕적으로 지성적인 좋은 성질의 인간 전체 목적을 형성한다. 그렇지만 인간은 사용에서 이 혼합을 막기 어려워 서로 일치되어 **도덕적 행복**을 누릴 기회를 마련해줄 요소들과 이들의 결합 비율이 어떠한 것인지를 알기 위해서는 반작용하는 수단(시약)으로 분리할 필요가 있다.

교제에서 풍족한 삶과 덕의 합일을 사유하는 성향이 인간성이다. 여기서는 풍족한 삶의 정도는 문제가 되지 않는다. 그러한 삶을 위해

자기에게 필요하다고 생각하는 것이 한 사람에게는 적고, 다른 사람에게는 많다. 그보다는 오히려 전자의 경향이 후자의 법칙으로 어떻게 제한되어야만 하는가 하는 관계의 방식이 문제된다. A 245

사교성도 하나의 덕이지만 교제 경향은 곧잘 열정이 된다. 그러나 만약 사회적으로 즐기는 일이 낭비 때문에 과시적으로 높아지면, 이러한 잘못된 사교성은 더는 덕이 아니고 인간성을 훼손하는 흥청망청한 삶이 되고 만다.

*　　　*　　　*

음악, 춤 그리고 게임은 사회를 일종의 말없는 사회로 만든다. (왜 B 244 냐하면 맨 나중의 것에 필요한 몇 마디 말은 사유를 서로 교차하며 전달하는 데 요구되는 어떤 대화의 기초도 못 되니 말이다.) 이것들은 식후 좌담의 공허를 채우는 데만 쓰여야 한다고 사람들이 주장하지만 이 Ⅶ 278 는 통례적으로는 중대사가 된다. 그때 돈벌이 수단으로 격정이 강하게 작동하여, 그 자리에서는 최대한 정중함을 유지한 채 서로 약탈하기 위한 하나의 이기주의 협정이 세워지고, 게임이 지속되는 동안에는 철저한 이기주의 원칙이 지배하지만 아무도 부인하지 않는다. 이러한 대화에서는 게임의 예의범절에서 나타나는 온갖 교양에도 불구하고 사회적인 풍족한 삶과 덕의 합일을 기대할 수 없다. 그리하여 참된 인간성도 참된 촉진을 기대한다는 것은 어렵다.

진정한 인간성과 가장 잘 맞는 것처럼 보이는 풍족한 삶은 좋은 (그리고 가능하다면 번갈아가면서 하는) 사교모임에서 좋은 식사시간을 보내는 것이다. 이에 대해 체스터필드[6]는 "그 모임은 [세 명인] 그라치 A 246 애 여신들의 수보다 적지 않고, [아홉 명인] 뮤즈의 여신들의 수를 넘지 않아야 한다"고 말한다.*

그저 공동으로 식사하는 것이 아니라 서로가 스스로 즐기려는 의도가 있는 경우에는 그 수가 그라치애 수를 훨씬 넘을 수는 없다 — (미감적으로 하나가 된) 순수한 취미생활자들의 회식모임을 생각해 보면,* 이 작은 회식모임은 육체적인 충족이 아니며 — 이것은 누구나 혼자서도 얻을 수 있다 — 오히려 육체적인 충족은 단지 이것의 운반체로 볼 수밖에 없고 사교적인 즐거움을 의도하는 것이 틀림없다. 그런데 여기서 저 숫자는 대화가 끊긴다거나 가장 가까이 있는 참석자들이 어울려서 별도의 작은 모임으로 분리되는 일을 걱정할 필요가 없기 위해서 충분한 것이다. 후자는 대화 취미가 전혀 아니다. 대화 취미는 언제나 한 사람이 (한낱 자기 옆에 있는 사람뿐만 아니라) 모두와 이야기를 나누는 문화를 갖고 있지 않으면 안 된다. 이와 반대로 이른바 축제 형식의 향연은(주연과 잔치는) 전혀 취미와 상관이 없다. 여기서 다음과 같은 사실이 당연시된다. 즉 음식점의 식탁모임 자체를 포함한 모든 회식모임에서 사리 판별을 하지 못하는 회식 참석자에 의해서 어떤 불참자의 단점이 공공연히 논의되는 일이 있다 하더라도, 이것은 그 모임 밖에서 이용되어서는 안 되고,

B 245

A 247

Ⅶ 279

B 246

---

* 한 식탁에 열 명. 손님들을 접대하는 주인은 이 수에 합산되지 않는다.
* 숙녀들이 참석해서 신사들이 자유로움을 포기하고 예의 바르게 자신을 묶을 때 식사모임에서 종종 발생하는 갑작스러운 침묵은 참석자들을 무료하게 만드는 난처한 우발 사태다. 이런 때는 그 누구도 대화를 이어가기 위해 적절한 뭔가 새로운 것을 끌어들일 엄두를 못 낸다. 왜냐하면 그런 일을 하는 자는 거짓으로 꾸며서는 안 되고, 그날의 신기하고 흥미 있을 수밖에 없는 새로운 것에서 그것을 끌어와야만 하기 때문이다. 단 한 사람만이, 특히 그 집 여주인만이 이 대화가 끊기는 것을 자주 혼자서 막아낼 수 있고 회화를 지속적으로 진행되게 유지할 수 있다. 결국 대화는 음악회처럼 모두 정말 유쾌하게 끝을 맺게 되고, 이렇게 함으로써 그만큼 더 건강에 유익한 것이 된다. 손님은 플라톤의 향연처럼 다음과 같이 말했다. "너희 집에서 하는 식사는 식사를 즐길 때뿐만 아니라 식사를 그렇게 자주 떠올릴 때도 마음에 든다."

또한 함부로 따라 말해서는 안 된다는 점이다. 왜냐하면 모든 향연은 그와 관련한 특별한 계약이 없었다 하더라도, 동석자가 나중에 그 모임의 밖에서 거북한 일을 당할 수도 있어 침묵을 지켜야 한다는 어떤 하나의 불가침성과 의무를 갖기 때문이다. 이러한 신뢰가 없으면 도덕적인 문화 자체에 그토록 유익한 즐거움이 모임 안에서 파괴되고, 이러한 모임을 향유하는 즐거움조차 파괴될 테니 말이다. ― 그래서 나는, 만약에 이른바 공적인 모임에서 (무릇 원래 제아무리 큰 식사 자리도 언제나 사적 모임일 뿐이고, 오직 국가 시민적 차원의 모임만이 대체로 그 이념이 공적이다) 나의 가장 친한 친구에 대해 비방이 날아온다면, 나는 그를 변호할 것이다. 어쨌든 간에 나는 위험을 감수하고라도 강하고 통렬한 표현으로 그의 편이 될 것이다. 그러나 이러한 심한 험담을 확산하거나 그 험담을 당사자에게 알리기 위해 나 자신을 도구로 쓰게 만들지는 않을 것이다. ― 이것은 대화를 이끌어야 A 248 할 사회적 **취향**일 뿐만 아니라, 사람들이 교제에서 자신들의 생각을 가지고서 공적으로 교류할 때 그들의 자유를 제한하는 조건이 되어야 할 원칙이기도 하다.

이런 점에서 한 식탁에서 함께 식사하는 사람들 간의 신뢰와 예를 들어 아랍인의 오래된 관습 사이에 어떤 유사점이 있다. 이방인이 아랍인의 천막 안에서 한 가지라도 (즉 물 한 모금을) 즐기게 된다면 자 B 247 기 안전도 기대할 수 있다. 혹은 모스크바에서 러시아의 여황제가 자신을 환영하러 온 사자에게서 **소금과 빵**을 건네받아 즐기면서 손님으로서 권리인 온갖 추궁에서 안전을 확보하는 것도 마찬가지다. ― 그래서 한 식탁에서 함께 식사하는 것은 그러한 안전의 확보를 의례적으로 계약하는 것이다.

혼자서 식사하는 것(식탁의 유아론)은 **철학**을 논하는 학자에게는 Ⅶ 280 건강에 좋지 않다.* 이것은 회복이 아니라, 오히려 (특히 홀로 하는 식 B 248; A 249

탐일 경우는) 소진이며, 고갈시키는 일이지 사상에 생기를 불어넣어 주는 유희가 아니다. 혼자 식사하는 동안 사색하면서 자기 자신을 소모하며 즐기는 사람은 점차 활기를 잃는다. 이와 반대로 식탁동무(밥상친구)가 번갈아 떠오르는 그의 생각을 보여주면서 그 자신이 놓쳤을 수도 있는, 활력을 위한 새로운 재료를 제공할 때 그는 활기를 얻는다.

수많은 요리가 오로지 손님들을 긴 시간 결속하는 것을 목적으로 마련된 어느 진수성찬의 잔칫상에서 담화는 보통 다음의 3단계로 진행된다. 즉 1. 알리기, 2. 불평하기, 3. 농담하기. ─A. 편지와 신문에서 알게 된 소식들인데, 이것은 처음에는 나라 안의 새 소식이고 그다음으로는 나라 밖의 새로운 소식이다. B. 이러한 첫 입맛이 만족되면 A 250 벌써 모임은 더욱 활기를 띠게 된다. 그런데 억지추론에서는 화제가 된 동일한 객관에 대한 생각이 서로 다르다는 것을 피하기가 어려운데도 각자가 자기 판단에 대해 자기 의견을 상당히 내세우므로 논쟁

---

* 왜냐하면 **철학하는** 자는 다양한 시도로 어떤 원리에 따라서 생각들을 체계적으로 연결할지 발견해내기 위해 자기 생각을 꾸준히 마음에 담고 있기 때문이다. 그리고 이념들은 직관들이 아니라서 말하자면 공중에서 그 앞에 떠다닌다. 이와 달리 역사학자나 수학자는 생각들을 자기 앞에 세울 수 있다. 그렇기에 이들은 그 생각들을 손에 쥔 펜으로 이성의 보편적 규칙에 따라서 마치 사실처럼 경험적으로 배열한다. 이렇게 하면 앞엣것은 어떤 점에서는 결정된 것이므로 그다음 날에는 [전날에] 일을 남겨놓았던 그 지점부터 이어갈 수 있다. ─ **철학자들**과 관련해서 말해보면, 철학자들을 학문이라는 건축물을 짓는 노동자, 즉 학자로 볼 수는 없고 **지혜탐구자**로 여겨야만 한다. 이것은 모든 앎의 궁극목적을 실천적이고 그리고 (그 궁극목적을 위해) 이론적으로 대상으로 삼는 인물에 대한 순수한 이념이다. 사람들은 '철학자'라는 명칭을 복수로 사용할 수 없고, 그저 (그 철학자가 이렇게 저렇게 판단한다는 식으로) 단수로만 사용할 수 있다. 왜냐하면 '철학자'는 하나의 단적인 이념을 나타내지만 철학자들이라고 부르는 것은 절대적 단일성에 대해 하나의 다양성이라고 암시하는 것이 되기 때문이다.

이 벌어진다. 이 논쟁은 음식과 음료에 대한 입맛을 돋우며, 이 논쟁의 활발함 정도와 참여 정도에 따라 건강에 유익하다. ─C. 그러나 억지추론은 언제나 일종의 노동이자 노고이며, 이러한 노고는 의론하는 동안에 제법 많은 음식과 음료를 즐기게 됨으로써 결국 힘들게 된다. 이런 이유로 담화는 자연스럽게 재치 있는 농담을 하는 단순한 유희로 흘러간다. 이런 것은 함께 자리한 부인들에게도 일정 부분 알맞게 된다. 부인들에게는 여성에 대한 조금은 고의적이지만 수치스VII 281럽지는 않은 공격이 이루어지고, 여성도 그녀들의 기지를 보여주면B 249서 자신을 좋게 보이는 효과를 낸다. 그렇게 해서 만찬은 **웃음**으로 마무리된다. 웃음은 그 소리가 크고 선량하다면 횡격막과 내장의 운동으로 위의 소화를 도와주기 위한 것으로서 자연이 육체적 건강 상태를 위해 정해놓은 것이다. 그러는 동안에 만찬 참석자들은 놀랍게도 얼마나 많은 정신문화를 자연의 의도 속에서 발견하는지 생각하게 된다. ─ 귀족들의 연회에서 식사음악은 언제나 탐닉할 수 있는 것으로 만들어졌는지는 모르겠지만 취향이 없는 헛것이다.

모임을 **활기차게** 만드는 미적 감각이 풍부한 잔치의 규칙은 다음과 같다. a) 모든 사람이 관심을 가질 수 있고, 언제든 누구라도 무엇인가를 적절하게 덧붙일 수 있는 계기를 주는 담화 소재 선택. b) 담화 중 죽은 듯한 정막이 아니라 단지 한순간의 휴식만 일어나게 할 것. c) 쓸데없이 화젯거리를 바꾸고 하나의 소재에서 다른 소재로 비약하지 않을 것. 왜냐하면 마음은 잔치 막바지 때 연극 막바지와 마찬가지로(이성적인 인간의 뒤에 남겨진 삶 전체도 이와 같지만) 대화의 여러 장면을 회상하는 일에 어쩔 수 없이 전염되며, 그때 연관의 실마리를 찾지 못하면 혼란을 느끼고, 자신이 문화적으로 진보한 것이 아니라 오히려 퇴보했음을 불쾌한 기분으로 깨닫기 때문이다. ─ 다른 대상으로 넘어가기 전에 흥미로운 대상에 대해서는 거의 다 말해야 한다. 대화가 단절될 때는 그와 근접한 다른 무언가를 다른 사람들이 눈치채지 못하게 모임 안에 출현시킬 수 있어야 한다. 그렇게 해야 어느 한 사람이 자연스럽게 다른 사람들이 눈치채지 못하고 질투 나지 않게 대화의 주도권을 넘겨받는다. d) 자기 자신에 관해서나 모임의 동료들에 관해서 항상 자신이 옳다고 믿는 태도를 보이거나 그것이 계속되지 못하게 할 것. 오히려 이러한 담화는 업무가 아니라 그저 유희여야만 하므로 저러한 진지함은 알맞게 배치된 익살로 피할 것. e) 그럼에도 피할 수 없는 진지한 논쟁에서는 자신과 자신의 격정을 조심스럽게 규율로 다스리고, 상호 존경과 호의를 언제나 명확히 드러낼 것. 이때 관건은 대화의 내용이 아니라 어조다. (어조는 목에 핏대를 세우는 것이거나 자만하는 것이어서는 안 된다.) 그렇게 해야 동석한 손님들 중 누구도 다른 사람들과 사이가 나빠진 채 집으로 돌아가지 않는다.

세련된 인간성의 이러한 법칙들이, 특히나 순수도덕적인 법칙들과 비교할 경우 아주 무의미한 것으로 보일 수도 있다. 그렇지만 이 법칙들처럼 사교성을 촉진하는 모든 것은 이것이 단순히 호의를 사는 원칙이나 태도에 불과하더라도 덕을 유리하게 입힌 의상이다. 이러한 의상은 진지하게 고려할 때도 덕을 추천해야만 한다. — 풍족한 사교생활이 없는 퀴니코스학파의 순결주의와 은둔자의 육체고행은 덕의 왜곡된 형태들이며, 사람들을 덕으로 초대하는 것이 아니라 우아함의 여신들에게 버림받아서, 그들은 인간성에 대해 아무 요구와 주장을 할 수 없을 것이다.

인간학 제2편
인간학적 성격론
인간의 내면을 외면에서 인식하는 방식에 대하여

B 251; A 253; VII 283

분 류

A. 개인의 성격, B. 성(性)의 성격, C. 민족의 성격, D.인종의 성격,
E. 인류의 성격

A.
개인의 성격

§ 86. 실용적으로 고려할 때 보편적이고 자연적인 기호학(보편기호학)은 성격이라는 말을 이중적 의미로 사용한다. 사람들은 때로는 "어떤 한 사람은 이런 혹은 저런 (물리적) 성격을 가지고 있다"라고 말하기도 하고, 때로는 "그 사람은 하나의 성격(하나의 도덕적 성격)을 갖고 있다"라고도 말한다. 후자의 경우 성격은 하나의 유일한 성격일 수 있거나 전혀 아무 성격도 아닐 수 있다. 첫째 것은 한 감성적 존재자이거나 자연 존재자로서 인간을 식별하는 기호다. 둘째 것은 하나의 이성적이고 자유를 타고난 존재자로서 인간을 식별하는 기호다. 원칙이 있는 사람에 대해서 우리는 이 사람의 본능에서가 아니라 의지에서 이해해야만 한다는 것을 확실히 아는데, 이런 사람은 하나의 성격을 가지고 있는 것이다. ― 그래서 사람들은 성격론에서 같은 말을 반복할 필요 없이 욕구능력에 속하는(실천적인) 것 중 성격적인 것을 a) 천성 또는 자연소질, b) 기질 또는 성미, c) 성격 그 자체나 성향으로 구분할 수 있다. ― 앞의 두 소질은 그 사람이 무엇이 될 수 있는지를 보여주고, 맨 뒤의 (도덕적) 소질은 그가 자신을 무엇으로 만들 준비가 되어 있는지를 보여준다. B 254; A 256

I
천성에 대하여

"그 사람은 선한 마음을 가지고 있다"라는 말은 '그는 고집이 세지 않고 양보하는 편이다.' '그는 격분해도 쉽게 진정되고, 원한을 품지 않는다(소극적으로 착하다)'는 뜻이다. ― 이와 반대로 만약 그에 대해 "그는 선한 심성을 가지고 있다"고 말하려면 이 심성도 기질에 포 Ⅶ 286

함되지만 이미 그 이상을 말하려는 것이다. 이렇게 말하려는 것은 비록 원칙에 따라서 실행되는 것은 아니어도 '실천적으로-좋은 것'을 향한 충동이다. 그래서 착한 마음을 가진 사람이나 착한 심성을 가진 사람들은 모두 교활한 놈이 자기 마음대로 이용할 수 있다. — 그리고 그렇게 천성은 (객관적으로) **욕구능력**과 관련되기보다는 (주관적으로) 한 사람이 다른 사람에 의해 어떻게 촉발되는가 하는 쾌 또는 불쾌의 **감정**과 관련된다. (그리고 천성은 이 점에서 어떤 성격적인 것

B 255; A 257

을 가질 수 있다.) 욕구능력의 경우에 생명은 단지 감정에서 내적으로 드러나는 것이 아니라 비록 단지 감성의 충동에 따라서라도 활동에서 **외적으로도** 드러난다. 이제 이런 관계 속에서 있는 것이 기질이며, 이 기질은 어떤 습성적인(습관으로 빚어진) 성향과는 구별되어야 한다. 왜냐하면 습성적인 성향의 바탕에는 자연소질이 있는 것이 아니라 단순한 기회원인들이 있을 뿐이기 때문이다.

II

기질에 대하여

생리학적으로 보면, 사람들이 기질을 말할 때 그 기질은 신체적 기본구조(강함 또는 약한 체격)와 **체액조성**(이것은 생명력에 의해 규칙에 맞게 움직이는 몸 안의 액체인데, 몸 안에는 이 체액들의 작업에 온기나 냉기가 함께 포함되어 있다)을 뜻한다.

그런데 **심리학적으로** 생각해보면, 다시 말해 **영혼**(감정능력과 욕구능력)의 기질로 생각해보면, 혈액의 성질에서 빌려온 저러한 표현들은 그저 감정과 욕망의 유희를 신체적 운동의 원인들과 — 그중에서 혈액이 가장 두드러진 것인데 — 유비로 표상된 것이다.

이로써 이제 다음과 같은 사실이 드러난다. 즉 우리가 단지 영혼에만 부가한 기질들은 아마도 암암리에 인간 안의 신체적인 것을 함께

작용하는 것으로 가질 수도 있다는 것이다. ─ 그밖에도 다음과 같은 사실이 드러난다. 기질은 첫째로 그 상위분류를 감정의 기질과 활동의 기질로 할 수 있고, 둘째로 이들 각각은 생명력의 흥분이나 이완과 결합될 수 있으므로 ─ 바로 딱 네 가지 (매개개념을 이용한 삼단논법의 네 가지 격에서처럼) 단순한 기질, 즉 다혈질, 우울기질, 담즙질, 점액질이 성립할 수 있다. 그래서 이 네 가지로 옛 형식들이 보존될 수 있고, 이러한 기질론의 정신에 들어맞는 더 적당한 해석만 유지될 수 있다. B 256; A 258

VII 287

아울러 혈액성질이라는 표현은 체액병리학이나 신경병리학에 따른다고 할지라도 감성적으로 촉발된 인간 현상들의 원인을 알려주는 데는 소용이 없고, 그 현상들을 관찰된 결과들에 따라 분류하는 데만 소용이 있다. 왜냐하면 사람들이 원하는 것은 어떠한 화학적 혈액의 혼합이 어떤 기질속성을 명명하는 데 정당한지를 미리 아는 것이 아니라, 인간에게 특수한 부류의 호칭을 적절하게 부여하려고 인간을 관찰할 때 사람들이 어떠한 감정들이나 경향성들을 한데 모으는지를 아는 것이기 때문이다.

그래서 기질론의 상위 분류는 감정의 기질과 활동의 기질이라는 분류일 수 있다. 그리고 이것이 하위 분류에 의해 다시 두 종류로 나뉠 수 있으니, 이렇게 해서 총 네 기질이 있을 수 있다. ─ 나는 이제 감정의 기질에 A 다혈질과 그 반대인 B 우울기질을 넣는다. ─ 전자는 감각이 빠르고 강하게 촉발되지만 깊이 침투하지는 않는다(오래 지속되지는 않는다)는 특성을 갖는다. 이와 반대로 후자는 감각은 덜 두드러지지만 깊이 뿌리박힌다. 이 안에 감정기질들의 이러한 분류를 해놓아야지 기쁨이나 슬픔을 향한 성향 안에 그 분류를 해놓아서는 안 된다. 왜냐하면 다혈질들의 경박함은 쾌활함으로 정돈되는 데 반해 어떤 감각을 오래 품는 진중한 기분은 명랑한 기분에서 그 가벼운 가변성을 빼앗지만 그렇다고 슬픔을 야기하지는 않기 때문이다. ─ B 257; A 259

그러나 사람들이 자기의 위력 안에 있는 모든 변화는 마음을 생기 있고 강하게 하므로 자신과 마주치는 모든 것을 대수롭지 않게 다루는 사람은 비록 자신의 생명력을 경직시키는 감각들에 매인 사람보다 더 현명하지 않다고 하더라도, 확실히 더 행복하다.

1
감정의 기질들

A
피가 가벼운 자의 다혈기질

다혈질적인 사람의 성격은 다음과 같은 표시로 알려진다. 그는 걱정이 없고 낙관적이다. 그는 모든 것에 그 순간에는 중요성을 크게 부여하지만 그다음 순간에는 그것에 대해서 더는 생각하지 않을 수도 있다. 그는 진심으로 약속은 하지만 그 약속을 지키지는 않는다. 왜냐하면 그는 과연 그가 약속을 지킬 수 있을지 없을지는 미리 깊게 생각하지 않았기 때문이다. 그는 다른 사람을 도울 만큼 충분히 선량하지만 나쁜 채무자여서 상환 연기를 늘 요청한다. 그는 사교적이라서 농담을 잘하고, 유쾌하고, 그 어떤 것에도 중요한 의미를 기꺼이 부여하지 않고 (사소한 일 만세!) 모든 사람을 친구로 삼는다. 보통 그는 악인은 아니지만, 회개하는 죄인이 되기는 거의 어렵고, 무엇인가를 매우 **후회**하더라도 (후회가 결코 번민이 되지는 않고) 금방 잊는다. 그는 업무 중에는 피곤해하지만 그저 놀기만 할 때는 쉬지 않고 몰두한다. 놀이는 그에게 변화를 가져다주지만 지속하는 것은 그의 일이 아니기 때문이다.

VII 289

B 258; A 260

B

피가 무거운 자의 우울기질

우울 쪽에 기분이 맞춰진 자는 (이 사람은 우울한 자가 아니다. 우울한 자는 하나의 상태를 의미하지, 하나의 상태를 향한 단순한 성향을 뜻하지 않기 때문이다) 자기와 조금이라도 관련된 모든 것에 큰 의미를 부여하고, 사방에서 걱정의 원인을 찾는다. 다혈질적인 자가 성공의 희망에서 시작한다면 이런 사람은 어려운 점에 먼저 주의를 기울인다. 그래서 다혈질적인 사람이 그저 피상적으로 생각한다면, 이런 사람은 깊이 생각한다. 그는 약속하기를 어려워한다. 왜냐하면 그에게는 말을 지키는 것이 중요하지만 그렇게 할 능력에는 의구심이 들기 때문이다. (여기서는 감성적 동기를 이야기한다.) 이 모든 것이 도덕적 원인들에서 일어나는 것이 아니라면, 거슬리는 일은 그에게 난처한 일 B 259; A 261 이므로 바로 이런 이유로 그를 걱정하게 만들고, 못 믿게 해서 쾌활함을 느끼지 못하게 만든다. ─ 그뿐만 아니라 이러한 심정이 습성적인 것이면, 오히려 이는 다혈질적인 사람의 한 유전소질인 박애자의 심정과 최소한 그 자극의 면에서 반대가 된다. 스스로 기쁨 없이 지낼 수밖에 없는 자는 다른 사람에게 기쁨을 주기 어려울 테니 말이다.

2

활동의 기질들

Ⅶ 289

C

온혈인의 담즙기질

사람들은 이 사람에 대해 "그는 화끈하다. 그는 지푸라기 불처럼 순식간에 타오른다. 그러나 다른 사람이 양보하면 곧 진정되며, 화를 내지만 미워하지는 않고, 오히려 그에게 빨리 양보했던 사람을 그만큼 더 좋아하기까지 한다"고 말한다. — 그의 활동은 **민첩하지만** 지속적이지는 않다. — 그는 바쁘게 일하지만 스스로 그 일들을 내켜서 하는 것이 아니다. 왜냐하면 일을 끈기 있게 하지 않기 때문이다. 그러므로 그는 일들을 이끌지만 스스로 수행하려고 하지 않고 그저 명령하는 역할을 즐겨 맡을 뿐이다. 따라서 그의 지배적 열정은 명예욕이다. 그는 기꺼이 공적인 업무에 관여하며 큰 소리로 칭찬받기를 원한다. 그러므로 그는 의식의 화려함과 외양을 좋아한다. 그는 기꺼이 보호자 역할을 맡고 겉으로는 아량이 넓지만 이는 사랑 때문이 아니라 자부심 때문에 그런 것이다. 그는 자기 자신을 더 사랑한다. — 그는 질서를 잘 지키며 그것 때문에 실제보다 더 현명해 보인다. 그는 욕심은 많지만 인색하지는 않다. 그는 정중하지만 의례적이고 교제할 때 딱딱하고 점잖을 떤다. 그는 자기 농담의 웃음거리가 되는 아첨꾼을 좋아하며, 인색한 자가 그 **탐욕적 월권**으로 받는 것보다 더 많은 고통을 **당돌한 월권**에 대한 다른 사람들의 저항으로 받는다. 약간의 신랄한 농담도 그가 가진 중요성의 후광을 완전히 없애버리지만, 이와 달리 인색한 자는 그래도 이득을 통해 그런 손해를 보상받을 것이다. — 한마디로 담즙기질은 모든 기질 중 가장 행복하지 않다. 이것은 자신에 대한 저항을 가장 많이 불러일으키기 때문이다.

B 260; A 262

D
냉혈인의 점액질 기질

점액질은 태만(생기 없음)이 아니라 격정 없음을 의미한다. 그래서 사람들은 점액질이 많은 이들을 곧장 게으른 사람[1]이라고 하거나 게으르다고 해서는 안 되며, 그를 이러한 호칭으로 게으름뱅이로 분류해서도 안 된다.

점액질의 **약점**은 강한 동기를 가지더라도 일하는 것이 내키지 않는 무활동에 기우는 성향이다. 자극에 그렇게 무감각함은 [일하는 것 B 261; A 263; VII 290 이] 지레 쓸데없다는 것을 나타내며, 그러한 경향성은 오직 배부름과 수면만을 추구한다.

그와 반대로 점액질의 강점은 경쾌하거나 신속하지는 않지만, 느려도 지속적으로 움직이는 속성이라는 것이다. — 많은 점액질을 자신의 속성으로 갖는 사람은 천천히 더워지지만, 그 열기를 더 오래 유지한다. 그는 쉽게 화를 내지 않으며 화내기에 앞서 화내야 하는지 말아야 하는지 숙고부터 한다. 다른 한편에서는 담즙질인 자가 이 확고한 사람의 냉혈함을 무너뜨릴 수 없다는 사실에 미쳐 날뛰려고 할 때 말이다.

아주 일반적인 정도의 이성능력을 지녔으나 동시에 선천적으로 점액질을 갖추고, 빛나지는 않지만 본능이 아니라 원칙들에서 시작한다면 냉혈인도 후회할 일은 없다. 그에게는 그의 행복한 기질이 지혜를 대신하고, 사람들은 그가 평범하게 생활하는데도 그를 철학자라고 자주 부른다. 그는 다른 사람들의 자만심에 상처를 주지 않으면서도 이로써 다른 사람들보다 우월하게 된다. 그래서 사람들은 자주 그를 노련하다고 한다. 왜냐하면 마구잡이로 포와 화살을 그에게 쏘아도 양모자루 같은 것이 그에게서 되튀어 오기 때문이다. 그는 온화한 남편이고 자기 아내나 친척들을 그들의 의지에 따르는 것처럼 보이게 하면서 지배할 줄 안다. 그는 자신의 깊은 불굴의 의지로 그들의 의지를 자기 의지에 맞춰 변하게 하는 법을 이해한다. 이것은 가 B 262; A 264 볍지만 빠르게 충돌한 물체들이 구멍을 뚫는 데 비해 속도는 느리지만 질량이 무거운 물체들은 대립하는 장애물을 파괴하지 않고 함께 가는 이치와 같다.

보통 그렇게 믿듯이 한 기질은 다른 한 기질과 짝을 이루면 서로 저항하거나 서로 중화한다. 이는 다음과 같다. 만약 다혈질이 우울질

과, 또한 담즙질이 점액질과 하나의 동일한 주체 속에서 통합된 것으
VII 291 로 생각되면 서로 저항이 일어난다. 이것들(A와 B, 또한 C와 D)은 서
로 모순 관계이기 때문이다. — 다혈질이 담즙질과 그리고 우울질이
점액질과(A와 C, 또한 B와 D가) (이를테면 화학적으로) 혼합된다면 둘
째의 경우인 중화가 일어날 것이다.

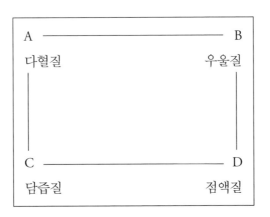

왜냐하면 선량한 기쁨이 위협적인 분노와 동일한 행동에서 융합
될 수 없으며, 마찬가지로 자신을 괴롭히는 사람의 고통이 자족하는
B 263: A 265 마음의 만족스러운 안녕과 융합될 수 없기 때문이다. — 그러나 이런
두 상태 중 한 상태가 동일한 사람에서 다른 상태로 전환된다면, 단
순한 기분이 생길 뿐 어떤 확실한 기질이 생기는 것이 아니다.

그러므로 **복합적인** 기질은 없다. 예를 들어 다혈질이면서 담즙질인
기질 같은 것 말이다. (허풍쟁이들은 모두 자비로우면서도 엄격한 신사
라는 것을 요술을 부려 믿게 하고자 그런 기질을 갖고 싶어 한다.) 오히
려 기질은 전체가 오직 네 가지뿐이며, 각각은 단순하다. 우리는 어
떤 혼합된 기질을 가진 사람이 무엇이 될지는 모른다.

쾌활함과 경박함, 침울함과 망상, 고양됨과 완고, 마지막으로 냉담과 박약은 단지 기질의 결과들로 이것들의 원인과는 구별된다.*

Ⅲ
성향으로서 성격에 대하여

어떤 사람에 대하여 "그는 하나의 성격을 갖고 있다"고 단적으로 말할 수 있다면, 이것은 그에 대해서 아주 많은 것을 말한 것일 뿐만 아니라 칭송한 것이다. 이것은 그에 대한 존경과 경탄을 불러일으키 Ⅶ 292 는 드문 일이다.

사람들이 이러한 명칭을 쓸 경우는 선한 것이든 악한 것이든 그에 대해서 확실하게 기대하지 않을 수가 없다는 것을 말한다면, 사람들 은 곧잘 "그는 이러한 성격을 또는 저러한 성격을 가지고 있다"고 덧 붙이면서 그때 그런 표현으로 기질을 표시한다. — 그러나 하나의 성 격을 단적으로 갖는다는 것은 주체가 자기 자신의 이성에 의해 변함 없이 지시 규정했던 확실한 실천 원리들에 자기 자신을 묶는 의지의 속성을 말한다. 이러한 원칙들은 가끔 잘못된 것일 수도 있고 결함이 있는 것일 수도 있다. 하지만 그래도 (모기떼처럼 이쪽이나 저쪽으로 돌아다니지 않고) 확고한 원칙들에 따라서 행동한다는 의욕 일반의 정식은 그 속에서 소중한 것, 칭찬하고 감탄할 만한 것을 가지고 있 는 것이다. 그렇지만 이런 일은 실제로는 드물다.

---

* 기질의 차이가 공적 업무에 어떤 영향을 미치는지 혹은 정반대로 공적 업 무가 (업무에서 일상화된 연습이 기질에 미치는 작용에 따라) 기질에 어떤 영 향을 미치는지를 사람들은 부분적으로는 경험으로 또 다른 부분에서는 억 측된 일의 원인들의 도움으로 궁리했다. 그렇게 해서 예를 들어 다음과 같 이 불린다.
종교에서 담즙질인 사람은 **정통파**,
　　　　　다혈질인 사람은 **자유사상가**,
　　　　　우울질인 사람은 **광신자**,
　　　　　점액질인 사람은 **무관심자**다.

　　여기서 관건은 자연이 인간에서 만들어내는 것이 아니라 인간이 자기 자신에서 만들어낸다는 것이다. 왜냐하면 전자는 기질에 속하지만 — 이때 주체는 보통 수동적이다 — 오직 후자만이 그가 하나의 성격을 갖고 있다는 것을 인식해주기 때문이다.

　　인간의 다른 모든 선하고 유용한 속성들은 이것과 같은 유용성을 주는 것들과 바꿀 수 있는 가격을 가진다. 재능은 하나의 **시장가격**을 갖는다. 군주나 영주는 그런 사람을 많은 방식으로 이용할 수 있다. — 기질은 하나의 **애호가격**을 갖는다. 사람들은 그와 즐겁게 이야기를 나눌 수 있다. 그는 편안한 대화 친구다. — 그러나 성격은 하나의 내적 **가치***를 가지며, 모든 것의 가격을 넘는 숭고한 것이다.

---

*　한 선원이 어떤 모임에서 학자들이 자기들 소속 학부의 순위를 다투는 것을 들었다. 그 선원은 이 다툼을 자기 방식으로, 즉 그가 포로로 잡은 사람을 [알제리 수도] 알제의 시장에다 내다 팔면 얼마를 벌어들이게 될지 하는 방식으로 그 순위를 판정했다. 그에 따르면 시장에서 신학자와 법률가는 누구도 필요로 하지 않지만 의사는 전문직업 하나를 터득했으니 현금을 받을 수 있다. — 영국 왕 **야콥** 1세는 그에게 젖을 먹였던 유모에게서 그녀의 아들을 신사로(기품 있는 분으로) 만들어달라는 부탁을 받았다. 야콥 1세 다음과 같이 대답했다. "그걸 난 못한다. 나는 그를 기꺼이 백작으로 만들 수는 있지만 신사가 되기는 그 스스로 해야만 한다." (퀴니코스의) 디오게네스는 (전해온 역사가 말하듯이) 항해 중 크레타섬 인근에서 포로로 잡힌 후 노예 공매로 시장에 나왔다. 디오게네스를 경매대에 올려놓은 중개상이 "너는 뭘 할 줄 알고 뭘 터득했니?"라고 물었다. 그러자 그 철학자는 다음과 같이 대답했다. "나는 **통치하는** 일을 터득했다. 너는 주인이 필요한 구매자에게 나를 보내야 할 것이다." 이러한 드문 요구를 깊이 생각한 상인은 이 희한한 거래를 성사시켰다. 상인은 자기 아들을 자신이 원하는 인물로 만들기 위해 이 철학자에게 교육을 맡겼고, 그 자신은 수년 동안 아시아에서 장사를 했다. 그런 일이 있은 다음 전에는 거칠었던 아들을 이제는 세련되고 예의 바르고 덕 있는 사람으로 개조된 채 되돌려받았다. — 사람들은 이런 식으로 어느 정도 사람 가치의 등급을 측정할 수 있다.

인간은 하나의 성격을 가지고 있는가, 가지고 있지 않은가?

오직 이러한 사실에서 뒤따라 나오는 속성들에 대하여

1) 모방자는 (윤리적인 것에서는) 성격을 갖지 않는다. 왜냐하면 성격이란 성향의 원형성에 있기 때문이다. 성격은 그 자신이 열었던 자기의 태도 취함의 원천에서 얻는 것이다. 그러나 그렇다고 해서 이 이성적인 사람이 **별종**이어서는 안 된다. 물론 그는 결코 별종이 되지 않을 것이다. 그는 누구에게나 타당한 원리들에 입각할 테니 말이다. 모방자는 성격을 가진 분을 **흉내 내는** 자다. 기질에서 오는 선량함은 하나의 수채화이지 어떤 성격 특징이 아니다. 그런데 성격 특징이 만화적으로 묘사된다면, 이것은 참된 성격을 가진 분을 함부로 조롱하는 것이다. 왜냐하면 참된 성격을 가진 사람은 일단 공공의 관습(유행)이 되어버린 나쁜 것과 함께하지 않고 별종으로 묘사되기 때문 이다.

2) 기질의 소질로서 사악함은 성격을 갖지 않는 기질의 소질로서 선량함보다 덜 나쁘다. 사람들은 그 성격을 통해 사악함을 장악할 수 있으니 말이다. — (술라처럼) 성격이 악한 사람조차, 설사 그가 자신의 확고한 원칙들의 폭력성으로 거부감을 불러일으키지만, 그럼에도 동시에 어떤 하나의 경탄 대상이다. 영혼의 강함 일반이 영혼의 선함과 비교되듯이, 현실에 있는 것보다 더 이상적인 것을 만들어내려면 **영혼의 위대함**이라는 명칭에 권리능력이 주어져야 하는데, 확실히 두 가지가 주체 안에 통합된 것으로 만나지 않으면 안 된다.

3) (가령 **카를** 12세에서처럼) 하나의 확정된 결심에서 완고하고 굴하지 않는 의식은 성격을 위해서 매우 유리한 자연소질이기는 하지만 아직은 확실한 성격 일반은 아니다. 왜냐하면 성격을 위해서는 이성에서 그리고 도덕적·실천적 원리들에서 유래하는 준칙들을 요구하기 때문이다. 그래서 사람들이 "이 사람의 악함은 그의 성격의 속

성이다"라고 말하는 것은 적절하지 않다. 그렇다면 그 악함은 악마적인 것이다. 그러나 인간은 악이 자기 안에 있다는 것을 결코 인정 VII 294 하지 않으며, 그래서 원래 원칙들에서 오는 악한 성격은 없고, 단지 원칙들을 방치하면서 악한 성격이 생긴다. ― 그러므로 사람들이 성격에 관련한 원칙들을 부정적으로 서술한다면 이것이 최선이다. 그러한 원칙들은 다음과 같다.

*   *   *

B 268; A 270 a. 고의적으로 참이 아닌 것을 말하지 않는다. 그렇기에 자신이 한 말을 취소하는 수치를 당하지 않기 위해 말은 신중히 한다.

b. 가장하지 않는다. 즉 눈앞에서는 착한 마음처럼 보이고, 뒤로도 적대적이지 않다.

c. 자기가 한(허용한) 약속은 깨지 않는다. 지금은 깨진 우정의 추억도 여전히 존중하는 일과 다른 사람이 예전에 나에게 갖고 있던 신뢰와 솔직함을 나중에 악용하지 않는 것도 여기에 포함된다.

d. 나쁜 생각을 하는 사람과는 취미 교류를 하지 않는다. 그리고 "그 친구를 보면 안다"는 말을 깊이 생각해서, 이런 사람과의 교류는 오직 업무적인 만남으로만 제한한다.

e. 다른 사람의 얄팍하고 악의적 판단에서 나온 험담에 귀를 기울이지 않는다. 그렇지 않으면 이미 약점을 드러내는 것이다. 또한 덧없고 가변적인 것인 유행에 어긋날까 두려워하지 않는다. 유행이 이미 어느 정도 중요한 영향을 미칠 때도 그 유행의 명령을 적어도 윤리에까지 연장하지 않는다.

자신의 성향에서 하나의 성격을 자각하는 사람은 그 성격을 선천적으로 갖는 것이 아니라 언제나 획득했던 것이 틀림없다. 일종의 재탄생과 같은 이러한 성격의 형성은 그가 자기 자신에게 한 엄숙한 서약으로, 이러한 재탄생과 전환이 그에게 일어난 시점은 마치 하나의 새로운 시대처럼 그에게 잊히지 않는다는 사실을 사람들은 생각할 수 있다. ― 교육이나 본보기, 가르침, 원칙들 일반에서 이러한 확고부동한 것을 **점차적으로** 생기게 할 수는 없다. 오히려 본능의 동요하는 상태에 대해 시들함에서 곧장 뒤따라오는 일종의 폭발에서만 생길 수 있다. 아마도 30세 이전에 이러한 혁명을 시도한 사람은 단지 소수일 테고, 40세 이전에 이러한 성격을 형성한 사람은 더 적을 것이다. ― 파편처럼 좀더 선한 사람이 되고자 하는 것은 헛된 시도다. 하나의 인상은 사람들이 다른 인상을 살펴보는 사이에 사라지기 때문이다. 그러나 하나의 성격을 형성하는 일은 품행 일반의 내적 원리를 절대적으로 통일하는 것이다. ― 또한 사람들은 **시인들이** 성격을 갖지 않는다고 말한다. 예를 들어 시인들은 기지에 찬 생각을 포기하기보다는 먼저 자신의 가장 좋은 친구를 모욕한다. 또한 사람들은 말한다. 모든 형식에 자신을 맞춰야 하는 궁정의 사람들에게서는 성격을 전혀 찾아볼 수 없다. 그리고 천상의 주님에게, 또한 지상의 주인에게도 같은 성향으로 정중해야 하는 성직자들에게서도 확고한 성격을 기대하는 것은 매우 힘든 일이다. 그러므로 하나의 내적(도덕적) 성격을 갖는다는 것은 그저 하나의 소망이며, 이는 경건한 소망으로 남을 것이다. 그런데 이러한 것은 **철학자들의** 책임도 있다. 철학자들은 이 성격의 개념을 별도로 정확하게 정의하지 않았으며, 덕을 **전체적으로** 그 아름다운 모습에서 그리고 모든 사람이 흥미를 갖게 설명하지 않았기 때문이다.

　한마디로 다음과 같이 말할 수 있다. 즉 자기 자신 앞에서 고백하는 내면에서도, 그리고 동시에 다른 어느 누구에 대한 행위에서도 진실성을 최고의 원칙으로 삼는다면, 이것은 한 인간이 성격이 있음을

B 269; A 271

Ⅶ 295

B 270; A 272

의식하는 유일한 증거다. 그리고 이러한 성격을 갖는다는 것은 사람들이 이성적인 인간에게서 구할 수 있는 최소치이며, 또한 (인간의 존엄성이라는) 내적 가치의 최대치다. 그렇기에 원칙을 가진(즉 모종의 성격을 가진) 사람이 된다는 것은 가장 평범한 인간 이성에게도 가능한 일이며, 이것으로써 가장 큰 재능보다도 그 존엄성에서 우월한 것이다.

관상술에 대하여

관상술은 어떤 한 사람의 뚜렷한 형태에서, 따라서 외면에서 그 사람의 내면을 그의 성미 측면에서든 성향 측면에서든 판정하는 기술이다. ─ 이때 사람들은 그 사람을 병적 상태가 아니라 건강한 상태에서 판정하고, 그 마음이 흔들릴 때가 아니라 평안할 때 판정한다. ─ 사람들이 이런 의도에서 판정하는 당사자는 사람들이 자기를 관찰하고 자기 내면을 탐색한다는 것을 알게 되면 마음이 평안하지 못하게 되고 압박감과 내적 혼란 상태에 이르게 된다. 이렇게 되면 심지어 다른 사람의 감시하에 내맡겨진 것을 알고 불쾌한 상태에 이를 것이 자명하다.

시계가 마음에 드는 케이스에 들어 있을 경우 (유명한 시계 제작자의 말이다) 사람들은 그것을 보고서 그 내부도 좋다고 확실하게 판단할 수 없다. 그러나 그 케이스가 조잡하게 만들어져 있으면, 그 내부에 있는 시계도 별로라고 거의 확신하며 추론하게 된다. 왜냐하면 기술자는 열심히 그리고 잘 만든 작품을 적은 노력이 소요될 그 외관을 소홀히 해서 자기 작품이 불신에 빠지게 하지 않기 때문이다. ─ 그러나 어떤 한 인간인 기술자와 탐구할 수 없는 자연의 창조자를 유비에 따라, 가령 창조자가 선한 영혼에는 아름다운 육체도 부여함으로써 그가 창조한 인간을 다른 사람들에게 추천하여 받아들이게 만들

B 271; A 273; VII 296

었다거나, 이와 반대로 어떤 사람은 다른 사람이 겁먹고 도망치게 만들었을 거라고 추론하는 것은 여기의 이치에 맞지 않는다. 왜냐하면 어떤 사람의 다른 사람에 대한 (아름다움과 추함에 따른) 만족이나 불만족이라는 한낱 주관적 근거를 함유하는 취미가 객관적으로 일정한 자연성질들을 갖는 인간의 현존재를 목적으로 하는 — 이 목적을 우리는 절대로 통찰할 수 없는데 — 지혜의 기준으로 사용할 수 없기 때문이다. 또한 서로 다른 이 두 가지가 동일한 목적으로 통합되어 인간 안에 있다고 가정할 수 없다.

관상술에 자연히 끌리는 것에 대하여

우리가 신뢰해야만 될 사람에 대해, 그가 설사 아주 좋은 사람으로 우리에게 추천되었더라도 우리가 그에게 기대하는 것을 탐색하기 위해서 먼저 그의 얼굴을, 특히 눈을 들여다보는 것은 자연스러운 B 272; A 274 일이다. 그리고 그의 몸짓 중 거슬리거나 매력적인 것이 우리 선택을 결정하고, 또는 우리가 아직 그의 행실을 알아내기도 전에 우리를 주저하게 만든다. 그렇기에 관상술적 성격론이 있다는 사실은 논쟁할 거리가 아니다. 하지만 이 성격론이 하나의 학문이 될 수는 결코 없다. 왜냐하면 직관된 주체의 어떤 경향성이나 능력을 암시하는 한 사람의 **용모**의 특유함은 개념에 따른 서술이 아니라 직관에서나 또는 그 개념의 모방에서 모사나 제시로 이해될 수 있기 때문이다. 이때 인간의 용모는 일반적으로 각자 내면에서의 인간의 특수한 내적 속성을 암시하는 **변형들**에 따라서 판정된다.

포르타[2]의 인간의 머리 모양 풍자화는 어떤 특징 있는 인간 얼굴들과의 유비에 따라 비교하면서 동물의 머리를 묘사하고, 이것에서 이 둘에 있는 자연소질들의 유사성을 추론해냈다고 말하지만 잊힌 Ⅶ 297 지 오래되었다. **라바터**[3]의 실루엣을 이용하는, 한동안 일반적으로 애호되고 저렴한 상품으로 만들어져 널리 퍼진 이 취미도 최근에는 완전히 사라져버렸다. ─ 이후에는 가령 (아르헨홀츠[4] 씨의) 다음과 같은 모호한 주석 이외에는 더 남아 있는 것이 거의 없다. 즉 사람들이 찡그리면서 혼자서 모방한 어떤 사람의 얼굴은 또한 동시에 그 사람의 성격과 합치하는 어떤 생각들이나 감정들을 불러일으킨다는 것이다. ─ 그래서 관상술은 어떤 외면적인 의지와 무관하게 주어진 표시를 매개로 해서 인간의 내면을 탐지하는 기술로는 전혀 수요가 없고, 취미 개발의 기술로만 관상술과 관련된 것이 남아 있다. 남아 있는 이것도 사상에 대한 취미가 아니라 풍속이나 예의나 습관에 대한 취미와 관련된 것이다. 이것은 인간과의 교류 및 인간에 대한 지식 일반에 요구되는 비평으로 이 인간에 대한 지식에 도움이 되려는 것이다.

B 273; A 275

관상술 분류

　1. 얼굴 형태, 2. 얼굴 인상, 3. 습관적인 얼굴 표정에 나타나는 성격적인 것에 대하여

A
얼굴 형태에 대하여

　그리스의 예술가들이 ─ 조각상들의 양각이나 음각에서 ─ 자극적인 것을 끌어들이지 않고 영원한 젊음과 동시에 모든 격정에서 자유로운 평정을 표현해낼 (신과 영웅들을 위한) 얼굴 형태의 전형까지도 생각했다는 것은 주목할 일이다. ─ 그리스적인 수직식 옆얼굴은 (자극적인 것을 향하는) 우리의 취미에 따라 그래야만 하는 것보다 눈을 더 깊게 만들어놓았다. 메디치가의 비너스조차도 자극적인 것이 없다. ─ 전형이란 하나의 일정하고 불변하는 표준이어야 하는데, 얼굴

B 274; A 276

에서 이마와 클 수도 작을 수도 있는 어떤 각도로 돌출한 코는 표준에 속하는 것에 요구되는 것과 같은 형태의 **일정한 규칙**을 제시해주지 않는 것이 그 이유인 것 같다. 근대의 그리스인들도 다른 신체 구조의 관점에서 생김새가 아름다웠어도 예술작품에 관한 저 전형성 Ⅶ 298을 원형으로 입증해보는 것 같은 얼굴 옆모습의 진지한 수직성은 가지고 있지 않다. ─ 이러한 신화적인 모범들에서 보면, 눈은 깊이 파여 있고, 콧부리 근처에는 약간 그림자가 드리워져 있다. 이에 반해 요즘 사람들이 아름답다고 여기는 얼굴은 이마 방향으로 코가 조금 돌출되어 있는데, (콧부리 부근에서 곡선을 이루는) 사람들은 이것을 더 아름답다고 여긴다.

만약 우리가 실제로 있는 그대로 사람을 관찰한 것에 따른다면 정확하게 정연한 규칙성은 일반적으로는 정신을 갖지 않은 매우 일상적인 인간을 가리킨다는 점이 밝혀진다. 중간치는 아름다움의 기본 척도이자 토대인 것 같지만, 결코 아름다움 자체는 아니다. 아름다움을 위해서는 어떤 성격적인 것도 요구되니 말이다. ─ 그런데 사람들은 이 성격적인 것을 아름다움이 아니어도 어떤 얼굴 안에서 만날 수 있다. 거기서 표정은 다른 (아마도 도덕적인 혹은 미감적인) 관계이기는 하지만 얼굴을 매우 좋게 보이도록 한다. 다시 말해서 사람들은 때로는 여기 얼굴에 대해서, 때로는 저기 이마에 대해서 그리고 때로는 코나 턱 또는 머리카락의 색 등에 대해서 혹평하더라도, 그 인물의 개성에 대해서는 완벽한 규칙성보다는 어떤 성격적인 것을 더 추 B 275; A 277천할 거라고 고백할 것이다. 이런 규칙성은 보통 무성격성을 동반하기 때문이다.

그러나 사람들은 어떠한 얼굴이건 간에 만약 그 얼굴 인상이 도리에 어긋나는 행동으로 부패한 마음을 드러내거나 그러한 패악으로 자연스럽지만 불행한 성향을 드러내지 않는다면 **추하다**고 몰아붙여서는 안 된다. 예를 들면 말을 하자마자 음흉하게 웃은 자의 어떤 인상이나, 온화한 부드러움 없이 다른 사람의 얼굴을 빤히 쳐다봐서 사람들이 자신의 저 판단에서 아무것도 못하게 만드는 무감각한 표정이 그런 것이다. 아이들을 침대로 쫓아낼 수 있는 (프랑스인 말대로) **험상궂은** 얼굴, 또는 천연두로 찢긴 기괴한 얼굴, 또는 네덜란드인이 칭하듯이, **괴상한** (말하자면 망상이나 꿈속에서 생각된 것 같은) 얼굴을 가진 사람들이 있다. 그렇지만 [그들 중에는] 자신의 얼굴에 대해 농담할 만큼 선하고 밝은 사람들도 동시에 많다. 그래서 이런 얼굴을 결코 추하다고 말해서는 안 된다. (프랑스 아카데미에서 펠리송[5])에 대해 했던 것처럼) 어떤 한 부인이 그들에 대해 "펠리송이 남자들은 추해도 괜찮다는 허용(규칙)을 남용한다"고 말할 때, 설령 그들이 이것을 전혀 나쁜 것이라 받아들이지 않는다고 해도 말이다. 예의범절을 지킬 것 같은 사람이 천민처럼 장애인의 신체적 결함을, 이 결함은 흔히 정신적인 장점을 높여주기도 하는 데도 흉을 보는 것이 더욱 악질적이고 어리석은 짓이다. 만약 (넌 눈먼 개고, 절름발이 개라고 말하면서) 이런 짓이 어렸을 때 불행을 당하게 된 사람들에게 일어난다면, 이 사람들을 실제로 삐뚤어지게 만들고, 정상적으로 자라서 낫다고 여겨지는 사람들에게 그들이 점점 증오심을 가지게 만든다.

이런 일 이외에도, 국내에 거주하지 않는 외국인 얼굴은 국내에만 머무르는 국민들의 조롱 대상이 되는 게 보통이다. 그래서 일본에 있는 어린이들은 자기 나라에서 장사하는 네덜란드인을 쫓아다니면서 "와, 정말 눈 큰 뭐야, 눈 큰 뭐야!" 하고 외친다. 그리고 중국인에게는 자기 나라를 방문한 유럽인의 붉은 머리는 거슬리지만 푸른 눈은 우스꽝스럽게 보인다.

오로지 두개골이나 이 두개골 모양의 토대가 되는 그 형상에 대해서 말하면, 예를 들면 니그로, 칼무크, 남태평양 인디언 등의 그것에 대해서 말하면, 캄퍼르나 특히 블루멘바흐가 기록한 것처럼 그것에 대한 논평은 실용적 인간학보다는 차라리 자연지리학에 속한다. 우리도 남성의 이마는 **평평**하지만 여성의 이마는 좀더 둥근 게 보통이라는 논평은 저 두 학문의 중간에 존재할 수 있다.

과연 코 위의 혹이 빈정대는 사람들의 특징인지, 중국인은 아래턱뼈가 위턱뼈보다 조금 더 나와 있다고들 말하는데 이런 중국인의 얼굴 형태의 특질이 그들의 고집을 나타내는 어떤 표시인지, 또는 이마 양쪽이 머리카락으로 덮인 아메리카 인디언의 얼굴 형태가 어떤 선천적인 정신박약의 한 표시인지 등은 불확실한 해석만 할 수 있는 억측이다. B 277; A 279

B
얼굴 인상에서 성격과 관련된 것에 대하여

남자의 얼굴이 피부색으로나 천연두 자국으로 괴상하고 사랑스럽지 않게 보여도, 여성이 판단할 때조차 남자에게 해가 되지 않는다. 왜냐하면 만약 그의 눈이 선량하게 보이고, 또한 동시에 그가 자신의 힘을 의식할 때 씩씩한 자의 표현이 평정과 결합되어 그의 눈빛에서 두드러지게 빛나면, 그 남자는 언제나 사랑을 받을 수 있고, 사랑받을 만하게 존재할 수 있으며, 그리고 그런 것이 보편적으로 타당할 수 있기 때문이다. ─ 사람들은 그러한 남자들과 그들의 (반어적으로) 사랑스러움을 가지고 농담하고, 어떤 아내는 그러한 남편을 두었다는 사실을 자랑스러워할 수 있다. 그러한 얼굴은 **풍자화**가 아니다. 풍자화는 웃기기 위해 격해진 얼굴을 일부러 과장한 그림(일그러뜨림)이며, 이는 모방에 속한다. 이것은 오히려 자연 안에 있는 하나의 변종으로 간주되지 않으면 안 되며, (이런 것은 놀라게 할) 일그러진 얼굴이라고 놀려선 안 되고, 오히려 사랑스럽지는 않아도 사랑을 일깨 Ⅶ 230

우고, 아름답지는 않지만 추한 것도 아니다.*

표정은 바뀔 수 있는 얼굴의 인상이고 사람들은 많든 적든 강한 격정으로 표정을 짓게 된다. 표정에 대한 성향은 사람의 성격 특징이다.

어떤 격정의 인상을 아무런 표정으로도 발설하지 않기는 어렵다. 표정은 몸짓과 목소리를 고통스럽게 억제하는 가운데 저절로 발설된다. 자신의 격정을 지배하는 데 너무 약한 사람은 얼굴 표정 변화조차 그가 감추고 싶고 다른 사람에게 보이고 싶어 하지 않는 속마음을 (자신의 이성에 역행하여) 드러낼 것이다. 반대로 속마음을 감추는 데 능한 사람들은 만약 사람들이 그의 실체를 알게 되면, 그들은 믿

---

* 런던의 독일인 음악가 하이데거는 괴상한 모습이었으나 쾌활하고 분별 있는 분이었다. 고귀한 사람들도 이야기를 나누려고 그와 기꺼이 교제했다. —어느 날 그는 펀치를 마시는 한 모임에서 어떤 귀족에게 자신이 런던에서 가장 추한 얼굴을 가졌다고 주장했다. 그 귀족은 한참 생각하더니, 자신이 더 추한 자를 보여줄 테니 내기하자고 했다. 마침내 그 귀족은 술에 취한 한 여자를 불러 세웠다. 그러자 그녀를 본 모임 참석자들 모두 큰 웃음을 터뜨리면서 다음과 같이 외쳤다. "하이데거 씨, 당신이 내기에 졌네요!" 하지만 하이데거는 "이렇게 쉽게 결정될 일이 아니죠"라고 대답했다. 그러고는 곧 다음과 같이 말했다. "이 여자분에게 내 가발을 쓰게 하고, 저는 이분의 실내용 모자를 써보겠습니다. 그리고 어떤지 한번 봅시다." 그러자 모두 숨이 막힐 때까지 웃었다. 왜냐하면 그 여자는 매우 점잖은 신사처럼 보였고, 하이데거는 마녀처럼 보였기 때문이다. 이 일화는 다음과 같은 사실을 증명한다. 즉 어떤 사람을 아름답다거나 최소한 귀염성은 있다고 칭하려면 단정적으로 판단해서는 안 된다. 그러기 위해서는 언제나 상대적으로만 판단해야 하고, 또 누군가가 상당할 정도로 귀엽게 생기지 않았다고 하더라도 그를 추하다고 칭해서는 절대 안 된다는 것이다. — 그러나 얼굴에 난 혐오스러운 상처들은 추하다는 표현의 근거가 된다.

음으로 대할 수 있는 최고의 사람으로 여길 수 없다. 특히 그들이 행동과 모순되는 표정을 꾸며댈 때는 더욱 그렇다.

의도하지 않고 속마음을 발설하면서도 일부러 거짓말하는 표정들 Ⅶ 231
을 해석하는 재미있는 기술은 많은 논평을 내게 하지만, 나는 그중 하나만 말하겠다. — 만약 평소에는 곁눈으로 보지 않는 누군가가 말하면서 자기 코끝을 보아서 사시가 된다면, 그가 말하는 것은 항상 거짓말이다. — 그러나 누군가 곁눈으로 보는 사람의 눈이 망가진 상태를 이런 부류에 포함해서는 안 된다. 그런 사람은 이러한 악덕에서 완전히 자유로울 수 있다.

그외에도 자연에 의해 구성된 몸짓이 있는데, 이 몸짓으로 모든 종족과 풍토의 사람들이 합의 없이도 서로 이해한다. 여기에는 다음과 같은 것이 속한다. 즉 (긍정할 때) 머리 끄덕임, (부정할 때) 머리 저음, (반항할 때) 머리 치켜듦, (경탄할 때) 머리 흔듦, (조롱할 때) 콧등 찌푸림, 비꼬며 웃기(입 비죽거리기), (요구된 것을 거절할 때) 긴 얼굴 만들기, (불만스러울 때) 이마 찌푸림, (경멸할 때) 입 쭉 벌림 혹은 입 딱 닫음, (놀랄 때) 자기 쪽으로 오게 하거나 떨어지라고 손으로 신호함, (위협할 때) 주먹 쥠, 몸을 굽혀서 절함, 침묵할 것을 알리기 위해 입술에 B 280; A 282
손가락 대기(입술 닫기), 야유하기 등이다.

보충 주석

자주 반복하되, 또한 마음의 동요에 따라 의도하지 않게 딸려 나오는 표정들은 점점 고정적인 얼굴의 인상이 된다. 그리고 이러한 인상은 죽을 때 없어진다. 그래서 라바터도 적었듯이, 사는 동안에 흉악한 자임을 드러내는 무서운 얼굴도 죽을 때는 (소극적으로) 말하면 고상하게 된다. 왜냐하면 모든 근육이 이완되어 말하자면 아무 죄 없는 평온한 표정만 남기 때문이다. — 그래서 자기 청춘을 오염시키지 않고 보냈던 분이 말년에 아주 건강하더라도 방탕으로 딴 얼굴이 될 수도 있다. 그러나 이런 얼굴이 그의 자연적인 소질에서 생긴 것이라고 추론할 수는 없다.

사람들은 또 고귀한 얼굴에 반대되는 비천한 얼굴에 대해서도 말한다. 고귀한 얼굴은 아부와 세련된 예법이 결합된, 주제넘은 무게감 그 이상을 의미하지 않는다. 이런 것은 오직 대도시에서 번창하는 것인데, 대도시 사람들은 서로 마찰하면서 그들의 거친 모습을 닦아낸다. 그래서 시골에서 태어나고 교육받은 관리들은 그들의 가족과 함 Ⅶ 302 께 도시에서 상당히 대우받을 정도로 지위가 상승하고 신분적으로 그런 대우에 어울리는 자격을 갖추어도 예의범절에서는 물론이고 표정에서도 비천해 보인다. 왜냐하면 그들은 그들의 영향 범위 안에 B 281; A 283 서 거의 부하들과만 관계하므로 거리낌 없이 지냈고, 그들의 상급자, 동급자, 하급자들과 교제하지 않다 보니 교제에 맞고 교제와 결부된 정서에 맞는 유연한 얼굴 표정을 지을 줄 모르기 때문이다. 이러한 표정의 움직임은 자기 품위를 손상하지 않고서 사회에 좋게 수용되기 위해서 필요하다. 이와 반대로 동일한 지위에 있으면서 도시적인 예법에 익숙한 사람은 이런 점에서 다른 사람보다 우월하다는 것을 의식하고 있다. 따라서 만약 이 의식이 오랜 연습으로 습관이 되면 지속적인 특성을 지닌 채 그들 얼굴에 각인된다.

신앙심이 깊은 사람들이 오랫동안 기계적인 기도 연습으로 훈육되고, 이런 점들이 굳어지면 그들은 권력을 지닌 종교나 제례의식에서 그들 자신을 관상학적으로 특징짓는 국민적 인상을 전 국민 속에 그들의 한계 내에서 집어넣는다. 그래서 니콜라이[6] 씨는 바이에른에는 운명적으로 **축복받은** 얼굴들이 있다고 말한다. 이에 반해 구영역의 존 불[7]은 어디에 가든지, 외국에서든 자국에 있는 외국인에게든 정중하지 않을 자유를 이미 자신의 얼굴에 갖고 다닌다. 그렇기에 선천적인 것으로 여겨서는 안 되는 국민적인 관상도 있다. ─ 법률이 형벌에 처하기 위해 모아놓은 집단들 중에도 성격적인 특색들이 있다. 암스테르담의 **라스푸이**, 파리의 **비세트르**, 런던의 **뉴게이트** 죄수들에 대해 노련하고 여행을 즐기는 한 독일인 의사는 그들 대부분이 뼈 대가 굵고 우월성을 의식하는 녀석들이라고 적었다. 그러나 어느 누구에 대해서도 배우 퀸에 동조하며 "이 녀석이 악당이 아니라면 창조자만 읽을 수 있는 글씨체로 글자를 쓰지 않았다"고 말하는 것이 허락되지 않을 것이다. 왜냐하면 그렇게 폭력적으로 단정하려면 자연이 그저 다양한 기질을 만들기 위해 그 형성의 형식을 가지고서 하는 활동과 자연의 여기에서 도덕을 위해 하거나 하지 않는 것을 판별하는 능력이 죽을 수밖에 없는 자 누구든 소유했다고 주제넘게 주장해도 되는 것 이상으로 필요하기 때문이다.

B.
성(性)의 성격

더 작은 힘으로 또는 더 큰 힘으로 작동하는 다른 기계만큼 일해야 하는 모든 기계 안에는 기예가 들어 있어야만 한다. 이런 맥락에서 사람들은 자연이 배려해서 여성의 유기조직보다 남성의 그것에 더 많은 기예를 배치했을 거라고 미리 생각할 수 있다. 왜냐하면 자연은 양쪽이 가깝게 **육체적으로** 하나가 되고, 또한 **이성적 존재자**로 그들에게 가장 중요한 목적인 종의 보존을 위해 함께하도록 하려고 여자보다는 남자에게 더 강한 힘을 갖추어주었기 때문이고, 그 위에 자연은 그들의 성공공동체를 가정의 결합 안에서 영속시키기 위해 (이성적 동물로서) 저런 성질 안에 사회적 경향성을 갖추어주었기 때문이다.

어떤 결합이 통일성을 유지하며 해체되지 않으려면, 두 사람이 임의적으로 만나는 것만으로 충분하지 않다. 한쪽이 다른 한쪽을 지배하고 통제하려면 한쪽은 다른 쪽에 **복종해야** 하고, 이에 상응하여 한편이 다른 한편보다 더 우월해야 한다. 서로 없어서는 안 될 요구들이 **동등할** 때는 자기애가 말싸움만 유발한다. 문화가 전개되면서 한편이 이질적인 방식으로 우월할 수밖에 없다. 즉 남자는 여자보다 신체적 능력과 용기로 우월하지만, 여자는 남자보다 남자의 성향을 자신을 위해 활용할 수 있는 천부적 재능에서 우월하다. 이와 반대로, 아직 문명화가 되지 않은 상태에서는 우월성은 오직 남자 쪽에만 있다. ― 그래서 인간학에서는 여자의 특성이 남자의 특성보다 더 많이 철학자의 연구 대상이 된다. 야만적인 자연상태에서는 사람들이 여성의 특성을 잘 인식하지 못하는데, 이것은 야생의 사과와 배의 특성을 인식하지 못하는 것과 같다. 이들의 다양성은 오직 접목이나 접종으로만 발견되는 것이다. 문화는 이러한 여성의 성질을 안에 가져다주는 것이 아니라, 이것들 스스로 발전하고, 유리한 상황에서 드러낼 계기를 줄 뿐이다.

여성성은 연약함이라고 불린다. 이와 관련해서 사람들은 농담을 한다. 멍청이들은 여성성을 조롱한다. 그러나 이성적인 자들은 이 여성성이야말로 남성성을 지배하고 의도대로 이용할 수 있는 기중기임을 잘 안다. 남편은 쉽게 들통이 날 수 있지만 아내는 비밀을 쉽게 드러내지 않는다. 비록 아내는 (그녀의 수다 때문에) 다른 사람의 비밀은 잘 못 지키지만 말이다. 남편은 **가정의 평화**를 사랑하고, 자기 일이 방해받지 않게 하려고 기꺼이 아내의 통치에 복종한다. 아내는 혀로 치르는 **가정전쟁**을 피하지 않는다. 가정전쟁을 위해 자연은 그녀에게 남편을 무장해제하는 수단과 격정적인 달변을 부여했다. 남편은 외부의 적들에 대항해 가정을 보호해주어야 하므로 가정 안에서 명령하는 강자의 권리에 근거한다. 아내는 남편 쪽에 의해 남자들에게서 보호받는 약자의 권리에 근거를 둔다. 그리고 아내는 남편이 관대하지 못하다고 비난할 때, 분노 섞인 눈물을 흘려서 남편을 무력화한다.

물론 야만적인 자연상태에서는 상황이 다르다. 거기서 여자는 한 마리 가축이다. 남자가 손에 무기를 들고 앞장서면, 여자는 가재도구를 메고 뒤따라간다. 하지만 아무리 그래도 야만적인 시민체제가 일부다처제를 법제화한 곳에서도 가장 사랑받는 여자는 (하렘이라고 부르는) 그녀의 우리 안에서 남자를 지배할 줄 안다. 남자는 (그를 지배하게 될) 한 명의 여자가 되려는 여자들의 싸움에서 평온을 유지하기 위해 기꺼이 고난을 겪는다.

시민상태에서 여자는 혼인하지 않고는, 더군다나 일부일처제의 혼인을 하지 않고는 남자의 욕망에 자신을 맡기지 않는다. 문명이 아직 (한 남자 외에 다른 남자들을 드러내놓고 애인으로 삼는) 연애사에 여자의 자유를 허용하지 않을 때 남자는 연애의 경쟁자로 자신을 위협하는 아내에게 벌을 준다.* 그러나 연애사가 발전되고 (이것이 사치의 시 $\quad$ B 285; A 287

---

* 러시아인들의 옛이야기는 다음과 같다. 아내들은 남편들에게 맞지 않으면 남편들이 다른 여자를 두었다는 의심을 한다는 것은 일반적으로는 꾸며낸 이야기로 여겨진다. 하지만 쿡[8]의 여행에서 사람들은 다음과 같은 사실을 발견한다. 어떤 영국 선원이 타히티에서 한 원주민이 그의 아내에게 매질하는 것을 목격한다. 그 선원은 그 여자에게 친절을 베풀려고 그 남편을 위협하면서 덤벼들었다. 그 부인은 영국인을 향해 돌아서서 이 일이 그와 무슨 상관이 있는지 물었다. 즉 남편이 그렇게 해야만 한다는 것이다! — 이와 마찬가지로 사람들은 다음과 같은 사실을 알 수 있다. 즉 결혼한 여자가 눈에 띄게 연애를 진행하는데도 남편이 더는 이에 대해 전혀 주목하지 않고, 펀치 모임이나 놀음 모임 혹은 다른 연애로 대신 즐긴다면, 이것은 그 부인에게 경멸뿐만 아니라 증오도 일으킨다. 부인은 그런 일에서 다음과 같은 점을 인식한다. 즉 이제 남편이 그녀에게 더는 아무런 가치도 두지 않으며, 자기 아내를 같은 뼈를 갉아 먹는 타인들에게 아무렇지도 않게 내맡

대에는 없을 수 없는 것처럼) 질투가 우스운 일이 될 때, 여자가 여러 남자에게 호감을 보임으로써 자유를 주장하고 동시에 전체 남성을 정복할 것을 주장하는 여자의 성격이 발견된다. — 이러한 경향성은 교태라는 이름으로 나쁜 평가를 받지만 그럼에도 이것은 정당화될 현실적 근거가 있다. 젊은 부인은 언제든 과부가 될 위험이 있으니 말이다. 그리고 이런 이유로 그녀는 자신의 매력을 운수 좋은 상황에 따라서 결혼능력이 있는 모든 남자에게 퍼뜨린다. 만약 과부가 되는 그 일이 일어날 경우 그녀에게 청혼자가 없는 상황을 방지하기 위해서다.

　사람들은 여성을 (물론 여성의 교양 있는 부분을) 지배하려는 경향성과 쾌락의 경향성이라는 두 요소에서 특징지을 수 있다고 포프[9]는 믿는다. 그러나 후자는 가정적 쾌락이 아니라 공공적 쾌락으로 이해해야 한다. 공공적 쾌락에서 여자는 자신의 유리한 점을 제시하면서 돋보이게 할 수 있다. 이 후자의 경향성 또한 전자의 경향성 안에서 해소된다. 즉 마음에 드는 것에서 그녀의 연적들에게 굴복하는 것이 아니라, 그녀의 취미와 매력으로 가능한 한 모든 경쟁자를 이기려는 경향성이다. — 하지만 첫째로 말한 경향성도 일반적인 경향성과 마찬가지로 한 인간 부류를 다른 분류에 대한 태도에서 특정하는 데 유용한 것은 아니다. 왜냐하면 우리에게 유리한 것으로 향하는 경향성은 모든 인간에게 공통적이고, 그러므로 우리를 가능한 한 지배하려는 경향성도 이와 마찬가지이기 때문이다. 그래서 이 경향성은 특징짓는 것이 아니다. — 그런데 여성은 같은 여자끼리는 계속 미워하면서 이성과는 좋은 관계를 유지한다는 점이 여성의 특징으로 정당화될 수 있다. 만약 이것이 남자의 호의와 헌신에서 한 여자가 다른 여

　겨룬다는 사실을 인식하는 것이다.

자보다 이득을 보려는 경쟁심이라는 단순한 자연적 결과가 아니라면 말이다. 그때는 **지배하려는** 경향성이 현실적 목표가 되지만, 여자의 매력을 확장하는 것으로서 **공공적 쾌락**은 그저 앞의 경향성에 효과를 더하는 수단일 뿐이다.

우리가 **목적으로** 삼는 것이 아니라 여성성을 세울 때의 **자연의 목적** B 287; A 289 이었던 것을 사람들이 원리로 이용함으로써만 사람들은 여성의 성 격론에 이를 수 있다. 이 목적 자체는 인간의 명청함을 매개로 하지 만 자연의 의도에서 볼 때는 지혜가 틀림없으니, 자연의 이 추측된 목적들은 또한 자연의 원리를 드러내는 데도 기여할 수 있다. 이 원 리는 우리의 선택에 의존하지 않고 인간종과 함께하는 어떤 고차적 의도에 의존한다. 자연의 추측된 목적들은 1. 종의 보존, 2. 여성성에 Ⅶ 306 의한 사회의 문화와 사회의 세련화다.

1. 자연이 여성의 태내에서 자신의 가장 귀중한 담보인 종자를, 이 것으로 인류가 번식하고 영원해야 하는 태아의 모습으로 맡겼을 때, 자연은 말하자면 종의 보존으로 공포를 느꼈다. 이러한 **공포**, 즉 신체 적 손상에 대한 공포와 그런 위험에 대한 소심한 태도를 여성의 자연 본성 안에 심었다. 이러한 연약함으로 여성은 남성에게 자신을 보호 해달라고 정당하게 요구한다.

2. 또 자연은 문화에 필요한 더 세련된 감각들인 사교성과 예의 바 름이라는 감각을 부여하길 원했으므로 자연은 여성에게 말과 표정 에서 그녀의 정숙함과 말솜씨로 남성을 지배하도록 일찍이 여성을 조심스럽게 만들었고, 남성이 여성을 온화하고 정중하게 대우해야 한다고 요구했다. 그래서 남성은 자신의 관대함으로 한 아이에게 눈 에 보이지 않게 속박받고, 그렇게 됨으로써 설사 도덕성 자체는 아니 어도, 도덕성의 옷을 입은 것, 즉 도덕성을 위한 준비이면서 도덕성 B 288; A 290 을 위해 추천되어야 하는 올바른 예절을 갖추게 된다.

보충 주석

　(특히 혼인 전에는) 여성은 지배하려 하고 남성은 복종받으려 한다. 이런 이유에서 옛 기사도의 여성에 대한 친절함이 있다. ─ 여성은 자신이 누군가의 마음에 들었다는 확신을 일찍이 품고 있다. 청년은 자신이 누군가의 마음에 들지 않을 것을 항상 걱정하므로 귀부인들의 모임에서는 당혹해(우물쭈물)한다. ─ 여자가 불러일으키는 존중심으로 남자가 추근대는 것을 모두 제어하는 여자의 자존심과 공적 없이도 자신을 존경하라고 요구하는 권리를 여자는 여성이라는 명칭에서 이미 주장한다. ─ 여자는 거절하고 남자는 구애한다. 여자의 굴복은 은혜다. ─ 자연은 여자가 추구되기를 원한다. 그래서 여자가 반드시 (취미에 따라) 선택하는 데는 남자만큼 섬세하지 못하다. 또 자연은 남자를 거칠게 만들었지만 한편으로 만약에 남자가 여자를 보호할 힘과 능력만 보여준다면, 이 남자는 이미 여자 마음에 들었다. 여자가 사랑에 빠지기 위해 남자를 선택할 때 남자 외모에 대해 까다롭고 섬세하게 굴면, 여자가 구애하고 남자가 거절하는 것을 보여주어야만 하는데, 이것은 여성의 가치 자체를 남자의 눈으로까지 완전히 떨어뜨리는 일이 될 테니 말이다. ─ 사랑할 때 여자는 냉정하고, 그에 비해 남자는 열정적인 것처럼 보여야만 한다. 어떤 구애 요구에 응하지 않는 것은 남자에게 수치스러운 것으로 보이지만, 그런 요구에 쉽게 따르는 것이 여자에게는 수치스러운 일로 보인다. ─ 모든 섬세한 남자가 자신의 매력에 끌리게 하려는 여자의 욕구가 교태다. 모든 여자와 사랑에 빠진 척하는 호의가 여성에 대한 친절함이다. 이 두 가지는 유행이 된 단순한 겉치레로 어떤 진지한 결과도 없다. 공공연하게 **정부**를 두는 일, 즉 혼인한 여자의 거짓으로 꾸민 자유나 예전에 이탈리아에 있었던 **매춘제도** (『트리엔트 공회 역사』에는 다음과 같이 쓰여 있다. "그곳에는 매춘부라고 불리는 뛰

VII 307

B 289; A 291

어난 창녀가 300명 있었다") 같은 것을 말한다. 이 제도에 대해서 사람들은 다음과 같이 설명한다. 즉 이 제도는 개인 가정집들에서 남녀가 뒤섞인 모임의 문화보다 더 순화되고 예의를 갖춘 **공공연한** 교제 문화라는 것이다. — 남자는 결혼생활에서 오직 **자기 부인**의 환심을 사려고 애쓰지만, 여자는 **모든** 남자의 환심을 원한다. 여자는 매력에서나 고상한 척하기에서나 다른 여자들보다 우월하려는 질투 때문에 같은 여자의 눈에 잘 보이려고 **자신을 꾸민다.** 만약 이런 것을 몸치장이라고 할 수 있다면, 남자는 이와 다르게 여자를 위해 몸치장을 한다. 이것도 자기 부인이 그의 옷차림으로 부끄러워하지 않을 만큼만 한다. — 또 남자는 여자의 잘못을 너그럽게 판단하지만 여자는 (드러내놓고) 매우 엄격하게 판단한다. 만약에 젊은 여자들에게 자신들의 비행을 남자들에게 재판받을지, 같은 여자들에게 재판받을지 선택하게 한다면, 확실히 그녀들은 전자를 선택할 것이다. — 세련된 호사스러움이 증대된 경우에 여자는 강제에 의해서만 자신을 정숙하게 보이게 한다. 여자는 자신의 성향을 좀더 크고 자유롭게 펼칠 여건이 마련될 수 있다면 차라리 남자가 되고 싶다는 사실을 숨기려 하지 않는다. 그러나 어떤 남자도 어느 한 여자가 되기를 원하지 않는다.

아내는 남편의 혼전 금욕을 문제 삼지 않는다. 그러나 남자는 여자 B 290; A 292
쪽의 이러한 정조 문제를 끝없이 중요하게 여긴다. — 결혼상태에서 여자들은 (일반적인 남편들의 질투심인) 불관용을 비웃지만 그저 농담으로 비웃는 정도일 뿐이다. 하지만 **미혼인** 여자는 이를 좀더 엄격하게 심판한다. — 학식 있는 부인들과 관련해서 말해보면, 그녀들이 **서적들**을 필요로 하는 것은 말하자면 그녀들이 시계를 필요로 하는 것과 같은 이유에서다. 즉 그녀들은 시계가 계속 서 있거나 맞지 않아도 하나 갖고 있다는 것을 보이려고 시계를 차고 있다.

여성적인 덕이나 부덕은 그 종류보다는 동기에서 남성적인 것들과 매우 다르다. ― 여자는 덤덤해야만 하고 남자는 견뎌내야만 한다. 여자는 민감하고 남자는 다정하다. ― 남편에게 살림살이는 벌어들이는 일이고 아내에게 살림살이는 절약하는 일이다. ― 남자는 **사랑할 때** 질투하게 되지만 여자는 사랑하지 않으면서도 질투가 심하다. 왜냐하면 다른 여자들이 얻은 애인의 수만큼이 자신을 사랑할 자들의 범위에서 사라졌기 때문이다. ― 남자는 **자기를 위해** 취미를 갖지만, 여자는 **모두를 위해** 자신을 취미의 대상으로 만든다. ― "세상이 말하는 것이 진리이고, 세상이 행하는 것이 선이다"는 여자의 원칙 중 하나다. 하지만 낱말의 좁은 의미에서 이 원칙은 어떤 하나의 성격과는 결합될 수 없다. 그러나 자기 가정과 관련해서 자신의 숙명에 맞은 성격을 주장하고 명성을 얻은 멋진 여자들도 있다. ― 밀턴은 **크롬웰**이 죽은 뒤 그에게 부여된 라틴어 비서관 자리를 받아들이라는 권유를 부인에게서 받았다. 그가 이전에 불법적이라고 생각했던 정부를 이제 와서 합법적이라고 선언하는 것이 자신의 원칙과 배치되는 것임에도 말이다. 그래서 그는 부인에게 "어이쿠 여보, 당신이나 당신과 같은 여자들은 마차를 타고 싶어 하지만 나는 정직한 남자로 남아야만 합니다"라고 대답했다. ― 또 남자의 덕은 자신의 신념을 지키는 것이면서도, 소크라테스의 부인도 그리고 아마도 욥의 부인도 훌륭한 남편 때문에 궁지에 몰렸다. 하지만 남자의 덕은 여자가 맺은 관계에서 여성적 성격의 공적을 여성에게서 깎아내리지 않으면서도 자신은 남자다운 성격을 지키는 데 있다.

실용적인 귀결들

여성은 실천적인 것 자체 안에서 자신을 형성하고 훈련해야만 한다. 하지만 남성은 이러한 점을 이해하지 않는다.

젊은 남편이 연상의 아내를 지배한다. 이것은 질투를 바탕으로 한다. 성적 능력이 더 부족한 쪽은 다른 쪽이 그의 권리를 침해할 것을 질투심에서 걱정하고 상대방을 고분고분 만나고 정중하게 대하는 데 순응해야만 한다는 점을 안다. — 따라서 경험 있는 부인들은 모두 똑같은 나이라 할지라도 젊은 남자와 결혼하지 말라고 조언할 것이다. 왜냐하면 해가 갈수록 여자 쪽이 남자보다 더 빨리 늙고 이러한 차이를 무시하더라도 대등함에 기초한 융합을 기대하는 것이 불확실하고, 젊고 총명한 여자는 건강하면서도 상당히 연상인 남자와 함께라면 부부의 행복이 더 좋아지게 할 것이기 때문이다. — 그러나 혼인하기도 전에 **정력**을 낭비한 것으로 보이는 남자는 자신의 가정에서 쪼다가 될 것이다. 왜냐하면 그는 정당한 요구에 응해주는 한에서만 가정의 지배권을 가질 수 있기 때문이다. B 292; A 294

VII 309

흄은 **여성**에 대한 빈정거림보다는 **결혼생활**에 대한 풍자가 여자들(노처녀라도)을 더 불쾌하게 만든다고 적었다. — 이런 빈정거림은 결코 진지한 것이 될 수 없지만 풍자가 미혼자에게는 없는 결혼생활의 고충을 드러낸다면 진지한 것이 된다. 그러나 결혼생활이라는 영역에서 자유사상 같은 것은 모든 여자에게 **틀림없이** 나쁜 결과가 될 것이다. 여성은 남성의 본능을 만족시키는 하나의 단순한 수단으로 전락할 테니 말이다. 하지만 이러한 만족은 쉽게 싫증과 변덕으로 끝나게 된다. — 여자는 결혼으로 자유롭게 된다. 남자는 결혼으로 자유를 잃는다.

특히 젊은 남자의 결혼 전 도덕성을 염탐하는 것은 아내가 할 일이 아니다. 그녀는 남자를 개선할 수 있다고 믿는다. 이성적인 아내는 올바르지 못한 남편을 바로잡을 수 있다고 그녀는 말하지만, 그렇게 판단할 때 대부분 그녀는 불쌍하게 기만당한다. 아직 소진되지 않았다면 남자는 이제 그의 부인에게서 이러한 본능을 충분히 만족할 B 293; A 295

수 있으므로 결혼 전 그의 일탈은 넘어갈 수 있다는 저 착한 사람들의 생각도 거기에 속한다. — 이 순진한 사람들은 이 분야에서 방탕은 곧장 향락으로 바뀌고, 결혼생활의 지루함이 그를 곧 위에서 말한 생활방식으로 되돌릴 거라고는 생각하지 못한다.*

그렇다면 가정에서 누가 상급 명령권을 가져야 할까? 오직 한 사람만이 모든 것을 그 가정의 목적들에 맞게 연관시키는 사람일 수 있다. — 나는 친절한 (하지만 진실을 빼지 않은) 언어로 "아내는 지배해야 하고 남편은 관리해야 한다"고 말하겠다. 성향은 지배하고, 지성은 관리하니 말이다. — 남편은 무엇보다도 자기 아내의 평안을 마음에 담고 있다는 것을 보여주기 위해 행동해야만 한다. 그러나 남편은 자신이 어떤 상태에 있으며, 어디까지 갈 수 있는지 가장 잘 알 수밖에 없다. 그렇기에 남편은 가령 축제나 궁궐의 축조를 시작하며 단순히 향락만 생각하는 어떤 군주를 대하는 대신처럼 된다. 이런 군주에 대해 남편은 처음에는 그의 명령에 순응한다는 것을 보여주지만, 예를 들어 국고에 지금은 돈이 없다거나 더 중요한 일들을 처리해야 한다는 등의 설명을 한다. 그래서 최고 명령권자인 군주는 그가 원하는 모든 것을 할 수 있지만, 그의 대신이 그의 의지를 허용하는 조건에서만 그렇게 한다.

그리고 여자는 [남자가] 쫓아다녀야만 한다. (여성에게 필수적인 거절이 이것을 원하기 때문이다.) 그러나 결혼생활 자체에서 여자는 일반적으로 마음에 맞는 이를 찾아다니게 되어 있다. 이것은 만약 여

---

* 이로 인한 결과는 볼테르의 『스카르멘 타토』의 여행에서처럼 다음과 같은 것이다. 그는 말한다. "마침내 나는 조국 칸디아로 돌아갔고, 거기서 아내를 얻었고, 곧 [딴 여자의] 내연남이 되었다. 그리고 이것이 모든 생활 중 가장 안락한 것임을 알았다."

자가 청상과부가 되면 새 애인을 찾기 위한 것이다. — 남자는 혼인과 함께 그런 욕심을 모두 포기한다. — 따라서 부인들이 마음에 드는 이를 찾는다는 이유로 질투하는 것은 옳지 않다.

그러나 부부간 사랑은 그 본성상 불관용적이다. 부인들은 부부의 사랑에 대해 위에서 말했던 것처럼 가끔 냉소적이지만 농담을 한다. 왜냐하면 다른 사람이 [부부간 사랑이라는] 이 권리를 침해할 때 참고 관대해지는 것을 부인 쪽에서는 경멸하고 결국 그러한 남편을 증오하게 될 수밖에 없기 때문이다.

일반적으로 아버지들은 딸들을, 어머니들은 아들들을 버릇없게 기른다. 이런 자식들 중 가장 거친 사내아이가 뻔뻔하기만 하다면 보통은 어머니가 잘못 기른 것이다. 이런 일은 부모 사망 시 부모 양쪽이 필요한 것들에 대한 전망이 그 근거로 보인다. 즉 남편의 경우 그 부인이 사망하면 자기 맏딸에게서 의지할 곳을 찾게 되며, 부인은 남편 B 295; A 297 이 사망하면 성장한 성품 좋은 아들이 어머니를 공경하고 봉양하며, 과부인 어머니 생활을 편안하게 할 의무를 갖게 되고, 또한 그러한 자연적 경향성을 자기 안에 갖고 있다.

*   *   *

나는 성격론의 이 항목에 인간학의 다른 절들과 균형을 이루는 정도 그 이상으로 오래 머물렀다. 하지만 자연은 이러한 그의 낭비 없는 배치 속에 다름 아니라 종의 보존이라는 그 목적을 위해서 풍부한 보물 같은 것을 준비해놓아 더욱 자세히 탐구할 기회가 된다면, 점점 Ⅶ 311 발전하는 자연 소질들의 지혜에 감탄하고 실천적으로 사용하는 문제들을 위한 더 많은 자료가 주어질 것이다.

C.
민족의 성격

민족이라는 말은 한 지역 안에 통합된 다수가 하나의 **전체**를 이루는 경우를 뜻한다. **국민**이란 공통적 계통에 따라 어떤 하나의 시민적 전체로 통합된 것으로 인정되는 다수의 일부를 뜻한다. 이 규정들에서 예외가 되는 일부(이러한 민족 중 야만적인 다수)는 **천민**이라 불린다. 천민들이 반법률적으로 뭉치는 일은 **폭동**(소요를 일으키는 자들의 행동)이다. 이런 행동은 천민을 국가시민의 자질에서 배제한다.*

B 296; A 298

만약 어떤 한 나라의 국민들 중 모든 각자가 자신의 특수한 성격을 가지는 데 매진한다면 (영국 국민들 사이에서 보듯이) 그 국민 자체로는 아무런 성격도 갖지 못한다고 **흄**은 생각한다. 나는 이 점에서 흄이 착각했다고 생각한다. 왜냐하면 하나의 성격을 가진 척하는 것은 **흄**이 속한 그 민족의 보편적 성격이고 모든 외국인의 경멸 대상이기 때문이다. 이 민족은 자신들만이 내부의 국가시민적 자유와 외부에 맞선 힘을 결합하는 하나의 진정한 헌법체제를 자랑할 수 있다고 믿기에 특히 그렇다. ― 그러한 성격은 쉽게 친해지게 만드는 친절함과는 반대되는 거만한 무례함이다. 그것은 그 어떤 다른 사람도 필요하지 않다고 믿고, 따라서 다른 사람에 맞춰줄 필요가 없다고 믿는 잘못 생각된 독립성에서 나온 것이고, 모든 다른 사람에 대한 교만한 거동이다.

지상의 가장 **문명화된** 민족이면서 성격이 서로 대조적이고 아마도

---

*　'인민들 중 천민'[10]이라는 비하하는 명칭은 아마도 수로거주자,[11] 즉 옛 로마의 수로 주변을 오가면서 근로자를 희롱하는 한 무리의 한량(조롱꾼과 익살꾼, 플라투스가 쓴 『쌀벌레』를 참조하라).

그래서 계속 서로 미워하는 두 민족인* 영국과 프랑스의 획득되고 가 B 297; A 299; Ⅶ 312
공된 성격은 그들의 선천적인 성격의 결과일 뿐인데, 이 성격에 따라
보더라도 일정하고 전쟁의 폭력 속에서도 뒤섞이지 않는 한에서 불
변적이고 특정한 성격을 이런 식으로 가정하는 유일한 민족일 것이
다. ─ 프랑스어가 특히 여성 상류 세계를 중심으로 한 보편적 회화
언어가 된 반면, 영어는 상업세계에서 가장 널리 보급된 **무역 언어****
가 된 것도 그들의 대륙적 위치와 섬 위치의 차이에 따른 것이다. 그
러나 그들이 지금 가지고 있는 천성과 그 천성이 언어에 의해 형성한
것은 그들 계통 원민족의 타고난 성격에서 도출되지 않으면 안 된다.
그러나 이것에 대한 기록이 우리에게는 없다. ─ 하지만 실용적 관점
의 인간학에서 우리에게 중요한 일은 두 민족의 성격을 있는 그대로
그리고 몇 개 사례를 들어 가능한 한 체계적으로 제시하는 것이다.
이런 작업은 어느 한쪽이 다른 한쪽에 대해 무엇을 기대할지, 그리고
다른 쪽은 한쪽을 자기 이익을 위해 어떻게 이용할지 판단하게 해줄
것이다.

한 민족의 기질을 표현하는 준칙들은 그것이 대대로 내려온 것이
거나 오랜 관습에 의해 말하자면 본성이 되고, 본성에 접목이 된 것 B 298; A 300
이다. 그런데 이것들은 모든 민족의 자연적 성향 중 **변형태들**을 철학
자를 위해 이성적 원리에 따라서 분류하기보다는 지리학자를 위해
경험적으로 분류하려는 대담한 시도들일 뿐이다.*****

---

* 이러한 분류에서 독일 민족이 간과된 것은 당연하다. 그렇지 않으면 독일
인 중 한 사람인 나의 칭찬은 자화자찬이 될 것이다.

** 상인의 정신은 허풍칠 때 다양한 어투에서 그 자만심도 모종의 변형태들
로 나타난다. 영국인은 "그분은 백만의 **값**을 한다"고 말하고, 네덜란드인은
"그는 백만을 **통솔한다**"고 말하며, 프랑스인은 "그는 백만을 **갖고 있다**"고
말한다.

*** 터키인들은 기독교적 유럽을 프랑케스탄이라 부른다. 그들이 만약 사람들

　　　한 민족이 어떤 성격을 가질지는 전적으로 통치방식에 달려 있다
는 주장은 아무것도 설명하지 못하는 근거 없는 주장이다. 그도 그럴
것이, 정부 자신은 그 고유한 성격을 도대체 어디서 얻는다는 말인
　가? ── 기후나 토지도 이에 대해서 해답의 열쇠를 줄 수는 없다. 전체
민족들의 이동이 이것을 증명한다. 즉 그들은 새로운 거주지 때문에
그들의 성격을 바꾸지는 않으며, 오히려 그 성격을 단지 상황에 따라
그 거주지에 적응시켰을 뿐이고, 이때도 언어나 직업이나 심지어 의
상에서조차 그들의 계통의 흔적을 보여주고 또 이로써 그들의 성격
을 여전히 눈에 띄게 보여주기 때문이다. ── 나는 민족들의 초상화
를 그들의 아름다운 측면보다는 결점이나 규칙에서 일탈한 측면에
서 (그렇다고 만화 같지는 않게) 묘사해보려 한다. 아첨은 타락시키는
반면에 비난은 **향상시킨다**는 사실은 제외하더라도, 만약 크고 작은
칭찬으로 비평가가 판정받는 자들 간에 질투만 불러일으키기보다는
예외 없이 사람들의 결점만을 지적할 때 인간의 자기애와 덜 부딪치
기 때문이다.

　1. 프랑스 국민은 모든 다른 것 중에서도 담소 취향의 성격을 지녔
다. 이 점에서 그들은 다른 모든 국민의 본보기가 된다. 격식을 갖추는

───────────

과 그 민족성을 알기 위해 여행을 간다면 (유럽 민족 이외에 그 어떤 민족도
이런 일은 하지 않는다. 이것은 여타 민족이 정신적으로 한정되어 있음을 증명
한다) 민족을 그 성격적 결함에 따라 다음과 같이 분류할 것이다. 1. 유행의
나라(프랑스), 2. 변덕의 나라(영국), 3. 조상의 나라(스페인), 4. 사치의 나라
(이탈리아), 5. 작명의 나라(독일과 덴마크, 스웨덴 등 게르만 민족들), 6. 주인
들의 나라(폴란드). 이 나라에서 국가시민은 누구나 주인이길 원한다. 그런
데 국가시민이 아닌 자들을 제외하고 주인들 중 그 누구도 신하·백성이 되
려 하지 않는다. ── 대부분이 아시아 계통인 러시아와 터키 이 두 나라는
프랑케스탄 너머에 위치한다. 전자는 슬라브족이 기원이고 후자는 아라비
아족이 기원이다. 이 두 기원민족은 한때는 어떤 다른 민족보다도 유럽의
더 넓은 지역에 지배력을 일찍부터 확대했지만 자유는 없는 법치체제 상
태였기 때문에 거기서는 누구도 국가시민이 아니다.

것이 지금은 유행에서 벗어난 것임에도 프랑스 국민은 **정중**한데, 특히 그들을 방문한 이방인에게 그렇다. 프랑스인은 이해관계로 그렇게 하는 것이 아니라, 자신을 전달하려는 직접적인 취향의 요구로 그렇게 한다. 이 취향은 특히 상류층 여성과 교제하는 것과 관련되므로 귀부인의 언어가 상류층의 보편적 언어가 되었다. 그리고 이런 종류의 경향성이 일을 수행할 때 공손함과 기꺼이 도우려는 호의와 점점 B 300; A 302 원칙을 따르는 보편적 인간애에 영향을 미치고, 이 민족을 전체적으로 **사랑스럽게** 만들고 만다는 점은 이론의 여지가 없다.

[프랑스인 성격의] 동전 뒷면은 고려되었던 원칙에 따라 충분히 제어되지 못한 **격렬함**이고, 반짝이는 이성에도 불구하고, 사람들이 만족을 얻었던 일정한 형식들이 단지 오래되었거나 과도하게 칭송받았다는 이유로 그것들을 더는 유지하지 않는 **경솔함**이고, 이성을 유희에 끌어넣고 민중과 국가 관계에서 모든 것을 뒤흔드는 열광을 Ⅶ 314 불러일으키며, 극단적 지점까지 넘게 만드는 전염되는 **자유정신**이다. — 이 민족의 고유성은 현실생활의 측면을 흑색 동판으로라도 묘사하면, 더 이상의 서술 없이도 아무런 연관이 없는 던져진 조각들만으로도 성격론을 위한 자료로서 쉽게 하나의 전체로 모습을 만들 수 있다.

정신(분별력이 아니라),[12] 자질구레함, 은근함, 멋쟁이, 애교적, 방심, 명예와 관련된 것, 고상함, 재기발랄함, 재치 있는 말, 밀봉 편지 등 [프랑스어] 낱말들은 쉽게 다른 나라 말로 번역될 수 없다. 왜냐하면 이 단어들은 생각하는 사람의 머리에 떠오르는 대상을 표시하는 게 아니라 이를 말하는 국민의 기질적 특성을 표시하기 때문이다.

2. **영국 국민**, (한 켈트 민족인) 브리텐의 옛 종족은 수완이 좋은 인 B 301; A 303 간의 한 유형이었던 것으로 보인다. 그런데 로마인들의 짧은 체류는 아무런 눈에 띄는 흔적을 남기지 않았지만 독일인들과 프랑스 종족

의 이주는 이들의 혼합된 언어가 증명하듯이 이 영국 민족의 원형을 없애버렸다. 그리고 외부의 침략에 대해 무척 안전한 섬이라는 이 민족의 지리적 위치가 오히려 그들을 침략자가 되도록 만들었고, 이 민족을 막강한 해양 무역 민족으로 만들었으므로 이 민족이 천성적으로는 원래 아무런 특성도 가지고 있지 않음에도 그들 스스로 만들어낸 성격을 가지고 있는 것이다. 그러므로 영국인의 성격은 다름이 아니라 그러한 성격을 스스로 만들어야 한다는, 다시 말해 그러한 성격을 가진 척해야 한다는 그런 원칙을 말하는 것이라 할 수 있겠다. 이런 원칙들은 과거의 가르침과 사례들에서 배워 익힌 것이다. 자유의지로 채택한 원리를 고수하고 (무엇이 됐든지) 일정한 규칙에서 벗어나지 않으려는 어떤 굳은 심성을 지닌 인물에게 기대해야 할 것이 무엇이며 그가 타인에게 기대해야 할 것이 무엇인지를 사람들이 확실히 알며, 또 이런 점에서 그 인물을 중요하게 여기기 때문이다.

이러한 성격은 다른 어느 민족도 아니라 프랑스인의 성격과 확실히 정반대다. 왜냐하면 영국인의 성격은 저 프랑스 민족의 탁월한 사교성인 상냥함을 다른 나라 사람들에게는 물론 심지어는 자신들끼리도 전혀 요구하지 않고 오직 존경만 요구하며, 그러면서 각자가 오직 자기 생각에 따라서만 살고자 하기 때문이다. ─ 영국인은 자기 동포들을 위해 다른 민족에게는 전례가 없는 대규모 자선 시설들을 설립했다. ─ 하지만 운명적으로 그 땅에 흘러 들어와 큰 곤경에 처한 이방인은 쓰레기 더미 위에서 목숨을 잃을 가능성이 상존한다. 그는 인간 대우를 받는 영국인이 아니다.

그런데 영국인은 제 나라에서 제 돈으로 밥을 먹을 때도 혼자가 된다. 영국인은 같은 값이면 공동식탁에서 밥을 먹는 것보다는 차라리 별실에서 혼자 밥을 먹으려고 한다. 공동식탁에서는 친절함 같은 게 요구된다. 이와 반대로 다른 나라에서는 예를 들면 모든 도로와 음식

점이 혐오스럽다고 욕하기 위해서 (샤프 박사 같은) 영국인들이 여행하는 프랑스와 같은 나라에서는 영국인들은 단지 서로 만나기 위해서 음식점에 모인다. ― 그런데 이상하게도 프랑스인들은 보통 영국인들을 좋아하고 존경심을 가지고 칭찬하는데도 (자기 나라에서 벗어난 적이 없는) 일반적으로 영국인들은 프랑스인들을 미워하고 무시한다. 이렇게 된 것은 아마도 이웃 간 경쟁의식 때문이 아니라― 왜냐하면 영국은 자신이 프랑스를 압도한다고 이론의 여지 없이 생각하니까 ― 상업정신이라고 할 모든 것 때문일 것이다. 이 상업정신은 자신이 가장 고귀한 신분이라고 생각하면서 같은 민족의 상인들 사이에서도 매우 비사교적으로 군다.* ― 이 두 민족은 양국의 해안 B 303; A 305 이 서로 가까이 있고, 단지 (물론 바다라고 일컬어질 것이기는 하지만) 하나의 해협에 의해 서로 떨어져 있다. 그러므로 이들 사이의 맞수의식은 이들이 싸울 때 서로 다른 방식으로 변형된 정치적인 성격을 낳는다. 즉 한편에는 **불안**이 있고, 다른 편에는 **증오**가 있다. 이것이 이들이 서로 화합할 수 없는 두 가지 이유이며, 이 중 전자는 **자기보존**을 목적으로 하고, 후자는 **지배**를 목적으로 한다. 하지만 반대의 경우에는 타자의 절멸을 원한다.

그밖의 민족들의 국민적 특성이 앞의 두 민족처럼 그들의 서로 다른 문화 양식에서 나온 것이 아니라 대부분 오히려 그들의 기원을 볼 때 서로 다른 종족들의 혼혈에 의한 자연적 소질에서 나온 것일 수 있다. 따라서 그밖의 민족들의 성격특성을 우리는 이제는 좀더 간결

---

*   귀족정신처럼 상업정신은 그 자체로 전적으로 비사교적이다. 한 집[13] 이 ― 상인들은 자기 가게를 이렇게 칭한다 ― 다른 집과 업무상 격리되는 것은 마치 기사의 성이 도개교로 격리된 것과 같으며, 이런 이유에서 격의 없는 친한 교제는 배제된다. 물론 가겟집에 의해 **보호받는 사람들**과는 교제할 것이다. 그러나 그럴 때라도 그 사람들이 가겟집의 일원으로 인정되지는 않을 것이다.

하게 파악할 수 있다.

3. 유럽인과 아라비아인(무어인) 혼혈인 스페인인은 그들이 공적으로 행동할 때나 사적으로 행동할 때나 어떤 장엄함을 보이며, 심지어 농부도 역시 법규정 때문에 복종하는 윗분에 대해 자신의 존엄의

식을 보여준다. ─ 스페인의 대귀족들과 그들의 회화 언어에 있는 자신감 넘치는 언어는 고귀한 국민적 자부심 같은 걸 보여준다. 그래서 스페인 사람에게는 프랑스인이 친밀감에서 멋대로 구는 행동이 전적으로 거슬린다. 스페인인은 절제가 있고 법칙들에 순종하는데, 특히 오랜 종교적 법칙들에 진심으로 순종한다. ─ 이러한 장엄함과 정중함에도 그들은 흥을 즐기는 날들(예를 들어 노래와 춤을 곁들이며 추수할 때)에는 잘 즐기고, 어느 여름날 저녁에 판당고가 연주되면, 이 음악에 맞춰 거리에서 춤을 추는 한가로운 일꾼들이 늘 있다. ─ 이 것이 스페인인의 좋은 면이다.

스페인인은 외국인들에게서 배우지 않으며 다른 민족들을 알기 위해서 여행을 하지 않는다는 것이 그들의 단점이다.* 그리고 그들의 학문도 수백 년 정도 뒤처져 있다. 개혁이라면 다 힘겨워하면서 일하지 않아도 되는 것은 뿌듯해한다. 투우에서 볼 수 있듯이 그들의 정신은 낭만적 기분이며, 예전의 종교재판이 증명해주듯이 잔혹하고, 취향 면에서 일부분 비유럽적인 모습을 보인다.

4. 이탈리아인은 프랑스인들의 활기(쾌활함)와 스페인인들의 진지

함(견고함)을 합친다. 그들의 미감적 성격은 격정적이다. 이는 마치 알프스산맥에서 매력적인 골짜기들을 내려다보는 경치가 한편으로

---

* 외부세계를 자신의 눈으로 배우려는 호기심과 (세계시민으로서) 그곳에 이 주하려는 이해타산을 떠난 호기심마저 일어나지 않는 모든 민족은 정신의 협소함을 특징으로 한다. 이런 점에서 프랑스인, 영국인, 독일인은 다른 민족들과는 구별되는 장점을 지닌다.

는 용기를 위한 소재를, 다른 한편으로는 평온한 향락을 위한 소재를 제공해주는 것과 같다. 여기서 그 기질은 뒤섞이지 않으며 일관성이 없지도 않다. (만약 그랬다면 성격도 없었을 것이다.) 숭고한 감정이 동시에 미의 감정과 하나가 될 수 있는 한, 그 기질은 숭고의 감정으로 감성이 하나로 조율된 상태다. — 이탈리아인의 표정에는 그들 감각의 어떤 강한 활동이 표출되며 그 얼굴은 표현을 풍부하게 한다. 이탈리아 변호사들의 법정 변론은 너무나 격정적이라서 무대 위의 열변 같다.

프랑스인이 담소취미에서 탁월하듯이 이탈리아인은 **예술취미**에서 탁월하다. 프랑스인은 **사적 오락**을 더 좋아하는 반면 이탈리아인은 **공적 오락**을 더 좋아한다. 보기 위한 혹은 큰 집회에서 보이기 위한 빼어난 복장, 행렬, 대연극, 사육제, 가장무도회, 공공건물의 화려함, 가는 붓이나 모자이크 작업으로 묘사한 그림, 대규모 고대 로마 유적들이 그런 것이다. 하지만 그런 와중에도 (사익을 놓치지 않으려는) 환전, 은행, 복권의 발명도 있다. — 이것이 이탈리아인의 좋은 점이다. 곤돌라의 사공이나 나폴리의 빈민들이 귀족들에 비해서 누릴 수 있는 **자유**도 그런 것이다. Ⅶ 317

호화로운 홀에서 대화하고 쥐구멍에서 잠을 잔다는 것이 **루소**의 말처럼 그들의 단점이다. 그들이 나누는 담소는 상류사회 가정의 귀부인이 우정은 필요 없는 데서 어슬렁거리면서 오늘의 뉴스를 서로 전할 목적으로 무엇이든 구매할 충분한 돈을 채웠지만 그 안에서 소액을 꺼내서 저녁식사를 하는 돈지갑과 흡사하다. — 그러나 칼을 꺼내는 것, 노상강도, 자객이 신성한 장소로 도피하는 것, 경찰관의 직무태만 같은 것들이 그들의 심각한 문제다. 하지만 이러한 측면은 로마인 때문이 아니라 쌍두 통치방식 탓이다. — 그런데 이런 비난은 결코 나한테 책임이 없는 것이다. 자기 것 외에 다른 어떤 헌법도 마 B 306; A 308

음에 들지 않는 영국인들이 일상적으로 퍼뜨린 것이다.

　5. **독일인들은 좋은 성격을 지녔다는 평판을 받는다.** 즉 그들은 정직하고 검소하다는 평판을 받는다. 이것은 광채가 날 수 있는 속성들은 아니다. ― 문명화된 모든 민족 중 독일인은 자기 나라의 정부를 가장 쉽고 지속적으로 따르며 도입된 제도를 쇄신하거나 그것에 맞서려는 의지가 적다. 독일인의 성격은 지성과 결합된 점액질이고, 이미 도입된 제도에 대해 토를 달지 않으며, 스스로 어떤 제도를 고안해내지도 않는다. 그럼에도 이런 점에서 독일인은 어느 땅, 어느 기후에나 적응할 수 있어서 쉽게 이민하고, 자기 조국에 열정을 가지고 묶여 있지도 않는다. 하지만 독일인이 외국에 이민 가는 경우 곧바로 B 307; A 309 자기 나라 사람들과 그곳에서 일종의 시민적 연합을 결성한다. 이러한 연합은 언어의 통일성에 의해, 또 부분적으로 종교의 통일성에 의해 독일인을 소수민족으로 정착시킨다. 이 소수민족은 상급 당국 아래에서 평화롭고 윤리적인 체제를 갖추고 근면, 청결, 검약함으로써 Ⅶ 318 다른 이주민족보다 탁월함을 보여준다. ― 이것은 영국인들조차 북아메리카 독일인들에게 보내는 찬사다.

　(좋게 보면) 점액질은 자기 목적을 추구할 때 냉정하게 반성하고 인내하면서 이와 관련된 곤란한 일들을 견디는 기질이다. 그래서 사람들은 독일인의 올바른 지성과 심사숙고하는 이성의 재능에 대해서 가장 위대한 문화 능력을 지닌 다른 민족들에 대해서만큼 기대할 수 있다. 기지와 예술가적 취미 분야에서는 예외적으로 독일인이 프랑스인, 영국인, 이탈리아인에 필적하지 못할 것이다. ― 이런 점은 쉼 없는 **근면**으로 실행될 수 있는 일과 **천재***가 필요 없는 일에서는

---

*　가르칠 수도 없고 배울 수도 없는 것을 **발명**하는 재능이 천재다. 어떻게 좋은 운문들을 써야만 하는지는 다른 사람에게 배울 수 있지만, 어떻게 좋은 시 한 편을 써야 하는지는 배울 수가 없다. 시는 작성자의 자연본성에서 우

좋은 점이다. 그렇지만 천재는 유용성에서 건전한 지성의 재능과 결 B 308; A 310
합된 독일인의 근면보다 훨씬 못한 것이다. ─ 교제에서 독일인의 이
러한 성격은 겸손으로 나타난다. 독일인은 다른 어느 민족보다 더 많
이 외국어를 배우고, (로버트슨이 표현한 것처럼) 학식의 **도매상**이며,
학문에서는 나중에 다른 민족들이 요란스럽게 이용하는 수많은 실
마리를 맨 처음 잡는다. 독일인은 국민적인 자부심이 없고, 마치 세
계시민처럼 자신의 국가에 연연하지 않는다. 그런데 독일인은 고국
에서는 (보스웰이 고백하듯이) 어떤 다른 국민보다도 외국인들을 후
대한다. 독일인은 자녀들의 도덕적 품행을 엄격하게 훈육한다. 이것
은 독일인이 질서와 규칙에 대해 그들의 성질에 맞게 혁신들(특히 정
부의 독단적인 개혁들)에 끼어들기보다는 자신을 제압하는 것과 같
다. ─ 이것이 독일인의 좋은 측면들이다.

　자신이 원조가 될 수 있다는 생각을 거의 안 한다는 것과 모방하는
성향이 독일인의 불리한 점이다. (이 점은 오만스러운 영국인과 정반 Ⅶ 319
대다.) 그러나 자신과 다른 국가시민들을 말하자면 평등에 접근하려 B 309; A 311
는 어떤 하나의 원칙에 따라서가 아니라 특권이나 등급 순서의 단계
에 따라 세밀하게 분류하려 하고, 이러한 등급의 도식에서 (귀하, 존
하, 좌하, 각하 등의) 호칭을 끝없이 만들어내며, 그리하여 오로지 꼼
꼼함의 노예가 되려는 일종의 질서중독이 독일인의 특히 불리한 점

러나와야만 하는 것이기 때문이다. 따라서 시는 주문에 따라서 충분한 대
가를 받고 내놓는 제품처럼 기대할 수 있는 게 아니고 오히려 시인 자신도
어떻게 갖게 된지 모르는 영감 같은 것으로 기대해야만 한다. 즉 시란 그
원인을 시인도 모르는 어떤 우연한 소질 같은 것으로 기대할 수밖에 없다.
(탄생별을 따르는 별임을 정령은 안다.) ─ 그래서 천재란 지나가다 나타나
서 다시 사라지는 순간적인 현상이다. 천재는 자기가 선택해서 불이 붙은
후 원하는 시간 동안 지속되는 빛으로 빛나지 않고, 정신의 행복한 발작이
생산적인 상상력으로 내뿜은 번뜩이는 섬광처럼 빛난다.

이다. 물론 이 모든 것은 독일 국가헌법의 형식 탓으로 돌릴 수도 있다. 그렇다 하더라도 이러한 꼼꼼한 형식 자체가 독일인의 국민적 정신과 자연적 성향에서 나온다는 점은 숨길 수 없다. 지배하는 자와 복종해야 하는 자 사이에 사다리 하나를 놓으며, 사다리 디딤판 각각은 모두 그에 따른 위신의 등급으로 표시된다. 아무런 직업도 없고, 게다가 아무런 **칭호**도 없는 자는 말 그대로 아무것도 아니다. 그런데 이것은 이러한 칭호를 부여하는 국가에는 물론 무엇인가를 가져다 주지만, 그러나 이 점을 고려하지 않는다면, 신민들끼리 다른 사람의 중요성을 제한하라고 요구하게 만든다. 이런 일은 다른 민족들에게는 우습게 보일 것이 틀림없다. 그리고 실제로 이런 일은 전체를 하나의 개념으로 파악하기 위한 꼼꼼함이자 방법적인 분류의 욕구인 타고난 재능의 한계를 까발린다.

*　　*　　*

러시아는 발전할 준비가 되어 있는 자연적 본성들을 일정한 개념으로 나타내기 위해 필요한 것이 아직 없다. 이에 비해 폴란드는 그런 것이 더는 없다. 그런데 유럽 터키의 국민성은 일정한 민족성을 지니기 위해 필요한 것이 존재한 적도 없었고, 존재할 수도 없을 것이다. 따라서 이들 민족의 성격을 묘사하는 일은 여기서 그냥 넘어가는 것이 적절할 것이다.

B 310; A 312

대체로 여기서는 말하자면 사람들의 피가 섞이는 것으로 인한 생득적이고 자연본성적인 성격이 논의거리지 획득하거나 인위적인(또는 작위적인) 국민적 성격을 특징짓는 것이 논의거리가 아니다. 따라서 이것을 묘사할 때는 매우 조심할 필요가 있다. 터키인들의 심한 압박이나 그들에 비해 더 부드럽지도 않은 **칼로예**의 압박 아래서도 그리스인의 성격에서 (활기와 경박이라는) 그들의 기질이 그들 신체의 구성, 형태, 용모와 마찬가지로 상실되지 않았다. 오히려 이러한 고 Ⅶ 320 유성은 만약 종교와 정부의 형식이 운 좋은 사건에 의해서 그들에게 자유를 마련해준다면 아마도 다시 회복될 것이다. ― 또 다른 기독 교 민족인 아르메니아인들 사이에는 특수한 종류의 상업정신이 지배 한다. 중국 국경에서 기네아해안의 코르소곶까지 도보여행으로 교 역하는 정신이 바로 그것이다. 이 정신은 이성적이고 부지런한 민족 의 특수한 계통을 증명해준다. 즉 이 민족은 북동에서부터 남서에 이 르는 선에 걸쳐서 구대륙의 거의 모든 곳을 돌아다녀보고, 거기서 마 A 313 주치는 모든 민족과 평화로운 만남을 나눌 줄 아는 성격을 증명한다. 이 성격은 지금 그리스인들의 경솔하고 비굴한 성격보다 탁월하다. 우리는 이러한 성격이 최초로 어떻게 형성되었는지는 더 탐구할 수 B 311 없다. ― 점점 그 성격들을 소멸시키는, (대규모 정복에서) 종족들의 혼혈이 겉으로 내세운 모든 박애주의에도 인류에게 이로운 것이 없 다는 것은 옳은 판단일 것이다.

D.
인종의 성격

이에 대해서 나는 비밀자문관 기르탄너 씨가 그의 저서에서 (내 원 칙들에 따라서) 훌륭하고 철저하게 해명하고 부연 설명한 것을 끌어 다 쓸 수 있다. ― 다만 이제 나는 가족의 혈통에 대해서 그리고 같은 인종 안에서 인지될 수 있는 변종이나 이종들에 대해서 무언가 말하 고자 한다.

여기서 자연은 서로 다른 인종들을 뒤섞을 때 의도했던 동화될 대

신에 정반대의 것을 법칙으로 만들었다. 즉 같은 인종(예를 들어, 백

A 314 인종)의 한 민족 안에 그들을 형성할 때 그 성격들을 꾸준히 그리고 점진적으로 서로 접근시키는 대신에 ─ 그렇게 되면 마침내 하나의 동판 인쇄를 한 것처럼 동일한 초상화만 나올 것이다 ─ 오히려 동일

B 312 한 종족 안에서 그리고 심지어 같은 가족 안에서도 신체적으로나 정신적으로나 무한히 다양화한다. ─ 유모가 부모에게 아첨하기 위해서 "이 아이는 이건 아빠를, 저건 엄마를 닮았다"고 말하기는 한다. 그렇지만 만약에 이 말이 진실이라면, 인류생식의 온갖 형태가 이미

Ⅶ 321 예전에 고갈되었을 테고, 또 짝짓기할 때 다산성은 개체의 이질성으로 촉진되므로 번식은 정지되었을 것이다. ─ 따라서 예를 들어 회색 머리카락은 검은 머리카락인 사람과 금발인 사람 사이의 혼혈이 아니라 특수한 가족 혈통을 표시한다. 또 자연은 자신이 저장한 형식들이 빈곤하여 예전에 존재했던 인간을 이 세상에 내보내지 않으려고 저장을 충분히 한다. 그래서 잘 알려진 것처럼 근친결혼은 불임이라는 결과를 낳는다.

E.
인류의 성격

어떤 존재자들의 유에 대해 하나의 성격을 제시하려면 다음과 같은 사항이 필요하다. 즉 그 존재자들은 우리에게 알려진 다른 존재자들과 함께 하나의 개념 아래에 포섭되고, 그들을 서로 구별해주는 특

A 315 성이 구별 근거로 제시되어 사용된다는 점이다. ─ 그런데 만약 우리가 알고 있는 한 종류의 존재자(A)가 우리가 알지 못하는 다른 종류

B 313 의 존재자(B)와 비교된다면, 우리에게 비교의 매개념이 없는 것인데,

이럴 때 사람들은 어떻게 전자의 성격을 제시하는 것을 기대하거나 요구할 수 있을까? — 최상의 유개념이 땅 위 이상의 이성적 존재자라는 것일 수 있는데, 그렇다고 해서 우리는 그런 존재자의 어떤 성격도 말할 수 없다. 우리는 이성적이고 땅 위에 있지 않은 존재자들에 대한 특색을 제시해서 땅 위의 이성적 존재자들을 이성적 존재자 일반 아래서 특정지을 어떠한 지식도 가지고 있지 않다. — 그러므로 인류의 성격을 제시하는 문제는 전적으로 해결될 수 없는 것처럼 보인다. 해결은 **경험**으로 두 종의 이성적 존재자를 비교함으로써 제공되어야 하는데, 경험은 우리에게 이런 것을 제공하지 않는다.

그러므로 살아 있는 자연의 체계 안에서 인간을 분류하고 그렇게 해서 인간의 성격을 규정하기 위해 우리에게 남은 것은 다음과 같은 것밖에 없다. 즉 인간은 그 자신에 의해서 취해진 목적들에 따라 자기를 완전하게 하는 능력이 있으므로, 자기 자신이 창조하는 하나의 성격을 갖는다는 것밖에 없다. **이성능력을 부여받은 동물**(이성적일 수 있는 동물)인 인간은 이로써 자신을 **이성적 동물**로 만들 수 있다. — 이 상태에서 이제 인간은 첫째로 자기 자신과 자기의 **종**을 보존하고, 둘째로 이 종을 훈련하고 가르쳐서 가정사회에 맞게 **육성하**고, 셋째로 이 종을 하나의 조직적(이성원리에 따라 질서지어진) 사회에 맞는 전체로 **다스린다**. 이런 중 그러나 인류의 특징은 지상의 가능한 이성적 존재자 일반의 이념과 비교해보면 다음과 같다. 즉 자연은 인류 안에 **불화**의 씨앗을 심어넣고 인류의 이성이 이 불화에서 벗어나 **화합**을, 적어도 화합을 향해 끊임없이 다가서길 원했다. **이념에서** 볼 때는 이 후자가 목적이지만, 그러나 **실재**를 고려할 때는 전자(불화)가 자연의 계획에서는 우리가 헤아릴 수 없는 최고의 지혜 수단이다. 즉 이것은 비록 인간의 생의 기쁨을 많이 희생할지라도 진보하는 문화에 의해 인간을 완전하게 만드는 수단이다.

생존하는 육상 서식자들 중 인간은 물건들을 사용하기 위한 기술적 (의식과 결합된-기계적) 소질에 의해, 그리고 (다른 사람들을 자기 의도에 맞춰 능란하게 대하는) 실용적 소질에 의해, 또 자기 본질 안에 있는 (법칙들 아래서 자유원리에 따라 자기와 다른 사람들에 대해) 행위 하는 도덕적 소질에 의해 다른 모든 자연존재자와 눈에 띄게 구별된다. 그리고 이 세 단계 각각만으로도 이미 인간을 다른 육상서식자들과 구별하며 특징을 규정할 수 있다.

A 317   I. 기술적인 소질. 인간은 원래 (모스카티가 아마도 순전히 그의 학위논제로서 제안했던 것처럼) 네 발이나 두 발로 걷도록 정해졌는지 —

B 315 긴팔원숭이, 오랑우탄, 침팬지 등이 (그런 식으로) 정해졌는지(이에 대해 린네와 캄퍼르가 논쟁 중이다), 인간은 초식 동물인지 아니면 (막질의 위를 가졌으니) 육식 동물인지, — 인간은 갈고리발톱도 없고 물어뜯는 어금니도 없으니 (만약 이성이 없다면) 아무런 무기를 가지고 있지 않으므로 맹수인지 평화적인 동물인지 — 이런 물음들에 대답하려고 고민할 필요가 없다. 어쨌든 이런 물음들에 덧붙여 과연 인간은 사교적인 동물인지 아니면 혼자 살기에 이웃-기피적 동물인지 하는 물음도 제기될 수 있다. 이 물음에는 후자가 맞을 확률이 높다.

최초의 인간 한 쌍이 이미 다 자란 상태에서 자연에 의해 가령 음식물 한가운데에 놓일 때, 만약 그와 동시에 그들에게 지금 우리의 자연상태에는 있지 않은 어떤 자연본능을 타고나지 않았다면, 그 인간 한 쌍은 종의 보존을 위해 자연이 사전에 배려한 것에 부응하기

VII 323 는 어려울 것이다. 즉 최초의 인간은 그가 처음 마주한 못에서 익사할 것이다. 수영은 미리 배우지 않으면 안 되는 하나의 기술이다. 그밖에도 그 인간은 독이 있는 뿌리나 과일들을 즐기면서 끊임없는 위험 속에서 목숨을 잃게 될 것이다. 하지만 자연이 최초의 인간 쌍에게 이런 본능을 심어주었다고 한다면, 지금은 이런 일이 일어나지 않은

데서 알 수 있듯이 그 인간이 이런 본능을 자식들에게 물려주지 않는 일이 어떻게 가능했을까?

노래하는 새는 물론 자기 새끼들에게 모종의 가락들을 가르쳐주 A 318 고, 이것들을 전승해 계속 심어준다. 그래서 아직 눈도 뜨지 않은 상태에서 둥지에서 빼내 사육된 한 마리 격리된 새는 자란 후에도 울지 않고, 그저 한 가지 선천적인 신체 기관소리만 소유한다. 그런데 최 B 316 초의 울음은 어디서 왔을까? 도대체 이것은 배운 것이 아닐 것이다.* 만일 이것이 본능적으로 생겨났다면, 이것은 왜 새끼들에게 유전되지 않았을까?

인간은 이미 그의 손과 손가락 그리고 손가락 끝의 형태와 조직이 지닌 한편으로는 그 구조에서 다른 편으로는 그 섬세한 느낌에서 이성적인 동물로서의 특징을 보여준다. 이를 통해 자연은 인간을 물건 A 319 취급하는 하나의 방식에 대해서가 아니라 모든 방식에 대해 무규정적으로 다시 말해 이성사용에 적합하도록 만들었다. 그리고 이로써 자연은 이성적 동물로서 인간이라는 종의 기술적 소질이나 숙련성의 B 317 소질을 특징지었다.

---

* 기사 린네와 함께 우리는 자연의 고고학에 대해 다음과 같이 가정해볼 수 있다. 지구 전체를 다 덮은 바다에 섬 하나가 적도 아래에 하나의 산처럼 솟구쳤고, 산 아래 낮은 해안 열기에서 산 정상의 한대지역 같은 냉기에 이르기까지 모든 기상의 단계가 이 산 위에서 생겼으며, 이와 함께 그 단계들에 맞는 식물과 동물들이 점점 생겨났다고 가정할 수 있다. 그리고 모든 새 종류에 대해서는 다음과 같이 말할 수 있다. 노래하는 새들은 서로 다른 온갖 발성기관음을 모방했고, 소리 각각을 그 새들의 목이 감당할 수 있는 한도 내에서 다른 소리와 결합했으며, 이렇게 해서 모든 종류의 새가 제각각 모종의 가락을 만들었고, 나중에 이 가락을 대를 이어 가르쳐 (말하자면 하나의 전승처럼) 전달했다. 방울새와 밤꾀꼬리가 다른 나라에서는 우는 소리가 약간씩 다르다는 사실도 우리가 알듯이 말이다.

Ⅱ. **실용적 소질** 중 문화에 의한 문명화의 실용적 소질과 특히 교제 속성들의 실용적 소질은 이제 더 고차원적인 단계다. 그리고 사회적 관계에서 오로지 자기 실력의 야만성에서 벗어나 (아직 윤리적이지는 못하더라도) 교화된 존재자이자 화합을 본분으로 하는 존재자가 되려는 자연적 소질도 고차원적인 단계다. — 인간은 교화와 육성(훈육)으로 교육될 수 있으며 또 교육될 필요가 있다. 여기서 (루소와 함께 혹은 루소에 반대하여) 제기되는 물음은 다음과 같다. 즉 그 자연소질의 면에서 볼 때 인류의 성격이 그 끝을 알 수 없는 문화의 기술들에서보다 그 자연본성의 **야만성**에서 더 낫지 않은가 하는 것이다. — 가장 먼저 주목해야 하는 것은 자신을 제멋대로 두는 모든 다른 동물에서는 각각의 개체가 그들 전체의 규정(사명)을 달성하지만, 인간에서는 어떤 경우라도 유만이 그렇다는 것이다. 그래서 인류는 헤아릴 수 없는 많은 세대의 계열을 거쳐서 **진보함**으로써만 그 사명으로 향상할 수 있다. 이때 그 목표는 인간에게서 언제나 아직 전망에 머물러 있지만 그럼에도 이 궁극목적으로 나아가는 추세가 가끔 저지되기는 해도 결코 완전히 역행되지는 않는다.

Ⅲ. **도덕적 소질.** 이 경우에 문제는 과연 인간은 자연본성상 선한지 아니면 악한지, 이런 게 아니라면 인간이 그를 형성하는 이런 손에 떨어지느냐 저런 손에 떨어지느냐에 따라서 자연본성상으로 이렇게 물들 수도 있고 저렇게 물들 수 있는지(패악질로 기울어가는 밀랍처럼) 하는 것이다. 마지막의 경우라면 유는 그 자체로는 아무런 성격도 갖지 않는다. — 하지만 이 경우는 자기모순이다. 왜냐하면 실천적 이성능력과 자신의 자유로운 선택의지에 대한 의식을 갖춘 존재자는(하나의 인격은) 이러한 의식 안에서 그리고 가장 흐릿한 의식 가운데서도 자신이 의무법칙 아래에 있다는 것을 스스로 인식하며, 그 자신에게나 혹은 그에 의해서 다른 사람들에게 정당한 일이나 부당

한 일이 일어난다는 (도덕감정이라 칭해지는) 감정이 있기 때문이다. 이제 이것은 이미 그 자체로 인간성 일반의 **예지적 성격**이고, 그러한 면에서 인간은 타고난 소질에서(자연본성상) 선하다. 하지만 그럼에도 인간 안에는 그가 허용되지 않은 것임을 알아도 그 허용되지 않은 것을 능동적으로 욕망하는 악이 있다는 사실이 경험적으로 드러난다. 다시 말해 경험은 악의 성향이 있음을 보여주고, 이러한 성향은 인간이 자기 자유를 사용하기 시작하자마자 필연적으로 바로 일어나고, 이런 점에서 타고난 거라고 볼 수 있으므로, 인간은 그의 감성적 성격의 면에서는 또한 (자연본성상) 악하다고 판정되어야 한다. 그리고 이것은 유의 성격이 논의 대상일 때는 자기모순이 아니다. 유의 자연적 사명은 개선을 향한 계속되는 진보에 있다고 가정할 수 있다.

인간의 사명에 대한 실용적 인간학의 요점과 인간 형성의 성격론은 다음과 같다. 즉 인간은 하나의 사회 안에서 다른 사람들과 함께하고, 그 사회 안에서 기술과 학문들로 자신을 **개화**하고, **문명화**하고, **도덕화**하도록 그의 이성에 의해 정해져 있다. 그가 행복이라고 칭하는 안락함과 풍족한 생활의 선동에 **수동적으로** 자기를 맡기려는 동물적 성향이 아무리 크더라도, 오히려 **능동적으로는** 그의 자연본성의 질박함으로 그를 에워싼 장애들과 싸우면서 자신을 인간의 품격에 맞게 만들어간다.

그러므로 인간은 선을 향해 교육되어야만 한다. 그러나 인간을 교육해야 하는 것도 인간이다. 즉 여전히 자연본성의 질박함 속에 놓였으면서 그 자신이 필요로 하는 것을 이제 생기게 해야만 하는 것이 인간이다. 그래서 자기규정에서의 끊임없는 일탈은 자기규정으로 언제나 다시 돌아가는 것을 야기한다. ― 우리는 이제 이 문제 해결의 난점들과 그 장애물들에 대해 말하고자 한다.

A

제일의 물리적 규정은 동물 유로서 자기 유를 보존하려는 인간의 충동에 있다. ─ 그러나 여기서 이미 인간발육의 자연 시기들은 시민적 시기들과 일치하려고 하지 않는다. 첫째에 따르면 인간은 자연 상태에서 적어도 15세가 되면 성본능에 의해 움직이고, 또한 종을 생산하고 보존하는 능력이 있다. 둘째에 따르면 인간은 (평균적으로) 20세 이전에는 이를 감행하기가 어렵다. 왜냐하면 만약 한 젊은이가 자신과 부인이 애호하는 것을 세계시민으로 충족하는 능력을 일찍 가졌더라도 그는 아직 국가시민으로서 자기 부인과 자식을 보존할 능력은 여전히 가지지 못하기 때문이다. ─ 그가 한 여자와 함께 가정생활을 시작하려면 직업을 하나 배워서 그것에 정통해야 한다. 하지만 세련된 국민계급에서는 그러한 자기 사명에 이를 만큼 성숙하려면 25세는 지나야 한다. ─ 그런데 강요되고 부자연스러운 이 금욕의 간극을 젊은이는 무엇으로 채울까? 부도덕한 짓들 말고 다른 것이 거의 없다.

B

인간성을 고상하게 만드는 문화인 학문을 향한 충동은 인류 전체 안에서 수명과 비례하지 않는다. 학자는 문화에서 그 분야 자체를 확장하는 데까지 추동되어 있으면 죽음의 소환을 받게 되고, 그의 자리는 초보제자가 넘겨받으며, 이 제자가 마찬가지로 한 발자국 전진하면 죽기 직전에 다른 이에게 다시 그 자리를 넘겨준다. ─ 만약 아르키메데스, 뉴턴, 라부아지에와 같은 사람이 그들의 근면과 재능을 가진 채 생명력이 쇠퇴하지 않고 수세기 동안 지속되는 나이를 자연에서 시혜받았다면, 얼마나 많은 양의 지식과 어떤 새로운 방법들의 발견이 지금 이미 저장되었을까? 하지만 인류의 학문적 진보는 언제나

(시간에 따라서) 그저 단편적일 뿐이고, 그 중간에 끼어드는 국가 전복의 야만적 행위로 언제나 퇴보의 위험이 있으므로 학문적 진보를 전혀 보증할 수 없다.

C

인간의 자연본성은 인간에게 끊임없이 행복을 추구하도록 하지만 이성은 행복할 만한 자격에, 즉 윤리성의 조건에 인간을 제한하므로 이런 행복에 관해서도 인류는 자기 사명을 완수하지 못하는 것으로 보인다. ─ 자연상태에서 탈출을 감행하는 인류에 대해 자연 상태인 숲으로 되돌아갈 것을 추천하는 루소의 우울한(기분이 언짢은) 묘사를 그의 진정한 의견으로 이해해서는 안 된다. 그런 묘사로 루소는 인류가 자기 사명에 단절 없이 접근하는 궤도에 진입하는 것이 어렵다고 말했다. 사람들은 이런 묘사를 허무맹랑하게 파악해서는 안 된다. ─ 인류가 언젠가는 더 좋은 상태에 있을지는 과거와 현재의 경험으로 볼 때 어느 사상가나 당혹스럽게 만들고 의심하게 만들 수밖에 없다.

루소의 세 저술은 1. 인류가 자연에서 문화로 나아가는 것이 우리 힘을 약화해서 발생시킨 손해, 2. 문명이 불평등과 상호 억압으로 발생시킨 손해, 3. 잘못 생각된 도덕화가 사유방식의 반자연적인 교육과 기형화로 발생시킨 손해에 대한 저술들이다. (그곳에 다시 돌아가는 것을 천국의 문지기가 불칼을 들고 방해하는) 자연상태를 마치 무죄상태로 묘사한 이 세 저술은 내 생각에 우리 인류가 그 자신의 죄책감으로 둘러싸였던 해악에서 벗어나는 것의 실마리로 그의 『사회계약론』과 『에밀』, 『사부아의 부사제』에서만 기여할 것이다. ─ 근본적으로 루소는 인간이 자연상태로 되돌아가길 바란 것이 아니라 인간이 지금 서 있는 단계에서 자연상태를 되돌아보길 바랐다. 인간은 자연적

A 324

B 322

으로는(유전된 대로는) 선하지만 소극적으로만 이렇다는 것이고, 다시 말해 인간은 자발적으로나 의도적으로 악하지는 않다는 것이지만, 악하거나 미숙한 안내자나 사례들에 의해 오염되고 타락하게 될 위험에 놓였다고 루소는 가정하는 것이다. 그런데 이제 (이런 위험에서 벗어나기 위해) 이와 관련해서 선한 사람들이 다시 필요하고, 선한 사람들은 이를 위해서 스스로를 교육해야만 했으며 (선천적 또는 후천적) 타락을 자기 안에 가지고 있지 않은 자는 아무도 없으므로 도덕 교육의 문제는 우리 인류에게서 그저 정도 면에서만 아니라 원리의 질 면에서도 해결되지 않는다. 왜냐하면 인류에게 선천적인 악한

성향은 보편적인 인간 이성에 의해서 기꺼이 비난받고 어쨌든 제어되기는 하지만 그렇게 해서 완전히 없어지지는 않기 때문이다.

*　　*　　*

　　어떤 시민적 헌정체제는 인류 안에 있는 선한 성질을 이것의 사명인 궁극목적을 위해 인위적으로 높이는 최고도의 것이다. 이런 시민적 헌정체제에서도 동물성은 이것이 겉으로 드러난 모습들에서는 순수한 인간성보다 더 이른 것이고 원래 더 강한 것이다. 그리고 길든 가축은 약화해야지만 야생의 짐승보다 더 유용하다. 사적인 의지는 이웃 사람들에게 반감을 가진 상태에서 언제나 부수고 나올 준비가 되어 있다. 독립적으로 존재하라고 할 뿐만 아니라 본성상 자기와 동등한 다른 존재자들 위의 명령자로 존재하라는 무조건적 자유의 요구를 사적 의지는 항상 추구한다. 우리는 이런 사실을 아주 어린아이에게서도 이미 인지한다.* 인간 안의 자연본성은 개화에서 도덕성으로

---

*　　막 태어난 한 아이가 들려주는 외침들은 비탄의 음색이 아니라 격분과 폭

진입하지 (이성이 지시규정하듯이) 도덕성과 그 법칙들에서 시작해 그 위에 세워진 합목적인 개화로 진입하려고 애쓰지 않으니 말이다. 불가피하게도 이것은 반목적적이며 전도된 경향을 낳는다. 예를 들면 꼭 도덕적 개화여야만 하는 종교 교육이 단순히 기억의 개화인 역사적 개화에서 시작해 그것에서 도덕성을 추론하려는 헛된 시도를 할 때 그렇다.

모든 개개인의 교육이 아니라 — 이런 경우에는 다수가 하나의 조직이 아니라 단지 함께 모인 집적물이 될 것이다 — 그 유의 **전체**에서 **집합적**으로 본 인류의 교육은 자유의 원리와 동시에 또한 합법칙적 강제의 원리 위에 기초되어야 하는 시민적 헌정체제를 지향한다. 그 A 327

B 325

발한 분노의 음색을 자체적으로 지닌다. 무언가가 아이를 고통스럽게 하는 게 아니라 짜증 나게 하기 때문이다. 추측해보면 다음과 같은 이유에서일 것이다. 즉 아이는 움직이고 싶은데 그럴 능력이 없고, 이 무능력은 아이에게서 자유를 박탈해버린 어떤 속박처럼 느껴진다. 아이를 크게 외치며 이 세상에 태어나게 하는 자연은 이렇게 함으로써 무엇을 노리는 것일까? **야만의 자연상태**에서는 아이 자체에게나 어머니에게 극히 위험한 일인데도 말이다. 늑대나 심지어 돼지도 어미가 없거나 어미가 출산으로 쇠약해진 상황에서 아이를 씹어 먹을 유혹을 받는다. (지금과 같은) 인간 이외에 그 어떤 동물도 태어날 때 자기가 여기 있다는 것을 큰 소리로 알리지 않는다. 자연의 지혜가 종을 보전하기 위해 이렇게 구조를 짜서 그런 것 같다. 그러므로 우리는 다음과 같이 가정할 수밖에 없다. 즉 이 동물 분류와 관련해서도 자연의 태초 시기(다시 말해 야만의 시기)에는 태어나는 아이가 큰 소리를 내지르는 일은 없었다고 말이다. 그러니까 부모 두 사람이 이미 주거식 생활에 필요한 문화에 도달했던 것처럼 나중에 가서야 제2의 시기에 진입했다. 어떻게 그리고 함께 작용하는 어떤 원인들로 자연이 그러한 발전을 이루었는지는 우리는 모르지만 말이다. 이런 견해는 예를 들어 다음과 같은 생각에까지 이끈다. 즉 이 제2의 시기에 뒤이어 자연대혁명들에서 제3의 시기가 뒤따를 수 있다면 어떤 오랑우탄이나 침팬지가 걷고, 대상들을 느끼고, 말하는 데 쓰는 기관들을 인간의 신체 구성구조처럼 형성하고 그 가장 내부가 지성사용을 위한 하나의 기관을 보유하고 사회문화를 통해 점차 발전할 것이다.

렇지만 인간은 이러한 교육을 오로지 섭리에서 기대한다. 이 섭리는 자기 것이 아니지만 (자기 자신의 죄책으로) 자기 자신의 이성의 무력한 이념인 어떤 지혜다. ─ 내 생각으로는 위로부터의 이런 교육은 유익하지만 거칠고 엄격하다. 이는 수많은 불편함과 전체 종의 거의 파괴에까지 이르는 본성의 개조로 그렇다. 이 개조는 인간에 의해 의도된 것은 아니어도 일단 현존하게 되면 계속 유지되는 선을 내부에서 자기 자신과 언제나 대립하는 악에서 만들어낸다. 이렇게 끊임없이 종을 파괴하면서도 그 종을 언제나 지켜나가는 유기적 자연존재자들의 종 보존에서 우리가 감탄하면서 인지하는 지혜가 바로 섭리다. 그렇다고 해서 우리가 식물과 동물의 보존을 위한 원리로 이미 상정해야만 하는 원리보다 더 상위의 원리를 예비적으로 상정하는 것은 아니다. ─ 어쨌든 인류는 스스로 자기 행운의 창조자여야 하고 창조자일 수 있다. 인류가 그렇게 될 것이라는 사실은 우리에게 알려진 인류의 특성에서 선험적으로 추론되지 않는다. 오히려 이러한 사실은 개선을 향한 인류의 진보에서 절망하는 대신에 모든 지혜와 도덕적 선례제시로 이 목표에 (각자가 가능한 한에서) 접근하는 것을 촉진하는 데 필요한 만큼의 근거 있는 기대와 함께 오직 경험과 역사에서 추론될 뿐이다.

그러므로 우리는 다음과 같이 말할 수 있다. 즉 인류의 첫째 성격은 자기 인격에 대해 그리고 또한 자연이 그로써 그 안에 있게 한 사회에 대해 하나의 일반적 성격을 부여하는 이성적 존재자로서 능력이라고 말이다. 그러나 이것은 이미 인간 안에 선을 향한 고마운 자연소질과 성향이 있다는 것을 전제하는 것이다. 악은 (악이란 자기 자신과 모순을 자기 안에 갖고 가고, 어떤 지속적 원리도 자기 안에 허용하지 않으므로) 원래 아무런 성격도 없다.

어떤 하나의 살아 있는 존재자는 자신에게서 자기 사명을 미리 인식하도록 해주는 것이 특성이다. ─ 그런데 자연은 피조물의 자연본성의 모든 소질이 자신을 위해 합목적적으로 발전하고, 그래서 **개체 각각**은 그렇지 못할지라도 그 종은 자연의 의도를 실현함으로써 모든 피조물이 자신들의 사명에 이르기를 원한다는 것을 우리는 자연목적을 위한 원칙으로 가정할 수 있다. 이성 없는 동물들에서는 이런 일이 실제로 일어나며, 이것이 자연의 지혜다. 그러나 인간에서는 이런 것을 오직 유만이 할 수 있고, 이에 대해 우리는 지상의 이성적 존재자들 가운데서 오직 하나의 유, 즉 인류를 알 뿐이다. 그리고 또 우리는 인류 중 이 목적을 향한 오직 하나의 추세만 안다. 이 유일한 추세는 자기 자신의 활동으로 악에서 선을 발전시키는 일을 언젠가는 완수하려는 것이다. 이것은 자연혁명들이 갑자기 단절하지 않는다면, 도덕적으로 (저 목적을 향해 실행해가는 의무에 충분한) 확신을 가지고 기대할 수 있는 하나의 전망이다. 왜냐하면 인간이란 악성이 있지만 그래도 새것을 잘 만들고 또 그러면서 동시에 도덕적 소질을 지닌 이성적 존재들이기 때문이다. 이 존재자들은 그들이 서로 간에 이기적으로 가하는 해악을 문화의 증대에도 더욱더 강하게 느끼지만, A 329 이와 반대로 또 기꺼이는 아니지만 (개인적인) 사적 감각을 (만인이 B 327 합일된) 공통감각에, 즉 (시민적 강제의) 규율에 복종하는 것 이외에는 보지 못한다. 그런데 이성적 존재자들은 그들 자신에 의해 주어진 법칙들에 따라서 이 규율에 복종하는 것이다. 그리고 이들은 이러한 의식으로 자신이 고귀해졌다는 것을, 즉 이성이 인간에게 이상적으 VII 330 로 보여준 인간의 사명에 걸맞은 유에 자신이 속한다는 것을 느끼는 것이다.

인류 성격묘사 요점

I. 인간은 가축처럼 한 무리에 속하는 게 아니라 꿀벌처럼 한 벌통

에 속하도록 정해져 있었다. 이것은 어떤 한 시민사회에 속해야 하는 필연성이다.

이러한 사회를 가장 단순하면서도 가장 기교를 덜 부린 방식으로 성취하는 일이 이런 통 안에 하나의 현자가 있는 방식(군주제)이다. ─ 그러나 서로 가까이 있는 그런 통들은 대부분 곧 도둑벌이 되어 서로 싸운다. 그래도 이것은 사람들이 하는 것처럼 타자들과 단결하여 자기들의 무리를 강화하고자 하는 것이 아니다. ─ 그렇기에 비유는 여기서 끝난다. ─ 이것은 그저 타자들의 근면함을 자신을 위해

A 330
B 328

간교와 폭력으로 이용하려는 것이다. 모든 각 민족은 이웃한 민족들을 정복함으로써 자기 민족을 강화하려고 한다. 다른 민족에게 앞서지 않으면 그들에게 약탈당하게 된다는 공포이든 확장욕이든 상관없이 인류에게 안팎의 전쟁은 그것이 아무리 큰 해악일지라도 야만적 자연상태에서 시민적 상태로 이월해가는 동기이기도 하다. 이것은 섭리의 어떤 기계장치로 존재하는데, 이 장치 안에서 서로 대결하는 힘들은 충돌로 서로를 중단시키지만 그럼에도 오랜 시간 다른 동기들의 충돌이나 견인으로 규칙적인 진행을 유지하게 된다.

Ⅱ. 자유와 법(법으로 자유는 제한된다)은 시민적 법제정을 굴러가게 하는 두 축이다. ─ 그러나 법이 효력을 가지면서도 공허한 선전물이 되지 않으려면 이것들에 매개*가 되는 권력이 덧붙여져야 한다. 권력은 저 두 가지와 결합하여 이 원리들을 성공으로 이끈다. 이제 우리는 이런 권력과 앞의 두 가지인 자유와 법이 만드는 네 가지 조

Ⅶ 331

합을 생각할 수 있다.

A. 권력 없는 법과 자유(무정부)

---

* 이것은 판단의 주어와 술어를 결합해 삼단논법에서 네 형태를 낳는 삼단논법의 매개념과 유비적이다.

B. 자유 없는 법과 권력(전제)

C. 자유와 법 없는 권력(야만)

D. 자유와 법을 가진 권력(공화제)

사람들은 마지막 것만을 참된 시민적 체제로 부를 만하다는 것을 A 331
안다. 그런데 여기서 사람들은 세 가지 국가형식 중 하나(민주제)를 B 329
목표로 하지 않고, **공화제**를 유일하고 일반적인 국가로 이해한다. 옛
브로카르드법전의 "시민이 아니라 국가의 복지가 최고 법이다"라는
명제는 보통 사람의 **감각복지**(즉 시민들의 **행복**)가 국가체제의 최상의
원리 역할을 해야 한다는 뜻이 아니다. 왜냐하면 각자가 자기의 사
적 경향성에 따라 이렇게 저렇게 구상하는 번영은 보편성이 요구하
는 것과 같은 어떤 객관적 원리로는 전혀 쓸 수 없기 때문이다. 저 명
제는 다름 아니라 다음과 같은 것을 의미한다. 즉 **지성복지**의 유지가,
다시 말해서 일단 현존하는 국가 헌법체제의 유지가 시민사회체제
일반의 최고 법이라는 것이다. 이것은 저것에 의해서 존속하기 때문
이다.

모든 시대의 경험에서 알려지고 모든 민족 사이에서 알려진 것처
럼 인류의 성격은 다음과 같다. 즉 (인류 전체로서) 집합적으로 파악
해볼 때 인류는 전후좌우에 실제로 존재하는 인격들의 하나의 집합
이며, 이 인격들은 평화적인 공존을 **결여하지는** 않지만 그럼에도 끊
임없이 서로 대립하며 지내는 것을 **피할** 수 없다. 그 결과 그들은 그
들 자신에서 나온 법칙들의 지배를 받으며 서로 영향을 주는 강제
로 끊임없이 분열의 위협을 받지만 전체적으로는 진보하는 연합체
가 본성적으로 하나의 **세계시민 사회**(세계국가주의)가 되도록 정해져
있다는 것을 느낀다. 하지만 이 세계시민 사회 자체는 완수될 수 없
는 이념이기에 (인간의 활발한 작용과 반작용 중에 유지되는 평화를 기 A 332
대하는) 구성적 원리는 아니고 단지 하나의 규제적 원리일 따름이다. B 330

다시 말해 그 이념을 향한 자연적 추세를 추정하는 것이 근거 없지 않은 상태에서 그 세계시민 사회를 열심히 추구해가야 하는 인류의 사명이 그 규제적 원리다.

이제 사람들이 과연 인류가 (만약 사람들이 인류를 다른 행성들에 있는 존재자들과 비교해볼 때 이성적 지상존재자의 한 종으로서 하나의 창조자에게서 생겨나온 피조물의 집합으로 여긴다면, 인류는 한 **종족**이라고 불릴 수 있다) 선한 종족으로나 악한 종족으로 간주되어야 하는지를 묻는다면, 그에 대해서는 뽐내며 내보일 것이 많지 않다고 나 Ⅶ332 는 고백할 수밖에 없다. 그럼에도 인간의 행동거지를 한낱 옛 역사에서뿐만 아니라 현금의 역사에서도 찾는 사람은 누구든 인간혐오적인 **티몬**과 같이 자주 판단하도록 유혹받을 테지만 훨씬 더 자주 그리고 더 적절하게는 **모모스**같이 판단하도록 유혹받을 것이며, 인류의 특성 중 악한 성격보다는 오히려 멍청함이 두드러진다는 사실을 발견할 것이다. 그러나 악성의 윤곽선과 결합된 멍청함은 (이 경우에 얼간이 같다고 불려서) 인류의 도덕적 관상학에서는 오인될 수 없다. 그래서 영리한 사람은 누구나 부득이하다고 여기는 생각 중 좋은 부분 하나를 감추는 일에서 이미 다음과 같은 사실이 분명히 통찰된다. 즉 우리 종족 내에서는 누구나 있는 그대로 자신을 **전부** 보여주지 않고 경계하는 것을 상책으로 여긴다는 것이다. 이미 이러한 사실은 서로에 대해 나쁘게 생각하는 인류의 성향을 까발린다.

A 333
B 331
어딘가 다른 행성에는 소리가 들리게 생각하는 것 말고는 아무것도 할 수 없는, 즉 깨어 있어도 꿈꿀 때 같고 모임 중에 있고 싶어 하든 혼자 있고 싶어 하든 생각과 동시에 그 생각을 밖으로 말하지 않을 수 없는 이성적 존재자들이 있을 수도 있다. 이 존재자는 서로에게 우리 인류와는 다른 어떤 태도를 보여줄까? 만약 그들 모두가 천사처럼 순수하지 않다면 어떻게 그들이 서로 이웃해서 친해지고, 한쪽이 다른 쪽들을 조금이나마 존경하며 서로 화합할 수 있을지 예측할 수 없다. — 그러므로 다른 사람의 생각을 알아내면서도 자기 생각은 억눌러두는 것이 인간이라는 피조물을 근원적으로 구성하는 요소이며, 인류의 개념에 이미 속하는 것이다. 그래서 이 신중한 속성은 연기에서 점점 고의적 속임수로 변하고 마침내는 거짓말이 될 수밖에 없다. 이것은 우리 인류에 대한 만화와 같은 것을 보여주는 것이 된다. 이 만화는 인류를 양순한 웃음거리로 만들 뿐만 아니라 인류의 성격을 이루는 것을 **경멸**하게 만들고, 다른 이성적 존재자들 가운데서 이 종족이 어떤 영예를 누릴 위치에 있지 못하다는 점을 당연히 고백하게 만들어 버린다.* 만약 이렇게 비난하는 판단이 우리 안에 있는 도 B 332; A 334
덕적 소질을, 다시 말해 다음과 같은 이성의 선천적 요구를 드러내주는 것이 아니라면 그렇다. 즉 이런저런 성향에 맞서 일하면서 인류를

---

* 슐처의 공을 높이 평가하고 그를 슐레지엔 학교시설들의 감독으로 임명했던 프리드리히 2세는 어느 날 그에게 학교 시설 감독일이 어떻게 되어가느냐고 물었다. 이 질문에 슐처는 다음과 같이 대답했다. "본성상 선하다는 (루소의) 원칙에 따라 일을 진척한 이후 일이 개선되기 시작했습니다." "어이쿠, (왕이 말했다) 친애하는 슐처 씨, 당신은 우리가 속한 이 저주받은 종족에 대해서 충분히 알지 못합니다." — 인류의 성격에는 다음과 같은 것도 속해 있다. 즉 인류는 시민적 체제를 향해 노력하면서도 종교를 통한 훈육도 필요하다. 이런 일은 **외적** 강제로 완수할 수 없는 것을 (양심의) **내적** 강제로 성취하기 위한 것이다. 인류의 성격에 속하는 하나의 경향인 인간의 도덕적 소질을 입법자들이 정치적으로 활용하면서 말이다. 그러나 국민을 이렇게 훈육할 때 도덕이 종교에 선행하지 않는다면 종교가 도덕의 지배자가 되며, 규약적 종교가 신앙의 **전제자** 아래서 국가권력(정치)의 도구가 된다. 이것은 성격을 불가피하게 어긋나게 하고 (국가의 책략이라고 칭해지는) 기만으로써 통치하도록 잘못 이끄는 해악이다. 이에 대해 저 위대한 군주는 자신이 그저 국가의 최고위 봉사자라고 공적으로는 말하면서도 사적 고백에서는 탄식하면서 그와 반대되는 생각을 감추지 못했다. 하지만 자신의 인격을 변호하기 위해 이 부패상태를 인류라고 칭해지는 악한 **종족**에게 속한 것으로 만들기도 한다.

악한 종으로서가 아니라 장애물 가운데서도 악에서 선으로 끊임없이 진보하고자 노력하는 이성적 존재자의 유로서 제시하려는 이성의 선천적인 요구를 드러내는 것이 아니라면 말이다. 여기서 인류의 욕구는 일반적으로 선하지만 그 실현이 어려운 이유는 다음과 같은 사정에 있다. 즉 목적 달성이 개인들의 자유로운 합의가 아니라 세계국가 차원으로 결합된 하나의 체계로 인류 안에서 그리고 인류를 위해서 지상시민들의 진보하는 조직으로만 기대될 수 있다는 사정 때문이다.

해제

『실용적 관점에서 본 인간학』[1)]

홍우람 경북대학교·철학

1796년 여름 강의를 끝으로 은퇴한 노년의 칸트는 지난 20여 년 간 애정을 쏟아 강의했던 인간학 과목 강의록을 차분히 정리하기 시작한다. 그리고 공들여 정리를 마친 강의록을 마침내 단행본으로 출판하기로 마음먹는다.[2)] 이렇게 인간학 강의록을 바탕으로 1798년 출판된 책이 바로 『실용적 관점에서 본 인간학』(*Anthropologie in pragmatischer Hinsicht*, 1798, 이하 『인간학』)이다.

『인간학』 초판은 2,000부가량 발행되었다. 칸트가 이전에 발표한 그 어떤 책보다 많은 부수를 발행했는데도 『인간학』 초판은 성공적으로 판매되었고, 초판의 성공에 힘입어 2년 뒤 『인간학』 재판이 1,800부가량 발행되었다.[3)] 그러나 이런 대중적 인기와 별개로 학계

---

1) 이 해제는 졸고(홍우람, 2021)의 일부를 수정 및 보완한 것임.
2) Cf. Manfred Kuehn, 2001, p.393. 칸트의 인간학은 출판 전부터 이미 많은 대중의 기대를 모았던 것으로 보인다. 예컨대 비이스터(Johann Grich Biester, 1749~1816)는 1797년 9월 칸트에게 보낸 편지에서 "독서계는 당신의 인간학을 매우 환영할 것입니다"라고 했고, 같은 해 11월 티프트룽크(Johann Heinrich Tieftrunk, 1760~1837)는 "대중은 당신의 인간학을 고대하고 있습니다"라고 말했다(『서한집』 XII 202; 219).
3) Friedrich Wilhelm Schubert, 1842, p.154.

의 반응은 냉랭했다. 『인간학』을 둘러싼 학문적 논쟁도, 『인간학』을 다룬 주목할 만한 연구도 등장하지 않았다.[4] 1799년 슐라이어마허의 대단히 비판적인 서평이 발표되었지만[5] 그를 지지하거나 반박하는 학계의 추가 반응도 없었다. 전통적으로 칸트 연구자들은 그 이유를 『인간학』이라는 저작의 근본적 성격에서 찾곤 했다. 『인간학』은 근본적으로 다른 견해를 반박하고 특정한 주장을 지지하기 위한 이론서가 아니라 단순히 잡다한 "정보 전달을 위한 실용서"[6]로 간주되었기에 학계의 관심을 끌지 못했다는 것이다. 그럼에도 최근 들어 『인간학』은 많은 칸트 연구자의 주목을 받고 있다. 그들은 칸트가 그 어떤 강의보다 인간학 강의에 애정을 쏟았다는 사실을 외면해선 안 된다고 주장한다. 『순수이성비판』에 대해서는 한 번도 강의한 적 없던 칸트가 『인간학』에 대해서는 교수 취임 이후 은퇴하기까지 매년 강좌를 개설한 이유가 있지 않겠느냐는 주장이다.[7] 『인간학』에 주목하는 연구자들은 지금까지 해명되지 않았거나 소홀히 취급되었던 칸트 철학의 또 다른 측면을 『인간학』에서 발견하고자 한다. 이 해제에서 우리는 먼저 칸트의 인간학적 기획이 어떻게 생겨났는지 살펴보고, 이어서 『인간학』의 이념과 구성을 확인한 다음 『인간학』 연구 동향을 간략히 검토할 것이다.

---

4) Reinhard Brandt, 1999, p.7.
5) 『인간학』이 출판된 이후 약 1년 반 동안 서평이 대략 11편 발표되었다(Patrick R. Frierson, 2003, p.1). 그중 가장 중요한 슐라이어마허의 서평은 *Athenaeum* 2(1799), pp.300-306에 게재되었다. 이 서평에서 슐라이어마허는 칸트의 『인간학』이 "체계적인 동시에 대중적이어야 한다"(Reinhard Brandt and Werner Stark, 1997, p.xxii)는 불가능한 과제를 수행하려 했다고 비판한다.
6) Reinhard Brandt, 1999, p.7.
7) Holly L. Wilson, 2006, p.1.

1. 인간학적 기획의 기원

1793년 『이성의 오롯한 한계 안의 종교』(*Die Religion innerhalb der Grenzen der bloßen Vernunft*, 1793, 이하 『종교론』)를 발표한 칸트는 스토이틀린에게 보낸 편지에서 순수 철학적 탐구 과제, 즉 "1) 나는 무엇을 알 수 있는가?(형이상학), 2) 나는 무엇을 해야 하는가?(도덕), 3) 나는 무엇을 희망해도 좋은가?(종교)"라는 세 가지 과제 중 셋째 과제를 비로소 완수했다고 말한다. 하지만 자신이 "오래전에 구상했던" 철학적 기획이 이 『종교론』으로 완결된 것은 아니라는 점을 칸트는 분명히 밝힌다. 세 가지 과제는 다시 "인간이란 무엇인가라는 넷째 과제로" 이어지기 때문이다. 세 가지 과제가 각각 형이상학, 도덕, 종교라는 특정한 분야를 다루는 것과 마찬가지로 마지막의 넷째 과제 역시 특정한 분야를 다루는데, 칸트는 그 분야를 바로 "내가 이미 20년 이상 전부터 매년 강의해온 인간학"이라고 말한다.[8] 그렇다면 칸트는 『종교론』으로 셋째 과제를 완수하고자 했듯이 『인간학』으로 마지막 과제를 완수하고자 한 것은 아닐까? 『인간학』은 칸트 자신의 인간학 강의록에 바탕을 두었으니 말이다. 하지만 칸트는 이 편지를 쓴 뒤 5년이 지나서야 『인간학』을 발표했다. 더구나 앞으로 보겠

---

8) 『서한집』 XI 429; 『순수이성비판』 A 804-805, B 832-833; 『논리학』 IX 25; 『형이상학 강의』 XXVIII 533-534 참조. 셋째 과제가 『종교론』으로 완수됐다면, 첫째 과제와 둘째 과제는 각각 『순수이성비판』과 『실천이성비판』으로 완수됐다고 생각할 수 있다. 『순수이성비판』에서 완수된 첫째 과제를 칸트가 '인식론'이 아니라 '형이상학'이라고 규정한 이유는 『순수이성비판』이 이성의 순수한 인식에 대한 비판, 즉 형이상학적 인식에 대한 비판을 수행하기 때문이다. 칸트에 따르면, "순수 이성 비판"이란 "이성이 모든 경험에서 독립적으로 추구할 수 있는 모든 인식과 관련하여 이성 능력 일반을 비판"하고, 나아가 "형이상학 일반이 가능한지 불가능한지 결정하고 형이상학의 원천뿐만 아니라 범위와 한계를 규정"하는 것이다(『순수이성비판』 A xii).

지만 『인간학』에서 칸트는 형이상학적 · 도덕적 · 종교적 과제를 총괄하는 철학적 과제, 즉 '철학적' 인간학의 과제를 수행하기보다 경험적 관점에서 인간을 규명하고 삶에 유용한 지침을 마련하는 '영리적' 과제, 즉 '실용적' 인간학의 과제를 수행한다. 따라서 이 편지를 쓰면서 칸트가 『인간학』으로 자신의 마지막 철학적 기획을 완수하고자 계획했다고 보기는 어렵다. 그럼에도 이 편지는 칸트의 철학적 기획에서 『인간학』이 결코 무시돼선 안 될 중요한 한 축을 차지한다는 사실을 알려준다. 이 편지에서 칸트는 오래전부터 인간학적 과제를 자신의 철학적 기획의 주요 부분으로 구상해왔다고 밝혔을 뿐만 아니라 그런 인간학적 과제를 어쨌든 『인간학』의 토대라 할 인간학 강좌와 연관시키니 말이다. 따라서 우리는 『인간학』의 구성과 내용을 살펴보기에 앞서 그 뿌리가 되는 인간학 강좌가 어떤 의도로 기획되었으며 이런 인간학적 기획이 어떻게 칸트의 철학적 기획 속에 자리하게 되었는지 살펴볼 필요가 있다.

인간학 강좌는 칸트가 오랜 강사 생활 끝에 1770년 교수로 취임한 뒤 야심차게 개설한 강좌다. 칸트는 1772~73년 겨울학기 인간학 강좌를 처음 개설한 이후 은퇴하기 직전인 1795~96년 겨울학기까지 한 해도 빠짐없이 인간학 강좌를 개설했다. 인간학 강좌를 기획한 의도에 대해 칸트는 1773년 말 헤르츠에게 보낸 편지에서 이렇게 말한다.

나는 올겨울 두 번째로 인간학을 강의하는데, 이번에는 인간학을 본격적인 학문 분야로 만들 생각이네. …… 인간학을 통해서 모든 학문의 원천, [즉] 도덕과 숙련, 교제 그리고 인간을 교육하고 통제하는 방법의 원천, 그러므로 모든 실천적인 것의 원천을 밝히는 것이 내 목적이라네. 그래서 인간학에서 나는 인간 본성의 수정

가능성에 대하여 제1근거를 탐구하기보다 현상과 그 법칙을 탐구하네. 그러므로 신체 기관이 사유와 결합되는 방식에 관한 미묘한 연구는, 내가 보기에 영원히 무익한 것으로, 완전히 제외된다네. 나는 수강자들이 자신들의 일상적인 경험을 나의 진술과 부단히 비교하면서 처음 시작부터 끝까지 결코 지루하지 않고 즐겁게 참여하도록 일상적 삶에서의 관찰 자체에 집중할 것이네. 여가시간에 나는 대학생들을 위해서, 내가 보기에 대단히 흥미로운 이 관찰 연구로 숙련과 영리함 그리고 심지어 지혜에 대한 예행연습을 마련하고 있다네.[9]

이 편지에서 칸트는 인간학 강좌를 통해 '인간학'을 별개 정규 학문으로 당당히 정립하고 싶다는 포부를 밝힌다. 이 포부는 당대에 등장했던 다양한 인간학적 논의들에 대한 칸트의 깊은 반성을 담고 있다. 칸트는 기존의 인간학적 논의가 별개 정규 학문으로 정립되기에 부족하다고 생각했다. 한편으로 칸트가 이 편지에서 직접적으로 염두에 두었던 기존의 인간학적 논의는 플라트너의 『의사와 철학자를 위한 인간학』(*Anthropologie für Ärzte und Weltweise*, 1772)이다.[10] 칸트는 플라트너의 인간학적 논의는 신체와 영혼의 결합에 대한 '무익한' 논의에 불과하다고 일축한다.[11] 다른 한편으로 칸트가 암묵적으로 염두에 두었던 것은 경험 심리학적 관점에서 제시되는 인간학적 논의다. 볼프 학파를 중심으로 발전된 경험심리학적 인간학은 경험

---

9) 『서한집』 X 145-146.
10) 헤르츠는 이 책에 대한 서평을 1773년 『독일일반도서』 XX, No.1, pp.25-51 에 게재했는데, 칸트는 위 편지에서 그 서평을 읽었다고 밝힌다.
11) 플라트너의 인간학적 주장에 대해서는 Thomas Sturm, 2009, pp.69-79; John H. Zammito, 2002, pp.250-253 참조.

과 관찰에 근거하여 인간에 대한 인식을 제공하는데, 이 인식은 단지 이론적이고 사변적인 것으로 언제나 형이상학이라는 학문의 일부로만 여겨졌다.[12] 따라서 칸트는 볼프의 제자 바움가르텐의 『형이상학』을 자신의 형이상학 강좌와 인간학 강좌 교재로 사용하면서도, 자신의 인간학을 독자적인 정규 학문으로 정립하기 위해 경험심리학적 인간학과 차별화할 필요가 있었다.[13]

기존의 인간학적 논의와 차별화되어 새로운 학문으로 정립될 인간학은 칸트에 따르면 경험과 관찰에 기초한 학문이지만, 인간과 관련하여 이론적이고 사변적인 인식을 제공하는 학문이 아니라 '모든 실천적인 것'에 대한 원천과 지혜를 제공하는 학문이다. 여기서 실천적인 것은 윤리나 도덕에 한정되지 않고 숙련, 교제, 교육 등 세상을 살아가는 데 유용한 모든 인간 행위를 말한다. 그리고 세상살이와 연관된 모든 인간 행위에 대한 원천은 바로 우리의 경험 세계에서 발견된다. 요컨대 칸트가 새롭게 기획한 인간학은 경험 세계의 다양한 현상을 관찰해서 세상살이에 쓸모 있는 인간 행위에 대한 실용적 지혜를 제공하는 학문이며, 칸트는 인간학이 제공하는 이런 실용적 지혜를 "세계지"[14]라고 명명한다. '세계지'를 제공하는 학문으로서 인간학이 기획됨에 따라 그에 대한 강좌 역시 교육학적으로 상당히 큰 의의를 지니게 된다. 인간학이 단순히 이론적 학문 체계로 그치지 않고 삶에 유용한 실용적 지혜를 제공해야 하는 한에서, 인간학 강좌는 그저 이론을 소개하는 정도가 아니라 장래에 대학을 졸업하고 세상으로 나아가 각자의 삶을 꾸려갈 대학생들이 유용한 실용적 지혜를

---

12) 『순수이성비판』에서 칸트는 경험심리학은 일종의 "응용 철학"으로서 "형이상학에서 완전히 추방되어야 한다"고 말한다(『순수이성비판』 A 848/B 876).

13) Reinhard Brandt and Werner Stark, 1997, pp.vii-ix.

14) 『서한집』 X 146.

'예행연습'하는 강좌일 테니 말이다.

실용적 세계지에 대한 학문으로 인간학을 정립하려는 칸트의 의
도를 고려할 때, 이런 기획이 칸트의 형이상학 강좌 중 경험심리학
논의에서 기원했다는 여러 연구자의 주장은 상당한 설득력을 가지
고 있다. 앞서 보았듯이, 새로운 인간학에 대한 칸트의 구상은 기존
의 인간학적 논의, 특히 경험심리학적 인간학 논의에 대한 반성 그리
고 그것과 차별화하려는 시도에서 기인한 것처럼 보이기 때문이다.
하지만 그렇다고 칸트의 인간학적 기획이 경험심리학적 논의에서
기원했다고 단정하는 것은 성급할지도 모른다. 칸트의 인간학적 기
획이 다른 강좌, 특히 자연지리학 강좌에서 기원했다는 주장 역시 설
득력이 상당하기 때문이다.[15) 자연지리학에서 기원을 찾는 연구자들
에 따르면, 칸트는 인간학 강좌가 개설되기 훨씬 전부터 자연지리학
강좌에서 이미 삶에 유용한 실천적 지혜를 탐구했다. 실제로 1757년
발표된 자연지리학 강좌 공고문에서 칸트는 자신의 강좌가 "자기가
살아가는 지역에서 유래하는 인간의 경향성, 인간의 선입견과 사유
방식"을 다루지만 그것은 "인간이 자신에 대해 더 친숙하게 만드는
데에 도움이 되는 한에서"라고 밝힌다.[16) 더욱이 칸트는 앞서 인용한

---

15) 칸트의 인간학적 기획의 기원에 대한 논쟁은 베를린 학술원판 칸트전집 출
    판을 둘러싼 딜타이와 아디케스의 논쟁까지 거슬러 올라간다. 칸트 인간학
    강좌의 기원을 아디케스는 경험심리학에 대한 논의에서 찾은 데 비해 딜타
    이는 자연지리학 강좌에서 찾았다. 이에 대해서는 Gerhard Lehmann, 1969,
    p.13 참조. 딜타이와 아디케스로 대변되는 논쟁의 흐름에 대한 개관은 Holly
    L. Wilson, 2006, p.17 참조. 최근에 경험심리학적 기원을 주장하는 대표적
    연구자가 브란트라면, 자연지리학적 기원을 주장하는 대표적 연구자는 윌
    슨이다(Reinhard Brandt and Werner Stark, 1997, p.xxiv; Holly L. Wilson, 2006,
    p.18). 국내 논문으로는 김수배, 1994, pp.269-273과 권오상, 2013, pp.141-
    144 참조.
16) 『자연지리학 강의 개요 및 서풍론』 II 9.

헤르츠에게 보낸 편지에서 인간학은 자연지리학과 더불어 세계지라고 불리며 다른 모든 가르침과 구별된다고 말함으로써 인간학과 자연지리학의 밀접한 연관성을 강조한다.[17] 말하자면, 세계는 자연과 인간이라는 두 영역으로 구별되며 자연지리학이 자연에 대한 세계지를 제공한다면 인간학은 인간에 대한 세계지를 제공한다는 것이 칸트 생각이었다.[18] 따라서 경험심리학적 논의에 대한 반성이 칸트의 인간학적 기획에 영향을 미쳤다는 해석이 타당한 것처럼, 자연지리학적 논의에 대한 반성이 칸트의 인간학적 기획에 영향을 미쳤다는 해석 역시 타당해 보인다.[19] 그렇다면 둘 중 어떤 해석이 더 타당한가? 이는 칸트 인간학 연구에서 대단히 중요한 문제이지만, 이 해제에서 다룰 문제는 아니다. 오히려 우리는 칸트의 인간학적 기획의 기원과 관련하여 두 해석이 동시에 알려주는 사실, 즉 칸트의 인간학적 기획은 비판철학적 기획보다 훨씬 앞서 독자적으로 움텄다는 사실에 주목해야 한다. 비판철학적 기획과 달리 인간학적 기획은 세계 속에서 살아가는 구체적 인간에 대한 칸트의 실용적이면서도 교육적인 관심에서 기원했으며, 칸트는 평생 이 관심을 놓지 않고 비판철학적 기획과 별개로 인간학적 기획을 추진했다.

칸트가 일생 동안 추진했던 인간학적 기획은 비록 칸트 철학의 궁극적 과제로 설정됐던 철학적 인간학으로 귀결되지는 않았지만, 실용적 인간학을 표방하는 『인간학』을 결실로 거두었다. 이제 칸트의

---

17) 『서한집』 X 146.
18) 『인간의 상이한 종』 II 443.
19) 라우든의 경우 실제로 두 해석을 모두 수용하여 칸트의 인간학적 기획이 경험심리학적 논의와 자연지리학적 논의 둘 다에서 기원했다고 설명한다 (Robert B. Louden, 2000, p.63). 이런 설명을 받아들인다면, 『인간학』 제1편 '인간학적 교수론'은 주로 경험심리학적 논의에서, 제2편 '인간학적 성격론'은 주로 자연지리학적 논의에서 비롯한 것으로 이해할 수도 있다.

인간학적 기획의 산물인『인간학』의 구성과 내용을 살펴보자.

2.『인간학』의 구성과 내용

(1) 실용적 인간학의 이념

『인간학』은 '실용적 인간학'에 대한 기본적 규정을 제시하며 시작된다. 칸트에 따르면, 세계 속에서 살아가는 인간이 자신의 지식을 발휘할 궁극적 대상은 바로 인간 자신이다. 인간의 궁극적 목적이 인간 자신이기 때문이다. 칸트는 유한한 피조물에 불과하지만 그럼에도 이성을 지닌 합리적 존재인 인간에 대한 지식을 인간지(Menschenkenntnis)라고 부른다. 인간지는 세계지(Weltkenntnis)의 일부이며, 인간학은 바로 이런 인간지의 이론적 체계를 일컫는다. 그렇다면 실용적 관점에서 본 인간학은 무엇인가? 칸트는 실용적 인간학을 생리학적 인간학과 구별해서 다음과 같이 설명한다.

인간에 대해 체계적으로 작성된 지식 이론(인간학)은 **생리학적 관점**에서 본 것이거나 아니면 **실용적 관점**에서 본 것일 수 있다. ― 생리학적 인간지는 **자연**이 인간으로 무엇을 이루어내는지에 대한 탐구로 나아가고, 실용적 인간지는 자유로운 행위자인 인간이 스스로 무엇을 이루어내는지 그리고 무엇을 이루어낼 수 있으며 무엇을 이루어내야 하는지에 대한 탐구로 나아간다.[20]

칸트 시대에 '생리학'이라는 용어는 넓은 의미에서 자연학을 가리

---

20)『인간학』Ⅶ 119.

키거나 좁은 의미에서 육체와 영혼을 가진 살아 있는 인간을 다루는 학문을 의미했다.[21] 이런 생리학적 관점을 채택한 인간학의 대표적인 경우가 바로 1773년 헤르츠에게 보낸 편지에서 칸트가 비판했던 플라트너의 인간학이다. 플라트너의 인간학은 칸트가 무익한 주제라고 일축했던 육체와 영혼의 상호작용, 특히 정신 현상의 육체적 원인을 연구하고, 그에 의거하여 정신 현상을 설명하고자 했다.[22] 좀더 일반적으로 말하면, 생리학적 인간학은 인간에게 나타나는 다양한 현상의 "자연 원인에 대해 숙고"하여 과연 자연이 인간으로 무엇을 이루어내는지 규명하려는 시도다. 그런데 인간 육체의 생리적 구조를 정확히 파악하고 다양한 인간 현상의 자연적 인과관계를 명확히 규정하는 것은 대단히 어려운 일일 수밖에 없고, 결국 생리학적 관점에서 인간을 규명하려던 지금까지의 시도는 이런저런 억측에 머물고 말았다.

생리학적 관점에서 인간을 규명하려는 사람들에 대해 칸트가 더욱 심각하게 우려했던 점은 그들이 인간 현상에 대해 억측을 늘어놓는다는 사실이 아니라 "순전한 구경꾼"의 자세를 취한다는 사실이다. 그들에 따르면 인간 현상에 대한 관찰로 규명되는 자연적 인과관계는 인간이 자신의 의도에 따라 어찌할 수 없는 것, 그래서 자연이 하는 대로 맡겨둘 수밖에 없는 것이고, 따라서 그들은 그런 자연적 인과관계에 대한 이론적이고 사변적인 지식 습득으로 만족한다. 그러나 칸트에 따르면 이렇게 이론적 습득에만 그칠 경우, 인간지는 적어도 "문화적 진보"의 관점에서 볼 때 아무런 가치도 지니지 못한다. 문화적 진보를 위해서 인간학은 인간지를 "세계를 위해", 즉 인간을

---

21) Reinhard Brandt, 1999, p.59.
22) Thomas Sturm, 2009, pp.76-77.

위해 실천적으로 사용해야 한다. 인간지의 실천적 사용을 염두에 두지 않는 생리학적 인간학의 시도는 적어도 문화적 진보의 관점에서 볼 때 "완전히 헛수고"로 그칠 뿐이다.[23]

생리학적 관점과 달리 실용적 관점을 채택한 인간학은 자연이 인간으로 무엇을 이루어내는지가 아니라 인간이 스스로 무엇을 이루어내는지를 규명하고자 한다. 인간은 단순히 자연적 인과관계의 결과물이 아니라 자유로운 행위자다. 자유로운 행위자인 인간이 스스로 무엇을 이루어내는지 규명하기 위해 스스로를 관찰할 때, 인간은 사물을 관찰하듯이 한 걸음 떨어져 방관하는 구경꾼의 자세만 취하고 있을 수 없다. 실용적 인간학이 취해야 할 관찰 태도는 이론적 호기심에 따르는 구경꾼의 태도가 아니라 실천적 목적을 견지한 당사자의 태도다. 다시 말해서 자유로운 인간이 스스로 무엇을 이루어내는지 규명하려는 시도는 인간지의 이론적 습득을 위한 사변적 시도가 아니라 인간지의 실천적 사용을 위한 목적 지향적 시도다. 따라서 실용적 인간학은 인간 현상에 대한 현재적이고 사실적인 지식에 근거해서 인간이 스스로 무엇을 이루어낼 수 있으며(können) 무엇을 이루어내야 하는지(sollen), 즉 인간의 가능성과 사명을 규명한다.

요컨대, 생리학적 관점이 아니라 실용적 관점을 따르는 인간학은 실천적 성격을 지닌다. 하지만 여기서 '실천적'이라는 말을 '도덕적' 혹은 '윤리적'이라는 의미로 이해해서는 안 된다. 그렇게 이해할 경우 실용적 인간학은 칸트가 『도덕형이상학 정초』(*Grundlegung zur Metaphysik der Sitten*, 1786, 이하 『정초』)에서 윤리학의 "경험적 부분"이라고 규정했던 "실천적 인간학"과 동일시될 것이기 때문이다.[24]

---

23) 『인간학』 Ⅶ 119.
24) 『정초』 Ⅳ 388.

그러므로 실천적 성격을 지니는 실용적 인간학을 더 정확히 이해하기 위해서는 실용적 관점이 생리학적 관점뿐만 아니라 도덕적 관점과 어떻게 구별되는지 확인할 필요가 있다.

『정초』에서 칸트는 어떤 행위에 대한 명령을 각 행위의 성격에 따라 세 종류로 구별했다. 첫째 종류는 "기술에 관한" 것으로 "기술적", 둘째 종류는 "복지에 관한" 것으로 "실용적", 셋째 종류는 "자유로운 행동 일반, 즉 도덕에 관한" 것으로 "도덕적"이라고 부른다.[25] 칸트에 따르면, 기술적 명령은 임의의 목적, 즉 합리적이건 아니건 선하건 아니건 상관없이 그저 인간에게 가능한 어떤 목적을 실현하기 위한 행위를 지시하는 명령으로서 "숙련의 규칙"[26]이라고 불린다. 이 경우 목적은 특정한 개인이나 집단의 목적일 뿐 모든 인간이 실제로 소유하는 목적이 아니므로, 인간 일반의 관점에서 보면 단지 "가능한" 목적에 불과하다. 이에 반해서 실용적 명령은 비록 개인의 행위에 대한 것이라 하더라도 모든 인간이 "실제로" 소유하는 목적을 실현하기 위한 행위를 지시하는 명령이다.[27] 모든 인간이 실제로 소유하는 유일한 목적은 바로 행복이며, 칸트는 행복이라는 목적을 실현하기 위해 행위를 지시하는 실용적 명령을 기술적 명령과 구별하여 "영리함의 충고"[28]라고 부른다. 그런데 칸트에 따르면, 영리함에 근거한 실용적 명령은 행복을 실현하기 위한 "실천적 필연성"[29]을 지니기는 하지만 도덕적 명령과는 분명히 구별된다. 실용적 명령과 달리 도덕적 명령은 어떤 별개의 목적을 실현하기 위해 필연적으로 요

25) 『정초』 IV 416-417.
26) 『정초』 IV 416.
27) 『정초』 IV 415.
28) 『정초』 IV 416.
29) 『정초』 IV 415.

구되는 행위가 아니라 "어떤 다른 목적과 관계없이 그 자체로 객관적으로 필연적인"[30] 행위를 지시하기 때문이다.

위와 같은 구별을 염두에 둔다면 이제 우리는 칸트가 '실용적 인간학'이라는 이름으로 확립하고자 했던 새로운 학문 분야가 무엇인지 정리해볼 수 있다. 우선 우리는 실용적 인간학이 '인간학'이라는 학문의 일종으로서 인간지에 대한 이론 체계임을 확인했다. 나아가 우리는 실용적 인간학이 생리학적 인간학과 달리 인간지에 대한 이론적 습득에 머무르지 않고 인간지의 실천적 사용을 지향한다는 사실을 보았다. 그렇다면 실용적 인간학이 추구하는 실천적 사용이란 무엇인가? 『정초』의 구별에 따르면, 실용적 인간학은 도덕에 관한 인간학이 아니라 행복에 관한 인간학이다. 따라서 실용적 인간학은 인간지를 실천적으로 사용하여 모든 인간의 공통적 목적이라 할 수 있는 행복을 실현하고자 하는 이념을 가지고 있다. 다시 말해서 실용적 인간학은 윤리학의 경험적 부분으로서 도덕적 명령의 경험적 적용을 모색하는 도덕적 인간학이 아니다. 도덕적 명령보다 실용적 명령에 더 관심을 두는 실용적 인간학은 행복의 실현이라는 목적에 따라 인간에 대한 지식의 습득과 그 지식의 경험적 적용을 모색하는 "영리의 학"[31]이다.[32]

---

30) 『정초』 IV 414.

31) 김수배, 1995, p.176.

32) 앞서 살펴봤듯이 칸트의 인간학적 기획은 세상살이에 쓸모 있는 지혜를 제공하려는 실용적이고 교육적인 관심에서 기원했으므로 『인간학』 머리말의 진술에 근거해서 칸트 인간학의 이념을 '행복 실현을 위한 영리의 학'으로 규정하는 것은 칸트의 본래 기획과 잘 부합한다. 하지만 이런 규정이 과연 『인간학』 본론의 실제 내용과도 잘 부합하는지는 의견이 엇갈린다. 슐라이어마허가 리뷰에서 지적했던 것처럼, 『인간학』 본론의 내용은 요약하기 힘들 만큼 "사소한 소재들을 모아놓은 것"(Kuehn, 2006, p.x)처럼 보이기 때문이다. 따라서 칸트 인간학의 이념을 일관되게 적용하여 본론 내용을 해석하

한 가지 주의할 점은 실용적 인간학이 도덕적 인간학과 동일하지는 않지만 그렇다고 도덕적 인간학과 완전히 무관하지도 않다는 점이다. 최근 몇몇 칸트 연구자들은 실용적 인간학이 결코 도덕적 인간학과 동일하지 않다는 사실을 지적하면서도, 실용적 인간학이 도덕적 인간학의 일부를 다룬다거나 도덕적 인간학에 기여한다고 주장한다.[33] 이 학자들은 칸트의 윤리학과 밀접히 연관된 부분으로『인간학』의 1편보다 2편에 특별히 주목하는데,『인간학』의 구성과 내용을 파악한다면 그 이유를 짐작할 수 있다.

(2) 실용적 인간학의 구성과 내용

『인간학』은 제1편 '인간학적 교수론'과 제2편 '인간학적 성격론'으로 구성된다. 인간학을 이렇게 두 부분으로 구성하는 것은 칸트가 인간학 강의에서 일관되게 채택했던 방식이지만, 칸트가 두 부분의 연관성을 어떻게 파악했는지는 분명하지 않다.『인간학』은 두 부분이 서로 어떻게 관계 맺는지 전혀 언급하지 않으며, 인간학 강의 역시 두 부분의 상호관계를 분명한 원리나 이념에 따라 설명하지 않기 때문이다.[34] 이런 이유로 일부 학자들은 '교수론'과 '성격론'으로 이루어진『인간학』의 구성이 하나의 이념에 따른 체계적 기획의 산물이라기보다 임의적 기획의 산물이라고 치부하기도 한다.[35] 그렇지

는 일은 생각보다 쉽지 않으며 모종의 재구성이 필요하다. 그리고 이런 재구성은 다시 연구자들 사이에 논쟁을 불러일으키곤 한다.

33) 대표적으로 Robert B. Louden, 2000, pp.71-76; 2018, pp.104-109 참조. 또한 Reinhard Brandt, 1991, pp.77-78; Allen W. Wood, pp.40-41.

34) Reinhard Brandt and Werner Stark, 1997, pp.xxiv-xxxi 참조.

35) 예컨대 Reinhard Brandt and Werner Stark, 1997, p.xxx 참조. 심지어 브란트는 '교수론'과 '성격론'의 세부 절들의 관계 역시 임의적이라고 주장한다. Reinhard Brandt, 1999, p.32 참조.

만 『인간학』의 두 부분을 체계적으로 이해할 가능성은 분명히 존재한다.

'교수론'과 '성격론'을 체계적으로 이해하는 방법 중 하나는 칸트의 『인간학』 수고에서 발견할 수 있다. 제2편 '인간학적 성격론'이 시작되는 페이지 여백에 칸트는 다음과 같은 메모를 남겨두었다.

> 인간학. 제1부. 인간학적 교수론. 인간이란 무엇인가?
> 제2부. 성격론. 각 인간의 특성은 어떻게 알려지는가.
> 말하자면 제1부는 인간학의 요소론, 제2부는 인간학의 방법론이다.[36]

'요소론/방법론'의 구성 방식은 전통적 논리학의 구성 방식에서 유래한 것으로, '요소론'은 논리학의 이론적 혹은 교의적 부분에 해당하는 데 비해 '방법론'은 논리학의 실천적 혹은 기술적 부분에 해당한다.[37] 잘 알려진 것처럼 칸트는 이 '요소론/방법론'의 구성 방식을 이미 자신의 대표적 저작들에서 채택했다. 그런데 위 메모에 따르면 칸트는 『인간학』의 구성 역시 동일한 방식으로 기획한 것으로 보인다. '교수론'은 '요소론'에 해당하고 '성격론'은 '방법론'에 해당하기 때문이다.[38]

---

36) 『인간학』 Ⅶ 412.

37) 『논리학』 Ⅸ 18.

38) 각주 32에서 지적했듯이 『인간학』 제1편과 제2편을 각각 요소론과 방법론으로 간주하는 것은 『인간학』의 내용을 하나의 이념에 따라 해석하려는 재구성의 시도라고 할 수 있다. 칸트가 남긴 메모는 이런 재구성을 뒷받침하는 중요한 근거로 사용될 수도 있지만, 그 반대도 가능하다. 칸트가 요소론과 방법론의 구성을 염두에 두었으면서도 『인간학』을 출판하면서 그에 대해 명기하지 않은 데는 어떤 이유가 있지 않은지 의심할 수 있기 때문이다. 실제로 요소론과 방법론의 구성이 명기된 『순수이성비판』이나 『실천이성

『인간학』제1편 '교수론'이 요소론으로서 이론적 성격을 지니고, 제2편 '성격론'이 방법론으로서 실천적 성격을 지닌다는 칸트의 체계적 기획은 인간학 강의에서 더 구체적으로 기술된다. 예컨대 1775~76년 겨울학기 인간학 강의에서 칸트는 강의 후반부를 시작하면서 "일반적인 부분에서 인간의 영력과 능력에 따라 인간에 대해 배웠으니, 이제 특수한 부분에서 우리는 인간에 대한 지식을 적용하고 사용하고자 해야 한다"[39]고 말한다. 그렇다면 『인간학』을 구성하는 두 부분, 즉 이론적 부분인 '교수론'과 실천적 부분인 '성격론'의 관계는 일반과 특수의 관계 그리고 이론과 적용의 관계로 이해할 수 있다. 먼저 '교수론'은 인간의 심리적 능력을 경험적 관점에서 일반적으로 고찰한다. 말하자면 '교수론'은 '인간이란 무엇인가'라는 질문에 일반적으로 답하고자 하는 경험심리학적 이론을 담고 있다. 이어지는 '성격론'은 인간 일반이 아니라 특수한 인간 혹은 인간 집단의 특성을 다룬다. '교수론'에서 다룬 심리적 능력을 소유하는 인간이 세계 안에서 살아가면서 개인적으로 혹은 집단적으로 무슨 고유한 특성을 어떻게 구성하고 소유하는지 설명하는 것이 '성격론'의 과제다.

'교수론'의 논의를 전제로 인간의 개인적 혹은 집단적 특성을 세계 내의 구체적 삶 속에서 해명하고자 하는 '성격론'은 동시에 도덕적 행위자로서 인간의 가능성을 경험적 차원에서 검토한다. 따라서 칸트 윤리학과 『인간학』의 연관성을 주장하는 학자들이 '성격론'에

비판』에 비해 『인간학』은 요소론과 방법론의 구성을 적용하기가 쉽지 않다. 그러나 이런 어려움에도 불구하고 『인간학』을 요소론과 방법론으로 재구성하려는 시도는 『인간학』에 담긴 잡다한 내용을 선별해서 칸트의 중요한 철학적 통찰을 포착해내려는 다양한 시도 중 하나로 이해할 수 있다.
39) 『인간학 강의』 XXVⅡ 624.

특별히 주목하는 이유도 납득할 만하다. 하지만 그렇다고 '성격론'과 달리 '교수론'은 칸트 윤리학과 무관하다고 생각할 필요는 없다. 앞서 말했듯이 '성격론'과 '교수론'은 모두 행복을 실현하기 위한 인간지의 습득과 적용이라는『인간학』의 이념에 따라 구성되었기 때문이다. 칸트의 윤리학은 본래 "어떻게 우리는 자신을 행복하게 만드는가"에 대한 이론이 아니라 "어떻게 우리는 행복할 만한 자격을 갖추어야 하는가"[40]에 대한 이론이다. 각각의 방식으로 인간지를 다루는 '교수론'과 '성격론'은 모두『인간학』의 일부로서 어떻게 우리가 행복할 만한 자격을 갖추어야 하는지에 대한 윤리적 규범을 제시하지는 않지만 과연 우리가 행복할 만한 자격을 갖출 수 있는 존재인지에 대한 경험적 지식을 제공한다. 이런 점에서 분명히 전체로서『인간학』은 칸트의 윤리학과 무관하지 않다. 칸트가 말한 것처럼, 우리가 누군가에게 윤리적 규범에 따라 행위 할 것을 요구하려면 과연 그가 그 규범에 따라 행위 할 수 있는지 먼저 알아야 하기 때문이다.[41]

이제 '교수론'과 '성격론'의 세부 구성과 내용을 간략히 살펴보자. 『인간학』에서 거의 4분의 3을 차지하는 제1편 '교수론'은 인간의 심리적 능력을 고찰한다. 이런 고찰이 가능한 이유는 무엇보다도 인간이 자기 자신을 객관화해서 관찰할 수 있는 특별한 존재이기 때문이다. 칸트는 다음과 같이 말한다.

인간은 '나'에 대한 표상을 가질 수 있다는 사실에 의해 지상의 다른 모든 생물보다 무한히 우위에 선다. 그 때문에 인간은 하나의 인격이며, 자신에게 일어나는 모든 변화 중에도 의식을 통일하여

---

40)『실천이성비판』V 130.
41)『윤리학 강의』XXVII 244.

하나의 동일한 인격을 이룰 수 있다. 다시 말해 인간은 지위와 존엄성에 비추어볼 때, 우리가 마음대로 처리하고 지배할 수 있는 이성 없는 동물과 같은 그런 **사물**과는 완전히 구별되는 존재다.[42]

인간은 자기 자신에 대해 관심을 두고 자기 자신을 대상으로 삼아 관찰할 수 있는 유일한 존재다. 그 덕분에 인간은 다른 모든 존재와 달리 하나의 인격을 이뤄서 다른 존재와 차별화할 수 있을 뿐만 아니라 그 인격을 동일하게 유지할 수 있다. 칸트에 따르면 인간의 자기 자신에 대한 관심은 지성 측면, 취미 측면 그리고 실천적 측면으로 발현되므로 인간의 심리적 능력에 대한 고찰도 이 세 측면에 따라 각각 "논리적이거나 미감적이거나 실천적"[43] 관점에서 이루어진다. 따라서 제1편 교수론은 이 세 가지 관점에 따른 세 가지 고찰로 구성된다. 우선 제1편의 제1권은 논리적 관점에서 인식능력을 고찰한다. 여기서 칸트는 하위의 인식능력인 감성과 상위의 인식능력인 지성에 대해 자세히 설명한다. 제2권은 미감적 관점에서 쾌, 불쾌에 대해 논의하면서 취미, 숭고 등을 고찰한다. 제3권은 실천적 관점에서 욕구능력을 고찰한다. 여기서 칸트는 여러 감정 그리고 그와 연관된 다양한 욕구를 검토하는 동시에 우리가 경험할 수 있는 '좋음(선)'에 대해 간략히 설명한다.

제2편 '성격론'은 인간이 세계 안에서 살아가면서 개인적으로 혹은 집단적으로 소유하게 되는 특성, 즉 성격을 다룬다. 칸트에 따르면 성격은 일종의 "인간을 식별하는 기호"로서 이중적 의미를 지니는데, 한편으로는 "감성적 존재자이거나 자연 존재자"로서 인간 성

---

42) 『인간학』 Ⅶ 127.
43) 『인간학』 Ⅶ 128.

격을 의미하고, 다른 한편으로는 "이성적이고 자유를 타고난 존재자"[44]로서 인간 성격을 의미한다. 특히 후자의 의미에 주목하면서 칸트는 '성격론'을 다섯 부분으로 나누고, 각 부분에서 개인의 성격, 성별에 따른 성격, 민족의 성격, 인종의 성격, 인류의 성격을 다룬다.

3. 『인간학』의 연구 동향

서두에서 지적했듯이 『인간학』은 출판 당시의 대중적 인기에도 불구하고 학계의 큰 관심을 얻지 못했으며, 이후 오랜 기간 칸트의 철학 체계에서 대수롭지 않은 저작으로 무시받곤 했다. 실제로 수많은 연구자가 주목했던 칸트의 대표적 저작들은 대개 선험철학 혹은 비판철학이라는 칸트의 기획 속에서 저술되었던 데 비해 『인간학』은 선험적 관점보다 경험적 관점을, 비판적 관점보다 대중적 관점을 채택한 저술이었기 때문이다. 칸트의 선험철학 혹은 비판철학과의 연관성 문제를 배제하더라도 사정은 마찬가지였다. 인간학이라는 학문이 칸트의 바람대로 독립적인 학문 분야로 성장한 뒤에도 칸트의 『인간학』은 별다른 주목을 받지 못했다. 칸트가 독립적인 학문으로 자리 잡기를 기대했던 인간학은 사회과학의 한 분야로서 인간학, 즉 우리가 요즘 인류학이라고 부르는 학문의 성장에 별다른 영향을 미치지 못했기 때문이다.[45] 브란트의 표현을 따르면 『인간학』은 여러 모로 "학문사에서 돌출적인"[46] 저작으로 여겨져왔다.

이례적으로 칸트 철학의 핵심을 '인간학'으로 이해한 철학자도

---

44) 『인간학』 Ⅶ 285.
45) John H. Zammito, 2014, p.248.
46) einhard Brandt, 1999, p.43.

물론 있었다. 대표적 철학자가 바로 하이데거다. 하이데거에 따르면, 칸트의 철학적 기획에서 핵심 과제는 "형이상학의 기초를 놓는 일"[47]이다. 나아가 하이데거는 "형이상학의 본질에 관한 질문은 인간 '마음'의 근본 능력들의 통일에 관한 질문"이므로 "형이상학의 기초를 놓는 일은 인간에 대해 질문하는 일, 즉 인간학"[48]이라고 말한다. 따라서 하이데거가 보기에 칸트의 철학적 기획은 곧 인간학의 기획과 다르지 않다. 하지만 여기서 중요한 점은 하이데거가 강조하는 인간학이 실용적 인간학이 아니라 "철학적 인간학"[49]이라는 사실이다. 앞서 지적했듯이 '철학적' 인간학은 칸트가 형이상학적·도덕적·종교적 과제를 아우르는 철학의 궁극적 과제로 설정한 학문이며, 칸트가 『인간학』에서 표방한 '실용적' 인간학과는 분명히 다른 인간학이다. 따라서 하이데거의 해석에 기대어 『인간학』에 철학적 의미를 부여하는 것은 적절해 보이지 않는다.[50]

하이데거와 달리 푸코는 실용적 인간학에 집중해 칸트의 철학적 기획에 접근한다. 『칸트의 『인간학』에 대한 서설』(이하 『서설』)에서 푸코는 칸트가 인간학 강좌를 시작한 때부터 『인간학』을 출판하기까지 일관되게 간직한 "어떤 구체적인 인간상"이 있었던 것은 아닌지,

---

47) Martin Heidegger, 1997, p.1.
48) Martin Heidegger, 1997, p.144.
49) Martin Heidegger, 1997, p.144, pp.145-146.
50) 앞서 말했듯이, 『인간학』에 담긴 '실용적 인간학'은 칸트가 궁극적 과제로 설정한 '철학적 인간학'에 일부 기여할 수는 있다 하더라도 결코 '철학적 인간학'과 동일시될 수는 없다. 당연히 하이데거도 역시 '철학적 인간학'의 과제를 『인간학』이 아니라 『순수이성비판』과 관련짓는다. 나아가 『순수이성비판』 그리고 칸트의 철학적 기획을 철학적 인간학으로 규정하려는 하이데거의 시도는 칸트 철학을 올바로 해설하기 위한 목적이 아니라 하이데거 자신의 존재론적 기획을 전개하려는 목적에서 나온 것으로 이해하는 것이 더 적절하다.

그리고 이 인간상이 칸트 철학의 "매우 깊숙한 층위에 존속"하면서 칸트 철학을 "인도하고 비밀스럽게 이끌어왔던"[51] 것은 아닌지 묻는다. 푸코가 말하듯이 이런 질문은 "『인간학』이 칸트의 비판철학적 기획과 관련하여 가지는 특징이 무엇인지 탐구"[52]하려고 할 때 자연스럽게 제기되는 질문이다. 하지만 『서설』에서 푸코의 궁극적 의도는 칸트 철학 체계 내에서 『인간학』의 위치를 해명하는 데 있기보다 칸트 철학을 텍스트로 삼아 근대적 인간 개념의 탄생을 '고고학'적으로 추적하는 데에 있다. 다시 말해서 『서설』의 목표는 "텍스트에 대한 고고학이 가능하다"는 전제하에 "'비판하는 인간'의 탄생과 이전까지의 인간 실존과는 상이한 그 인간상의 구조"[53]를 드러내는 것이다. 따라서 『서설』은 『인간학』을 이해하는 데에 유용한 몇몇 중요한 통찰을 제시하기는 하지만, 칸트의 『인간학』을 정확히 해명하는 데 목적을 둔 칸트 연구서라기보다 칸트의 『인간학』에 고고학적 방법론을 적용하여 푸코 자신의 독창적인 철학적 주장을 개진하는 데 목적을 둔 푸코의 고유한 철학서로 보는 것이 더 타당하다.[54]

다행히 최근에는 칸트의 실용적 인간학 자체에 주목하면서 『인간학』을 단순히 돌출적 저작이 아니라 칸트의 비판적 기획과 긴밀히 연관된 저작으로 재평가하려는 시도가 다양하게 등장하고 있다. 예컨대, 라우든이나 월슨[55]은 실용적 인간학을 세계에 대한 칸트의 실

---

51) 미셸 푸코, 2012, p.24.

52) 미셸 푸코, 2012, pp.23-24.

53) 미셸 푸코, 2012, p.24.

54) 실제로 푸코의 칸트 해석 중 몇몇은 지나치게 독창적이다. 예컨대 '나는 무엇을 알 수 있는가', '나는 무엇을 해야 하는가', '나는 무엇을 희망해도 좋은가' 그리고 '인간이란 무엇인가'라는 칸트의 네 가지 철학적 문제에 대한 푸코의 해석은 일반적인 칸트 연구자들이 받아들이기 힘들 만큼 과감하다. 미셸 푸코, 2012, pp.90-105 참조.

55) Robert B. Louden, 2000; Holy L. Wilson, 2006.

천적 관심이 깊이 반영된 경험적 윤리학 혹은 지혜의 철학으로 간주한다. 이들에 따르면 『인간학』은 비록 실천적 인간학 자체는 아니라 하더라도 실천적 인간학의 중요한 요소를 포함하며, 따라서 칸트의 비판철학과 밀접히 연관되어 있다. 한 걸음 더 나아가 브란트[56]는 『인간학』의 과제가 경험적 관점에서 인간의 규정 혹은 사명(Bestimmung)을 밝히는 일이라고 주장한다. 브란트에 따르면, 칸트철학의 궁극적 과제는 인간의 사명을 밝히는 일이므로 선험적 관점에서 인간의 사명을 밝히는 선험철학과 더불어 칸트의 실용적 인간학은 칸트 철학의 전체 체계를 구성한다.

물론 『인간학』과 칸트 비판철학의 연관성을 강조하는 이런 새로운 주장에는 칸트 학자들 사이에 의견이 분분한 것이 사실이다. 여전히 많은 학자는 『인간학』과 비판철학의 연관성을 의문시하기 때문이다. 그럼에도 『인간학』과 관련된 새로운 시도들은 칸트 철학을 새롭게 해석하고 발전시킬 또 하나의 가능성을 제시하며 이와 관련된 논란이 『인간학』에 대한 연구를 더욱 발전시키고 있다. 21세기에 이르러 『인간학』은 여러모로 주목받는 칸트 저작 중 하나가 되었다.

---

56) Reinhard Brandt, 2007.

참고문헌

권오상, 「칸트의 인간학적 사유의 형성과정과 그 철학적 의미」, 『철학논집』 제34집, 2013, pp.131-153.

김수배, 「볼프의 경험심리학과 칸트의 인간학」, 『철학』 제42집, 1994, pp.269-293.

──, 『칸트의 인간관 - 실용적 인간학의 이념과 그 의의』, 『철학연구』 제37집, 1995, pp.171-191.

미셸 푸코, 김광철 옮김, 『칸트의 인간학에 관하여 - 『실용적 관점에서 본 인간학』 서설』, 서울: 문학과지성사, 2012.

홍우람, 「인식론적 관점에서 본 칸트의 『인간학』 - 『인간학』에서 재구성된 칸트의 경험적 인식이론」, 『인문과학』 제121집, 2021, pp.181-213.

Brandt, Reinhard, "Beobachtungen zur Anthropologie bei Kant(und Hegel)," in *Psychologie und Anthropologie oder Philosophie des Geistes*, eds. by Franz Hespe and Burkhard Tuschling, Stuttgart: Frommann-Holzboog, 1991, pp.75-106.

──, *Kritischer Kommentar zu Kants Anthropologie in pragmatischer Hinsicht(1798)*, Hamburg: Meiner, 1999.

──, *Die Bestimmung des Menschen bei Kant*, Hamburg: Meiner, 2007.

Brandt, Reinhard and Stark, Werner, "Einleitung," in *Vorlesungen über Anthropologie* [학술원판 XXV], 1997, pp.vii-cli.

Frierson, Patrick R., *Freedom and Anthropology in Kant's Moral Philosophy*, Cambridge: Cambridge University Press, 2003.

Heidegger, Martin, *Kant and the Problem of Metaphysics*, 5th edition, Enlarged, trans. by Richard Taft, Bloomington: Indiana University Press, 1997.

Hespe, Franz and Tuschling, Burkhard, eds., *Psychologie und Anthropologie oder*

Philosophie des Geistes, Stuttgart: Frommann-Holzboog, 1991.

Jacobs, Brian and Kain, Patrick, eds., *Essays on Kant's Anthropology*, Cambridge: Cambridge University Press, 2003.

Kant, Immanuel, *Anthropology from a Pragmatic Point of View*, trans. by Robert B. Louden, Cambridge: Cambridge University Press, 2006.

Kuehn, Manfred, *Immanuel Kant: A Biography*, Cambridge: Cambridge University Press, 2001.

———, "Introduction," in *Anthropology from a Pragmatic Point of View*, trans. by Robert B. Louden, Cambridge: Cambridge University Press, 2006, pp.vii-xxix.

Lehmann, Gerhard, *Beiträge zur Geschichte und Interpretation der Philosophie Kants*, Berlin: de Gruyter, 1969.

Lorini, Gualtiero and Louden, Robert B., eds., *Knowledge, Morals and Practice in Kant's Anthropology*, Palgrave(eBook), 2018.

Louden, Robert B., *Kant's Impure Ethics: From Rational Beings to Human Beings*, New York: Oxford University Press, 2000.

———, "The Moral Dimensions of Kant's Anthropology," in *Knowledge, Morals and Practice in Kant's Anthropology*, eds. by Gualtiero Lorini and Robert B. Louden, Palgrave(eBook), 2018, pp.101-116.

Schubert, Friedrich Wilhelm, *Immanuel Kant's Biographie zum grossen Theil nach handschriftlichen Nachrichten dargestellt*, Leipzig: Leopold Voss, 1842.

Sturm, Thomas, *Kant und die Wissenschaften vom Menschen*, Paderborn: Mentis, 2009.

Wilson, Holly L., *Kant's Pragmatic Anthropology: Its Origin, Meaning, and Critical Significance*, New York: Sunny, 2006.

Wood, Allen W., "Kant and the Problem of Human Nature," in *Essays on Kant's Anthropology*, eds. by Brian Jacobs and Patrick Kain, Cambridge: Cambridge University Press, 2003, pp.38-59.

Zammito, John H., *Kant, Herder, and the Birth of Anthropology*, Chicago: University of Chicago Press, 2002.

———, "What a young man needs for his venture into the world: the function and evolution of the 'Characteristics'," in *Kant's Lectures on Anthropology: A Critical Guide*, ed. by Alix Cohen, Cambridge: Cambridge University Press, 2014, pp.230-248.

옮긴이주

머리말

1) 데카르트, 『정념론』 42항 참조.
2) A판: "그러나 인간이 자신을 관찰할 때".
3) 학술원판: "후자의 두 경우에서는 모두".
4) 칸트의 자연지리학 강의는 1756년 여름학기에 처음 개설되었다. 인간학에 대한 칸트의 강의는 처음에는 자연지리학의 일부로 포함되어 있었지만, 1772~73년 겨울학기부터 자연지리학 강의와 별개로 개설되기 시작했다.
5) 결국 칸트의 자연지리학 강의는 링크(Friedrich Theodor Rink)가 편찬해 1802년 출판되었다(AA 9:151-436).

제1편 인간학적 교수론

제1권 인식능력에 대하여
1) A판: "제1편 제1권".
2) A판: "제1절 자기 자신에 관한 의식에 대하여".
3) "애정을 갖도록"은 B판 추가.
4) 학술원판을 따라 "und mit" 대신 "um mit"으로 번역.

5) 'Paradoxie'.

6) 아벨라르두스(Petrus Abaelardus, 1079~1142)는 중세 프랑스의 스콜라 철학자다.

7) A판에서는 "나와 너".

8) A판에서는 ""너희"와 "당신들"로 바꾸게".

9) A판에서는 "더욱이 후자[게르만 민족]는 호칭된 사람에 대한 폄하를 막기 위해 생각해낸 중도적 표현, 즉 '그'".

10) "한 사람이건 여러 사람이건" B판 추가.

11) A판에서는 "이렇게 자기 자신을 다룬다는 것은".

12) 칸트는 "주의를 돌리는 것"과 "[주의가] 산만한 것"에 각각 라틴어로 "추상"(abstractio)과 "분산"(distractio)이라고 병기하여 구별했다.

13) 칸트는 라틴어로 "자제하는 정신"(animus sui compos)이라고 병기한다. 『도덕형이상학』 VI 407 참조.

14) A판은 "그렇다고 이 행동이 미적 기예와 취미 도야 없이도 있을 수 있는 것은 아니다".

15) 라틴어 원문은 "Naturam videant ingemiscantque relicta". 칸트가 개작한 페르시우스의 원 시구는 『풍자』(Saturae) 3:38에 등장하는 구절로, "그들은 덕을 보면서 버려진 덕을 한탄한다"(virtutem videant intabescantque relicta)이다. 페르시우스(Aulus Persius Flaccus, 34~62)는 고대 로마의 시인이자 풍자가다.

16) 18세기 말 독일에서 창립된 계몽주의 단체인 '광명단'(Illuminatenorden)의 사상. 『도덕형이상학』 VI 325 참조.

17) 부리뇽(Antoinette Bourignon, 1616~80)은 벨기에의 신비주의 여성 신지학자다.

18) 파스칼(Blaise Pascal, 1623~62)은 프랑스의 수학자, 물리학자이자 철학자다.

19) 할러(Albrecht von Haller, 1708~77)는 스위스의 의사, 식물학자이자 문필가다.

20) B판 추가.

21) 레스(Gottfried Leß, 1736~97)는 독일의 루터교 신학자이자 괴팅겐대학교 철학교수다.

22) 고대 그리스 중부의 코린트만에 있던 해안 도시. 이 도시에서 자라는 약초 크리스마스로즈 혹은 헬레보레(학명 Helleborus niger)가 정신병 치료에 효과가 있다고 알려졌다.

23) 『인간학 단편』 XV 668 참조.

24) '수재'와 '둔재'는 각각 'Kopf'(머리)와 'Pinsel'(꼬리털)의 번역어다. 지성 능력을 매우 조금 타고난 사람들은 꼬리털 같아서 지성 능력을 탁월하게 소유한 사람의 지도를 받아 이끌린다.

25) A판에서는 "보이고자 하기 때문에".

26) A판에서는 "그러나".

27) A판에서는 "대중성이라고 잘못 불리지만, 오히려 장식된 천박성이라고 불릴 수 있다".

28) 애디슨(Joseph Addison, 1672~1719)은 영국의 작가이자 정치인이다. 이 인용문은 애디슨이 발간한 정기간행물 『관객』(*The Spectator*)에 등장한다. 『관객』 132호(1711년 8월 1일) 198쪽. 뒤의 주석 99 참조.

29) 'bon sens'.

30) A판: "제2절 지성과 대조되는 감성에 대하여"

31) A판에서는 "감각과 함께".

32) A판에서는 "단지 주관적 조건이다".

33) 동일한 맥락에 있는 앞의 두 절에 § 9, § 10이라는 표시가 있는 것으로 보아 이 절에는 § 11이라는 표시가 있어야 하지만 원문에는 아무런 표시도 없으며, 심지어 다음 절에는 다시 § 10이라는 표시가 잘못 등장한다. 학술원판은 이를 수정하여 이 절을 § 11로 표시하고 있다.

34) Sehewinkel. '시직경'이란 지구에서 바라보는 천체의 겉보기지름을 말하는데, 각도의 단위를 사용하여 측정한다. '시지름' 혹은 '각크기'라고도 한다.

35) 원문에 나온 앞 절들의 표시가 잘못된 것이 아니라면(이와 관련해서는 앞의 주 33 참조), 이 절은 순서상 § 11로 표시되어야 하지만 § 10으로 표시되어 있다. 학술원판은 앞 절에서 수정된 순서를 따라서(앞의 주 33 참조) 이 절을 § 12로 표시하고, 이후 § 표시를 모두 이에 맞게 수정했다. 여기서는 원문의 표시를 따름.

36) 'Mechanism'.

37) "gratis anhelare, multa agendo nihil agere". 파이드로스의 우화집 *Fabulae*의 Ⅱ.5에서 인용되었다. 파이드로스는 이솝의 우화를 집대성하고 운문으로 만든 로마의 우화작가이자 시인으로 알려져 있다. 인용된 구절은 『이성의 오롯한 한계 안의 종교』(Ⅵ 172)에서도 발견된다.

38) A판은 "받았던 선을 의식하고 기억하기 어렵게 만들기도 하고, 따라서 일반적으로 배은망덕하게 만든다(이는 부덕의 하나다)."

39) 독일어 'Illusion'을 번역한 것이다. 앞 단락에서 나온 '착각'이라는 용어는 독일어 'Täuschung'을 번역한 것인데, 이때 칸트는 라틴어 'illusio'를 괄호 안에 병기한다.

40) 코레조(Antonio Allegri da Correggio, 1489~1534)는 르네상스시대의 이탈리아 화가다. 그러나 칸트의 이 언급과 어울리는 코레조의 그림은 알려져 있지 않다. 따라서 칸트가 실제로 염두에 둔 그림은 코레조의 그림이 아니라 라파엘로의 유명한 그림 〈아테네 학당〉이라는 주장도 있다.

41) 라파엘 멩스(Anton Raphael Mengs, 1728~79)는 독일의 역사가이자 초상화가다.

42) 엘베티우스(Claude Adrien Helvétius, 1715~71)는 프랑스 계몽주의 시대의 대표적인 유물론 철학자 중 한 명이다. 그의 유물론은 카를 마르크스에게도 영향을 미친 것으로 알려져 있다.

43) 가스너(Johann Joseph Gaßner, 1727~79)는 스위스의 예수회 신부이며, 악령을 퇴치하여 질병을 치료한다고 주장했다.

44) 메스머(Franz Anton Mesmer, 1733~1815)는 오스트리아의 의사로, 동물 자기(磁氣)로 질병을 치료한다고 주장했다.

45) 'Hexe'.

46) 스위프트(Jonathan Swift, 1607~1745)는 『걸리버 여행기』로 알려진 아일랜드의 작가다. 칸트가 언급한 스위프트의 이야기는 『통 이야기』(A Tale of a Tub)에 등장한다.

47) 마르몽텔(Jean-François Marmontel, 1723~99)은 프랑스의 시인, 소설가, 극작가다. 『벨리제르』(Bélisaire)는 그의 대표작 중 하나다.

48) 호프스테데(Johann Peter Hofstede, 1716~1803)는 네덜란드의 신학자다.

49) 'Sensation'.

50) "첫째 부류의" B판 추가.

51) A판에서는 "단지 간접적인 지각에 대한 하나의 감각능력이다."

52) A판에서는 "발성기관인 입에 의해 일어나는".

53) "바로" B판 추가.

54) 'durch'.

55) "미각과 후각의 감각능력은" B판 추가.

56) "후자의 경우 그 발산물을 내뿜는 물체 자체는 기관에서 멀리 있을 수도 있다" B판에서 추가.

57) "§ 19." B판 추가.

58) "불쾌하게 여긴다" B판 추가.

59) 'Empfindungsfähigkeit'.

60) "§ 20." B판 추가.

61) A판에서는 "화덕 연기, 습지나 썩은 동물 무덤의 공기".

62) A판에서는 "냄새를 맡는 것은 말하자면 멀리서 맛보는 것이다".

63) A판에서는 "사교모임 한가운데서 스스로" 대신 "교제와 관련해서 보자면".

64) "§ 21." B판 추가.

65) 'Sinnenempfindungen'.

66) A판에서는 "부록. 내감에 대하여."

67) A판에서는 § 19.

68) A판에서는 "지각한다고 믿으며, 단지 감각하고 사고하는 능력으로 표상되는 마음을" 대신 "지각하며, 단지 감각하고 사고하는 능력으로 표상되는 마음 대신에".

69) "심지어는" B판 추가.

70) "종종" B판 추가

71) A판: "제3절 감각의 정도를 증감시키는 원인에 대하여".

72) "§23." B판 추가.

73) 필딩(Henry Fielding, 1707~54)은 영국의 소설가이자 극작가다.

74) 블루마우어(Johann Aloys Blumauer, 1755~98)는 오스트리아의 시인, 소설가, 극작가다.

75) 영국 소설가 새뮤얼 리처드슨(Samuel Richardson, 1689~1761)의 대표작.

76) A판에서는 "사물의 자연적 진행에 따라 시간의 힘에 의해 오래전에 사라졌다고 추측해야 마땅할" 대신 "사물의 자연적 진행에 따라 시간의 톱니에 의해 오래전에 소멸되었다고 추측된".

77) A판에서는 "오로지 그 감각의 새로움만으로 감각능력의 모든 표상을 (평소이 모든 표상이 병적이지만 않다면) 저녁 무렵의 일반적인 상태보다 더 명확하고 더 생생하게 만든다" 대신 "오로지 그 (그밖에 이미 병적이지 않은) 감각의 새로움만으로 모든 감각표상을 저녁 무렵에 나타나는 것보다 더 명확하고 더 생기있게 만든다".

78) 원제는 *The History of Tome Jones, A Foundling*(『기아(棄兒), 톰 존스 이야기』, 1749)이다.

79) A판에서는 §20.

80) A판에서는 "감각능력은 약화되거나 억제되거나 전적으로 폐지될 수도 있다. 그러므로 만취, 수면, 실신, 가사(질식) 그리고 실제적 사망 상태가 있을 수 있다." 대신 "이때 인간의 상태는 수면이나 만취 혹은 실신의 상태 그리고 진짜 사망한 상태 혹은 가사 상태이다".

81) A판에서의 각주는 다음과 같다. "트라몬타노는 이탈리아의 심한 북풍이다. 남동풍인 시로코와 유사한데, 시로코는 훨씬 더 지독하다. 그런데 한 미숙한 젊은 남성이 자신의 기대 이상으로 화려한 (특히 숙녀들의) 사교모임에 들어설 때, 그는 어디서부터 말하기 시작해야 할지 몰라 쉽게 당혹감에 빠진다. 이때 신문에 실린 어떤 소식으로 시작하는 것은 어울리지 않을 것이다. 사람들은 무엇이 그를 그렇게 하도록 만들었는지 알지 못하기 때문이다. 그러나 그는 거리에서 막 들어온 참이므로, 나쁜 날씨는 무언가 시작하는 최선의 수단이다. 그가 이것(예컨대, 북풍)을 생각해내지 못할 때 이탈리아 사람은 '그가 북풍을 잃어버렸다'고 말한다".

82) A판에서는 §21. A판에서는 이 § 전체가 §22절로 이어지기 전, 즉 §21 말미에(B판의 경우 §26 말미에) 나온다.

83) A판에서는 "인식능력에서의 감성에 대하여 제2장".

84) A판에서는 §21.

85) 'Unsinn'. 독일어 'Sinn'은 영어 'Sense'와 마찬가지로 '감각능력'을 뜻할

뿐만 아니라 '의미'나 '감'을 뜻하기도 한다. 이 단락에서 칸트는 독일어 'Sinn'의 다양한 뜻에 주목하기 때문에 번역문으로는 칸트의 의도를 파악하기 어려울 수 있다.

86) 'Sinnleeren'.

87) 'Sinnspruch'. 독일어 'Sinnspruch'는 '의미 있는 말'이라는 뜻으로 이해될 수 있다.

88) A판에서는 § 22.

89) 쾨니히스베르크에서 약 30km 떨어진 언덕 위에 있는 중세 튜턴족의 성.

90) A판에서는 이 첫 문장의 일부가 이 절의 제목으로 사용된다. A판에서 이 절의 제목은 "상상력을 고취하거나 진정시키는 육체적 수단에 대하여."

91) A판에서는 "이런 기호품을 너무 과도하게 섭취해서 얼마 동안 감각표상들을 경험 법칙에 따라 정돈할 수 없게 된 사람은 취해 있다 또는 도취되어 있다고 하고, 자신을 자의적으로 혹은 의도적으로 이런 상태에 두는 것은 도취한다고 한다" 대신 "이런 기호품을 섭취한 사람은 취해 있다고 하고, 그가 이런 일을 의도적으로 행한다면 취한다고 한다".

92) 카토(Marcus Porcius Cato, 기원전 234~기원전 149). 고대 로마의 군인이자 정치가. 증손자인 소(小)카토(Marcus Porcius Cato Uticensis, 기원전 95~기원전 46)와 구별하여 대(大)카토라고 불린다.

93) 로마의 시인 호라티우스(Horatius)의 『송가』(Carmina) Ⅲ.21.11-12 참조. 또한 『도덕형이상학』 Ⅵ 428 참조. 따라서 칸트가 '카토의 스토아 신봉자'로 염두에 둔 것은 호라티우스이며, 호라티우스가 신봉한 카토는 '대(大)카토'로 추정된다(위의 주석 92 참조). 그런데 『도덕형이상학』 초판과 몇몇 인간학 강의에서 칸트는 이 말의 출처를 세네카로 밝히기도 한다. 이 경우 칸트가 염두에 둔 '카토의 스토아 신봉자'는 세네카일 것이고, 세네카가 신봉한 카토는 '소(小)카토'로 추정된다.

94) 로마의 역사가 타키투스(Tacitus)의 『게르마니아』(Germania) 22 참조.

95) 흄의 『도덕 원리에 관한 탐구』 4절 참조.

96) "§ 27". B판 추가.

97) A판에서는 다음과 같은 구절이 이어진다. "어떤 사교모임에 가입하기로 예정된 누군가에 대해 지나치게 찬양하는 것은 결코 좋은 수법이 아니다. 왜냐하면 그 사람이 이제 할 수 있는 것이라고는 이 사교모임의 평가에서 하락하는 것 외에는 없으며, 그뿐 아니라 그런 [누군가를 지나치게 찬양하는] 사악한 장난은 누군가를 웃음거리로 만들기 위해 종종 의도적으로 사용되기도 하기 때문이다".

98) A판에서 이 단락은 § 24(즉, B판 § 29)의 둘째 단락 다음에 놓여 있다.

99) 『관객』(The Spectator)은 애디슨(Joseph Addison)과 스틸(Sir Richard Steele)이 1711년 창간한 정기간행물이다. 『관객』은 1711년부터 1712년까지 발행되

었고, 1714년 애디슨에 의해 다시 발행되었다.

100) A판에서는 §23.

101) "세 가지 상이한 종류의 감성적 창작 능력이 있다"는 B판 추가.

102) "그러나 창작이 자의로 통제된다면 구성, 발명이라고 불린다. 그런데 예술가가 자연의 작품과 유사한 형상에 따라 작업한다면, 그의 생산물은 자연스럽다고 불린다"는 B판 추가.

103) 프란체스코 페르디난도 2세. 그는 시칠리아의 바게리아에 있는 저택에 괴기스러운 상들을 만들었다.

104) "진기하다거나 자연스럽지 않다거나 괴상하다고 불리며, 그런 착상은 말하자면"은 B판 추가.

105) A판에서는 "거북하게" 대신 "마지못해".

106) "모종의" B판 추가.

107) A판에서는 이 문장에 이어서 다음과 같은 구절이 삽입되어 있다. "이런 사교모임의 예상치 못한 엄숙함에 신참이 당황스러워하면, 사람들은 '그가 트라몬타나를 잃어버렸다', 즉 '그는 지금 막 한창인 지독한 북풍에 대해서만 (혹은 그가 이탈리아에 있다면 시로코에 대해서만) 대화를 시작할 수 있었을 텐데'라고 말한다." 이 구절의 의미에 대해서는 앞의 BA 66; Ⅶ 166의 칸트 원주 참조.

108) 원문의 "fortgepflanzt werden"은 "fortpflanzen"으로 고쳐서 번역했다.

109) A판에서는 "예를 통한 해명. §24".

110) A판에서는 "마치 보는 사람 자신이 그렇게 즐길 것을 강요받은 것처럼" 대신 "마치 보는 사람 자신이 그것을 하려 했을 때처럼".

111) 엘베티우스의 『정신론』(De l'esprit)의 Ⅰ.2 참조. 이 예는 칸트의 초기 저작인 『뇌병 시론』(1764)에도 등장한다. 『뇌병 시론』 Ⅱ 265-266 참조. 엘베티우스에 대해서는 앞의 주석 42 참조.

112) 미카엘리스(Christian Friedrich Michaelis, 1754~1804)는 독일 카셀대학 교수이자 의사다.

113) 셰익스피어의 『헨리 4세, 1부』의 Ⅱ. iv 참조.

114) A판에서는 "상상력의 놀이를 활성화하고 억제하는 수단에 대하여. §25".

115) 루크레티우스(Titus Lucretius Carus, 기원전 96~기원전 55)는 에피쿠로스학파의 시인이자 철학자다.

116) 이폴리토 데스테(Ippolito I. d'Este, 1479~1520)는 에스테 가문 출신의 로마 가톨릭 추기경이다.

117) A판에서는 §26.

118) A판에서는 "과거의 것을 의도적으로 현재화하는 능력은 상기 능력이고, 어떤 것을 미래의 것으로 표상하는 능력은 예견 능력이다. 둘 다" 대신 "그것들은, 이때 그 작용이 고의적이라면, 상기 능력과 예견 능력이고".

119) 괄호 안의 독일어 원문은 다음과 같다. "(nicht sich entsinnen; denn das bedeutet so viel, als sich sinnlos machen)". 여기서 칸트는 독일어 재귀동사 sich entsinnen의 용법을 문제 삼은 것으로 보인다.

120) A판에서는 "기억에 새기는 방법이다. 예컨대 사람들은 어떤 말소리를 그와 완전히 이종적이면서도 그 말소리에 대응하게 되어 있는 형상과 연합함으로써 기억에 새긴다" 대신 "서로 상기하도록 연결하는 방법이다. 예컨대, 사람들은 어떤 말소리에 대응하게 되어 있는 형상이 완전히 이종적이라 하더라도, 이 형상과 그 말소리의 유사성을 통해서 서로 상기하도록 연결한다".

121) A판에서는 "수단과 의도 사이의 모순인데, 사람들은 기억의 노고를 경감하고자 하지만 사실은 서로 매우 괴리된 표상들의 연합이라는 불필요한 짐을 기억에 지움으로써 그 노고를 가중하기 때문이다" 대신 "의도의 자기모순, 즉 상기하는 일의 어려움을 감소시키는 거짓 수단을 그때그때 상기하기 위해 머릿속에 간직해야 할 것을 증가시킴으로써 생겨나는 모순이다".

122) "자권 상속인과 법정 상속인에 대하여"라는 제목의 라틴어 원문은 "de heredibus suis et legitimis"이다. 따라서 칸트가 말하는 첫째, 둘째, 셋째 단어는 각각 'heredibus'(상속인), 'suis'(자권의), 'legitimis'(법정의)를 가리킨다.

123) 『순수이성비판』 A 268-269/B 324-325; 『도덕형이상학』 VI 357 참조.

124) 미란돌라의 피코(Giovanni Pico della Mirandola, 1463~94)는 이탈리아의 철학자이자 인문주의자다.

125) 스칼리거(Julius Caesar Scaliger, 1484~1558)는 이탈리아에서 태어나 프랑스로 이주한 의사이자 고전학자다.

126) 안젤로 폴리치아노(Angelo Ambrogini Poliziano, 1454~94)는 이탈리아의 시인이자 인문주의자다.

127) 마글리아베키(Antonio di Marco Magliabecchi, 1633~1714)는 이탈리아의 유명한 서적수집가다.

128) "대단히 편리한 것이다" B판 추가.

129) "§32." B판 추가.

130) 'anhen'.

131) 'ahnden'.

132) 'ahnen'이 독일어 단어가 아니라는 칸트의 주장은 논란의 여지가 있다. 'ahnen'은 중세 고지 독일어(Mittelhochdeutsch)의 'anen'에서 유래한 것으로 보는 것이 올바르다.

133) 우리말 '예감하다'를 의미하는 독일어 ahnden은 우리말 '벌하다', '비난하다'에 해당하는 의미도 있다. 즉, 칸트는 여기서 독일어 ahnden의 두 가지 의미를 구별하고 있다.

134) "예감"(豫感, Ahndung, praesensio), "예기"(豫期, Vorhererwartung, praesagitio).

135) "§ 33." B판 추가.

136) "예상"(豫測, Vorhersagen), "예언"(豫言, Wahrsagen), "예시"(豫示, Weissagen).

137) 베르길리우스(Publius Vergilius Marco, 기원전 70~기원전 19)는 고대 로마의 시인이다. 그의 시집을 임의로 펼쳤을 때 처음 눈에 띄는 시구를 미래에 대한 예언으로 생각하는 풍습이 2세기부터 16세기까지 유행했다.

138) 칸트는 고대 로마에서 시빌레의 신탁집이 원로원의 명령에 따라서만 참조될 수 있도록 인색하게 사용되다가 소실되었다는 이야기를 염두에 둔 것으로 보인다.

139) A판에서는 § 27.

140) A판에서는 § 28.

141) 약 3세기경 아일랜드, 스코틀랜드 지방 고대 켈트족의 전설적 시인이자 용사다. 1765년 스코틀랜드의 시인인 맥퍼슨(James Macpherson, 1736~96)이 그의 시를 수집, 발표하여 널리 알려지게 되었다.

142) 스베덴보리(Emanuel Swedenborg, 1688~1772)는 스톡홀름 출신의 과학자, 신학자, 종교적 몽상가다.

143) A판에서는 § 29.

144) "명시적"(demonstrativ), "회상적"(rememorativ), "예상적"(prognostisch).

145) 팔미라(Palmyra)는 시리아 중앙부의 오아시스에 자리한 고대 상업 중계도시로, 현재는 타드모르(Tadmor)라고 불린다. 바알베크(Baalbek)는 레바논에 위치한 바알 신앙의 중심지로 고대 페니키아의 도시다. 페르세폴리스(Persepolis)는 이란 남서부에 위치한 고대 페르시아 아케메네스 왕조의 수도다.

146) "국가들" B판 추가.

147) A판에서는 "징표" 대신 "상기".

148) A판에서는 "미래에 세계에서 일어날 사건들과 관련해서 가장 확실한 예측은 천문학에서 나타난다" 대신 "미래에 세계에서 일어날 사건들과 관련한 점성(占星)은 천문학에서 가장 확실하다".

149) "인간에게" B판 추가.

150) '히포크라테스 안모(顔貌)'란 죽음이 임박한 사람의 얼굴 상태를 말한다.

151) 원문에는 기구 혹은 풍선을 의미하는 "Luftbälle"로 표기되어 있으나 "Lichtbälle"로 고쳐 읽었다.

152) "[있]듯이" B판 추가.

153) 액년과 관련해서 『서한집』 XII 362-363; 『학부논쟁』 VII 61 fn 참조.

154) A판에서는 § 30.

155) A판에서는 § 31.

156) 유베날리스(Decimus Junius Juvernalis, 약 60~130)는 고대 로마의 풍자시인

이다.

157) 아르케실라스(Arcesilas, 기원전 316~기원전 241)는 고대 그리스의 철학자다.

158) 솔론(Solon, 기원전 약 630~기원전 560)은 고대 그리스 아테네의 시인이자 정치가다.

159) 이 구절은 유베날리스의 작품이 아니라 고대 로마의 풍자시인인 페르시우스(Aulus Persius Flaccus, 34~62)의 『풍자』(Satires), iii, 78-79에 등장한다. 『순수이성비판』 A 855; B 883 참조.

160) A판에서는 §32.

161) "많은" B판 추가.

162) 앙리 4세에 관한 볼테르의 서사시 『라 앙리아드』(La Henriade, 1728)의 Verse 31.

163) 크리스티나(Christina, 1626~89)는 1632년에서 1654년까지 재위한 스웨덴 여왕이다. 데카르트를 왕궁으로 초빙한 것으로 유명하다. 크리스티나 여왕에 대해서는 『인간학 강의』(슈타르케) XXV 1108 참조.

164) 로체스터 백작은 17세기 영국의 시인 존 윌못(John Wilmot, 2nd Earl of Rochester, 1647~1680)을 가리킨다.

165) A판에서는 "기술적" 대신 "이론적".

166) A판에서는 §33.

167) A판에서는 "사고" 대신 "사고방향".

168) A판에서는 "따르는 것이 마땅하다고" 대신 "따를 수밖에 없다고".

169) A판에서는 §34.

170) "부분적으로" B판 추가.

171) "A. 일반적 구분" B판 추가.

172) A판에서는 "§35. 최상위 구분은 우울증이라 불리는 것과 착란한 마음이라고 불리는 것이다."

173) A판에서는 "시적 영감" 대신 "시적 발작".

174) 스턴(Laurence Sterne, 1713~68)은 영국의 작가로 『트리스트럼 샌디』(The Life and Opinion of Tristram Shandy, Gentleman, 1759~67)로 유명하다. 이어지는 인용문은 이 책의 1권 7장 참조.

175) A판에서는 "A".

176) A판에서는 §36.

177) A판에서는 §37.

178) A판에서는 "반복하는 것처럼" 대신 "반복하는 것을 들을 때처럼".

179) A판에서는 §38.

180) A판에서는 "다른 모든 점에서는 건전한 인간이 시민적 업무에 대한 자기 지성의 고유한 사용에서 (자연적으로 혹은 법률적으로) 무능력한 것은 미성숙이라고 불린다. 이 미성숙이 연령의 미숙함에 근거를 둔다면 그것은 미성년

이라고 불린다. 그러나 그것이 시민적 업무에 관한 법률적 제도에 의거한 것이라면, 그것은 **법률적 혹은 시민적 미성숙**이라고 명명될 수 있다" 대신 "다른 모든 점에서는 건전한 인간이 시민적 업무에 대한 자기 지성의 고유한 사용에서 이렇게 무능력하거나 부적절한 것은 미성년이라고 불린다. 이 미성년이 단지 그런 시민적 자질의 결여일 뿐이라면 **법률적 미성숙**이라고 불릴 수 있다. 다른 사람의 지도 없이는 자기 지성을 사용하지 못하는 무능력함(혹은 불법성 역시)은 미성숙이다". 이 중에서 마지막 문장이 A판에서는 다음 단락의 첫 문장으로 사용된다.

181) 애덤 스미스(Adam Smith, 1723~1790)는 스코틀랜드의 경제학자이자 도덕 철학자다. 이어지는 인용문은 『국부론』(*An Inquiry into the Nature and Causes of the Wealth of Nations*, 1776)의 2권 3장 36절 참조.

182) A판에서는 "B. 마음의 박약에서 정도의 차이에 대하여. § 39".

183) 학술원판에서는 이 부분이 다음과 같이 수정되어 있다. "첫째로 그 이유는 다른 사람들에게 그들 자신을 나에 비해 하찮게 평가해야 한다고 요구하는 것은 어리석은 짓이며, 다른 사람들은 항상 나를 훼방 놓아서 내 의도를 방해할 것이기 때문이다. 그러나 결과적으로 이것은 단지 비웃음을 초래할 뿐이다". 이 문장에 이어지는 접속사 'aber'는 학술원판의 문장에는 어울리지만 원문에는 어울리지 않기 때문에, 제외하고 번역했다.

184) 여기서 '그것'(sie)이 무엇을 가리키는지는 분명치 않지만, 문맥상 '자기 자신을 해치는 행위'로 이해할 수 있다.

185) 괴팅겐대학교 수학교수이자 풍자 작가인 캐스트너(Abraham Gotthelf Kästner, 1719~1800)를 가리킨다. 칸트의 인용문은 그의 *Einige Vorlesungen* (Altenburg, 1768), 102쪽 참조. 이 구절은 『인간학 강의』에서도 여러 차례 언급된다. 예컨대, 『인간학 강의』 XXV 134; XXV 343; XXV 965; XXV 1264 참조.

186) 여기서 '멍청이', '멋쟁이', '맵시꾼'이라는 칭호를 칸트는 독일어가 아닌 프랑스어 단어 'fou', 'fat', 'sot'로 각각 제시하고 있다. 번역은 세 칭호를 각각 독일어 단어 'Narr', 'Geck', 'Laffe'에 대응시킨 것이다. 실제로 칸트는 이 프랑스어 단어들을 『인간학 강의』나 『단편』 등에서 독일어와 대응시키지만 일관되지는 않아 보인다. 예컨대, 『단편』 XV 221(R508); 『인간학 강의』 XXV 1264 참조.

187) A판에서는 "파리에서 막 돌아온" 대신 "집에 막 도착한".

188) B판에는 'B'로 표기되어 있으나 앞에 이미 B가 있으므로 학술원판을 따라 C로 표기함.

189) A판에서는 § 40.

190) "위에서 이미 언급했듯이" B판 추가. 앞의 BA 124; VII 202 참조.

191) 『학부논쟁』 VII 97-116 참조.

192) 하우젠(Christian August Hausen, 1693~1745)은 라이프치히대학교 수학 교수다. 칸트는 『도덕형이상학』에서 하우젠의 저서 『수학 원리』를 인용하기도 했다. 『도덕형이상학』 Ⅵ 208 참조.

193) A판에서는 §41.

194) A판에서는 "광기의 분류. §42".

195) 헬몬트(Jan Baptist Helmont, 1578~1664)는 네덜란드의 화학자, 물리학자이자 의사다.

196) A판에서는 §43. 이어서 A판은 "착란한 어린아이는 없다. — "로 시작되나, B판에서 삭제됨.

197) A판에서는 "어떤 사람이" 대신 "그가".

198) 'Eigensinn'.

199) A판에서는 "판단하는" 대신 "판단해야 하는".

200) 해링턴(James Harrington, 1611~77)은 영국의 정치사상가로 유토피아 사회를 그린 『오세아나공화국』(*The Commonwealth of Oceana*)의 저자다.

201) A판에서는 §44.

202) A판에서는 §45.

203) 뷔퐁(Georges Louis Leclerc, Comte de Buffon, 1707~88)은 프랑스의 수학자이자 자연사가다. 뷔퐁의 유명한 저서 『보편적이고 특수한 자연사』(*Histoire naturelle, générale et particulière*)는 1749년부터 그의 사후 1804년까지 총 44부로 발표되었다. 『목적론적 원리』 Ⅷ 168 참조.

204) 트루블레(Nicolas Charles Joseph de La Flourie Trublet, 1697~1770). 칸트는 『인간학 강의』에서 종종 트루블레를 언급한다. 예컨대 『인간학 강의』 XXV 136, 153; XXV 344, 388; XXV 963 참조.

205) 원제는 *Peri Bathous s. Anti-Sublime. Das ist: D. Swifts neueste Dichkunst, oder Kunst, in der Poesie zu kriechen*으로, 포프(Alexander Pope, 1688~1744)의 영문 작품을 독일어로 번역한 것이다.

206) 영국의 시인인 버틀러(Samuel Butler, 1612~80)의 풍자시. 3부작으로 된 이 작품은 칸트의 『인간학 강의』에서 종종 언급된다. 예컨대, 『인간학 강의』 XXV 345; XXV 762; XXV 967, 994; XXV 1268-9 참조.

207) 영(Edward Young, 1684~1765)은 영국의 시인이자 극작가다. 그의 풍자시집 *The Universal Passion*은 칸트의 『인간학 강의』에서도 종종 언급된다. 예컨대, 『인간학 강의』 XXV 399; XXV 517, 575; XXV 967, 1117; XXV 1265, 1341, 1391 참조.

208) A판에서는 "불러일으키기" 대신 "동반하기".

209) 존슨(Samuel Johnson, 1709~84)은 영국의 시인이자 평론가로 말년에 영국 시인 52명의 전기를 집필했고, 그중 시인 왈러(Edmund Waller, 1606~87)의 전기도 포함된다. 그러나 여기서 칸트가 인용한 글은 존슨의 왈러 전기에

등장하는 것이 아니라 보스웰(James Boswell, 1740~95)의 『새뮤얼 존슨의 생애』(*The Life of Samuel Johnson*)(1791)에 등장하는 것이다.

210) 주석 209 참조.

211) 바레티(Giuseppe Marc'Antonio Baretti, 1719~89)는 이탈리아의 시인이자 문예비평가다.

212) 존슨의 대표적 업적 중 하나는 1755년에 편찬한 『영어 언어 사전』(*Dictionary of the English Language*)이다. 이 사전은 광범위하게 편찬된 최초의 영어 사전이다.

213) A판에서는 § 46.

214) 베이컨(Francis Bacon, Lord of Verulam, 1561~1626)은 영국의 정치가이자 철학자. 『신논리학』으로도 번역될 수 있는 *Novum Organum*은 귀납을 과학의 방법으로 정립하여 근대 과학에 큰 영향을 미쳤다.

215) A판에서는 § 47.

216) 슈바르츠(Berthold Schwarz)는 14세기 독일의 수도사이자 연금술사다. 그의 생애는 거의 알려진 것이 없지만 14세기 초 화약을 발견한 것으로 전해진다.

217) 스페인 남부의 지브롤터해안에 위치한 항구 도시. 알폰소 9세의 카스티야 군대가 당시 이슬람제국의 지배하에 있던 알헤시라스를 포위 공격하여 1344년 함락시켰다.

218) "자신의" B판 추가.

219) "그러나" B판 추가.

220) 'Esprit'.

221) 'génie'.

222) 'genius'.

223) A판에서는 § 48.

224) A판에서는 § 49.

225) 주석 125 참조.

226) 하이네케(Christoph Heinrich Heinecke, 1721~25)는 '뤼베크의 아이'라고 불릴 만큼 정신 발달이 조숙했고 기억력이 특출했다고 한다.

227) 바라티어(Jean Philippe Baratier, 1721~40)는 다섯 살에 이미 3개 국어를 구사했고, 여덟 살에 히브리어와 그리스어 성서를 이해했다고 한다.

228) A판에서는 "사상가 부류에 대해서는" 대신 "후자의 종류에 대해서는".

229) "(지혜로 인도하는 것이라고 이미 위에서 언급했던)" B판 추가.

제2권 쾌감과 불쾌감에 대하여

1) Pietro Veri, *Gedanken über die Natur des Vergnügens*, Leipzig, 1777, pp.34-37.

2) BA 63 참조.

3) 파리 체류 중 자살한 영국 귀족가문의 후손인 모던트(Philippe Mordaunt).

4) 베르스트(Werst)는 러시아의 옛날 거리 측량단위다. 1베르스트는 1066.7미터 이다.

5) 칸트 당대 프로이센 영토였던 현재의 폴란드 북서 지역.

6) 통상적으로 '격정'(Affekt)은 지속성이 짧고 특정한 방향을 지니지 않은 강한 감정이다.

7) 통상적으로 '열정'(Leidenschaft)은 특정한 대상에 대한 지속적이고 지적이면서도 특정한 방향성을 지닌 강한 감정이다.

8) *De rerum nature*(사물의 본성에 대하여)는 로마의 시인 루크레티우스(기원전 99~기원전 55)가 에피쿠르스 철학을 전파할 목적으로 쓴 교훈시다.

9) 원전의 독일어 'Geschmack'을 여기서는 '맛'으로 번역했다. 'Geschmack'은 '맛이 나다', '맛을 보다', '느끼다'는 독일어 동사 'schmecken'에서 파생된 단어인데, '맛'이라는 뜻 이외에도 '취미'나 '기호'라는 의미도 지닌다. 따라서 '맛'(Geschmack)이라는 개념이 나오면 이것이 '기호'나 '취미'의 뜻도 있다는 사실에 주목해야 한다.

10) 원전의 독일어는 'vernünftelnden'이다. 이 단어는 주로 '궤변을 부리는'으로 해석된다. 그러나 'vernünftelnden'이 여기서는 부정적 의미로 쓰이지 않고 가능한 한 이성을 개입시켜서 취미판단을 한다는 뜻을 나타내기 위해 쓰인다는 점을 강조하기 위해 '이성을 개입시킨'으로 번역했다.

11) 영국의 시인이자 청교도 사상가인 『실낙원』의 저자 밀턴(John Milton, 1608~74).

12) 호메로스의 서사시 『일리아스』에 등장하는 대표적 추남 무사 Theresites.

13) 버질(Virgil)은 고대로마에서 생긴 시형식이다.

제3권 욕구능력에 대하여

1) 칸트 당대 스코틀랜드 출신의 의사 브라운(John Brown, 1735~88)이 『의학원론』(*Elementa Medicinae*, 1780)에서 제시한 유기체의 본질에 관한 이론이다. 이 이론에 따르면 유기체의 본질인 '흥분성'이 높으면 생명체가 왕성한 모습을 보이고, 낮으면 무기력한 모습을 보인다.

2) 프랑스대혁명 당시에 지롱드 당원이면서 내무부장관을 지낸 롤랑(Jean Marie Roland, 1734~93)이다.

3) 호메로스에 관한 논쟁으로 유명했던 프랑스의 수도사 테레손(Jean Terrasson, 1670~1750).

4) 풍자시와 호메로스에 대한 번역으로 유명한 영국 시인 포프(Alexander Pope, 1688~1744). 인용된 구절은 포프의 1734년 작 'An Essay on Man'에 담긴 구절이다.

5) 원어 'Vermögen'은 '능력'과 '재산' 두 가지 의미를 동시에 지닌다.

6) 영국 체스터필드(Chesterfield)의 백작이자 정치가인 스태노프(Philip Dormer Stanhope, 1694~1773).

제2편 인간학적 성격론

1) '게으른 사람'으로 번역한 독어 원문은 'Phlegmatiker'인데 이 단어는 '점액질인'과 '게으른 사람'이라는 뜻을 동시에 지닌다.
2) 포르타(Baptista Porta, 1535~1615)는 과학혁명과 종교개혁기에 활동한 이탈리아 출신의 학자이자 작가다. 그는 『자연의 마술』(1558)이라는 책에서 삽화를 사용해 사람의 얼굴 모양을 동물의 머리 모양과 비교하며 설명했다.
3) 라바터(John Caspar Lavater, 1741~1801)는 칸트와 서신을 교환했던 스위스의 목사이자 관상술에 관심을 가졌던 신비주의 작가다. 그는 사람의 성격은 얼굴 모양으로 알 수 있다고 주장했다.
4) 아르헨홀츠(Johann Wilhelm von Archenholz, 1743~63)는 자신이 참전했던 7년 전쟁에 관한 책을 남긴 프로이센의 장교다.
5) 펠리송(Paul Pellisson, 1624~93)은 프랑스 아카데미 회원을 지낸 작가이자 정치가다. 남아 있는 그의 초상화를 보면 얼굴 인상이 매우 험상궂다.
6) 니콜라이(Christopf Friedrich Nicolai, 1733~1811)는 칸트 당대에 활동했던 계몽주의 작가다.
7) 존 불(John Bull)은 영국 국민들을 대표해서 지칭하는 풍자소설 속 주인공이다.
8) 쿡(James Cook, 1728~79)은 영국의 탐험가이자 항해가다.
9) 『도덕론』(Moral Essays)을 저술한 영국 시인 포프.
10) 'la canaille du peuple'.
11) 'canalicola'.
12) 칸트는 프랑스 민족의 특성을 보여주면서도 외국어로 옮기기 힘든 프랑스어들을 소개하고 있다. 같은 유럽어인 독일어로도 옮기기 어려운 프랑스어를 한국어로 옮기는 일은 더욱 힘들 것이다. 가령 옮긴이는 원문의 프랑스어 'Esprit'(statt bon sens)를 '정신'(분별력이 아니고)으로 옮겼는데, 'Esprit'만 하더라도 '정신', '사유', '마음', '영혼', '입김' 등으로도 옮길 수 있다. 또 'bon sens'는 '양식(양식)', '분별력', '좋은 감각' 등으로도 옮길 수 있다. 그러나 그 어떤 것도 프랑스어가 지닌 뉘앙스를 정확히 전달하지는 못한다.
13) 'Haus'.

찾아보기

인명 색인

지은이

임마누엘 칸트

1724년 4월 22일 프로이센(Preußen) 쾨니히스베르크(Königsberg)에서 수공업자의 아들로 태어났다. 1730~32년까지 병원 부설 학교를, 1732~40년까지 오늘날 김나지움(Gymnasium)에 해당하는 콜레기움 프리데리키아눔(Collegium Fridericianum)을 다녔다. 1740년에 쾨니히스베르크대학교에 입학해 주로 철학, 수학, 자연과학을 공부했다. 1746년 대학 수업을 마친 후 10년 가까이 가정교사 생활을 했다.

1749년에 첫 저서『살아 있는 힘의 참된 측정에 관한 사상』을 출판했다. 1755/56년도 겨울학기부터 사강사(Privatdozent)로 쾨니히스베르크대학교에서 강의를 시작했다.『자연신학 원칙과 도덕 원칙의 명확성에 관한 연구』(1764)가 1763년 베를린 학술원 현상 공모에서 2등상을 받았다. 1766년 쾨니히스베르크 왕립 도서관의 부사서로 일하게 됨으로써 처음으로 고정 급여를 받는 직책을 얻었다. 1770년 쾨니히스베르크대학교의 논리학과 형이상학을 담당하는 정교수가 되었고, 교수취임 논문으로『감성계와 지성계의 형식과 원리』를 발표했다.

그 뒤『순수이성비판』(1781),『도덕형이상학 정초』(1785),『실천이성비판』(1788),『판단력비판』(1790),『도덕형이상학』(1797) 등을 출판했다.

1786년 여름학기와 1788년 여름학기에 대학 총장직을 맡았고, 1796년 여름학기까지 강의했다. 1804년 2월 12일 쾨니히스베르크에서 사망했고 2월 28일 대학 교회의 교수 묘지에 안장되었다.

칸트의 생애는 지극히 평범했다. 그의 생애에서 우리 관심을 끌 만한 사건을 군이 들자면『이성의 오롯한 한계 안의 종교』(1793) 때문에 검열 당국과 빚은 마찰을 언급할 수 있겠다. 더욱이 중년 이후 칸트는 일과표를 정확히 지키는 지극히 규칙적인 삶을 영위한다. 하지만 단조롭게 보이는 그의 삶은 의도적으로 노력한 결과였다. 그는 자기 삶에 방해가 되는 세인의 주목을 원하지 않았다. 세속적인 명예나 찬사는 그가 바라는 바가 아니었다.

옮긴이

홍우람

서강대학교를 졸업하고 벨기에 루벤대학교에서 칸트의 선험적 이념에 대한 연구로 박사학위를 받았다. 서강대학교 철학과 연구교수, 가톨릭대학교 인간학연구소 전임연구원을 거쳐 현재 경북대학교 철학과에서 근무하고 있다. 주요 논문으로 「『순수이성비판』에서 초월적 이념들의 초월적 연역에 대하여」, 「칸트의 비판철학과 선험적 대상」, 「멘델스존의 유대 계몽주의」 등이 있다.

이진오

연세대학교 신학과와 서울대학교 대학원 서양철학과를 졸업했다. 독일 튀빙겐대학교에서 칸트와 야스퍼스에 대한 비교 연구로 박사학위를 받았다. 서울대, 명지대, 서울시립대 등에서 철학 전공과목과 교양과목을 강의하다 2011년 이후 경희대학교 후마니타스칼리지에 재직 중이다. 야스퍼스의 『철학1』, 칸트의 『인간학』과 『학부논쟁』 등의 2인 공동번역서가 있다. 칸트철학, 현상학과 실존철학, 철학상담에 대한 많은 논문을 발표했다. 저서로는 『철학수업』(강순전·이진오 공저)과 고등학교 『철학』 교과서(11인 공저), 『실존철학상담 입문』 등이 있다.

Immanuel Kant

Anthropologie in pragmatischer Hinsicht

Translated by Hong Wooram, Lee Jino

Published by Hangilsa Publishing Co., Ltd., Korea, 2021

칸트전집 12

실용적 관점에서 본 인간학

지은이 임마누엘 칸트
옮긴이 홍우람 이진오
펴낸이 김언호

펴낸곳 (주)도서출판 한길사
등록 1976년 12월 24일 제74호
주소 10881 경기도 파주시 광인사길 37
홈페이지 www.hangilsa.co.kr
전자우편 hangilsa@hangilsa.co.kr
전화 031-955-2000~3 **팩스** 031-955-2005

부사장 박관순 **총괄이사** 김서영 **관리이사** 곽명호
영업이사 이경호 **경영이사** 김관영 **편집주간** 백은숙
편집 노유연 김지연 김지수 최현경 김영길
관리 이주환 문주상 이희문 원선아 이진아 **마케팅** 정아린
디자인 창포 031-955-2097
CTP 출력·인쇄 영림 **제본** 영림

제1판 제1쇄 2021년 11월 12일

값 33,000원
ISBN 978-89-356-7363-6 94160
ISBN 978-89-356-6781-9 (세트)

• 잘못 만들어진 책은 구입하신 서점에서 바꿔드립니다.

• 이 『칸트전집』 번역사업은 2013년부터 2016년까지 정부(교육부)의 재원으로
한국연구재단의 지원을 받아 수행된 연구임.
(NRF-2013S1A5B4A01044377)